图书在版编目（CIP）数据

两岸政治认同形成机制研究 / 王英著. -- 北京：
九州出版社，2020.1
ISBN 978-7-5108-8755-0

Ⅰ. ①两… Ⅱ. ①王… Ⅲ. ①海峡两岸－政治－关系
－研究 Ⅳ. ①D618

中国版本图书馆CIP数据核字(2019)第297082号

两岸政治认同形成机制研究

作　　者	王英　著
出版发行	九州出版社
地　　址	北京市西城区阜外大街甲35号（100037）
发行电话	(010)68992190/3/5/6
网　　址	www.jiuzhoupress.com
电子信箱	jiuzhou@jiuzhoupress.com
印　　刷	北京九州迅驰传媒文化有限公司
开　　本	720毫米×1020毫米　16开
印　　张	22.5
字　　数	430千字
版　　次	2020年9月第1版
印　　次	2020年9月第1次印刷
书　　号	ISBN 978-7-5108-8755-0
定　　价	78.00元

| 台湾研究系列 |

两岸政治认同形成机制研究

王 英 著

九州出版社 JIUZHOUPRESS | 全国百佳图书出版单位

目　录

绪　论

经过近 70 年的跌宕起伏,尤其是最近 30 多年的交流沟通,目前的两岸关系已经发展到一种难以面对却又必须面对的困难境地,因为它开始触碰敏感的政治话题。建立政治互信是解决两岸政治问题的第一步,而广泛的政治认同是政治互信的必备条件,也是政治互信的结果或体现。目前,影响两岸政治互信的关键在于台湾民众的政治认同。未来两岸不论采取何种方式统一,最终也必须解决台湾民众的政治认同问题。本书讨论的对象"两岸政治认同的形成机制",以新视角、新方法丰富这一领域的研究成果,旨在为两岸关系"由经入政"提供学理支持。在进入正文以前,试简要说明本书的问题意识、理论框架、主要内容和资料方法,并重点对两岸学者已有的研究成果加以评述。

第一节　研究缘起

1979 年元旦,全国人大常委会发表《告台湾同胞书》,提出两岸可以在统一谈判之前,先行"三通、四流",经由实质的互惠互利,促进两岸同胞间的善意了解,结束长年的分隔敌视,积累和平统一的条件,最终完成国家的统一。30 年来,两岸在"先经后政、先易后难、把握节奏、循序渐进"的基本共识下,于 2008 年实现了两岸全面"三通"。《告台湾同胞书》中首倡的两岸"三通",终于在 30 年后取得了历史性的突破。2010 年两会签署了《海峡两岸经济合作架构协议》(ECFA),框架协议的签署为两岸经济合作搭建了一个制度化的平台,开启了两岸合作的新纪元。至 2015 年,海协会与台湾海基会已举行了十一次高层会谈,总共签署 23 项协议,达成 2 项共识。这些攸关两岸民众切身权益的协议的签署与落实,不仅是两岸关系从以往"单向""间接""局部""短期",逐步迈向"双向""直接""全面""长期"的历史性里程碑,也促成了两岸人流、物流、金流的正常双向交往。这不仅让台海的和平稳定得到国际社会正面评价,更得到绝大多数两岸民众的肯定。在此之前,两岸关系的发展一直按照"先经后政""先易后难"的逻辑向前推进。到目前为止,两岸关系的互动和发展,基本上仍处于经济性、事务性的层面。虽然两岸目前还处于"先经济"的阶段,政治议题还没有提上日程,但是,两岸关系发展不可能一直停留在浅层次的"易"事上,也不可能停留在脱离政治的经济阶段。政治对话协商是两岸关系和平发展进行到一定阶段的必然产物,是回避不了的。

首先,从两岸关系的本质看,两岸之间的核心问题是政治问题。1949 年以来的两岸关系,既不是纯粹的国内问题,也不是传统的国际问题,而是夹杂、纠缠着主权、治权、管辖权等高度敏感、富有争议的复杂政治议题。就国内问题而言,台湾问题是由国共两党内战这一政治因素所造成的政治问题,从 20 世纪 40 年代末开始,延续至今已经超过一个甲子。还不能得到解决,正是诸多政治干扰的因素不仅仍无法排除,并且还在起作用的结果。就国际因素而言,统"独"议题是两岸关系与国际关系两个框架中的产物,两岸关系与国际因素是影响统"独"议题的重要杠杆。中华人民共和国的所有建交国都要对统"独"议题做出回应,是承认一个中国,还是"两个中国",或者"一中一台"?在遇到重大事件时,一些主要的相关国,比如美国、日本等,还要针对统"独"议题进行回应。对于一些主权国家参与的国际组织,也必须在统"独"议题上予以明确的表态。就两岸关系的定位而言,它包括了民族定位、国家定位和政权定位三个层次,都属于高度敏感的政治问题。就两岸关系的现状而言,经历了李登辉执政 12 年的起伏跌宕,加上陈水扁执政 8 年的变化反复之后,两岸的互信基础一度荡然无存。政治因素所造成的政治问题,最终只能通过政治途径与政治手段才能解决。

其次,从政治与经济的互动关系看,两者具有重要的作用与反作用。无论是马克思主义经典作家关于经济与政治关系的论述,还是德国统一进程中处理经济互动与政治互动的做法,抑或欧盟由经济合作到政治统合的经验,尽管它们对于经济和政治关系的论述和实践各有所侧重,但基本共识有二:一是经济关系对于政治关系具有重要影响,特别是能为政治问题的解决创造基础和条件。在两岸关系中,经济互动增进了两岸的共同利益,使得"台独"分裂图谋难以得逞,也为最终和平统一奠定了基础。二是政治关系对于经济关系具有重要的反作用,能为深化和扩大经济互动创造良好的环境。欧洲一体化经验可借鉴的成功要素之一,就是主要成员之间的政治和解是一体化进程启动的重要前提①。

---

① 房乐宪.欧洲一体化经验对海峡两岸交流与合作的启发意义 [J].世界经济与政治论坛,2008(1):24—31.

在两岸关系和平发展进入到巩固深化阶段，两岸在各个领域的交流与合作必然会受到政治分歧的制约，从而陷入"深水区"以致步履维艰。具有代表性的例子就是两岸投保协议和租税协议。投保协议历时两年多，两岸两会经过多次磋商才最终达成，租税协议一波三折耗时 5 年才签署，其中最主要的制约因素就是两岸在政治体制、法律制度、司法程序等政治层面存在明显差异。因此，只有正视两岸政治分歧问题，尽早开启两岸政治对话与协商，突破两岸政治僵局，才能避免两岸关系发展可能出现的停滞甚至反复。

再次，从两岸关系的互动情况看，经济整合并不必然带来政治整合。毫无疑问，经济互动是推动政治互动的重要因素之一，一般来说，两个地区随着经济交流与合作的开展，相互的认同感就会增强，政治上的向心力也会增强，进而容易形成政治上的共识。例如，曾经是两次世界大战发源地的欧洲，各国之间经过半个世纪在经济、能源、社会问题等各个领域的合作与交流，降低了相互之间的敌意与不信任，淡化了主权意识，并形成了一个超级国家联盟——欧盟[①]。但是，政治和经济的发展逻辑并不相同，经济融合并不必然带来政治整合。经济因素仅仅是较其他因素更为关键、更具基础性而已。两岸经济互动并非必然带来政治对话与协商，因为两岸政治关系是相对独立于两岸经济关系的另一"领域"。已有的研究表明，二十多年来台湾民众中国认同明显降低的现象，与两岸共同经济利益的持续发展、较快强化几乎同步进行。这表明，近二十年来两岸的共同利益与共同命运意识出现了明显反差，出现"经济合作"与"政治疏离"共存的背离现象。大陆学者杨立宪直言不讳地表示，两岸目前的和平发展局面仍属于低层次的，主要表现在："两岸公权力交往还不得不以民间机构的名义进行，两岸在涉外事务中不时产生摩擦，两岸军事互信尚未建立，和平协议尚未签署，最高当局尚不能直接见面正常往来，两岸的旗、歌、号、称谓等仍属于高度敏感问题。"[②]台湾学者高朗曾指出，在两岸之间政治问题未解决及台湾内部政治精英意见未整合前，不能期望透过两岸经贸来迅速进行政治整合[③]。20 年来两岸经济和文化交流虽然不断扩大，但政治对立并没有得到根本缓解。这说明构建两岸关系和平发展框架的关键，应从政治的视角切入，确立双方对"一个中国"的认同。

---

  ① 高朗.从整合理论探索两岸整合的条件与困境 [J]. 包宗和、吴玉山主编.争辩中的两岸关系理论 [M]. 台北：五南出版社，1999:41—76.

  ② 杨立宪.两岸关系政治定位问题探讨 [J]. 中国评论（香港），2013(11).

  ③ 高朗.从整合理论探索两岸整合的条件与困境 [J]. 包宗和、吴玉山主编.争辩中的两岸关系理论 [M]. 台北：五南出版社，1999:41—76.

在两岸关系历经五年快速发展，进入协商"深水区"之际，大陆方面已开始出现调整两岸协商路径的迹象。从 2012 年下半年以来，大陆方面在谈及两岸协商时，虽然仍以"先易后难、先经后政"来形容过去的做法，但在谈及未来的协商，则以"先易后难，循序渐进"来形容。中共十八大提出了"探讨国家尚未统一特殊情况下的两岸政治关系""商谈建立两岸军事互信机制"和"协商达成和平协定"三大政治性议题，作为未来两岸关系的努力目标和方向。从 2012 年底中共十八大到纪念汪辜会谈 20 周年活动，两岸在官方、智库以及民间团体都分别涉及了政治对话议题。大陆学者认为，在两岸经济、人员往来越来越紧密时，处理两岸关系应该难易并进，并希望两岸能讨论定位、统"独"等问题。之后，两岸专家学者就两岸是否需要进行政治对话？政治对话何时展开？如何展开？未来两岸政治对话的可能性等问题进行了探讨。习近平总书记在会见台湾两岸共同市场基金会荣誉董事长萧万长时又郑重表示，"着眼于长远，两岸长期存在的政治分歧问题终归要逐步解决，总不能将这些问题一代一代传下去。我们多次表示，愿意在一个中国框架内就两岸政治问题同台湾方面进行平等协商，做出合情合理的安排"[1]，这再次展现了中国共产党和政府正视与面对两岸政治分歧问题的鲜明态度、解决两岸政治分歧问题的诚意与决心和开创两岸关系发展新前景的责任与使命。在 2013 年 10 月举办的第九届两岸经贸文化论坛开幕式上，中共中央政治局常委、全国政协主席俞正声和中国国民党荣誉主席吴伯雄发表演讲时，均触及了政治话题，这被岛内舆论评价为两岸"先经后政"的协商方式正在悄然发生变化。

与此形成鲜明对比的是，台湾当局一直强调"先急后缓、先易后难、先经后政"的原则不变。马英九上台的第一个任期内，基本持"只经不政"立场，回避两岸政治议题。他虽然摒弃了李登辉、陈水扁的"台独"分裂路线，重新回到国民党所坚持的反对"台独"、认同"九二共识"的立场上，赢得了两岸关系大局的稳定与持续的发展，但是，囿于所面临的各种压力，马英九当局对李、陈的"去中国化"做法，未能有效地进行拨乱反正，其坚持一个中国原则的立场与态度亦比较模糊，甚至连本来是国民党最先提出、后来大陆方面所特别强调的"两岸同属一个中国"的主张，都不敢予以正面呼应，也不愿意碰触政治问题，对于两岸政治接触避之唯恐不及。马英九的第二个任期则退化到"防政"，"任何可能影射两岸政治谈判的蛛丝马迹，他都要加以澄清，甚或反对"[2]。他曾

①　习近平会见萧万长一行 [N]. 人民日报，2013-10-07.
②　石之瑜. 先经后政？不政？防政？反政？[N]. 中评社，2013-04-06.

公开反对两岸政治对话，反对台商到平潭投资，声称到平潭投资就是支持"一国两制"。面对两岸政治协商的舆论压力，马英九当局一再强调两岸交流"先急后缓、先易后难、先经后政"的原则不变，并将第二任期内的两岸工作重点定位在三个方面：第一，扩大并深化两岸交流；第二，海基、海协两会互设办事机构；第三，通盘检讨修正"两岸人民关系条例"。有评论批评马英九执政当局在两岸关系进入"深水区"后，"在处理两岸关系上却裹足不前，优柔寡断，特别涉及政治议题上，是望而却步，不提、不碰、不谈，甚至谈'政'色变，使两岸关系虽处在'深水区'，却无新突破、新发展"①。台湾媒体甚至向马英九提出建言，以推动 ECFA 的勇气，动员"政府"，发动精英去引导民意，影响民意，专注精力和资源，促成两岸政治对话②。这些言论反映了两岸各界人士对于开启两岸政治对话的高度期待。

本书认为，在两岸经贸交流日益密切之后，两岸政治对话是绕不开的，台湾方面回避政治接触的做法只是权宜之计。马英九第二任期的施政满意度持续走低与他在两岸政策上的失分密切相关。泛蓝质疑他在两岸关系上不会再有大作为、只经不政、刻意回避政治议题、拒绝政治对话，甚至有"独台"倾向；泛绿批判他"倾中卖台"；大陆怀疑他解决两岸问题的诚意。在此背景下，国民党于 2013 年 6 月对大陆方面所坚持的"两岸同属一个中国"的原则立场与主张，首次做出了正式的、明确的、清晰的回应③。这表明国共两党在巩固和维护一个中国框架这一原则性问题上，形成了清晰的共同认知和一致立场。马英九在 2013 年 10 月 17 日接受印度媒体访问时，又抛出希望在任期内尽量完成与北京签订"和平协议"的呼吁④。这既是两岸人民的共同期待，也符合中共建立和平稳定的周边、抓住发展战略机遇期的期待。这些信号相当难能可贵，它不仅夯实了国共两党的政治互信基础，也在一定程度上增强了两岸双方的政治互信，从而为破解政治难题，推进两岸政治对话与协商跨出了关键性的一步⑤。

当然，两岸政治谈判的条件还需要累积。因为国共两党对于"一中各表"

————————

　①　刘隽．两岸关系马英九要拿点魄力出来 [N]．中评社，2013-09-01．

　②　吴伯雄任重道远开启两党政治对话 [N]．中国时报，2013-06-13．

　③　中评社，北京 2013 年 6 月 13 日电．

　④　马英九任期内两岸虽然没有签订和平协议，但是，2015 年 11 月习近平与马英九在新加坡实现历史性会晤．"习马会"上，两岸领导人阐述的两岸关系政策主张不乏共同点和相互呼应之处。双方的共同点在于：强调坚持"九二共识"、反对"台独"是两岸的政治基础；视致力于中华民族复兴为两岸的共同使命；相互尊重彼此的选择，认为不同的发展道路和社会制度不应成为伤害同胞感情、干扰两岸交流合作的因素。这三个共同点实际上构成了两岸关系最大公约数的主要内涵。

　⑤　余克礼．政治对话与协商是开创两岸关系发展新前景的根本途径 [J]．中国评论，2013(11)．

的理解并不完全相同；台湾社会对于"一中"原则的认知存在严重分歧；台湾主要政党彼此之间也没有建立起基本的政治互信。不过，"先从学术的立场思考方向"应是两岸的共识。两岸可以民间或学术方式探讨双方所关心的政治议题，为将来进一步、建设性的政治对话创造条件。这是摆在两岸研究学者面前的一道重要课题，也是不容回避的任务。也正因为如此，两岸智库于 2013 年 10 月在上海成功地共同举办了首届两岸和平论坛，讨论各项敏感、复杂的政治议题。

总之，广泛的政治认同是政治互信的必备条件，也是政治互信的结果或体现。不断提升台湾民众的政治认同，就成为当前必须着力解决好的一个重大课题。问题的关键在于，我们应当如何又好又快地提升台湾民众的政治认同？是故，对政治认同内在发生机制进行解读，就成为本书讨论的逻辑起点。

第二节　学术回顾

由于两岸长期分离，自 20 世纪 80 年代开始，台湾民众对自身身份的认可，对台湾"国家归属""国际地位"的态度，对两岸统"独"走向的看法，对台湾未来地位前途走向的期待等出现了潜移默化的改变，在认知上出现了分歧和对立，构成了台湾社会最严重的政治认同问题，也成为两岸关系进一步发展的严重瓶颈。鉴于台湾民众的国家认同问题对岛内政局和两岸关系的冲击，两岸学者先后涉足该领域展开研究，对国家认同异化的历史轨迹、基本表现、内外成因和后果影响等问题进行了梳理，形成了一些比较有代表性的观点，对本书产生了重要启示和帮助。

一、台湾学者的研究概况

1.20 世纪 80 年代：发轫时期

台湾学者对于两岸政治认同问题的研究早于大陆。随着 20 世纪 70 年代党外运动的蓬勃发展，在"本土化"旗号下，"台独"作为一种政治理念开始出现于学术研究中[①]，并受到严厉批判[②]。80 年代初期，台湾岛内展开了一场"台湾结"与"中国结"的思想大论战，这是一场主要由文学评论家、历史学家参与的争战。本次争论是"台湾意识"由隐晦走向公开、由"本土"走向分裂的一个起

---

①　史明.台湾人四百年史 [M].台湾：蓬岛文化，1980.

②　史明.台湾人四百年史 [M].台湾：蓬岛文化，1980.；任卓宣."台独"理论批判 [M].台北：阿尔泰，1980.；南方朔."帝国主义与台湾独立运动" [M].台北：四季出版社，1980.

点，并由此开启了影响深远的国家认同争议。论战中，双方对"中国意识"和"台湾意识"的解释存在明显对立的倾向性看法，主要的争议集中在"有无台湾意识"及"如何定位台湾意识"两个基本问题上。经过论战，"台湾意识"正式浮出历史地表，台湾人的"国族"想象——"在台湾的中国人"——开始弱化①。由于"台独"势力的存在使政治认同成为岛内的一个社会问题，也触发了台湾学者对国家认同、身份认同的研究，成为岛内对两岸政治认同研究的一个起点②。

2.20 世纪 90 年代：蓬勃时期

90 年代，台湾社会学和政治学的学者也加入认同研究行列，并有学者从所谓"宪法"、历史以及文学的视角开始探究台湾的"国家认同"架构，出现了"文化种族认同""政治法律认同""新台湾认同"等概念③。更多学者则是通过族群问题、"台湾意识"问题和台湾的"国际地位"问题的探讨，表达他们对于台湾民众"国家认同"问题的态度和立场。有人从族群融合的路径探寻着国家认同趋同的可能性。有人从文化融合的视角寻求化解认同矛盾④。

---

① 施敏辉.台湾意识论战选集 [C].台湾：前卫出版社，1988.

② 吴昱辉编.台湾之将来学术论文集 [C].高雄：新台政论.1986.;，李筱峰."台湾民主运动四十年" [M].台北：自立晚报文化出版部.1987.;谢世忠."认同的污名——台湾原住民的族群变迁" [M].台北：自立晚报，1987.;吴昱辉编."自决与独立" [M].高雄：新台政论，1987.;史明."台湾独立的理论与实际" [M].高雄：南冠，1988.;马起华编."台独研究" [M].台北：公共秩序研究会.1988.;吴密察、若林正丈.台湾对话录 [M].台北：自立晚报文化出版部.1989.;张富美.编.台湾问题讨论集 [C].台北：前卫出版社，1989.

③ 林浊水."统治神话的终结" [M].台北：前卫出版社，1992.;张德水."激动！台湾的历史：台湾人的自国认识" [M].台北：前卫出版社，1992.;李纯青.望乡 [M].台北：人间出版社，1993.;李鸿禧等."国家认同"学术研讨会论文集 [C].台北：财团法人现代学术研究基金会，1993.;侯立朝.台湾"独台""台独" [M].台北：博学，1991.;林浊水."瓦解的帝国" [M].台北：前卫出版社，1991.;吴密察、张炎宪等."建立台湾的国民国家" [M].台北：前卫出版社，1993.;彭明敏文教基金会编."彭明敏看台湾" [M].台北：远流，1994.;田欣."台湾——我唯一的祖国" [M].台北：前卫出版社，1995.;李筱峰."台湾—我的选择！" [M].台北：玉山社，1995.;史明."台湾不是中国的一部分：台湾社会发展四百年史" [M].台北：前卫出版社，1995.;林山田."建造自己的国家" [M].台北：台大法律系，1996.;郭洪纪.新国家主义 [M].台北：扬智文化事业股份有限公司，1996.;李登辉."台湾的主张" [M].台北：远流出版社，1999.

④ 杨聪荣.文化建构与"国民认同"——战后台湾的中国化 [D].台湾清华大学硕士论文，1992.;张茂桂等.族群关系与国家认同 [M].台北：业强出版社，1993.;施正锋编.民族认同与台湾独立 [M].台北：前卫出版社，1995.;施正锋编.族群政治与政策 [M].台北：前卫出版社，1997.;施正锋.族群与民族主义 [M].台北：前卫出版社，1998.;施正锋.台湾政治建构 [M].台北：前卫出版社，1999.;洪泉湖等编.族群教育与族群关系 [M].时英出版社，1997.;李筱峰.一百年来台湾政治运动中的国家认同 [J].张炎宪、陈美蓉、黎中光.台湾近百年史论文集 [C].台北：财团法人吴三连台湾史料基金会，1996.;游盈隆编.民主的巩固或崩溃：台湾二十一世纪的挑战 [M].台北：月旦出版社，1997.;王明珂.华夏边缘——历史记忆与族群认同 [M].台北：允晨文化，1997.;姚源明."解严后台湾国家认同论述的分析" [D].台湾大学硕士论文，1999.

关于族群问题。台湾的族群问题不仅是社会问题，同时也是一个政治问题。每逢岛内政治选举、政策制定，族群就会成为政治争执、社会不安的来源。因此，族群研究成为 90 年代台湾研究中的一大热门议题。自 1988 年，蔡淑铃最早提出四个族群的划分，即闽南人、客家人、外省人与台湾少数民族[①]，这一分类很快被岛内学者采纳，并对族群问题展开了全面的分析和研究。研究视角包括：族群分类机制[②]；族群认同的基本途径[③]；族群对立的主要原因[④]；省籍意识与政党支持[⑤]；族群认同与统"独"态度[⑥]；等等。

关于"台湾意识"问题。台湾民众对自身身份的认定是"国家认同"的一个重要指标。引人注目的现象是，从 90 年代开始，"台湾意识"作为新兴的认同符号，正在从"社会意识"转向"国家意识"，从"地理概念"转为"政治概念"，成为台湾成长最快且影响最深远的社会意识，也是台湾内部最复杂、具争议、难解决，但又对台湾未来前途影响最具深远的重要议题。为此，学者对"台湾意识"展开了许多探讨，并且形成两种截然不同的立场，两者以"台湾人是不是中国人"为判断标准[⑦]。主要议题包括："台湾意识"的发展及其特质[⑧]；

---

① 蔡淑铃.社会地位取得：山地、闽客及外省之比较 [J].杨国枢、瞿海源主编.变迁中的台湾社会 [M].台北："中研院"民族所，1988:1—44.

② 施正锋.族群与民族主义：集体认同的政治分析 [M].台北：前卫出版社，1998.

③ 吴乃德.省籍意识、政治支持和"国家认同"——台湾族群政治理论的初探 [J].族群关系与"国家认同" [M].台北：业强出版社，1993；杨仁煌.谈文化与族群关系 [J].洪泉湖等编.族群教育与族群关系 [M].台北：时英出版社，1997.；等.

④ 张炎宪、陈美容、杨雅慧合编.二二八事件研究论文集 [C].台北：吴三连台湾史料基金会，1998.；赵彦宁."国族"想象的权力逻辑——试论五零年代流亡主体、公领域与现代性之间的可能关系 [J].台湾社会研究季刊.1999(36): 37-83.；廖文奎 (1905—1952) 台湾民族主义思想初探 [J].思与言，1999(37): 47-100.；等.

⑤ 王甫昌.族群同化与动员：台湾民众政党支持的分析 [J]."中央研究院"民族学研究所集刊，1994(77):1—34.

⑥ 徐火炎.台湾选民的"国家认同"与党派投票行为：1991 至 1993 年间的实证研究成果 [J].台湾政治学刊，1996(1):85—127.；刘胜骥.台湾民众统"独"态度之变化 [J].中国大陆研究.1998:41(3):7—30.；刘义周.台湾的世代政治 [J].政治学报，1993(21):99—120.；徐永明、陈明通.搜寻台湾民众统"独"态度的动力：一个个体动态模型的建立 [J].台湾政治学刊，1998(3):65—114.；等.

⑦ 石之瑜.当代台湾的中国意识 [M].台北：正中书局，1993.；夏朝基金会编.中国意识与台湾意识：一九九九澳门学术研讨会论文集 [C].台北：海峡学术，1999.；等.

⑧ 陈隆志."台湾的独立与建国" [M].台北：月旦出版社，1993.；陈光辉.台湾地区民众"国家认同"之研究——几个概念的探讨 [D].台湾政治大学硕士论文，1997.；陈佳宏.海外"台独"运动史 [M].台北：前卫出版社，1998.；陈芳明."殖民地台湾：左翼运动论史" [M].台北：麦田出版社，1998.；等.

"台湾意识"的面向和层次 ①；"台湾意识"中的本土文化意识 ②；"台湾意识"中的"台独意识"③；"台湾意识"形成的途径或根源 ④；"中国意识"与"台湾意识"的关系 ⑤；"台湾意识"的政治影响 ⑥，等等。

关于两岸关系问题。随着两岸交流交往的开展，两岸关系的定位及其延伸的台湾的"国际空间"问题成为台湾学者关注的重要研究议题。学者们的研究主要集中在岛内政治如何影响两岸关系、国际环境如何影响两岸关系以及两岸互动的模式等三个领域。两岸关系必然会受到政治局势的影响。然而影响的根源是什么？又是通过什么机制？学者们主要着眼于以下问题：不同政治体制对于双方谈判能力和态度偏好的影响 ⑦、政治体制变迁对民众统"独"意识的影响 ⑧、影响台湾的大陆政策的根源 ⑨、政治心理学研究 ⑩，等。长期以来，台湾问题一直成为一些西方国家遏制中国崛起的一枚重要战略棋子，成为外部势力离间两岸关系的焦点。台湾学者或从现实主义出发，或从自由主义出发，围绕美、日等具体国家在两岸关系的角色 ⑪、国际格局变迁对两岸关系的影响 ⑫、台湾当局

———————

① 夏朝基金会编."中国意识与台湾意识"：一九九九澳门学术研讨会论文集 [C]. 台北：海峡学术，1999.

② 游胜冠. 台湾文学"本土论"的兴起与发展 [M]. 台北：前卫出版社，1996.

③ 陈隆志."台湾的独立与建国"[M]. 台北：月旦出版社，1993.；彭明敏."自由的滋味——彭明敏回忆录"[M]. 台北：彭明敏文教基金会，1994.；黄昭堂. 台湾民主国的研究 [M]. 台北：现代学术研究基金会，1993.；陈芳明."殖民地台湾：左翼运动史论"[M]. 台北：麦田出版社，1998.；等.

④ 施正锋. 族群与民族主义：集体认同的政治分析 [M]. 台北：前卫出版社，1998.

⑤ 黄国昌."中国意识与台湾意识"[M]. 台北：五南图书出版公司，1992.；江宜桦."自由主义、民族主义与国家认同"[M]. 台北：扬智文化事业股份有限公司，1998. 等.

⑥ 徐火炎. 台湾选民的"国家认同"与党派投票行为：1991-1993[C]. 台湾政治学会主办：台北：迈向台湾政治学学术研讨会，1994.

⑦ Chien-min Chao, "Cooperation amid Animosity: Changes and Continuity in Taiwan's Mainland Policy", paper presented at the International Conference on Cross-Straits Relations and Policy Implications for the Asia-Pacific Region, The Institute for National Policy Research, Taipei, March 27-29, 1995.；包宗和、吴玉山. 争辩中的两岸国际关系理论 [M]. 台北：五南图书出版公司.1999.；等.

⑧ 林浊水、林文杰."台湾政党转型与民众统独意向的变迁"[J]. 中国大陆研究，1999:42(6):59-76.

⑨ 包宗和、吴玉山. 争辩中的两岸国际关系理论 [M]. 台北：五南图书出版公司，1999.

⑩ 石之瑜. 芝麻！开门：心理分析引领两岸政策研究进入新境界 [M]. 台北：五南图书出版公司，1999.

⑪ 罗致政. 美国在台海两岸互动所扮演的角色——结构平衡者 [J]. 美欧月刊，1995:1(10)，1995.

⑫ 吴玉山. 两极体系的崩解与中共的外交政策 [A]. 江振昌主编. 国际新秩序的探索与中共 [C]. 台湾政治大学国际关系研究中心，1993.

的"外交政策"① 等问题展开讨论。两岸关系的发展存在着一个解决的途径和方式问题，台湾学者对此提出了一系列主张，计有两德模式②、整合模式③、分裂国家模式④、大小政治实体模式⑤、博弈模式⑥ 等。

3. 21世纪：多元化时期

进入 21 世纪以来，台湾学者的政治认同研究随着两岸的经济、文化交流和人员往来的长足进步，随着岛内政党轮替的变化，研究的热点不断涌现，深度和广度在不断拓展。

族群研究由若隐若现到大鸣大放。一是实证研究日益丰富。研究内容涉及族群认同状况⑦、族群融合状况⑧、族群对立的根源⑨、族群政治问题⑩、台商群体分

① 明居正."国际新形势下我国外交之走向"[A].蔡政文编.台湾新契机[C].台北："国家发展基金会"，1995.

② 张亚中.德国问题——法律之争议[D].台湾政治大学博士论文，1990.

③ 高朗.从整合理论分析两岸间整合的条件与困境[A].包宗和、吴玉山.争辩中的两岸国际关系理论[M].台北：五南图书出版公司，1999:41—76;吴新兴.整合理论与两岸关系之研究[M].台北：五南图书出版公司，1995.

④ 张五岳.分裂国家互动模式与统一政策之比较研究[M].台北：业强出版社，1995.

⑤ 吴玉山.抗衡或扈从——两岸关系新诠：从前苏联看台湾与大陆间的关系[M].台北：正中书局，1997.

⑥ 吴秀光.政府谈判之博弈理论分析[M].台北：时英出版社，1998.

⑦ 卓石能.都市"原住民"学童族群认同与其自我概念生活适应之关系研究[D].屏东师范学院硕士论文，2002.;孙鸿业.污名、自我、与历史——台湾外省人第二代的身份与认同[D].台湾清华大学社会所硕士论文，2002.;庄惠雯.外省作家第一代与第二代族群认同比较研究[D].（台湾）静宜大学硕士论文.2004.;徐富珍、陈信木.蕃薯＋芋头＝台湾土豆?——台湾当前族群认同状况比较分析[C].台湾人口学会 2004 年年会暨"人口、家庭与国民健康政策回顾与展望"研讨会论文.;柯朝钦.台湾客家现代族群想象的三种类型：民族认同、公民权利以及认知框架[J].全球客家研究，2015(5):149-192.;等.

⑧ 许咨民.台闽地区"国民"三世代不同族群通婚状况调查结果分析[J]."中国统计通讯"2002:13(11):13-16.;梁世武.台湾族群通婚与族群认同之研究[J].问题与研究，2009(3): 33—62.;吴孚佑.族群通婚与族群文化认同相关性之初探：以"原住民"为例[D].台北大学硕士论文，2014.;等.

⑨ 邱荣举.二二八事件与台湾政治发展[M].财团法人二二八事件纪念基金会，2002.;卢建荣.分裂的"国家认同"[M].台北：麦田出版社，2000.;林丘湟.国民党政权在经济上的省籍差别待遇体制与族群建构[D].台湾中山大学硕士论文，2006.;王蕙仪.台式后殖民理论撕裂族群分化社会[J].远望杂志，2016(331):40—45.等.

⑩ 施正锋.族群与民族主义——集体认同的政治分析[M].台北：前卫出版社，2001.;李美枝.台湾地区族群与国族认同的显性与隐性意识[J].本土心理学研究，2003(20):39—71.;高德义.迈向有效的政治参与：台湾"原住民族"选举制度的批判与改革[J].台湾"原住民"研究论丛，2014(16):1—32.;黄志呈.在台湾演变中的中国人认同：从 1992 年至 2012 年之民调资料分析[M].台北：致知学术，2015.;等.

析①等。二是理论研究更加深入。学者们在已有研究的基础上对族群问题的理论视域进行了全面解读②。

两岸互动研究由宏观分析趋向微观剖析。在内部政治影响方面，加强了台湾民众的统"独"立场变迁根源③、选民投票行为取向④、岛内政治变迁对两岸关系的影响⑤等问题的研究。在两岸互动方面，学者们的研究视角进一步拓展，计

———————

① 张家铭.台商在苏州——全球化与在地化考察[M].台北：桂冠，2006.；耿曙、林瑞华.制度环境与协会效能：大陆台商协会之个案研究[J].台湾政治学刊，2007(2):93—117.；耿曙、林家煌.登堂未入室：信任结构、协力网络与台商产业群聚的模式[J].社会科学论丛.2008(04):91—126.；庄朝荣.如何扫除台商回台投资障碍？[J].台湾经济研究月刊.2013(1):44—49.；王素弯.台商回台投资的经济效益[J].经济前瞻，2012(144):53—57.；邱俊荣.台商回流无助改善台湾经济体质[J].新社会政策，2012(24):19—22.；张烽益.以外劳吸引台商回流的政策总体检[J].新社会政策，2015(38):36—38.；等.

② 庄雅仲.集体行动、社会福利与文化认同[J].台湾社会研究季刊，2002(47):249—77.；王甫昌.当代台湾社会的族群想象[M].台北：群学出版社，2003.；林信华.台湾意识与主体性的社会学基础—台湾界域(Taiwan Milieu)[J]."国家"发展研究，2014(2):1—38.；萧阿勤、汪宏伦.族群、民族与现代国家：经验与理论的反思[M].台北："中央研究院"社会学研究所，2016.；等.

③ 陈义彦、陈陆辉.模棱两可的态度还是不确定的未来：台湾民众统"独"观的解析[J].中国大陆研究，2003:46(5):1—20.；陈陆辉、周应龙.台湾民众统"独"立场的持续与变迁[J].东亚研究，2004:35(2):143—186.；吴乃德.面包与爱情：初探台湾民众民族认同的变迁[J].台湾政治学刊，2005:9(2):5—39.；耿曙、刘嘉薇、陈陆辉.打破维持现状的迷思：台湾民众统独抉择中理念与务实的两难[J].台湾政治学刊，2009(2):3—56.；俞振华、林启耀.解析台湾民众统"独"偏好：一个两难又不确定的选择[J].台湾政治学刊，2013(2):165—230.；萧怡靖、游清鑫.检测台湾民众六分类统"独"立场：一个测量改进的提出[J].台湾政治学刊，2012(2):65—116.；林琼珠.稳定与变动：台湾民众的"台湾人/中国人"认同与统"独"立场之分析[J].选举研究，2012(1):97—127.；蔡宗汉、林长志.潜在变量的测量及其影响:2013年TEDS台湾民众统"独"立场的分析[J].选举研究，2015(1):71—107.；等.

④ 陈陆辉.台湾选民政党认同的持续变迁[J].选举研究，2000:(2):109—141.；盛杏湲.统"独"议题与台湾选民的投票行为:1990年代的分析[J].选举研究，2002:9(1):41—80.；盛杏湲、陈义彦.政治分歧与政党竞争:2001年"立法委员"选举的政治分析[J].选举研究，2003:10(1):7—40.；徐火炎.台湾结、中国结与台湾心、中国情：台湾选举中的符号政治[J].选举研究，2004:11(2):1—41.；徐火炎.认知动员、文化动员与台湾2004年总统大选的选民投票行为——选举动员类型的初步探讨[J].台湾民主季刊，2005(4):31—66.；王家恩.台湾民众的制衡观——第二次政党轮替前后追踪数据的观察[D].台湾大学硕士论文，2012年.；徐嘉璘.社会阶级与投票抉择——以2008年"总统选举"分析[D].台湾大学硕士论文，2012年.；庄淑媚、洪永泰.特定政党不认同：台湾地区民意调查中关于政党认同的新测量工具[J].选举研究，2011(2):1—29.；包正豪、周应龙.台湾"原住民"选民投票参与之研究[J].台湾民主季刊，2015(2):1—38.；等.

⑤ 吴玉山.台湾"总统大选"对于两岸关系产生的影响：选票极大化模式与战略三角途径[J].远景季刊，2000(3):1—33.；陈陆辉、耿曙、王德育.两岸关系与2008年台湾"总统大选"：认同、利益、威胁与选民投票取向[J].选举研究，2009:16(2).；吴重礼.台湾政党的持续与变迁：理论与数据的对话[J].台湾政治学刊，2013(2):1—14.；关弘昌."总统选举"来临对大陆政策合作冲突方向的影响:2008年大选前的检视[J].全球政治评论，2014(46):25—42.；杨仁吉."太阳花学运"对中共对台政策之影响[D].台湾大学硕士论文，2016.；等.

有两岸权力不对称问题[①];两岸关系定位问题[②],两岸经贸交流问题[③];两岸社会文化交流问题[④];大陆对台政策问题[⑤],等。在国际环境方面,战略三角研究[⑥]、名分秩序论[⑦]有一定影响。

4. 研究特点

第一,研究成果的政治倾向鲜明。

各种研究都有深浅不一的统"独"政治倾向,使研究陷入了政治意识形态

---

① 王高成.中共不对称作战战略与台湾安全 [J]. 全球政治评论,2004(6):19—34.;庄奕琦、刘冬威.经济整合与政治冲突的关联性——以两岸关系为例 [J]. 中国大陆研究,2012(1):23—39.;阮刚猛.两岸谈判之研究——重新检视双层赛局的分析架构及其应用 [D]. 台湾中兴大学研究所,2012.;汤晏甄.两岸关系因素真的影响了 2012 年的台湾"总统大选"吗? [J].台湾民主季刊,2013(3):91—130.;蔡秀勤.中国崛起如何影响选民的投票行为:2012 年台湾"总统选举"的分析 [D].台湾大学政治学研究所硕士论文,2013.;赖沂廷."小国面对强邻主权需索下之摆荡现象:台海及乌俄主权冲突之案例分析"[D].台湾大学硕士论文,2016.

② 张亚中.两岸统合论 [M]. 台北:生智出版社,2000.;林碧珠.签订两岸和平协议之政治分析 [D].台湾大学硕士论文,2013.

③ 童振源.全球化下的两岸经贸关系 [M].台北:生智出版社,2003;耿曙.经贸交流的政治影响:中共的对台新政策与台湾的两岸研究 [J]. 中国大陆研究教学通讯,2005(71):1—6.;陈陆辉、耿曙、涂萍兰、黄冠博.理性自利或感性认同?影响台湾民众两岸经贸立场因素的分析 [J]. 东吴政治学报,2009:(2):87—125.;张智尧."中国大陆与我国总体经济连动性"[D].台湾大学硕士论文,2014.;林明萱、吴重礼.ECFA 政治扩溢效应的实证初探 [J]. 问题与研究.2015(2):125—149.;黄静惠.台湾文化创意产业政策发展过程的定位问题 (1981—2015)[J]. 国家与社会,2015(17):181—203.;韦杰.谁的利大于弊?从国际比较观点分析 ECFA 的国内分配性效果 [D]. 台湾大学硕士论文,2016.;陈映男、耿曙、陈陆辉.依违于大我、小我之间:解读台湾民众对两岸经贸交流的心理纠结 [J].台湾政治学刊,2016(1):1—59.

④ 耿曙、林琮盛.全球化背景下的两岸关系与台商角色 [J]. 中国大陆研究,2005:48(1):1—28.;王嘉州.来台陆生的政治态度与台湾主权接受程度 [J]. 台湾政治学刊,2011(2):67—113.;王嘉州、李侑洁.赴陆交流对台湾学生统一意愿之影响 [J]. 社会科学论丛,2012(2):1—34.;张凯棠.台湾陆生政策之研究:从民进党派系政治观察 [D].台湾大学硕士论文,2014.;陈慧瑜.不对称社会融纳:探讨跨两岸迁移者双重成员身份之管理政策 [D]. 台湾大学硕士论文,2015.

⑤ 沈有忠."从台湾的政治竞争推论《反分裂国家法》下的美中赛局" [J]. 远景基金会季刊,2006:7(3)105—137.;徐铭谦.中共对台政策变迁之研究 (1990—2012.3)[D]. 台湾大学"国家"发展研究所博士论文,2012.;张执中."九合一选举"后中共对台政策与两岸关系展望 [J]. 全球政治评论,2015(特集 001):87—107.;陈冠吾.中共政治继承对两岸关系之影响(1989—2012)[D]. 台湾大学硕士论文,2015.

⑥ 吴玉山.非自愿的枢纽:美国在华盛顿—台北—北京之间的地位 [J]. 政治科学论丛,2000:12(7):189—222.;初国华、张昌吉.战略三角理论与台湾的三角政治 [J]. 问题与研究,2010(1):87—110.;赖怡忠.美中经贸三角结构——对台湾作为以及美中台三边政治互动的影响 [J]. 台湾国际研究季刊,2012(3):119—140.;黎宝文.美国在两岸关系中的第三方影响:一个时间序列的分析途径 [J]. 东吴政治学报,2015(3):207—270.

⑦ 张启雄.海峡两岸在亚洲开发银行的中国代表权之争——名分秩序论观点的分析 [M]. 台北:"中央研究院"东北亚区域研究计划,2001.;王国臣、曹臻、吴重礼.儒家思想的正统观与两岸交流前景:"中国印象调查"的实证初探 [J]. 哲学与文化,2015(9):21—44.

的争论。研究成果可以分为两类：一类是学理性较强的专著或论文。影响较大的专著有：黄国昌的《中国意识与台湾意识》，王明珂的《华夏边缘：历史记忆与族群认同》，卢建荣的《分裂的国族认同：1975—1997》，石之瑜的《后现代的国家认同》，江宜桦的《自由主义、民族主义与国家认同》，张茂桂的《族群关系与国家认同》，施正锋的《族群与民族主义——集体认同的政治分析》，林震的《论台湾民主化进程中的国家认同问题》，卢义辉的《台湾意识的多面向》，石之瑜的 *Democracy Made in Taiwan*，刘文斌的《台湾国家认同变迁中的两岸关系》，高格孚的《风和日暖台湾外省人与国家认同转变》等。论文集有：施敏辉主编的《台湾意识论战选集》，台湾历史学会主编的《国家认同论文集》，李源禧的《国家认同学术研讨会论文集》，夏朝基金会编辑的《中国意识与台湾意识：一九九九澳门学术研讨会论文集》，台湾国际研究学会主编的《国家认同之文化论述学术研讨会：会议论文集》等。毕业论文有：魏嘉男的《国家认同理论与台湾经验论述之研究》，林姮妤的《台湾国家认同争议之研究》，高谱镇的《从政治哲学论述探讨多元族群国家认同的形塑》，陈佳宏的《战后台湾独立运动之发展与演变（1945—2000）》等等。这类著作的学术性强，侧重于从理论上研究影响政治认同形成与变迁的因素。自由主义、民族主义以及社会主义与国家认同之间的关系以及宪政、族群、文化与国家认同的关系是其解读的主要路径，并以此为基础对两岸关系的历史进行重新解读，对国家认同的建构提出各自的构想。其间，西方政治哲学中探讨多元族群认同问题的一些流行的理论观点，诸如，Dworkin 的整全性自由主义共和体、Gray 的价值多元论以及Machiavelli 的公民共和主义思想等都被拿来作为构建所谓台湾的国家认同的理论依据。另一类是为现实政治服务的，如史明的《台湾民族主义与台湾革命》，陈隆志的《台湾的独立与建国》，施正锋的《台湾人的民族认同》《民族认同与台湾独立》以及《台湾独立建国联盟的故事》，李登辉的《慈悲与宽容》《新时代台湾人》，彭明敏的《彭明敏看台湾》等。这类著作偏重于阐述台湾民族主义与台湾政治认同变迁的关系，具有强烈的政治倾向，作者持明显的分裂主义立场。有些观点异化为"台独"的重要理论依据。

第二，研究成果的学理性较强。

台湾学者比较注重汲取西方政治学、社会学甚至心理学的研究成果，较多引用族群认同理论、政治社会化理论、社会整合理论等对国家认同问题展开论述。如，Benedict Anderson 的"想象共同体理论"（Imagined Community），Louis Snyder 的"少数民族主义"理论 (Mini-Nationalism) 与"大型民族主义"

理 论（Macro-Nationalism），Gregorn Henderson、Richard Ned Lebow 与 John G. Stoessinger 所提倡的"分裂到统一的四个阶段理论"，Ernst Haas、Joseph Nye 等主张的整合理论（integration theory）以及博弈论（Game Theory）等。学者们运用西方学者所提出的理论来解释两岸关系变迁现象、发展现状并预测其未来走向，在两岸关系上尝试进行了各种理论探索，形成了自己的理论主张，如魏镛的"多体系国家论"与"迈向民族内共同体"理论，高朗的两岸整合理论，张五岳的"分裂国家模式"，吴玉山的"大小政治实体模式"，张亚中的"一中三宪"主张等①。虽然对此问题两岸各持己见，但他们的研究对两岸关系事实的分析与解释开拓了研究的视野，所提供的方案可为今后的两岸统一提供选择，这是对两岸关系发展的学术贡献，值得肯定。另外，研究成果理论与实证相结合，出现了一批有学术含量的实证研究成果，对于台湾民众的国家认同现状、发展趋势进行了细化的、定量的分析。客观地说，在两岸政治关系的理论建构方面，台湾学者走在大陆学者前面。

第三，学术观点丰富多元。

台湾学者的"国家认同"研究基本形成三个流派。一是"民族主义国家认同观"。重点在论证台湾是否已具备一个"独立的民族国家"的条件，或只是中国的一个组成部分。二是"自由主义国家认同观"。强调宪制制度或公民权利是决定一个人国家认同感的关键，族群归属或文化传统都不是决定性的因素。三是"激进主义国家认同观"。主张相对于社会中被剥削的边缘族群（女性、劳工、同性恋、残障、少数民族）来说，"国家认同"是个次要问题，不应该在台湾社会占有如此重要的地位，只有超越统"独"，诉诸边缘战斗和国际性结盟，才能面对真正的问题②。

第四，理论运用的争议性突出。

与台湾学者善用理论相伴而生的是其理论运用的争议问题也十分突出。主要存在三方面的问题。一是其理论运用的模糊性。这部分研究的初衷是想为台湾民众混乱的"国家认同"做出合理、正常的解释，但是，由于研究设置的前

---

① 如，张亚中借鉴欧洲经验探讨两岸统合的前景，认为解释欧盟一体化进程的"新功能主义"理论可适用于两岸政治整合的过程，即不是直接由"联邦主义"方式实现统一，而是以"超国家主义"与"政府间主义"双轨方式，仿效欧洲共同体，创造一个除了两岸各自完整的法律主体之外的"两岸共同体"，即非国际法人的"第三主体"。当然，这一理论虽然含有两岸走向统一的价值导向，但强调台湾在过渡期享有完整的法律主体性，与大陆坚持的主张有一定距离。参见：张亚中.两岸统合之理论与实践：欧盟经验的启示 [J]. 美欧季刊，2000(1):35—81.

② 江宜桦.自由主义、民族主义与国家认同 [M]. 台北：扬智文化事业股份有限公司，1998.

提条件是在不改变两岸关系的现状下走出认同的冲突和混乱的困境，因此，研究中通常存在概念不清和逻辑混乱等问题。主要问题是对理论的核心概念的界定不清晰，容易引起歧义。如，张亚中在论述其"两岸治理""两岸共同体""一中三宪"等主张时，对涉及两岸关系的许多概念，诸如，"主权""主体性""第三主体""整个中国""中华人民共和国""中华民国""家人"等，特别是具有强烈政治意义的"主权"和"主权性"等概念，通过从政治学的"主权"概念中分离出来的手法予以模糊处理，使其理论模式缺乏可操作性。又如魏镛曾提出的"民族内共同体"概念，用以说明海峡两岸并未分裂为两个国家，而是彼此竞争的两个政治体系。"双方均可与其他国家建立'外交'关系及加入国际组织而不违背'一个中国'原则"。这里所说的"一个中国"是指"历史、地理、文化的中国"，这与大陆坚持的一个中国原则有相当距离。所谓"两岸可以与其他国家'建交'及加入国际组织而不违背'一个中国'原则"，也有难以自圆其说之嫌①。二是其理论运用的局限性。最突出的问题是一厢情愿地把国际关系理论运用于两岸关系的解读，无法引起两岸的共鸣。台湾学者在分析、解读两岸关系时普遍运用了国际关系中的现实主义理论、新自由主义理论、建构主义理论和治理整合等理论，将两岸关系等同于国际关系加以处理，不符合两岸关系的历史与事实，使其解决问题的构想缺乏完整的理论支持和明确的法律基础。三是其理论运用的片面性。两岸关系和平发展需要创新思维，包括理论的发展与创新。建构主义理论成为为台湾问题解套的一个新的解释途径，台湾学者所提出的各种理论主张中都有深厚的建构主义理论色彩，这些理论构想为解决两岸矛盾中最为根本的两岸集体认同的差异和对立提供了新思路。但是，建构主义理论的运用也存在片面倾向，这也削弱了其理论的说服力。如，一些学者将Benedict Anderson 的"想象共同体理论"作为建构新群体认同的理论依据，为"台独"势力推动"去中国化"的"台湾民族主义教育"提供工具。正如台湾学者所言，"台湾近年来对中国的逐渐失忆，以及重塑本土历史记忆的风气相当明显"，"历史失忆与重建历史记忆成为台湾人试图脱离中国、建立本土认同的工具"②。又如，当"族群民族主义"建构遭遇困难后，亲绿学者转而经营以"公民民族主义"为内容的"国家建构"理论。再如，少数学者故意忽视"民族""种族"和"社会群体"(nationality、race、community) 的差别并予以理论推演，这

---

① 魏镛.迈向民族内共同体：台海两岸互动模式之建构、发展与检验 [J]. 中国大陆研究，2002(5):1—55.

② 王明珂.台湾与中国的历史记忆与失忆 [J]. 历史月刊（台湾），1996(10):34—40.

种畸形变态的概念杂合恰恰被"台独"人士利用，以作为其理论的起点和基础，并借此掩饰了"台独理论"在逻辑展开上所陷入的不可自拔的矛盾。

二、大陆学者的研究状况

1980 年厦门大学台湾研究所的成立标志着大陆学者台湾政治研究的肇始。整个 80 年代，大陆学者的研究题材基本局限于台湾政局的动态分析。进入 90 年代，大陆学者的研究开始涉足政治选举、政治心态和政治团体等议题，有关台湾民众的"国家认同"问题也随之进入学者的视野。90 年代的研究内容集中于"一国两制"问题的阐述和台湾的政治地位的论述。其中公开发表的论文中以刘国深于 1999 年发表于《台湾研究集刊》的《两岸政治僵局的概念性解析》最为引人注目。2008 年以来，有越来越多的大陆学者开始涉足两岸政治认同问题研究，并发表了相当数量的学术论文和研究报告，也有少量专著问世。

1. 20 世纪 90 年代：起步阶段

20 世纪 90 年代，伴随着"台独"势力的发展和台湾当局的"本土化""民主化""国际化"和"去中国化"政策措施，台湾岛内出现了"一国两区两个政治实体""务实外交""重返联合国"等冲击两岸政治关系、影响台湾民众政治认同的论调和行动，大陆学者对此进行了有针对性的批判和研究，主要议题涉及两岸政治定位、台湾的"务实外交"以及台湾民众的统"独"态度等问题。

关于两岸政治定位。1987 年两岸隔绝状态被打破之后，双方交流、协商中的身份问题开始凸现，两岸政治定位问题更是首当其冲。针对岛内出现的"对等政治实体""两国论"等分裂言论，学者们从酝酿、演变及形成过程、背景与意图、政策定位、国际法等角度进行了剖析[①]。在两岸政治定位问题上，学者们坚持一个中国原则是政治与法律基础，"一国两制"模式是解决台湾问题的最佳路径，并对"一国两制"问题进行了全面阐述。

关于台湾的"务实外交"。1992 年，台湾当局把重返关贸总协定放在对外关系的重要位置，1993 年则以"参与联合国"作为其"外交"的首要目标。大陆学者认为这两大举措标志着台湾当局的"弹性外交"已经超越"金钱外交"的运作阶段，而进入了一个新的值得预警的阶段，于是，围绕台湾当局的"务

---

① 杨立宪、王景舜."对等政治实体论"剖析 [J].台湾研究集刊，1992(2):9—15.；楼庆红."国家承认"的性质和作用——试析"国家承认"的"构成说"与"宣告说" [J].国际关系学院学报，1996(4):7—13.；黄长山.论国家承认和政府承认的性质 [J].国际关系学院学报，1999(2):5—8.；等.

实外交"活动，尤其是"重返联合国"的行动，学者们从问题的背景、台湾当局的策略方式、台湾当局的主要论调及理论支持、参与活动所面临的问题及政治影响等展开了批判性研究 ①。

关于台湾民众的统"独"态度。随着大陆学者对国民党主导的"宪政体制改革"和台湾的政治体制、政治生态关注的深入，发现台湾社会的"国家认同"危机日益严重。对此，学者们对台湾民众对统一的心态、"宪政体制"改革对台湾"国家认同"问题的影响、国民党的政策转变及相关作为对台湾"国家认同"问题的影响等现状和原因进行了分析 ②。

2. 21世纪：研究的深化阶段

进入21世纪后，台湾岛内政局的变迁直接导致两岸关系出现较大波折。陈水扁执政时期的"台独"挑衅行为使两岸政治关系再趋紧张，"台独"与"反台独"的斗争成为两岸关系中的主题，也成为学者探讨的新议题 ③。马英九上台后，两岸关系柳暗花明，进入和平发展新时期，如何构建和谐的两岸关系，推动两岸政治关系的发展成为现实问题。在此背景下，学者们怀着强烈的政治关怀，将两岸关系中出现的有关台湾民众的政治认同问题作为重点研究领域加以拓展。短短几年间，取得了丰硕的成果。已有的研究中，除了少量的涉及政治认同的基本内涵、实现路径等理论问题的探讨外 ④，大量的研究围绕台湾民众国家认同异化问题，从基本现状、影响因素、对策建议等多重视角展开比较全面的分析。

关于国家认同危机的现状。台湾民众国家认同的迷茫和分歧是完成祖国统

① 李义虎.关于台湾"参与联合国"问题的重点剖析 [J].台湾研究，1994(3):45—52.;陈萍.试析台湾当局的"务实外交"[J].当代亚太，1996 (4)65—69.;刘文宗.从国际法论台湾"参与"联合国的非法性 [J].台湾研究，1997(1):16—19.;黄勇.论台湾参加政府间国际组织的国际法问题 [J].政法论丛，1999 (3):23—26.;蔡洋.从国际组织法角度论台湾不能"重返国际组织"[J].福建法学，1999(4):3—6.;等.

② 胡公展.论"本土化"对台湾社会的政治影响 [J].中央社会主义学院学报，1991(5):47—49.;林劲.浅析现阶段台湾的"国家认同"危机 [J].台湾研究集刊.1993(3):10—19.;郭志翔、杨传荣.台湾民众对统一的心态 [J].台湾研究集刊，1994(4):16—24.;刘国深.试论百年来"台湾认同"的异化问题 [J].台湾研究集刊，1995(3):95—102.;朱卫东.从民意调查看台湾民众统"独"趋向 [J].台湾研究，1998(4):40—44.;张华军.要警惕把"维持现状"引入歧途 [J].统一论坛，1998(6):57—58.;刘国深.台湾政治文化"脱中国化"现象刍议 [J].台湾研究集刊，1996(4):1—7.;等.

③ 马英范.九十年代"台独"分裂活动特点与中共反对"台独"斗争及经验 [D].首都师范大学硕士论文，2004.;郭艳.《反分裂国家法》与台湾社会"国家认同"的塑造 [J].北京联合大学学报 (人文社会科学版)，2005(4):88—91.;等.

④ 刘相平.两岸认同之基本要素及其达成路径探析 [J].台湾研究，2011(1):1—6.;陈孔立.两岸认同过程的五个阶段 [J].台湾研究集刊，2012 (6):1—6.;廖坤荣.台湾民众的两岸认同：基于社会选择理论的分析 [J].现代台湾研究，2016(6):91—97.;等.

一大业的深层障碍。经过 1990 年代的政治转型和 2000 年的政党轮替,岛内民众的国家认同感日益下降,国家认同出现严重异化危机①。学者们的研究视角主要集中在以下几个方面:一是台湾民众国家认同的历史演变②。侧重于从思想领域和社会运动两个维度对变异情况进行梳理。二是台湾民众"国家认同"的基本现状。既有对民众的统"独"立场、身份认同、政党支持等问题的量化分析③,也有对民众"恐中""反中"等心理状态的社会学分析④。三是年轻世代的"国家认同"问题⑤。随着接受台湾课纲改革成长起来的台湾青年一代开始拥有政

---

① 林震.论台湾民主化进程中的国家认同问题 [J].台湾研究集刊,2001(2):67—77.;胡文生.台湾民众"国家认同"问题的由来、历史及现实 [J].北京联合大学学报,2006(6):83—88.;张羽.二十年来台湾民众集体记忆与文化认同研究——以台湾的博物馆为观察场域 [J].台湾研究,2009(4):13—17.;李文艺、周丽华.台湾社会统"独"意识消长成因及发展新态势 [J].台湾研究,2011(2):38—43.;林特.台湾民众的"国家认同"问题研究 [D].首都师范大学硕士论文,2013.;潘雨、李涛.后 ECFA 时期台湾民众认同危机及解决路径问题研究——基于"和合主义"理论范式的思考 [J].台湾研究,2013(2):28—32.;廖中武.台湾民众"国家认同"的困局与解构——对"一个中国"内涵的再思考 [J].现代台湾研究,2013(5):28—33.;陈孔立.两岸文化断裂的历史与现实 [J].台湾研究集刊,2016(2):1—9.;张顺.台湾文化认同的潜在危机探析 [J].台湾研究,2016(3):76—81.;罗筱霖.新变局下台湾民众两岸认同异化及解决路径探讨 [J].台海研究,2016(3):10—20.;等.

② 罗霞.1945 年以来台湾民众国家认同演变研究 [D].汕头大学硕士论文,2003.;刘克辉.近代以来台湾民众对祖国统一问题认识的心理变迁 [J].史学月刊,2004 (12):116—119.;刘强.岛内"社会台独"动向论析 [J].中央社会主义学院学报,2015(6):88—71.;杨冬磊.浅析"台湾人认同"政治文化意涵的历史变迁 [J].现代台湾研究,2016(4):17—22.;等.

③ 孙升亮.三重结构下的台湾统"独"民意探析 [J].台湾研究,2009 (3):30—36.;张羽、王琨.近二十年台湾知识分子的文化论争与身份认同研究 [J].台湾研究,2011(6):34—38.;陈榕三.ECFA 时代岛内民意变化分析 [J].现代台湾研究,2011(5):20—24.;郝沛然.马英九执政以来台湾民众统"独"倾向及其背景 [J].现代台湾研究,2013(5):21—27.;李秘.台湾选民的政党认同——基于 2004、2008、2012 年三次"总统选举"的分析 [J].台湾研究集刊,2013(2):27—32.;徐青.对当前岛内民意特点的观察与思考 [J].现代台湾研究,2014(3):13—17.;祝捷、赖彦君.台生政治偏好和投票倾向调研报告——以中部某地区高校台生群体为样本 [J].台湾研究,2015(3):26—37.;等.

④ 陈孔立."台湾人"群体对中国大陆的刻板印象 [J].台湾研究集刊,2012(3):1—6.;俞新天.台湾人对大陆负面态度的非理性因素探索——基于社会心理学的研究 [J].台湾研究,2015(3):1—8.;沈惠平、邓小冬.试析部分台湾民众的"恐中"情绪——一种群际情绪理论的视角 [J].台湾研究集刊,2015(6):8—15.;陈晓晓.略论台湾民众对大陆的偏见心理 [J].现代台湾研究,2015(4):37—44.;王晓虎.台湾"反课纲"青年的"群体偏执"——基于社会心理学的分析 [J].台海研究,2015(4):47—52.;沈惠平.试析部分台湾民众的"反中"情绪———一种怨恨情绪的视角 [J].台湾研究集刊,2016(6):48—54.;等.

⑤ 郭艳.台湾"年轻世代"国家认同的现状及成因分析 [J].台湾研究,2011(3):29—33.;刘凌斌.两岸大交流背景下台湾青年的"国家认同"研究 [J].台湾研究,2014(5):10—18.;鲁洪柯.浅析当代台湾青年的"国家认同"问题 [J].现代台湾研究,2015(3):29—33.;孙云、庄皇伟.以"共同体"视角探析台湾青年认同问题 [J].现代台湾研究,2015(3):23—28.;郑振清.台湾新世代社会运动中的"认同政治"与"阶级政治" [J].台湾研究,2015(3):9—15.;张宝蓉.台湾青年文化认同的建构与困境——基于学校教育的视角 [J].台湾研究,2015(4):14—22.;王鸿志.台湾青年世代认同问题初探——基于国家认同的社会分化及其演变 [J].台湾研究,2016(3):66—75.;等.

治参与的权利，青年世代的国家认同问题也逐渐进入学者的视野。四是"反服贸运动"及其影响①。"反服贸运动"折射了两岸"政经背离"的严峻现实，运动发生后，学者们进行了集中评析。

关于国家认同危机的成因。国家观念的形成是现代民族国家赖以存在的基础，影响台湾民众"国家认同"的变迁有诸多因素，既有岛内政治环境造成的误导，也有来自美国等国际因素所造成的障碍，同时也不能忽视两岸博弈过程中大陆对台政策所产生的影响。因此，学者们对于台湾民众的"国家认同"异化的原因进行了多角度、多层次的分析。

首先，台湾的政治环境是台湾民众"国家认同"错位的主要因素。学者们从政党政治②、宪政改革③、大陆政策④、"去中国化"⑤、"台湾意

①　严安林.台湾"太阳花学运"：性质、根源及其影响探析 [J].台海研究，2014(2):1—8.；郭中军.试论"反服贸风波"的民粹主义性质 [J].台海研究，2014(4):34—40.；王永志、寿建敏."反服贸风波"对两岸经贸关系影响分析 [J].台海研究，2014(4):48—56.；王英.关于"反服贸运动"对两岸关系影响的思考 [J].台湾研究，2015(5):30—37.；邓文、姚丹萍.台湾"反服贸"运动是如何成势的——基于资源动员理论的观察 [J].台湾研究，2016(6):25—35.；等.

②　周大计.政权轮替对台湾民众心态及其政治参与的影响 [J].台湾研究，2003(3):21—30.；范希周主编.台湾政局与两岸关系 [M].九州出版社，2004.；孟立峰.台湾地区政党政治及其对岛内统"独"发展的影响 [D].浙江大学硕士论文，2005.；严安林.台湾政党政治发展基本特征与走向及对政局的影响 [J].现代台湾研究，2011(3):1—4.；倪永杰."九合一"选举牵动台湾政局与两岸关系嬗变 [J].台湾研究，2015(1):18—21.；廖中武.政党轮替后台湾民众"国家认同"的变化及原因分析——政治社会化视域下的解读 [J].东南学术，2015(6):50—57.；张冠华.台湾政党再轮替后两岸经济关系走向探析 [J].台湾研究，2016(5):1—8.；程光.台湾政治生态的新变化及对两岸关系的影响 [J].现代台湾研究，2016(4):6—10.；湛玉钊.民进党执政后两岸政策及对两岸关系的影响 [J].现代台湾研究，2016(5):37—43.；等.

③　林小芳.九十年代以来台湾"宪政改革"对"国家认同"的影响 [D].厦门大学硕士论文，2001.；李鹏."宪改"争议与台湾"宪政秩序"塑造中的"国家认同" [A].2006台湾政治发展学术研讨会论文集 [C].2006.；雷洪峰.从台湾"宪政改革"看渐进式"台独"的推动轨迹 [D].首都师范大学硕士论文，2004.；刘国深.台湾地区"宪政改造"对国家统一的影响 [A].2006台湾政治发展学术研讨会论文集 [C].2006.；林震.台湾"宪政改革"对一个中国原则的影响 [J].现代台湾研究，2008(5):29—33.；王坤宇.论台湾"宪政改革"及其影响 [D].广西师范大学硕士论文，2011.；等.

④　陈以定.台湾当局统"独"政策的"国家认同"观 [J].长春大学学报，2009(1):89—92.；宋二姝.台湾当局两岸政治定位及影响因素分析 [D].复旦大学博士论文.2005.；王忍.民进党大陆政策发展及影响研究 [D].中央民族大学硕士论文，2012.；周忠菲.民进党大陆经贸政策调整趋势初探 [J].现代台湾研究，2013(4):47—52.；陈星.民进党两岸关系基本认知及对大陆政策的影响 [J].现代台湾研究，2014(5):53—59.；董宁.马英九当局的大陆政策分析 [D].外交学院硕士论文，2015.；朱卫东.民进党"台独"路线转型的轨迹与规律之探讨——兼论蔡英文两岸政策的变与不变 [J].台湾研究，2015(1):47—56.；严泉、陈和丰.统"独"之争与台湾地区"两岸人民关系条例"的制定 [J].台湾研究，2015(3):38—43.；朱磊.马英九与蔡英文执政时期两岸经济关系比较 [J].台湾研究，2016(5):17—23.；杨芳.台湾陆配政策之检视 [J].台湾研究集刊，2016(1):22—30.；等.

⑤　陈孔立.台湾"去中国化"的文化动向 [J].台湾研究集刊，2001(3):1—11.；谢郁、刘佳雁.台湾当局"去中国化"的实质与危害 [J].统一论坛，2002(2):10—12.；邹振东.台湾政治文化

识"①等多种视角对此进行了分析，并一致认为，"台独"势力的误导是台湾民众"国家认同"异化的关键因素。

其次，台湾问题的解决也面临复杂的国际环境，各种国际因素是台湾民众"国家认同"异化的重要外部因素。其中，美国无论过去、现在还是将来都是影响两岸关系最重要的国际因素。学者们主要通过对美国对台政策的宏观研究，揭示美国因素在两岸关系和平发展进程中的影响②，也有部分学者关注了"反服贸运动"中的美国因素③。此外，日本对台湾50年殖民统治留下久远而深刻的影响，导致日本对台滋生浓重的"台湾情结"，其对台政策，尤其是右翼势力

的符号变迁研究 [D]. 厦门大学博士论文，2007.; 刘兴民. 战后台湾中小学历史教育与教科书的演变 [J]. 历史教学，2005(6):57—62.; 李理. "去中国化"的台湾中学历史教科书编纂 [J]. 台湾研究集刊，2008(2):26—36.; 赵洪. 民进党执政以来的"去中国化"问题研究 [D]. 首都师范大学硕士论文，2008.; 范鹏. 台湾政治转型中的"民主台独化"问题研究 [D]. 北京交通大学硕士论文，2010.; 沈平. 台湾地区中小学教科书审查制度的历史演变 [D]. 福建师范大学硕士论文.2011.; 吴维旭. 民进党民粹式政治动员研究 [D]. 福建师范大学硕士论文，2011.; 孙静. 试论台湾公民社会的形成及发展 [D]. 外交学院硕士论文，2012.; 李理. 台湾高中历史课程纲要修订评析 [J]. 台湾研究，2016(2):86—94.; 张宝蓉、王贞威. 当前台湾中小学社会学习领域教科书的价值取向及其影响 [J]. 台湾研究集刊，2016(4):87—94.; 庄吟茜. "一国两制"在台湾的污名化：剖析与澄清 [J]. 台湾研究，2016(1):31—38.; 等.

① 孙云、刘盛.90年代以来台湾民众"国家认同"危机的成因分析——一种"斯德哥尔摩现象"的解读 [J]. 台湾研究，2009(4):7—12.; 周伟. "台湾主体意识"的由来和影响 [J]. 现代台湾研究，2011(2):22—27.; 路阳. 从"民族"塑造到"国家"建构——早期"台湾民族论"述析 [J]. 现代台湾研究，2011(3):9—14.; 孙云. 从"我群"到"他者":20世纪90年代以来台湾民众认同转变的成因分析 [J]. 台湾研究集刊，2013(3):8—14.; 王建民. 试论"台湾主体意识"的形成、特性及与"台湾意识"之异同 [J]. 台湾研究，2013(3):30—34.; 胡本良. 论"台独"话语权对岛内政治生态的影响 [J]. 台湾研究.2014(6):38—47.; 刘强. 岛内"价值台独"论析 [J]. 现代台湾研究，2015(6):20—26.; 邓婧、陈先才. 后殖民遗绪与台湾"主体性"意识建构 [J]. 台湾研究，2016(6):15—24.; 等.

② 孙少萍. 台湾问题的由来与美国对台湾问题政策演变 [D]. 东北师范大学硕士论文，2002.; 张春燕. 中美台在台湾问题上的政策回顾与思考 [D]. 内蒙古师范大学硕士论文，2003.; 邵育群. 美国国会与台湾拓展国际空间的图谋——以支持台湾参加世界卫生组织为个案 [J]. 国际观察，2003(3):75—79.; 魏晓东. 后冷战时期台湾问题中的美国因素研究 [D]. 东北师范大学硕士论文，2006.; 冯甲斋. 冷战结束后美国对台政策及其对两岸关系的影响 [D]. 东北大学硕士论文，2009.; 柳红霞. 遏制中的平衡：两岸统一进程中的美日因素分析及对策 [J]. 社会主义研究，2011(6):116—121.; 叶成城. 台湾"国际空间"问题上的两岸因素与中美互动博弈 [D]. 上海社会科学院硕士论文，2012.; 王公龙、郭小琴. "重返亚太"视域下美国台海政策调整的新动向及其影响 [J]. 台海研究，2013(1):71—78.; 张华. 美国对台湾"政治安排"的政策及影响 [J]. 台湾研究，2014(3):70—78.; 刘佳雁. 美国对台湾当局地位的基本立场评析 [J]. 现代台湾研究，2015(5):23—30.; 邵育群、严安林. 中美"新型大国关系"构建及对两岸关系和平发展影响 [J]. 台湾研究集刊，2015(5):9—16.; 江振鹏. 新世纪以来"美国在台协会"与美国对台湾的公共外交 [J]. 台湾研究集刊，2015(3):31—39.; 等.

③ 李家泉. 美国在台湾"反服贸学运"中所扮演的角色 [J]. 现代台湾研究，2014(4):39—41.; 钟厚涛. 浅析美国在台湾"反服贸运动"中的双重角色及其影响 [J]. 现代台湾研究，2015(2):14—21.; 等.

对"台独"的扶植与支持，成为中国政府解决台湾问题过程中必须慎重对待的问题。学者们在对台湾问题的日本因素的研究过程中，通过对"台独"势力的"日本情结"和日本右翼势力的"台湾情结"的剖析，以及日本的对台、对华政策，阐述了日本因素的消极影响①。如果说学者们对美、日因素的影响更多地挖掘它的消极因素，那么对欧洲因素的分析则更多地注重欧洲一体化的经验借鉴与启示②。

再次，我党为实现祖国统一，根据两岸形势变化，不断调整对台政策理论以及实际问题的处理方法，对争取台湾民心、促进祖国统一产生了重要影响。学者们关注的主要议题有：大陆的对台方针政策③、台湾的"国际空间"问题④、

---

①　孙立祥."台独"势力的"日本情结"问题 [J]. 日本学论坛, 2003 (3):42—45.; 孙立祥. 战后日本右翼势力与"台独"运动 [J]. 东北师大学学报. 2003 (4):44—51.; 孙立祥. 战后日本右翼势力与海峡两岸统一 [J]. 中共天津市委党校学报, 2003(2):15—21.; 张伊丽; 台湾问题的日本因素研究 [D]. 华东师范大学硕士论文, 2004.; 吕萍."台独"之美国和日本因素研究 [D]. 暨南大学硕士论文, 2005.; 蒋敏敏. 冷战后日本对台政策新动向与中国的对策分析 [D]. 南京师范大学硕士论文, 2006.; 巴殿君. 冷战后日本对台湾政策研究 [D]. 吉林大学博士论文.2009.; 方胜虎、董秀兰. 试析日本在台湾问题中的消极影响 [J]. 社会科学战线, 2011 (2):264—265.; 孙立祥. 驳冈崎久彦的"台湾分离论" [J]. 华中师范大学学报 (人文社会科学版), 2011 (6):67—73.; 曹冰. 台湾问题中的日本因素研究 [D]. 外交学院硕士论文, 2012.; 徐倩如. 海峡两岸关系中的日本因素研究 [D]. 华中师范大学硕士论文, 2015.; 等.

②　邢瑞磊. 国家认同、欧洲认同与欧洲一体化进程 [D]. 河北师范大学硕士论文, 2006.; 房乐宪. 欧洲一体化经验对海峡两岸交流与合作的启发意义 [J]. 世界经济与政治论坛, 2008(1):24—31.; 郭盼盼. 冷战后欧盟对台湾政策研究 [D]. 吉林大学硕士论文, 2011.; 等.

③　张运洪. 党的第三代领导集体的对台政策及其对祖国统一的影响 [J]. 上海党史与党建, 2002(1):34—38.; 宿振裕. 二〇〇〇年以来中国共产党的对台政策研究 [D]. 清华大学硕士论文, 2005.; 祝大勇."寄希望于台湾人民"方针的演变及对策研究 [D]. 清华大学硕士论文, 2007.; 周志怀. 新时期对台方针政策的纲领性文献 [J]. 两岸关系, 2009(1):17—18.; 古少华. 中国共产党的对台政策和两岸关系的发展研究 [D]. 西南大学硕士论文, 2010.; 吴丽娜. 新世纪以来中国共产党对台湾政策的演变 [D]. 吉林大学硕士论文.2011.; 刘明厚."硬核"与"保护带"视角下的大陆对台政策解读 [J]. 现代台湾研究, 2012(1):10—14.; 于小英. 党的十六大以来两岸关系和平发展思想的提出与创新 [J]. 中央社会主义学院学报, 2011(5):86—90.; 李芬芬、向昌隆. 对台方针策略调整与台湾民众心态——对制定两岸交流方针政策的建议 [J]. 海南师范大学学报 (社会科学版), 2011(S1):65—68.; 沈惠平. 认知变迁对大陆涉台政策之影响评析 [J]. 台湾研究集刊, 2012(5):17—23.; 等.

④　李炜. 台湾参与国际活动问题的再思考 [J]. 台湾研究集刊, 2010(1):50—58.; 陈先才. 台湾参与联合国专门机构问题研究 [J]. 台湾研究, 2011(3):45—49.; 曾润梅. 台湾参与国际组织活动的现状及模式评析 [J]. 台湾研究, 2015(4):70—79.; 盛九元. 台湾的"国际空间"问题与两岸关系发展 [J]. 现代台湾研究, 2016(2):13—19.; 等

改革开放及其影响[①]、两岸高层互动[②]、涉台外交[③]、涉台宣传[④]等。

关于增强国家认同的路径思考。虽然解决台湾问题有武力和和平两种统一方式，但是，和平方式始终是第一选项。2008年后，两岸关系出现重大转折，步入和平发展轨道，这给学术界研究两岸间和平发展、政治对话、政治互信等议题提供了极好的环境，短短几年间涌现了一批研究成果[⑤]。从和平思路出发，根据两岸关系的现状，学者们着重从经济和文化两个方面对促进台湾民众国家认同的路径进行了探讨。通过对两岸经济与政治的互动关系的阐述[⑥]，以及两岸

---

① 陈孔立.台湾民众面对"中国大陆崛起"的复杂心态 [J].台湾研究集刊, 2013(3):1—7.;刘相平.大陆的全面改革与两岸关系和平发展 [J].台湾研究, 2014(1):10—11.;等.

② 刘凌斌.浅析"习马会"的成果、意义与影响 [J].现代台湾研究, 2015(6):1—7.;朱卫东."习马会"的四大突破 [J].台海研究, 2016(1):1—6.;齐鹏飞.习近平"巩固和深化两岸关系和平发展"新论初探 [J].台湾研究, 2016(2):1—15.;黄继朝.从"习马会"来看2005年以来的两岸高层领导人会晤——一种交往实践的分析模式 [J].台湾研究, 2016(5):34—42.;李秘.习近平"国家统一思想"初探 [J].台海研究, 2016(2):10—18.;郑剑.习近平对台战略思维特征研究 [J].台海研究, 2016(2):19—26.;张文生.习近平对台重要思想解析 [J].台海研究, 2016(2):27—32.;陈斌华、鞠海涛.新形势下做好对台工作的根本指引——习近平对台工作重要思想初探 [J].台海研究, 2016(4):1—9.;等.

③ 刘红.新形势下的"涉台外交" [J].国际问题研究, 2010(4):7—10.;郭震远."涉台外交政策演变过程及其特点和主要影响因素"(1949—2007)[J].国际问题研究, 2011(6)20—30.;王猛.两岸对外关系对台湾民众国家认同之影响分析 [J].现代台湾研究, 2011(6):1—7.;俞新天.两岸在涉外领域合作的经验及前景 [J].现代台湾研究, 2012(3):12—15.;孔祥锋.中国"涉台外交"研究 [D].外交学院硕士论文, 2012.;童立群.涉台外交的经验与启示 [J].现代台湾研究, 2013(3):16—21.;杨立宪.新形势下如何处理涉台外交问题探讨 [J].北京大学学报(哲学社会科学版), 2016(6):139—145.;等.

④ 南燕.论反"台独"斗争中的舆论战 [D].南京师范大学硕士论文, 2005.;杨家勤、毛浩然.大陆官方媒体涉台话语模式及其权威属性 [J].福建师范大学学报(哲学社会科学版), 2012(1):130—136.;王英津.大陆涉台"一国两制"宣传及研究中的问题与建议 [J].重庆社会主义学院学报, 2012(2):53—55.;黄嘉树、刘文科.台湾民众国家认同变迁中的新闻传播因素分析 [J].北京联合大学学报(人文社会科学版), 2014(4):37—42.;等.

⑤ 唐桦.主观博弈论视角下的两岸政治互信初探 [J].台湾研究集刊, 2011 (6):6—14.;黄小勤.从认知局看两岸政治互信 [J].理论参考.2012(8):37—40.;刘国深.两岸和平发展价值观社会化探析 [J].台湾研究集刊, 2012(6):7—13.;刘佳雁.两岸关系和平发展重要思想的形成与内涵 [J].现代台湾研究, 2013(6):1—7.;林红."渐进"及"有选择的激进"：两岸关系和平发展的路径选择 [J].台湾研究集刊, 2013(4):21—28.;汪曙申.互信与两岸关系和平发展：制度的分析 [J].台湾研究集刊, 2013(5):16—23.;沈惠平.社会认知与两岸互信的形成 [J].台湾研究集刊, 2013(1):7—13.;林劲.关于两岸政治对话问题的若干思考 [J].现代台湾研究, 2014(Z1):27—32.;张文生.两岸关系和平发展的机遇与挑战 [J].现代台湾研究, 2014(Z1):40—44.;吴能远.两岸关系和平发展重要思想初探 [J].台湾研究, 2014(1):15—20.;邵宝明.进一步深化两岸政治互信的思考 [J].现代台湾研究, 2014(Z1):18—22.;董玉洪.两岸政治互信的现状问题与思考 [J].现代台湾研究, 2014(Z1):23—26.;等.

⑥ 王华、邓利娟、范芹.两岸经济相互依存的概念与度量方法 [J].台湾研究集刊, 2013(2):49—60.;周丽华.试论两岸政经关系的互动轨迹和发展方向 [J].现代台湾研究, 2013(3):9—15.;刘凌斌.两岸政经互动：理论探索与路径选择 [J].台湾研究集刊, 2013(6):40—46.;刘国奋.两岸政治与经济关系互动问题探讨 [J].现代台湾研究, 2013(4):5—11.;唐永红.两岸经济合作的政治效应问题探

经贸交流的政治影响的实证分析 [1]，学者们强调经济整合是政治统一的重要基础。通过研究中华民族文化精神、两岸文化关系、两岸文化交流等，学者们充分论证了台湾与大陆同属 "中华民族"，加强两岸文化交流是引导台湾民众国家认同的有效途径 [2]。在此基础上，学者们的探讨主题进一步深化为构建两岸交流机制 [3]。

讨 [J]. 台湾研究，2014(3):24—29.; 陈星. 简论两岸经济关系与政治关系互动的路径与模式 [J]. 北京联合大学学报 (人文社会科学版)，2014(4):48—53.; 刘舸. 两岸经济合作的外溢政治、文化和社会效应 [J]. 安徽师范大学学报 (人文社会科学版)，2014(4):502—508.; 吴凤娇. "政经互动" 思维下两岸经贸关系深化发展的策略研究 [J]. 现代台湾研究，2014(5—6):110—116.; 苏美祥. 两岸经济关系的政治经济分析——国际政治经济学的角度 [J]. 现代台湾研究，2014(5—6):84—89.; 庞建国. 从经济效益看两岸关系 [J]. 台海研究，2016(3):57—64.; 等 .

① 翁之光. 开放 "个人游" 对两岸关系的影响 [J]. 现代台湾研究，2011(3):27—30.; 单玉丽. "小三通" 在两岸关系中的作用、机遇与前景 [J]. 现代台湾研究，2011(6):40—44.; 周丽华、李文艺. 赴台旅游与促进两岸民众交流的现状、问题与思考 [J]. 现代台湾研究，2011(5):25—28.; 翁之光、潘林峰.《海峡两岸服务贸易协议》对两岸服务贸易合作的影响 [J]. 现代台湾研究，2013(3):31—36.; 周忠菲. 两岸海洋合作 : 理论与实践的探索 [J]. 现代台湾研究，2013(1):35—40.; 胡云华. 两岸经贸依赖的局限性及其治理途径解析——基于两岸贸易、投资依赖的量化分析 [J]. 台湾研究集刊，2016(5):50—58.; 李鸿阶. 台湾大陆经贸政策变化与深化两岸经济合作研究 [J]. 台湾研究，2014(4):35—42.; 陈鹏、翟媛. 台湾居民对大陆游客旅游影响的感知与态度研究 [J]. 台湾研究，2014(4):76—84.; 孙云、王秀萍. 新功能主义的 "外溢效应" 在两岸关系中之检视 [J]. 台湾研究，2015(1):9—14.; 熊俊莉、肖枫. 现阶段两岸经济相互依存关系探析 [J]. 台湾研究.2015(1):74—85.; 邓利娟、马士伟. 两岸经贸交流合作对台利益分配状态分析 [J]. 台湾研究，2016(5):24—33.; 蔡世峰、郑振清. 两岸经济合作对台湾经济增长和波动的影响 (1996—2013 年)——基于广义脉冲响应函数之实证分析 [J]. 台湾研究，2016(2):67—77.; 吴凤娇. 新形势下大陆惠台经贸政策的成效分析及策略调整 [J]. 现代台湾研究，2016(1):55—60.; 等

② 张丽俊. 台湾光复以来文化认同的历史演变 [D]. 上海师范大学硕士学位论文，2010.; 杨立宪. 对新时期深化两岸文化交流的若干思考 [J]. 现代台湾研究，2011(4):5—10.; 邵宝明. 两岸文化交流与社会融合刍议 [J]. 现代台湾研究.2012(4):10—13.; 彭付芝. 基于两岸社会融合的两岸文化交流研究 [J]. 现代台湾研究，2012(4):22—25.; 单玉丽. 以闽台文化融合巩固深化两岸关系和平发展 [J]. 现代台湾研究，2012(Z1):23—27.; 李鹏. 中华文化对维系和巩固两岸命运共同体之意涵 [J]. 现代台湾研究，2012(Z1):28—33.; 刘克曼、卢梭. 以文化认同促进台湾民众的民族认同和国家认同 [J]. 广东省社会主义学院学报，2014(4):71—75.; 杨立宪. 两岸携手合作复兴中华文化的思考 [J]. 现代台湾研究，2016(1):37—42.; 陈孔立. 两岸文化交流深化的取向 [J]. 台湾研究集刊.2016(4):1—6. 朱显龙. 以两岸文化融合遏制 "柔性台独" 的思考 [J]. 现代台湾研究，2016(5):9—13.; 等 .

③ 李秘. 从人际信任到制度性信任 : 两岸互信建立机制研究 [J]. 台湾研究集刊，2011(1):49—55.; 严泉. 两岸文化交流合作机制与文化共同体的构建 [J]. 台湾研究，2011(4):1—5.; 严安林. 两岸关系和平发展制度化的路径选择 [J]. 台湾研究，2012(6):9—14.; 叶世明. 两岸文化交流合作机制化建构研究 [J]. 现代台湾研究，2012(Z1):51—55.; 朱松岭. 论两岸关系和平发展时期的交流合作模式 [J]. 现代台湾研究，2012(Z1):80—83.; 许克文. 推进两岸文化交流合作制度化建设研究 [J]. 现代台湾研究，2012(Z1):124—130.; 唐永红 ; 邓利娟. 对两岸经济关系深化发展问题的探讨 [J]. 台湾研究，2013(3):24—29.; 苏美祥. 经济一体化视角下两岸经济合作制度化的现状与前景 [J]. 台湾研究，2013(4):21—25+31.; 徐晓迪. 从 "缺失" 到 "重构"——浅析台湾民众 "国家认同" 的发展趋势 [J]. 现代台湾研究，2013(2)14—19.; 李鹏. 制度自信、制度互信与两岸社会制度 "桥接平台" 之建

关于国家认同的目标。国家认同是两岸政治认同的核心问题，两岸的历史与现实决定了台湾民众"国家认同"的复杂性。学者们对于国家认同目标的研究基本归为二类：一类属于"一中论述"。强调两岸同属一个国家一个民族，主权不可分割。其立论基础是"中华民国"不具备"主权国家"资格，两岸政治关系的本质是政府继承关系，即中华人民共和国是中国的唯一合法政府，两者是中央与地方的从属关系。"一个中国"是原则，而"一国两制"则是具体的政治安排。一个中国原则具有核心地位，是中国和平统一的基础和前提[1]。一类属于"一中"前提下的新探讨。随着两岸关系和平发展进程的推进，如何突破目前两岸政治僵局成为必须面对的问题，学者们也试图在"主权不可分割"的前提下对台湾的政治定位问题提供新见解[2]。

构 [J]. 台湾研究集刊，2014(6):1—7.; 王敏 . 新形势下推动两岸经济一体化的思考 [J]. 现代台湾研究，2014(4):47—52.; 王鹤亭 . 两岸民间政治对话的路径与机制——两岸关系知识社群的介入 [J]. 现代台湾研究 .2014(4):14—20.; 唐桦 . 两岸青年交流的制度化研究 [J]. 台湾研究集刊，2015(5):25—31.; 等 .

① 陈动 . 也谈主权理论及在台湾问题上的应用——兼与黄嘉树、王英津商榷 [J]. 台湾研究集刊 .2003(1):27—34.; 齐鹏飞、杨占国 . "和平统一、一国两制"的基本国策与两岸关系的突破和发展 [J]. 中国特色社会主义研究，2009(1):26—33.; 王英津 . 关于"一国两制"台湾模式的新构想 [J]. 台湾研究集刊，2009(2):1—7.; 李秘 . 两岸政治关系初探：政府继承的视角 . 台湾研究集刊，2010(1): 44—49.; 王鹤亭 . 再论"一国两制"是实现祖国完全统一的最佳模式 [J]. 台湾研究集刊，2011(6):22—30.; 张文生 . "一国两区"与两岸关系的政治定位 [J]. 重庆社会主义学报，2012(5):55—58.; 陈孔立 . 两岸"主权共享论"质疑 [J]. 台湾研究，2012(6):59—64.; 张晋山 . 两岸政治定位话语谱系下的"一国两区"考辨 [J]. 台湾研究集刊，2013(3):32—39.; 彭付芝 . 两岸统一路径探讨——构建"一国两制"台湾模式 [J]. 现代台湾研究，2013(4):16—19.; 刘红 . "九二共识"是两岸和平发展的政治保障 [J]. 现代台湾研究，2013(1):4—7.; 刘相平 . "九二共识"与大陆对台政策之关系述论——兼论中国共产党对"九二共识"的坚持与实践 [J]. 台湾研究集刊，2015(1):16—25.; 等 .

② 黄嘉树、王英津 . 主权构成：对主权理论的再认识 [J]. 太平洋学报，2002(4):3—15.; 王英津 . 邦联制模式与两岸统一之探析 [J]. 台湾研究集刊，2003(3):53—59.; 黄仁伟、刘杰 . 国家主权新论 [M]. 北京：时事出版社，2004.; 陈动 . 论国名与国号 [J]. 厦大学报 .2006(3):26—33.; 刘国深 . 试论和平发展背景下的两岸共同治理 [J]. 台湾研究集刊，2009(4):1—7.; 陈孔立 . 走向和平发展的两岸关系 [M]. 北京：九州出版社 .2010.; 王贞威 . 联合共和国：坦桑尼亚模式与两岸统一模式初探 [J]. 中国评论 .2011(2):45—50.; 陈孔立 . 两岸政治定位的瓶颈 [J]. 台湾研究集刊，2011(3):1—5.; 刘佳雁 . 大陆方面处理台湾当局政治地位的基本立场——历史的回顾与总结 [J]. 现代台湾研究，2014(Z1):4—10+127.; 俞新天 . 中国主权理论的发展与扩大台湾涉外活动的思考 [J]. 台湾研究，2012(3):6—11.; 李鹏 . 以"当局"作为两岸商谈政治定位起点之理论探讨 [J]. 台湾研究集刊，2014(2):1—7.; 张文生 . 海峡两岸"第三主体"的建构 [J]. 台湾研究集刊，2014 (2):8—15.; 王英津 . 论"国家—政府"分析框架下的两岸政治关系定位 [J]. 台湾研究，2015(6):41—55.; 祝捷 . 论"宪制—治理"框架下的两岸政治关系合情合理安排 [J]. 台湾研究集刊，2015(5):17—24.; 严峻 . "国家尚未统一特殊情况下两岸政治关系安排"之内涵解析 [J]. 台湾研究集刊，2015(2):6—13.; 陈动 . 两岸关系政治定位：回归中国的本意 [J]. 台海研究，2015(3):1—8.; 张笑天 . 试论主权治权分离的理论基础与现实可能 [J]. 台海研究，2015(4):28—38.; 毛启蒙 . 授权体制与分权形态："一国两制"台湾模式的基本矛盾与若干问题再探讨 [J]. 台湾研究，2015(4):52—60.; 等 .

3. 研究特点

两岸关系是中国政治现实中的一个重要问题，因此吸引了众多学者对这一问题的关注。中国社科院台湾研究所、厦门大学台湾研究院、南京大学台湾研究所、上海台湾研究所，以及众多分散于各高校和研究院所的政治学、社会学的学者们纷纷加入台湾的"国家认同"问题的研究行列。经过近十年的快速发展，目前，研究队伍的年龄结构呈现老中青相结合的良好态势，厦门大学台湾研究院堪称这方面的样板；研究视角不断拓展，涉及两岸政治认同的各种议题几乎都有涉略；研究成果日益丰富且增势不减，除了《台湾研究》《台湾研究集刊》《现代台湾研究》《中国评论》《台海研究》等专业刊物外，各地的社会主义学报、政治学和国际政治学的专业期刊上也不时出现有关台湾研究的学术论文，国内专业出版台湾问题研究的九州出版社近几年有关政治认同的专著出版量也有提高。整体而言，大陆学者的两岸政治认同研究呈现以下三个主要特点。

一是研究路径清晰。大陆学者的研究领域主要集中在民族认同、国家认同和文化认同等议题上，针对这些问题的回答，形成了三个主要流派，即民族主义、文化主义和制度主义。民族主义流派侧重于族群认同理论研究。原生论者认为，族群认同决定于血缘传承、文化特色，是与生俱来无法改变的。它强调族群认同的稳固与持续。"非我族类，其心必异"就是该理论的一项诠释表现。台湾人就是中国人，台湾民族属于中华民族是其主要论点。建构论者则反对固定僵化族群认同理论，认为族群认同是建构的、流动的过程。该理论认为，族群只是划分群体的一个标签，并不具有本质特征，是可以改变的。通过强调彼此间具有的共同经验、集体记忆及一致行为，可以人为刻意建构出一个族群。其建构的过程是一个移动与修正的状态，因而不是永久固定不变的。该理论主要用于解释台湾民众国家认同异化的原因。文化主义流派强调文化是一个族群与其他族群相区别的重要"边界"。语言作为文化的载体和传承文化的重要手段，在族群的文化认同中最有可能成为显性的象征符号和媒介。台湾文化属于中国文化，"去中国化"首先是一种对于中国文化力量的承认，在承认的基础上尽力抹去这种"文化"的痕迹。强调台湾社会的中国属性是几千年逐步积累沉淀而来的，中华文化对于台湾民众的中华民族认知具有深远的影响力。目前台湾民众的双重身份认知是由于历史原因和政治建构下扭曲的产物。制度主义流派从历史制度主义、理性抉择制度主义和社会学制度主义三个视角，对于岛内认同异化及"台独"活动的历史变迁过程和制度原因、两岸经济关系发展进程中的理性选择、两岸和平发展的社会机制等问题进行了论述。

二是研究成果以对策研究为主。梳理两岸政治认同研究的历史和现状，发现大陆学者为两岸政治分歧的解套献计献策，进行了积极的探索，提出了许多重要的认识和观点。学者们注意借鉴西方理论和方法，加强自身研究的学术性。如，刘国深的《当代台湾政治分析》运用了西方比较政治学理论以及系统分析和结构功能分析方法[①]，李非的《海峡两岸经济合作问题研究》运用的是区域经济学、西方经济学、数量经济学等学科的研究方法与理论[②]，李鹏的《政策激励与两岸关系》借鉴了组织行为学中的激励理论[③]，唐桦的《两岸关系中的交往理性》则是韦伯和哈贝马斯的理性交往理论在两岸关系中的合理运用[④]，等等。同时，由于两岸关系的复杂性，出现较大的阶段性波动，需要学者们客观、及时地反映两岸关系的现实。因此，学者们的探讨基本上集中于如何解决问题，注重于提出对策建议，或是针对台湾地区政治与两岸关系中重大事件的描述。目前，越来越多的台湾研究者产生了以下共识，即台湾研究不能满足于所谓的应景式的对策研究，而应该将之置身于学有所本的学术渊源中；台湾研究不能满足于对台湾现象就事论事的分析和图解，而应该把台湾现象放在一个更广阔的时空背景中进行历史与总体的考察[⑤]。

三是研究水平有待提高。在短短 20 年的时间内，学术界的研究视角已经涉及政治认同的每一个构成要素。但是，研究水平参差不齐，低水平重复现象严重，具体表现为：第一，学理分析薄弱。整体而言，有关两岸政治认同的研究报道性的多于研究性的，描述性的多于剖析性的。由于对事实的分析与解释没有给予足够的重视，因此，其理论分析水平与学术品质有待提高。比如，对于政治认同所涉及的科学内涵及其相关概念的界定不够清晰，对于相关问题的历史传统、理论渊源、内在机理、现实价值等缺乏深度解读。一些对策建议也只是一些笼统的概念，缺乏进一步的论证分析，并未指出具体的实现路径。第二，研究内容有待深化。一方面，有关两岸政治认同的相关研究，至今多集中于宏大的构想论述。多限于探讨构想本身的合理性，很少就构想基础加以研究，也很少就构想议题的演进轨迹提出历时性的分析。另一方面，解决台湾民众的国家认同问题中无法回避的意识形态认同问题、政党认同问题、公民意识问题等，

① 刘国深 . 当代台湾政治分析 [M]. 北京：九州出版社，2002.
② 李非 . 海峡两岸经济合作问题研究 [M]. 北京：九州出版社，2000.
③ 李鹏 . 政策激励与两岸关系 [J]. 中国评论（香港），2002(7).
④ 唐桦 . 两岸关系中的交往理性 [M]. 北京：九州出版社，2011.
⑤ 邹振东 . 台湾政治文化的符号变迁研究——光复以来台湾的舆论议题演变 [D]. 厦门大学博士论文，2007.

学者们要么加以回避，要么缺乏全面、透彻的解读。第三，研究方法有待于充实。这方面的主要问题是应用性和创新性不足。应用性不足主要体现在实证研究方法比较欠缺。由于资料来源困难等客观因素的局限，目前除了为数不多的几篇关于台商、台生群体的分析文章，鲜见其他个案研究，因而难以做到以小见大，从个案研究中总结出其中蕴含的特征与规律性东西。创新性不足主要表现为研究方法比较单一。政治认同是一项复杂的系统工程，与政治学、社会学、心理学、文化学、民族学等多学科有着密切联系，应借鉴其他学科的研究理论和方法，进行综合性、交叉性研究。目前大多数研究都是以单一方法运用为主，对于政治认同的形成机制缺乏整体性和系统性研究。

第三节　研究架构

两岸政治认同形成机制有两个关键词，即认同与机制。不论我们如何界定两岸政治认同的内涵，政治认同系统都包含以下基本内容：谁的认同？为什么认同？怎样认同？认同什么？而机制原意是指机器的构造和工作原理(mechanism)[①]，在社会科学中概括地说，就是"带规律性的模式"。本书的两岸政治认同形成机制是指，在台湾民众政治认同（以国家认同为核心）形成过程中一系列影响要素的运行规则和运行程序的有机组合（即结构），它包括各要素（利益、价值、制度）在政治认同形成过程中发挥的作用、功能以及发挥功能的过程和作用原理。政治认同既包含静态结构，也包含动态程序。就动态视角而言，政治认同生成机制的运作过程实质上就是政治认同萌芽、累积、稳固的政治活动过程，这是一个动态的、没有终点的过程。就静态视角而言，政治认同形成机制是认同客体、认同主体及其他社会历史条件相互影响、相互作用的结构形态，它又可以从心理形成机制和社会形成机制两种途径加以解读。本书从两岸政治认同异化的历时性和共时性特征出发，着重研究两岸政治认同的心理形成机制，试图解析影响认同产生、变迁的主要因素的功能及相互关系，以便为两岸政治认同的建构提出应对之策。为了便于分析，本书从政治认同的概念化和操作化入手，将政治认同作为一个系统结构，分离出影响两岸政治认同形成的主要变量，即利益和价值，分别论析各种变量的功能、作用及相互关系。具体而言，本书将按照以下框架展开详细论述。

---

　　① 英文中 mechanism、regime、measures 均可被译为"机制"。三者的区别在于:mechanism 更强调"结构"，regime 更强调"制度"，measures 更强调"措施"。

一、绪论

主要就问题的提出、选题思路、研究内容、研究的方法路径及本研究的理论和现实意义做一总体性交代，重点是对两岸学术界的相关研究成果进行介绍、归纳和评述。

二、两岸政治认同的概念化与操作化

两岸政治认同是两岸政治互信的核心议题。研究两岸政治认同的形成机制，首先要解决两岸政治认同的概念化和操作化问题。而政治认同是一个充满歧义的概念，试图对其做出一致的规定性解释并非易事。本书将借鉴政治认同的一般理论，结合两岸的政治现实，从反映论的视角，对两岸政治认同的内涵指涉、向度演绎等问题予以界定，明确两岸政治认同的研究范畴，从而解决本研究的概念化和操作化问题。主要研究内容有：什么是两岸政治认同？两岸政治认同的主要内涵是什么？两岸政治认同有怎样的生成机制？如何加强两岸政治认同的建构？

三、两岸政治认同的困境分析

持续二十多年的台湾民调显示，台湾民众的政治认同出现严重危机，并发出快速断裂的危险信号。两岸政治认同主要包括国家认同、民族认同和制度认同三个层次，不同层次的认同状况既有共性又有差异性，其核心是国家认同。那么，台湾民众的政治认同是怎样演化的？当前台湾民众的政治认同呈现怎样的结构特征？本章的主要研究内容包括：国家认同的历时性、共时性特征；统"独"立场、身份认同、政党支持的结构性特征；认同危机的主要障碍，即"台湾意识"的集体行动逻辑。

四、理性自利：台湾民众政治认同生成的主导动力

理性选择模式认为，认同形成的动力来源于个人的利害得失的权衡及趋利避害的理性选择。从认同的功能看，认同与利益有着密不可分的内在联系。人有自利性，他对其所在政治共同体的认同与否是以满足自己利益的大小为标准的，当自己的利益得到满足，那么他就表示认同，否则，他就不认同。本书将利益驱动设定为两岸政治认同的核心动力，按照理性选择模式的基本假设和基本原则对两岸政治认同中的政治理性与经济理性问题分别进行事实考察。

五、感性选择：台湾民众政治认同生成的诱导动力

感性选择模式强调，个人的信念、情感、态度等因素对认同的影响。这意味着政治认同总是在某种价值取向下进行的。政治系统无论是追求物质形态的绩效、传播观念形态的思想意识还是制定制度形态的各种规则，都与社会大众之间构成了某种价值效用的关系。社会大众也会相应地从自身的感受和价值理念出发就政治系统的作为进行评价和反馈。当政治权力主体行动的价值取向与政治权力客体评价的价值取向趋于一致时，即达到价值认同的地步，政治合法性的基础才有可能构建起来。本书将"政治符号"设定为两岸政治认同中的核心价值，并将它界定为两岸政治认同形成的诱导力量，从认识论、本体论和社会行为方式等视角对"政治符号"在两岸政治认同中的作用加以考察。

六、整合资源：丰富两岸政治认同中的交换性认同资源

个体对政治系统的支持是利益驱动、价值诱导和强力威慑等多种因素合力作用的结果。其中，利益驱动是政治认同主要的内在生发机制。因此，政治系统"输出"利益满足其成员的诉求是政治认同得以产生、维系与积淀的前提条件。按照政治是社会整合的结果这一逻辑，两岸政治认同的建构可以借道社会整合路径加以推动。按照资源属性，本书将交换性资源划分为经济资源、文化资源和政治资源等三大类，并对三类资源的实践状况分别进行分析与评估。

七、凝聚共识：建设两岸政治认同中的重叠共识

如前所述，政治认同的核心是价值认同，而价值认同是价值差异的必然选择结果。目前，两岸政治认同的最大困境在于两岸间存在价值观无法通约的情况。本书提出以下化解方案：一是从政治哲学角度探讨"重叠共识"的意义。二是从政治文化视角寻找"重叠共识"。三是从政治实践范畴建构"重叠共识"。

八、结论与思考：两岸政治认同的动力、错乱与危机消解

基于以上论述，本书将对两岸政治认同形成的基本逻辑、基本共识、悖论与出路等问题进行总结和反思。

第四节 研究方法与理论基础

"工欲善其事，必先利其器"，科学的研究方法是学术研究的一把利器。本

书以马克思主义哲学的方法论为指导，借鉴社会认同理论、社会交换理论，采用文献分析、历史分析、层次分析等方法，综合剖析两岸政治认同的形成机制。

一、研究方法

1. 文献分析法

族群认同和国家认同的异化是两岸政治认同的两大障碍。台湾族群问题的产生和形成、国家认同的异化是一个历史过程，要摸清这一问题的来龙去脉，就不可避免地要查阅各种文献资料，阅读各种研究档案，以厘清台湾政治认同危机的发展脉络，把握其特征与趋势。另外，认同研究是众多学科的研究热点，不同学科对认同的阐释各有侧重点，心理学、社会学、文化学和政治学对认同概念的界定包含丰富的资源和内容，需要通过对以上学科领域的认同概念进行文献梳理，并从哲学上对认同含义加以追溯，从而给出两岸政治认同的内涵和外延的界定。

2. 历史分析法

事物的本质和规律正是通过它的历史隧道而体现出来的。台湾的两岸政治认同问题作为一种政治社会现象，其本质上就是历史过程中社会互动的结果，正如丹尼斯·史密斯在他的《历史社会学的兴起》中所强调的，对社会现象的研究必须考察历史的因素。通过查阅各种资料，阅读各种文献，我们可以发现台湾政治认同变异有着深远的历史渊源和复杂的学理与心理基础。本书将吸取著名历史学家布罗代尔的"长时段"观点，把解决台湾民众的政治认同问题比做一个全面的和长时段的历史事件，充分揭示台湾民众政治认同异化的历史环节、历史根源和现实基础，以期所揭示的认同形成机制更符合历史发展的客观规律。

3. 层次分析法

层次分析法使研究更加具有解释力和现实针对性。两岸政治认同的内涵十分复杂，本书将其解析为国家认同、民族认同和制度认同三个层面加以论述，清晰呈现了两岸政治认同的基本内容及其核心要素。台湾民众在两岸交往中是否具有政治理性是论证理性选择模式价值的关键环节，本书通过统"独"立场、"宪政"秩序、"国际空间"等层面的考察，发现它在解释台湾民众"国家认同"形成过程中仍然具有解释力。

二、理论基础

1. 政治心理学

政治心理学是政治学与心理学有机结合产生的一门学科，它注重研究政治活动中各类政治角色的心理规律，而利益互动提供了政治学与心理学有机结合的基础。政治认同本质上是社会公众对政治权力的信任和对政治价值的信仰，属于政治心理现象。本书从利益和价值角度入手，研究台湾民众在利益和价值双轨驱动下的两岸政治认同形成规律机制。

2. 社会认同理论

社会认同理论是目前群体关系研究中最有影响的理论，它揭示了群际行为的内在心理机制。其阐述的内群体偏好（更加积极看待自己所属的群体）、外群体偏见（较少了解外群体特性，视外群体为同质对象）和刻板印象（对自我和对他人的刻板印象）等理论具有很强的应用价值。政治认同是社会认同序列之一，本书运用社会认同理论对两岸政治认同所包含的国家认同、民族认同、文化认同等议题加以解释。

3. 社会交换理论

社会交换论将人际交往概念化为一种社会交换现象，主张从经济学的投入与产出关系的视角研究社会行为。该理论将"自我利益"（self-interest）假设为人际传播的推动力量，认为根据趋利避害的人类行为的基本原则，应尽量避免在利益冲突中的竞争，应通过相互的社会交换获得双赢或多赢。本书根据社会交换理论提出的平衡因素，即社会规则、相对资源和最小兴趣原则，论述了丰富两岸政治认同中的交换性认同资源问题。

4. 共生理论

根据共生理论，共生系统的构建是各个共生单元通过共生界面相互作用而形成一定共生模式的过程。共生界面与共生环境密不可分，共生界面是共生单元间相互影响和作用的媒介，共生环境则表现出媒介作用的状态，不同媒介对应不同状态，不同状态则形成不同共生模式。共生界面在共生系统中具有以下功能：经济合作的主导功能、文化交流的中介功能、共生环境的诱导功能以及共生动力机制的决定功能。由此可见，共生界面对共生关系的形成与共生系统达到均衡有决定性的影响，共生界面畅通与否直接关系到共生系统是进化还是衰亡。

第五节　本研究的创新与不足

正如马克思所言，"问题就是时代的声音"。两岸关系转型时期，政治认同问题备受关注。台湾民众的政治认同为何出现二元背离现象？这是困扰大陆学界、政界的重大现实问题，也是制订对台政策时需要学理支持的急迫问题。本研究以马克思主义唯物史观为指导，从政治哲学的高度，探讨了两岸政治认同的形成机制，具有以下创新与不足：

一、创新与建树

1. 研究视角新颖

台湾民众的两岸政治认同出现严重的退化、弱化现象，这一现象令人瞩目，发人深思。两岸学者，尤其是台湾学者较早对此现象进行了研究探讨。但直到2012年着手研究之时，对于这一问题的讨论大多集中于对认同退化现象的事实性描述和宏观原因分析。本书抓住这一薄弱环节，从认同主体出发，以政治心理学的视域，系统剖析两岸政治认同形成机制，将两岸政治认同的形成机制作为研究指向、逻辑起点与分析路径，对两岸政治认同研究具有补充作用。

2. 论述结构有新意

本书对分析框架进行了原创性设计，突出了系统性和理论性。鉴于两岸政治认同研究在此前尚未有分析框架可以借鉴，加上两岸政治认同涉及的众多概念存在巨大的歧义，本书专门设立一章阐述两岸政治认同的概念化和操作化问题。在这一章中，本书的主要概念、分析思路、逻辑顺序、组织结构等得以清晰呈现。最后，本书又设专门章节对以上研究进行总结与思考，比较了两种模式的解释力与不足，强调了"丰富交换性资源，建立共同性共生关系"与"扩大重叠共识建，构建竞争性共生关系"，以提升两岸共生界面的有效性。

3. 研究方法有所创新

两岸政治认同的形成原因错综复杂，因此，难以用单一的研究方法对此加以解释。本书注重运用多元方法解析问题：运用历史分析法归纳总结了两岸政治认同危机的演化过程和阶段性特征；运用层次分析法描述了台湾民众政治认同危机的基本结构和特点；借鉴社会学和经济学的方法论述了理性自利模式的运作机制；采用政治哲学方法阐述了感性认同机制的运行原理。由于运用了多种研究方法，对政治认同的主体、客体、内容、过程、结果、反馈等问题进行了全面系统的分析，减少了对两岸政治认同形成机制认识上的盲点，对于认同过程中的导向、认知、情感和评价有着更全面客观的评判，研究结果更有解释力。

4. 提出了一些原创性的观点

本研究认为：

①两岸政治认同呈现严重的二元分离特征，从其发展趋势来看，还存在认同断裂的巨大隐患。主要表现为：民族认同与国家认同分离；文化认同与民族认同分离；利益认同与制度认同分离。

②理性选择模式在台湾民众的国家认同问题上具有解释力。主要表现为：第一，台湾民众的"国家认同"具有一定的目标追求。其目标取向可以分解为政治愿望、经济要求和文化认同三个方面。政治上，追求国家身份的政治实践是其核心追求目标。经济上，在两岸经贸关系中追逐利益是其首选目标。文化上，建构具有"台湾主体性"特征的文化是其终极目标。第二，"利益"考量在两岸交往中占据优先地位。政治上，台湾民众不断培养其政治理性，在有关统"独"、"宪政"秩序和"国际空间"等具有重大争议性的问题上，达成"安全第一"的基本共识。因此，"维持现状"成为主流民意，"中华民国"成为最大公约数，功能主义外交占据了上风。经济上，台湾民众充分遵循经济理性所要求的利益最大化原则，促使台湾当局先后实行开放台胞探亲、实现全面"三通"以及签署 ECFA 协议等政策。第三，台湾民众的两岸政治认同呈现明显的偏好结构。台湾民众的政治认同偏好有两个鲜明的特征：一是民众有站队看颜色的政治偏好，并形成相对稳定的政党认同。二是民众对自由民主的"政治体制"和社会生活方式充满信仰，并因此导致在两岸关系上形成内群体偏好（台湾优越感）和外群体偏见（"大陆专制"落后）。第四，两岸政治认同中的"理性计算"受环境的影响。影响台湾民众国家认同的环境因素可分为内外两部分：内部因素包括岛内不同政党的大陆政策理念、中央对台方针政策以及两岸实力对比等主体性因素。外部因素是指其他国际力量、国际法律及制度等，其中美国是最重要的外部因素。

③两岸关系中"经济合作"与"政治疏离"共存的背离现象充分说明，台湾民众国家认同的形成还受到其他因素的诱导，解释台湾民众的"国家认同"异化现象也离不开感性选择的视域。首先，生存与发展是台湾民众"国家认同"异化的本体论向度。台湾民众的"国家认同"虽呈现出由一元到多元的历史演变过程，而每一次变化都与台湾所面临的生存和发展的现实困境有关。这一演

变脉络可以划分为三个阶段：第一阶段，移植型政权建构"合法性"的压力催生了"中华民国"这一认同虚像。第二阶段，国民党威权统治危机导致"中华民国"认同虚像幻灭。第三阶段，两岸关系重新定位的担忧引发国家认同的暂时迷茫与错乱；其次，意象与认知是台湾民众"国家认同"异化的认识论根源。台湾民众的"国家认同"也是由民众对认同对象的感性认知所决定的，这种相对固化的认知又被称作意象（image）。军事对峙下有关新中国的"敌人"意象，使得"中华民国"这一难以自圆其说的"国家认同"符号长期占据主导地位；经济上"四小龙"和政治上"民主灯塔"的优越感所延伸的有关大陆的"退化意象"，又催生了追求自主性的"台湾意识"；近年来，两岸实力对比消长所产生的有关大陆的"帝国主义意象"，使得"惧统"和"拒统"成为岛内普遍的社会心态，维持现状又成为主流选择；再次，"文化台独"是台湾民众"国家认同"异化的社会行为基础。台湾政治文化的变迁是90年代以来台湾民众"国家认同"危机的重要根源。由于经济发展和政治转型，台湾政治文化发生了结构性转变，具有鲜明的"台独"倾向。"文化台独"正是通过改造历史观和文化观等方式，潜移默化地影响着台湾民众的民族观和国家观，使台湾民众的"国家认同"出现紊乱。

④台湾民众"国家认同"的形成是理性选择与感性选择相互博弈的结果，单一模式无法解读台湾民众政治认同异化现象。从短期看，在利益驱动与价值诱导的博弈中，感性认同处于阶段性主导地位。从发展趋势看，理性选择最终将发挥决定性作用。因为，当利益是短期的或可预期的，台湾民众的现实主义转向就会十分明显。另外，当"台湾认同"必须付出高昂代价时，"台湾认同"就会被嫌弃。

⑤台湾民众的"国家认同"在一系列政治符号的诱导作用下有进一步异化的危险。这些政治符号包括：建构"台湾认同"的政治图腾——民主符号；操纵台湾民意的政治工具——民粹符号；撕裂台湾社会的政治标签——统"独"符号；激化社会矛盾的政治手法——"左右"符号，等等。

⑥破解两岸政治认同的"死结"，始终存在引导认同和强制认同两种不同的路径。引导认同是构建两岸政治认同的首选路径。原因在于：其一，和平是两岸最大的共识。其二，解决台湾问题的话语权已经向大陆倾斜。其三，大陆采取强制认同的法理条件尚不成熟。

⑦就两岸关系的现况而言，政治文化和政治制度在两岸政治认同建构中的功能被严重削弱，社会路径成为目前推动两岸政治认同走出困境的主要通道。

整合资源和重叠共识是重构两岸政治认同的基本路径。我们将两岸政治认同的建构逻辑预设为两岸相互吸引→两岸交往→两岸整合→两岸认同，即通过经济整合、文化融合为政治统一储备条件。

⑧整合资源，丰富两岸政治认同中的交换性认同资源是两岸社会整合的路径之一。两岸交换性经济资源的实践目的在于促使两岸形成经济共同利益，进而实现两岸经济一体化。两岸交换性文化资源的实践旨在通过两岸文化交流，为两岸打造国家统一的社会基础。两岸事务性合作的目的在于通过低政治性的议题合作为高政治性领域的合作累积经验，增加互信。目前，两岸经济整合的程度较高，已经形成共生关系。两岸文化整合还处于培养台湾民众对于两岸同根同源、同属中华文化的理解和认同的"初级阶段"，尚未涉及两岸民众生活方式、价值观念及社会心理等层面的转换。两岸政治整合更是处在酝酿阶段，仅限于议题式、两会式的半官方接触和事务性商谈，两岸政治性共同利益的培植必定是一条漫长坎坷、充满荆棘之路。总之，两岸交换性认同资源整合的有效性不足，单纯的两岸经贸关系和浅层次的文教交流，仍难达成两岸文化统合和政治整合的目标。因此，必须树立系统性思维，进一步优化资源配置，最大程度地发挥各种资源的功能，争取取得 1+1 > 2 的效果。

⑨重叠共识，缩小两岸政治认同中的价值性认同差距，是建构两岸政治认同的另一条路径。目前两岸政治认同的最大困境在于两岸各种价值观在深层内涵上具有不可通约性，但是实现两岸价值观的彼此尊重和相互包容，维系双方都能够接受的某种限度的社会整合，进而推动两岸价值性认同差距的逐渐缩小，不仅是可能的，而且是现实的，符合今后一段时期两岸关系"小步慢走"的新常态。从政治哲学视角看，罗尔斯的重叠共识观念是两岸价值观互动交流和更新融合的可行路径。重叠共识理论探讨的核心问题就是，在现代社会多元价值观之间存在不可通约性的情况下，如何实现多元价值观之间的相互交融？重叠共识最基本的层面是应该有一种容忍合理分歧的共同态度；最核心的层面是不同的价值观基于公平的社会合作的目的，能够自愿构建并共同遵守一定的公共规范；更高层面则是达成相理理解。从政治文化视角看，两岸政治文化的构成元素有很大的差异，但是，两者都有中华传统文化基因，也同时吸收了现代文明的优秀成果，可以挖掘其中包含的重叠共识。首先，传统政治文化是两岸关系发展的"先见"，也是两岸构筑共识的土壤。其次，两岸在政治实践中各自吸收借鉴的"公平正义""合理分歧""公共理性"等现代政治文化内容，可以称其为"后知"，将伴随着两岸社会政治发展进程出现更多的交集。构建两岸共同

的政治文化需要分两步走，从"求同存异"，再到"聚同化异"。从政治实践范畴看，在两岸关系发展进程中，不仅仅要从政治哲学或者政治文化的视角下发现两岸之间可能存在的重叠共识，更应该在政治实践的范畴内不断寻找和切实构建两岸共同认可的社会价值规范。在两岸三十年的互动交流中，两岸各自的政治实践都以维护两岸和平、增进人民福祉、保护公民权利作为执政的目标，这些政治实践将成为产生重叠共识的重要来源。

5. 学理性比较强

两岸政治认同问题是两岸关系中的一个重要的现实问题，因此，这一领域的学术研究比较偏重于描述重大事件和提出对策建议，理论性和系统性的研究相对薄弱。本书在研究两岸政治认同时注重构建理论分析框架，对理性自利模式和感性选择模式在两岸政治认同中的形成原理进行了深入剖析，从族群政治理论出发分析了"台湾意识"集体行动的逻辑，对构建两岸政治认同的立论基础选择了交换资源理论和重叠共识理论作为支撑，从而有利于我们深入理解两岸政治认同的现状及成因，正确把握两岸政治认同的演化趋势，并寻找化解的可行之道。

6. 资料数据丰富新颖

本书在进行两岸政治认同的共时性分析、台湾民众理性选择的政治实践和经济实践、丰富两岸交换性认同资源等内容的阐述时，较为广泛地收集了海峡两岸相关机构的统计数据和媒体报道的各种数据资料。对所采用的数据进行精心地比较、筛选，充分注意到了数据背后蕴藏的不同意识形态，力求使用客观、新鲜的数据资料说明问题，并制作了相应的统计表格。

二、局限与不足

1. 理论探讨还不够深入

本书借鉴了系统理论、社会认同理论、社会交换理论和社会共生理论等作为课题研究的理论支撑，但是，限于研究者的理论素养，理论挖掘还不够深入。

2. 资料比对仍存遗憾

本书的实证研究部分存在资料比对不足的局限性。主要原因有三：一是台湾陆委会等数据资料并未开放提供给学术单位使用；二是有些数据资料缺乏连续性；三是两岸的统计口径有差异。因而在资料搜集上难免会有挂一漏万之虑。

总之，本书存在的不足与缺陷，期待同行、专家予以修正、完善。

第一章　两岸政治认同形成机制的概念化与操作化

研究两岸政治认同的形成机制，首先要解决两岸政治认同的概念化和操作化问题。本书将围绕两岸政治认同中涉及的"谁的认同""认同什么""为什么认同"以及"怎样获得认同"等四位一体的基本问题加以阐述。

第一节　两岸政治认同的概念指涉

什么是两岸政治认同？"两岸政治认同"是一个复合名词，"政治认同"无疑是中心词汇，两岸政治认同的界定必须符合政治认同的一般逻辑和基本内涵。而政治认同又是一个偏正结构的合成词，要明确政治认同的基本含义，首先要把握"认同"的内涵。

一、认同的含义

人类自古存在自我认同的困惑。在两千多年前，中国思想家庄周就提出了一个一直迷惑至今的问题:我是谁？谁是我？[①] 在古希腊哲学史上，苏格拉底提出了"认识你自己"这一关于认同的经典命题。在现代社会，由于经济全球化、文化多元化、社会信息化、价值取向多样化等因素的交汇作用，社会到处弥漫着焦虑感、无力感，充斥着"我是谁？""谁是朋友？""谁是敌人？"等疑惑和追问，这就是亟待解决的认同问题。

国外学者对于认同的研究最早开始于心理学和哲学领域的研究。最早使用"认同"一词的是心理学家弗洛伊德，他把认同"看作一个心理过程，是个人向另一个人或团体的价值、规范与面貌去模仿、内化并形成自己的行为模式的

---

① 张玉良主编 . 白话庄子 [M]. 西安 : 三秦出版社 .1990:36. 典故"庄周梦蝶":"庄周梦为蝴蝶，栩栩然蝴蝶也，自喻适志欤! 不知周也。俄而觉，则蘧蘧然周也。不知周之梦为蝴蝶欤! 蝴蝶之梦为周欤？"

过程，认同是个体与他人有情感联系的原初形式"①。随后，他的学生埃里克森把认同的概念加以改造，使之理论化和系统化，成为其自我心理学和社会心理学的基础柱石。此后，在政治学和社会学中的研究也逐渐增多。目前，国内外学者从心理学、社会学、政治学、哲学等各个角度对认同作了定义，但很难找到一个放之四海而皆准的概念。现实情况是"认同""在当代社会科学和人文科学中的使用范围极为广泛，也使人迷惑不解。它可以被用于一个人、一个地方，一个国家甚至整个世界"。"在某些用法中，'认同'是'人格'和'自我性'(selfhood)这些术语的继承者；在其他的用法中，它又被视为一种文化、一个国家甚至一个社会的质（哈贝马斯就提出了这样的问题：'现代社会有没有一种认同？'）。"②也就是说，认同现象随处可见，但试图对认同做出一致的规定性解释并非易事。

当然，这种概念的相对性与复杂性，并不意味着认同概念的不可界定性。从词源上看，"认同"在英文中对应"identity"一词。根据菲利普·格里森的研究，identity一词来自拉丁文idem，原意为"相同"或"同一"（the same），16世纪在英语中出现，起初主要用于代数和逻辑学。从洛克时代开始，identity才与哲学中的认识主体问题发生关联，为今天的广泛使用奠定了基础。然而，20世纪30年代初出版的第一本《社会科学百科全书》中，还没有identity的条目。直到50年代急剧的社会变迁中，很多人都面临着确定认同和身份的问题，identity才成为社会科学中一个流行的词汇，并很快普及开来③。在政治学领域，identity是一个不同于"物质利益"的分析概念，分析家们用它来解释政治行为的非工具性（non-instrumental），强调身份和集体认同对个人行为的深刻影响④，类似的观点也是国际关系理论建构主义学派的一个重要主张，即把认同和身份视为特定政治行为的产物或结果⑤。

根据简金斯对"认同"一词的英文含义所做的考察⑥，"认同"一词有两个

---

① 梁丽萍.中国人的宗教心理——宗教认同的理论分析与实证研究 [M].北京：社会科学文献出版社，2004:12.

② 王成兵：当代认同危机的人学解读 [M].中国社会科学出版社，2004:7.

③ Gleason Philip, "Identifying Identity: A Semantic History," *The Journal of American History*, Vol.69, No.4, March 1983, pp. 910—931.

④ Cohen, Jean L. "Strategy or Identity: New Theoretical Paradigms and Contemporary Social Movements," Social Research, Vol. 52, No. 4, Winter 1985, pp. 663—716.

⑤ Roger V. Gould, Insurgent Identities: Class, Community and Protest in Paris from 1848 to the Commune[M], (Chicago: University of Chicago Press, 1995).

⑥ Richard Jenkins, Social Identity[M], (London: Routledge, 1996), p. 87.

含义：第一，同一性，即两者之间的相同或同一；第二，独特性，一个人或一事物区别于他人他事的内在属性，诸如个性，特性，身份等，它表现为在时间跨度中所体现出来的一致性和连贯性。在英文中，"identity"意义很丰富，中文中还没有一个词能够真正表达"identity"的丰富含义，但"认同"是中国学者普遍使用的词汇①。台湾学者江宜桦认为："认同主要有三层含义：一是'同一'，一个事物的性质和属性没有发生改变；二是'归属'和'确认'，一个群体的成员通过共同特征的辨识而归属于某一个群体；三是'赞同、同意'。"②

总之，已有的心理学和社会学的研究表明，认同是一种社会普遍现象，它要解决的是主体的身份归属问题，它有"同一"和"独特"两层含义，揭示了"相似"和"相异"两层关系。因此，本书认为，认同是一定社会体系中的主体（个体或群体），通过"自我"与"他者"之间"辨异"，实现对自我的身份的肯定，通过"自我"与"他者"之间"求同"，完成自我的归属。认同的本质是身份确认。

二、政治认同的含义

"政治认同"中的"政治"也是一个充满歧义的词汇，在探究"政治认同"的概念之前，有必要对"政治"一词做个大致的界定。人从本质上具有政治性特征，亚里士多德很早就认定人是天生的"政治动物"。"无论一个人是否喜欢，实际上都不能完全置身于某种政治体系之外。一位公民，在一个国家、市镇、学校、教会、商行、工会、俱乐部、政党、公民团体以及许多其他组织的治理部门中，处处都会碰到政治。"③政治作为一种与人类社会相伴相生的社会存在和现象，其内涵十分丰富复杂，不同历史时期，不同的学科对政治有不同的解读。流行较广的解释和界定有以下几类：（1）政治是对一种社会价值的追求，是一种规范性的道德。古希腊哲学家柏拉图和亚里士多德在论述政治的含义和特点时，"是把伦理学中的'善'与政治的概念结合起来。亚里士多德的看法是，政治就是实现正义，为民谋利，以达到'善'的行为，相应地政治学则是研究人

---

① 台湾学者孟樊在《后现代的认同政治》中用了中文"认同"一词来解释"identity"。他指出，identity，有学者译为认同、身份、属性或者是"正身者"，加之identity原有"同一""同一性"或"同一人（物）"之意，因此译为"认同"。参见：孟樊. 后现代的认同政治 [M]. 台北：扬智文化事业股份有限公司，2001:16-17.

② 江宜桦. 自由主义、民族主义与国家认同 [M]. 台北：扬智文化事业股份有限公司，1998:8-11.

③ ［美］罗伯特·达尔. 现代政治分析 [M]. 王沪宁、陈峰译. 上海：上海译文出版社，1987:5.

和城邦'至善'的科学。"①（2）政治是对权力的追求和运用。迈克尔·罗斯金认为"应该把政治看作是一些目标或政策的结合，而权力是达成这些目标或政策所必需的。按这种观点，权力是政治的最主要的组成部分。可见，权力是一套执行政策和决定的能动的工具"②。（3）政治是公众事务的管理活动。安德鲁·甘布尔认为"政治包含着认同、忠诚、权力和资源、秩序和规则……政治事关公众意志和公共目标的形成，公共利益的决定，什么应当保存什么应当改革，什么应当属于公众什么应当属于隐私，以及管理社会应该有的规则"③。（4）政治是人们之间的妥协和共识。哈贝马斯认为政治是一种交往活动，政治共识源于人们之间协商妥协的结果④；等等。以上论述反映了政治的某些内涵，揭示了某些特点，形成了"政治是一种社会整合方式"的共识。但如何把握政治的本质特征呢？本书认为，无论如何解释和界定政治，政治总是与利益、权力和公共生活相关联的一种范畴，并且"政治是经济的集中表现"，其本质是利益的诉求和实现。

政治认同是认同的一个分支，隶属于社会认同序列。政治认同是现代民主政治的一个重要概念。一般认为，政治认同的概念是由罗森堡姆最早提出的。罗森堡姆在1976年出版的《政治文化》一书中指出："政治认同，是指一个人感觉他属于什么政治单位（国家、民族、城镇、区域）、地理区域和团体，这是他自己的社会认同的一部分。这些认同包括那些他感觉要强烈效忠、尽义务或责任的单位和团体。"这一界定影响了中外许多学者对政治认同概念的认识和理解。目前，政治认同的释义多达几百种。但总体看来，可归入两股潮流。

一种侧重于心理层面的界定。马振清、吕元礼、薛中国等多数学者都认为政治认同与人们的心理活动有着密切联系，它是某种心理或体验，属于政治文化的范畴和政治体系的心理方面，本质上是社会公众对政治权力的信任、对政治价值的信仰。一方面它是人们在社会政治生活中所产生的一种感情和意识上的归属感。吕元礼指出："人们在一定社会中生活，总要在一定的社会联系中确定自己的身份，如把自己看作是某一国家的公民、某一政党的党员、某一阶级的成员、某一政治过程的参与者或某一政治信念的追求者等等，并自觉地以组织及过程的要求来规范自己的政治行为，这种现象就是政治认同。"⑤《中国大百

---

① ［英］安德鲁·海伍德.政治学[M].张立鹏译.北京：中国人民大学出版社，2006:15.

② ［美］迈克尔·罗斯金等.政治科学[M].林震等译.北京：华夏出版社，2001:14.

③ ［英］安德鲁·甘布尔.政治和命运[M].胡晓进等译.南京：江苏人民出版社，2003:1.

④ 郑敬高、顾豪.哈贝马斯的商谈共识论及其理论形式[J].东方论坛，2010(6):1-6.

⑤ 吕元礼.克服现代化进程中的政治认同危机[J].特区理论与实践，1996(5):29-31.

科全书》也将政治认同（political identification）定义为"人们在社会政治生活中产生的一种情感和意识上的归属感"⑥。另一方面，它是政治主体（个体或群体）在与政治体系互动的过程中，对政治体系的能动的心理反应。政治认同体现了政治主体的政治认知、情感、意志、信念、行为等政治心理因素的统一。

另一种侧重于行为层面的界定。李素华依据马克思主义对政治的阐述，把政治认同界定为"公民对政治体系中执政的政治权力的承认、赞同和同意，并且自觉地以该政治权力要求来规范自己的政治行为"⑦。方旭光强调："政治认同属于政治实践的范畴，具有实践的特性和政治实践的基本规定。"认为："政治认同是政治生活中认同主体和认同客体的关系范畴，是认同主体基于一定的利益诉求而进行的政治实践活动，是社会成员对一定政治体系的政治情感、政治态度和政治行为的综合反映和行为作用。"⑧张国平的定义也强调政治认同的实践性，他认为"在当代民主法治国家，政治认同是指一个国家的公民从自身的政治主体地位出发，以自我的价值观为评价标准，通过内在的衡量、评判，对国家、政治制度的认可与支持，主要通过公民对政治义务如自觉承担得以表现，它是个体行为从私域转向公域时在'我—他'之间通过服从形成的一种共识，它是人们在公共生活中的一种行为选择。"⑨以上界定都认为政治认同既是主体对一定的政治对象认知趋同的过程，又是对一定政治对象进行政治行为支持的过程。相较于心理层面的政治认同界定，该界定突出了政治认同是认同主体基于一定的利益而发生的主动性的选择活动，强调了其政治活动的实践过程。

本书认为，政治认同不仅是一种意识范畴，也是一种实践范畴。因此，政治认同是指一定政治体系中的政治主体（个体或群体）在社会政治生活中产生的对现存政治制度、政治规范、政治秩序、政治价值观及政治权力系统的运行方式所形成的一种情感或意识上的归属感，以及在政治生活中基于自身价值承认、接纳、支持和服从政治体系的实践活动。

三、两岸政治认同的含义

根据中外学者对政治认同概念的分析和理解，在界定两岸政治认同概念时应该注意把握以下几点：第一，两岸政治认同是政治主体的一种心理活动，属

---

⑥ 中国大百科全书·政治学 [M]. 北京：中国大百科全书出版社，1992:501.

⑦ 李素华. 政治认同的辨析 [J]. 当代亚太，2005(12):15—22.

⑧ 方旭光. 政治认同的基础理论研究 [D]. 复旦大学博士论文，2006:16.

⑨ 张国平. 当代政治认同研究 [D]. 湖南师范大学博士论文，2011:30.

于政治心理范畴，是政治主体在与政治体系的相互作用中，对政治体系的能动的心理反应过程。它由政治认知、政治情感、政治评价、政治信念、政治行为等既相对独立又相互联系和制约的要素构成一个完整的政治心理结构。第二，两岸政治认同不仅是一种政治心理倾向和态度，更是一种现实的政治行为。政治主体（台湾民众）通过政治社会化过程形成对政治体系的认知、判断、认可和参与，从而实现政治价值的接受过程和政治行为实践过程的统一。第三，两岸政治认同的主体是台湾人民。政治认同的主体是研究的起点与标准，两岸政治认同的主体是什么？毫无疑问是2300万台湾人民。"寄希望于台湾人民"是解决台湾问题、实现国家统一的重要基础，也是中共新一代中央领导集体一贯的主张和方针。按照西塞罗的定义，"国家乃人民之事业，但人民不是人们某种随意聚合的集合体，而人民是许多人基于法的一致和利益的共同而结合起来的集合体"[①]。这里的人民它可以是一个族群，也可以包括若干族群。在国内政治的领域中，人民更多的是被定义为公民，即有权参加政治事务的人。公民在现代社会是政治认同的主体[②]，公民身份是在国家这个政治共同体内的身份归属。第四，两岸政治认同所有理论演绎的前提是两岸同属一个中国。在此，中国是拥有主权身份的现代政治共同体。主权是区分"我群"与"他群"的界线，是民族国家确立的主要标识。主权拥有一定的覆盖范围，它在确定的地域内，主权才是成立的。同时，只有在与他国的交往中，主权的意义才被凸现。因此主权是人们寻求政治归属中的一个基本要素。

根据以上对认同及政治认同概念的分析和理解以及两岸政治现实，本书将两岸政治认同定义为台湾民众（群体）在"中国"这一民族国家框架内，在社会政治生活中产生的对国家共同体、国家政权系统以及历史文化传统的一种情感或意识上的归属感，并自觉地以组织和政治过程的规范来规范自身的政治行为[③]。

---

① 徐大同.西方政治思想史 [M].天津：天津教育出版社，2002:56-57.

② 江宜桦.自由主义、民族主义与国家认同 [M].台北：扬智文化事业股份有限公司，1998.89.；张国平.当代政治认同研究 [D].湖南师范大学博士论文，2011.

③ 两岸概念确实包含大陆和台湾两部分，但是两岸关系的现实是大陆和台湾分别属于两个对立的政治体系。因此，两岸政治认同是有特别指向的，是指台湾民众对于自身的文化属性、民族属性、政党属性与国家属性的认知，其核心是台湾民众的"国家认同"，具体而言，是指台湾民众的中国认同。由于本书定义的两岸政治认同主体是台湾民众，认同的客体是中国、中华民族、中国政府等，因此，论述的主要内容是台湾民众的政治认同问题，而不涉及大陆民众的政治认同。

第二节　两岸政治认同的内容向度

政治认同的指向属于客体研究范畴，这历来是一个很复杂的课题。一是政治认同的对象种类繁多、层次各异，比如国家、政治制度、阶级、政党、政治理想、政策等都属于政治客体；二是这些客体具有流变性，随着时代的变迁，它的内容会发生或多或少的改变等等。有学者对政治认同的内容进行大概的分类，它包括对民族国家的认同、对政党理论和政治党派的认同、对政府产生和运作的认同、对政治程序和政治决策的认同等①。也有学者将政治认同的对象概括为由政治意识形态、政治制度和政治运行三大基本要素构成的政治统治体系②。也有学者认为政治认同的对象是国家权力③。

两岸政治认同的内容如何界定？根据上文对两岸政治认同概念的定义，我们将两岸政治认同的内容解析为国家认同、民族认同和制度认同三个层面，其中，国家认同是两岸政治认同的核心内容，民族认同是两岸政治认同的前提条件，制度认同是两岸政治认同的实践载体。

一、两岸政治认同的核心：国家认同

当代世界政治的一个基本事实是，民族国家成为人类政治生活的核心，民族（族群）总是属于某个国家，而国家又往往包括多个民族（族群），当今世界90%以上的国家是多民族国家。相应地就有了民族（族群）的国家认同问题。虽然政治家、思想家对民族国家的理解见仁见智，出现了国家社会共同体说、国家统治说、国家要素说、国家契约说、国家机器说等各领风骚的观点④。但学者对国家认同的重要性的认识基本一致，普遍认为它关系到国家的内政与外交，是一个国家生存与发展的关键环节，也是国家政权稳定与国家统一的重要保证。

从人类的政治实践看，民族认同与国家认同存在矛盾张力。国内外已经有许多学者论及族群认同与国家认同问题⑤。20世纪人类政治生活中出现两个重

---

①　丁忠甫 . 政治认同研究——我国政治认同的基础性分析 [D]. 上海大学硕士论文，2005:13.

②　薛中国 . 当代中国政治认同心理机制研究 [D]. 吉林大学博士论文，2007:25.

③　李素华 . 政治认同的辨析 [J]. 当代亚太，2005(12):15—22.

④　朱新梅 . 知识与权力：高等教育政治学新论 [M]. 北京：教育科学出版社，2007:13.

⑤　[美] 塞缪尔·亨廷顿 . 我们是谁？美国国家特性面临的挑战 [M]. 程克雄译，新华出版社，2005.; 戴晓东 . 浅析族裔民族主义与公民民族主义 [J]. 现代国际关系，2002(12):57—60.; 王剑峰 . 族群性的陷阱与族群冲突 [J]. 思想战线，2004(4):55—63.; 许纪霖 . 现代中国的民族国家认同 [J]. 世界经济与政治论坛，2005(6):92—94.; 等 .

要现象：一是民族分离主义运动的死灰复燃。如果"在政治信念中，民族成了某种至高的存在"①，就会产生对现有国家统治的不认同。"20 世纪后半期最令人困惑的趋势之一就是政府正不断被其社会结构下的少数民族——即族群民族主义——烦扰、哄骗与挑战。"② 二是民族国家的整合。国家以全体公民为对象，力图培养他们对国家的认同和忠诚，以期建成超越族裔界限的民族国家。因此，在 20 世纪出现了民族独立运动与国家整合两个重大政治现象，两者相互交错发展。

然而，不管是在观念中还是在政治实践中，"族群和族群的认同都与'国家'紧密相关，不能离开国家而独立存在"③。在观念上，族群认同对国家具有依附性，它要么是国家认同的反对者，要么是国家认同的忠诚者，要么是新的国家认同的创建者。因为"国家则是自在自为的存在"，国家并不是靠权力才得以维持，"唯一维护国家的东西"是每个人都有的"需要秩序的基本感情"④。在实践中，公民与国家密不可分。从国家的构成要素看，民族国家建立在领土、主权、人民和合法性四大要素之上。"任何独立的政治体要成为一个国家，必须具备一定的领土，国家的领土是独立而不受侵犯的；在这个独立而确定的领域中必须拥有一个至高无上的主权机关，它代表国家的意志，国家的主权不可分割，不受他国的干预；在国家的领土范围内必须拥有足够数量的公民，他们的责任和权利仅受本国法律和本国政府的保护，他们只有隶属于一个领土国家时才能表达自己的意志，行使自己的权利"⑤。同时，国家合法地垄断国内的所有暴力机器。主权说明了国家存在的事实，这种事实也同时赋予本国国民特殊的身份，这种特殊身份以国籍的形式出现。因而，在政治实践中更是没有一个族群可以离开国家而存在，它在政治安全、经济依赖和地理学意义上依附国家而生存。

所谓国家认同，是指公民在心理上认为自己归属于国家这一政治共同体，承认自己具有该国成员的身份资格，由此产生的凝聚情感使公民愿意为共同生活积极效力，而且在共同体有危难时，愿意牺牲自我⑥。台湾与大陆同属一个中国，这个历史和事实在相当长的时间内为两岸中国人所共同认同。大陆方

---

① [法]吉尔·德拉诺瓦著.民族与民族主义[M].郑文彬等译.北京：生活·读书·新知三联书店，2005:11.

② Frederick L. Shiels, Ethnic Separatism and World Politics[M], (Lanham, MD: University Press of America, 1984), p. 1.

③ 钱雪梅.从认同的基本特性看族群认同与国家认同的关系[J].民族研究，2006(6):23.

④ [德]黑格尔著.法哲学原理[M].范扬、张企泰译.北京：商务印书馆，1961:253—268.

⑤ 俞可平等著.全球化与国家主权[M].北京：社会科学文献出版社，2004:3.

⑥ 江宜桦等.华人世界的现代国家结构[M].台北：商周出版社，2003:132.

面始终坚持一个中国原则，对于台湾的国际定位通常以"中国台湾""中国台北""中华台湾""中华台北"称呼之，也就是必须有"中国"（China）或"中华"（Chinese）这样的限定词，并坚决反对以"中华民国"或不加修饰的"台湾"这样的名称参与国际活动，以避免给国际社会造成"两个中国"或"一中一台"之印象①。然而，自 1945 年台湾回归祖国到两岸政治分隔至今已有 70 余年了，这种共识和认同却逐渐发生了变化，台湾民众的国家认同出现了迷茫和分歧。"在世界上其他地区不存在自相矛盾和混淆的"国家认同"的人们，对'所属地区的国家历史和地理是什么'的问题的回答是非常简单的，甚至小学生都可以回答，但是，在台湾却完全不是这回事，甚至历史学和地理学的博士也未必能给出一个正确的答案"。②20 世纪 90 年代以来，台湾民众在统"独"问题上的思考呈现多元化的特征。主张"中国统一"者认为，台湾属于中国的一部分，中国只有一个，中国和台湾应该是属于同一个政治疆域及体制。中国只有一个，台湾与大陆都是一个事实的政治实体，台湾是个地理名词，而不是政治名词，"一个中国"系是指两岸统一以后具有完整主权的那个中国。相对地，主张"台湾独立"者，则认为台湾和中国是属于"两个不同的政治疆域及体制""两个不同的政治实体国家"。台湾不只是地理名词，而且应该被认为是一个"国名"，同时也是一个政治名词。

　　毫无疑问，"台独意识"的兴起与行动表明台湾民众的"国家认同"出现危机。近 20 多年来，在李登辉、陈水扁所建构的"台湾优先""台湾第一""台湾主体论"等分裂主义思维的压制和影响下，台湾民族主义论述在政党政治、历史书写、社会科学和文学艺术等领域得以全面展开。按照岛内部分学者的说法，关于"台湾的国家定位"，在 90 年代完成"修宪"后，"中华民国宪法"就是代表台湾人民的总意志，"中华民国国家体制"就是台湾的"国家体制"③。在这样的历史脉络下，尽管岛内充满选举对立，台湾民意中出现的"台湾共识"却愈来愈清晰，它包括下列三项元素：台湾是一个"主权独立的国家"，"国号"为

　　①　国际社会也普遍承认一个中国原则。台湾学者通过对 195 个国家对一个中国原则之论述的回应发现，1999 年底前承认"世界上只有一个中国"的达到 57 国，约占 29.2%。在 2000 年到 2008 年之间该数字升到 172，比例也提高到 88.2%。关于"中华人民共和国政府是代表全中国的唯一合法政府"，接受该说法的国家数目，在 1999 年底以前是 114 国，占 58.5%，到 2008 年达到 172 国，为 88.2%。参见：蔡政修．"一个中国原则与台湾的国际空间：以民进党政府参与联合国的策略为例"（2000—2008）[J]. 全球政治评论（Review of Global Politics），2013(41):58.

　　②　Alan W. Wachman. National Identity Is Common Sense·Editorial：*Taipei times*，oct,10.1984. p.8.

　　③　童振源．以"台湾共识"团结蓝绿 [N]. 中国时报，2011-08-16.

"中华民国"，台湾就是"中华民国"，"中华民国"就是台湾；台湾人民希望维持台湾"主权独立"的现状，不愿意在现阶段推动两岸统一，也不愿意在现阶段推动更改台湾的"国号"；两岸关系的未来是开放的，但台湾前途应由两千三百万台湾人民决定。对于台湾新世代的"80后"或"90后"而言，民进党关于"台湾是一个主权独立的国家，目前的名字叫中华民国"的说法已经很大程度地被接受，成为年轻世代的主流意识形态。他们在大家高举"国旗"、欢度"国庆"时，不再高喊"中华民国万岁"，而是改呼"台湾加油""我爱台湾""台湾万岁"等。由此可知，在许多台湾年轻世代的心中，已经将"中华民国""等同于台湾"，"中华民国就是台湾"。令人担忧的是，为了执政的需要，国民党主流势力也开始与民进党一样大量使用"台湾意识""爱台湾"等民粹主义诉求召唤人民，并以"国家机器"之力致力于强化"台湾意识"与"生命共同体"的认同感，以区别于以前的"中国认同"，加速国民党的"本土化"步伐[①]。透过2010年马英九的元旦致辞可以发现国民党当局的两岸政治政策仍属消极，即海峡两岸分离迄今已经60年，其间各自采取不同的政治、经济、社会制度，生活方式与经验有很大的不同，确实需要一段长时间的交往来相互了解。现阶段任何躁进的政治选择，不论急统或"急独"，都会引起严重的对立与纷扰，没有一方可以获利，周边国家也连同受害。因此，在两岸关系上，马英九一向主张在"中华民国宪法"的架构下，维持"不统、不独、不武"的状态。2010年12月6日，台湾陆委会更集其大成提出了"捍卫台湾民主"等核心利益的"台湾核心利益论"，即民主、"主权"、安全、对两岸关系的未来有自由选择的权利、有意义地参与"国际空间"的权利、不被歧视的权利、弱势者的生存权利等，这是国民党2008年执政后首度阐述的大陆政策基调，也成为马英九当局执政期间处理两岸关系的基本逻辑。马英九当局迫于国际压力与岛内本土派势力，"以反台独来抗拒统一"的做法一度受到两岸学者的批评，称其所谓的"中华民国在地化"不过是"两国论"另一种修辞。总之，受"台湾主体性"意识的影响，把海峡两岸视同"两个国家"的民众在不断增加，凡事涉台湾、台湾民众的认同纠葛，"独派"几乎无往不利，走"台独"路线的民进党再度执政就是一个例证[②]。这一切表明，之前大陆对台湾民众的"国家认同"假定是有偏差的，台湾民众的"国家认同"危机是客观存在的，它已经成为两岸关系进一步发展的瓶颈。

---

① 肖宝凤."仿佛在君父的城邦"：论近20年来外省作家的历史叙述与家国想象 [J].台湾研究集刊，2010(3):73—85.

② 蔡英文在2016台湾地区领导人选举中获得689万票，得票率为56.12%.

台湾的"国家认同"问题有什么基本内涵？江宜桦认为台湾的"国家认同"问题主要并不是西方民族主义文献中所谈的"独立建国"或"打造国族"问题，而是关于台湾作为一个"实质存在的国家"应该如何自我定位，而其人民又应如何确认自己归属范围的问题①。本书认为，台湾的"国家认同"问题在内涵上泛指台湾民众的政治认同、政治情感和政治评价，在外延上主要是对两岸关系的定位是"一个中国""国与国""特殊国与国"或"台湾是否是主权独立国家"等问题的认知，亦即通常所说的统"独"立场。这是台湾内部最复杂、具争议、难解决，但又对台湾未来前途影响最具深远的重要议题。本书需要在"一个中国"的前提下厘清以下问题：台湾民众"国家认同"异化的演变轨迹；台湾民众"国家认同"的基本结构；台湾民众"国家认同"异化的政治影响等。

二、两岸政治认同的前提：民族认同

基于国家认同是两岸政治认同的核心，民族认同是国家认同的前提，民族认同也是两岸政治认同的基础。

法国革命使民族成为国家主权的来源，就此形成了民族国家。民族国家不同于传统的领土国家，传统国家是以武力征服做后盾的，疆域的范围也就是武力所能达到的限度，居民对国家的服从仅仅是因为武力的威慑或者是对"君权神授"的信仰。历史上的罗马帝国、奥斯曼帝国、蒙古帝国、中华帝国等都属于领土国家的范畴。而现代国家的合法性是建立在"民族"的基础之上的。"民族"这一概念规定了政治权力的范围，规定了什么人在什么范围内以什么形式要求包括国家在内的政治权力。民族国家作为政治共同体，它至少具有政治、领土和民族三种意义，与传统的领土国家的构成有着本质的差别。在英语世界里，国家具有政治意义上的 state、领土意义上的 country 和民族意义上的 nation 三种表达方法。其中，nation 是具有 state 或 government 等机构的一个族群，具有民族国家的意味，它基本对等于诸如"中华民族""大和民族"等"一元一体"及中国古代、欧洲、巴尔干半岛"多元多体"的民族国家，民族就是国家，国家即是这个民族，民族与国家二位一体②。这里的"民族"一词具有"国族"

① 江宜桦."新国家运动下的台湾认同"[A].林佳龙、郑永年.民族主义与两岸关系[C].台北：新自然主义，2001:189.

② 李远龙.认同与互动：防城港的族群关系[M].南宁：广西民族出版社，1999:8.

性质，不同于前现代性质的种族，在中国的传统语境中，它指称中华民族①。在学术研究中，国内也有学者用"族群"的概念特指国家内部的各个民族，在国家民族意义上则使用"民族"的概念②。由此可见，不管是单一民族国家还是复合民族国家，民族都是主权国家诞生的基础。而"民族国家的本质要求，就是民族对国家的认同。没有一定程度的国家认同，一个国家就不可能取得民族国家的形式。"③

如前所述，族群认同与国家认同的长期并存不仅是世界真实的历史，也是我们真实的未来，其矛盾或张力不断引发两者之间的冲突和对抗。在当今世界，"族群认同"（ethnic identity）日益成为一个全球性的社会政治困境，并且有愈演愈烈之忧。族群的冲突和对立轻则引起政治和社会动荡，重则导致社会分裂和国家解体，甚至最终演变成为大规模的种族屠杀和血腥战争。国内外已有许多学者论及族群问题，但是，族群问题无论是从历史经验层次，还是从法律层次，或者从观念层次观察，它都是一个极为复杂的问题。台湾学者较早开展有关民族认同和国家认同的研究，他们大多从族群理论入手分析族群认同和国家认同④。学者普遍认为，民族认同与国家认同二者既相互联系又相互区别⑤。它们之间的联系在于民族认同与国家认同是一种递进的关系，民族认同是基础，只有在民族认同的前提下才会实现国家认同。从政治学视角而言，国家认同即是国民认同，国民对国家的认同感是多民族国家屹立于世界的重要基础。其实质是一个民族确认自己的国族身份，将自己的民族自觉归属于国家，形成捍卫国

---

① 费孝通先生认为"民族"这个概念本身应包括三个层次的含义：第一层是中华民族的统一体；第二层是组成中华民族统一体的各个民族，即现在组成中华民族的 56 个民族；第三层是组成中华民族统一体的各个民族内部还有各具特色的部分，现在称作各种"人"。参见：费孝通. 边区民族社会经济发展思考 [J]. 北京大学学报，1993(1):10—18.

② 韩震. 全球化时代的公民教育与国家认同及文化认同 [J]. 社会科学战线，2010(5):221—228.

③ 周平. 论中国的国家认同建设 [J]. 学术探索，2009(6):35—40.

④ 施正锋. 台湾人的民族认同 [M]. 台北：前卫出版社 .2000.；施正锋. 民族认同与"台湾独立"[M]. 台北：前卫出版社，1995.；王明珂. 华夏边缘：历史记忆与族群认同 [M]. 台北：允晨文化出版公司，1997.；卢建荣. 分裂的国族认同 :1975-1997[M]. 台北：麦田出版社，1995.；石之瑜. 后现代的国家认同 [M]. 台北：世界书局，1995.；江宜桦. 自由主义、民族主义与国家认同 [M]. 台北：扬智文化事业股份有限公司，1998.；张茂桂. 族群关系与国家认同 [M]. 台北：业强出版社，1993.；台湾历史学会主编. 国家认同论文集 [C]. 台北：稻乡出版社，2001；李鸿禧. 国家认同学术研讨会论文集 [C]. 台北：稻乡出版社，1993.；林震. 论台湾民主化进程中的国家认同问题 [J]. 台湾研究集刊，2001(2):67—77.；等 .

⑤ 从民族认同的定义看，它有广义和狭义两重含义。广义的民族认同是指对某一主权民族国家的认同，即国家认同；狭义的民族认同是指一国内的各个民族对各自民族文化的认同，即族群认同。参见：庄锡昌. 多维视野中的文化理论 [M]. 杭州：浙江人民出版社，1987:45—48.

家主权和民族利益的主体意识。它们之间的区别在于，民族认同侧重于本民族内部的政治、经济、文化方面的认同，具有强烈的文化色彩。而国家认同除涉及以上内容外，还涉及政权、主权及外部其他国家对其的认同，具有强烈的政治色彩。

中国是一个多民族国家，既有统一的作为整体民族的中华民族，还有单一的相互区别的 56 个民族，这就存在着与单一民族国家不同的国家疆界与民族边界的异质性。换言之，在多民族国家民族认同与国家认同并不总是一致，他们之间存在着张力甚至冲突，从而使中华民族的认同具有复杂性和特殊性。在民族学中存在将中华民族是否看作"国族"的争论[6]，本书认为，费孝通先生的中华民族多元一体格局的论述仍然具有重要的指导价值，这个思想本身是具有历史深度的。按照费孝通先生的阐述，中华民族是一体，所包含的 50 多个民族单位是多元。这一格局的形成是由许许多多分散孤立存在的民族单位，经过接触、混杂、联结和融合，同时也有分裂和消亡，形成一个你来我去、我来你去，我中有你、你中有我，而又各具个性的多元统一体。在此，中华民族被视为 56 个民族在结合成统一国家的长期历史发展过程中逐渐形成的民族集合体——"国族"。在这个新的民族实体中，各民族的认同是分层次的。对各自民族的认同是较低层次的认同，中华民族认同是中国最高层次的民族认同，是中国各民族在历史过程中相互融合形成的休戚与共的自觉归属意识。按照"国族"的认同逻辑，对中华民族的认同可以视为对国家的认同[7]。

与统"独"立场一样，台湾民众的身份认同定位具有高度的政治性，直接揭示岛内民众对台湾目前定位与未来前途的看法。身份认同是社会授予、社会维持和社会转化的（socially bestowed, socially sustained and socially transformed）社会心理[8]。也即是说，身份认同代表了整体社会的价值和生活模式，它是社会化的产物。台湾民众的身份认同是指对自己究竟"是台湾人还是中国人"、抑或"二者都是"的民族身份认知。在台湾要回答"自己是不是中国人"是一件很复

---

⑥ 吴开松、解志苹.论我国少数民族地区国族认同的构建 [J].中南民族大学学报（人文社会科学版），2008(3):36—40.; 郜永君.加强对"中华国族"的核心认同 [J].理论视野，2010(6):21—22.; 等.

⑦ 按照"国族"的逻辑思路，我们认为将"中华民族"视为"国族"有一定的合理性。但是，对中华民族的认同并不完全等同于对中国的认同，因为在海外的华人和炎黄子孙也是中华民族的一部分，他们认同自己是属于中华民族的一分子但不一定对中国国家身份认同。参见：佐斌、秦向荣.中华民族认同的心理成分和形成机制 [J].上海师范大学学报（哲学社会科学版），2001(4):68-76.

⑧ 郑宏泰、黄绍伦.身份认同：台、港、澳的比较 [J].当代中国研究，2008(2).

杂的问题，在台湾这片土地上有着纷繁复杂的国族认同，有人认为自己是中国人，也有人认为自己是台湾人，甚至有人认为自己是日本人。90年代以来，台湾族群论述中出现两种截然对立的论述典范，民族认同的分歧是划分政党的唯一界限，民进党对"台湾民族"认同的宣示，以及国民党对中华民族认同的护卫（马英九在就职演讲时的说法是"两岸人民同属中华民族"），这项对抗成为两党竞争的重要基础。民众在民族认同上的对立，也成为当前台湾社会族群紧张的根源。同时，不论是现在或未来，民众的民族认同之态度和内涵也都是两岸关系中最重要的变量。

台湾民众对于族群认同与国家认同的基本认识是，"族群认同和国家认同并没有重叠的必然性，两者的重叠必然是特殊的历史条件使然。"① 本书认为，台湾民众心态上对"民族—国家"这种国家构建的质疑，已经成为两岸统一的最大阻力。激发台湾民众的中华民族认同感，通过民族情感来引导台湾民众的国家认同走向是当务之急。本书主要运用族群政治理论回答两个基本问题：第一，族群意识如何成为一个集体行动者？从族群的自觉发展体系看，其通常的运行轨迹是：客观文化血缘/共同历史经验—主观认同—族群自觉—自觉政治化—独立建国。第二，族群认同产生怎样的政治影响？"台湾族群意识"的分野、认同或界线的形成具有浓厚的政治建构色彩，族群的分野和界线已经凌驾于其他的界线（如阶级、宗教、地域、性别等）成为台湾政治发展和变迁的重要基础，并由此形成族群意识—国家意识—统"独"立场—大陆政策的演化逻辑。

三、两岸政治认同的实践载体：制度认同

制度的产生是源于对人类"理性自利"行为的约束。按照"经济人"假设，人类具有自利、理性的特征，人人存在利用机会主义手段为自己谋利的可能性。"经济人"的逐利行为容易产生损人利己的后果。因此，客观上需要对"经济人"进行有效约束，防止个人与组织在选择行为中的损人利己行为倾向，从而形成一定的社会秩序。所谓制度就是"一系列被制定出来的规则、服从程序和道德、伦理的行为规范，它旨在约束主体福利或效用最大化利益的个人行为"②。按照制度规则存在的形式，制度包括正式制度、非正式制度和实施机制。正式

---

① 张茂桂.台湾历史上的族群关系——谈"身份认同政治"的几个问题[A].游盈隆编.民主巩固或崩溃：台湾二十一世纪的挑战[C].台北：月旦出版社，1997:91.

② [美]道格拉斯·C.诺思.经济史中的结构与变迁[M].陈郁等译.上海：上海三联书店，1999:225—226.

制度是指人们有意识创制的，具有强制力的一系列法律、法规和政策。它通常由公共权威机构制定，也可以由有关各方协商制定。主要包括国家法律法规、政府政策条例、公司规章、经济合同等，它体现着一个社会的制度化水平。非正式制度由文化传统、道德观念、价值取向、伦理规范、风俗习惯、意识形态等因素构成，它们是大量的、普遍的，和文化传统联系在一起，具有深刻的文化价值意义。实施机制是对正式制度、非正式制度的执行、监督或落实，它的状况直接影响制度实施的效果和存在的价值。在制度的三大外延中，基本制度是核心，是一个制度体系的质的规定性，并规定了非基本制度的合理性，决定着一个社会的结构模式。非基本制度则是由基本制度依据特定程序、在一定具体条件下衍生而来，具有更多的技术性、工具性特征。在一定意义上，非正式的制度可以理解为一种心理约束，而正式的制度则是一些心理约束的外在形式，是被社会化、强制化的行为规则。二者具有内在的、不可分割的联系。

制度作为人类设计出来的调节人与人之间相互关系的规范，只有得到绝大多数社会成员的认可和支持，才能成为有效的制度。"一种制度之所以得以延续，在很大程度上取决于这种制度及其统治下的人们对于该制度的一定程度的认可和接受"①。所谓制度认同是指公民基于对特定的政治、经济、社会制度有所肯定而产生的一种政治感情上的归属感，是公民从内心产生的一种对制度的高度信任和肯定②。制度认同内在地包含两个方面，一是价值观念上的肯定，二是具有转化为现实行为的趋势和取向。二战后，随着新独立民族国家政权稳定性研究的深入，研究者越来越多地将制度认同视为政治合法性的基础。正如李普塞特所言，"合法性是政治系统使人们产生和坚持现有政治制度是社会的最适宜制度的信仰的能力"③。因此，制度认同问题主要是指制度的合法性或称正当性问题。合法性是一个评价性概念，必然有评价的标准。按照罗尔斯的观点，公平正义是首要原则。"一个组织良好的社会，或一个接近正义状态的社会，其目标是维持和加强正义制度。"④ 在政治生活中，只有遵循公平正义原则的制度才能得到社会各利益阶层的普遍认同，并内在地形成一个国家制度治理的民意基础。据此推论，影响制度认同的因素有以下几个方面：一是制度设计的公正性。制

① 孔德永.农民政治认同的逻辑 [J].齐鲁学刊，2006(5):139.

② 孔德永.和谐社会构建中的制度认同分析 [J].求实，2008(5):49—52.

③ [美] 西摩·马丁·李普赛特.政治人——政治的社会基础 [M].张绍宗译.上海：上海人民出版社，1997.55.

④ [美] 约翰·罗尔斯.正义论 [M].何怀宏、何包钢、廖申白译.北京：中国社会科学出版社，1988:94.

度安排的公正是制度认同的前提，当社会成员感受到利益、责任和权利是公平统一的，就会相信制度是正义的，由此产生的公平感会促使其支持和维护正义制度；二是制度运行的规范性。制度运行是否符合公认程序是制度认同的关键，当制度运行的规则和程序具有规范性、科学性时，就可以增强社会成员对制度的认同。反之，社会成员对制度的认同就会流于形式，制度的权威性和有效性就会大大降低。三是制度实践的时效性。制度认同不仅是一种理论思想，更是一种政治实践。在制度实施过程中，由于边际效用递减效应、理性与价值的背离等因素的影响，制度运行的结果难以让所有人满意，会出现制度认同趋于降低或制度认同中断的情况。总之，制度规则是国家建构的政治权力的具体化表现，作为国家共同体的硬件，容易引发社会成员的直观认同。

目前，两岸拥有不同的社会制度模式和政治生态环境，台湾民众对于国家的基本制度，包括根本性制度（社会基本制度）、体制性制度和具体性制度等缺乏了解，存在误解。对于国家基本制度的不同理解是未来两岸统合的最后堡垒。由于制度认同在两岸政治认同中缺乏实践基础，本书将运用重叠共识理论探讨缩小两岸政治认同中的价值性认同差距的可行性。

第三节　两岸政治认同的生成机制

政治认同既不是先验的存在，也不会自动生成，它有着自身特殊的内在生发机制。所谓机制是事物内部各要素相互联系、相互作用，促进事物运动、变化、发展的内在运行方式。政治认同形成机制是政治认同形成过程中所遵循的一般准则和原理。目前，对于如何充分掌握台湾民众的两岸政治认同抉择存在严重的争议。意见分歧的关键在于该议题兼具"理念"与"务实"的内涵。它一方面是个人认同的理念反映，另一方面却又是关乎台湾前途的务实抉择，两者关系错综复杂。本书尝试从认同形成的基本驱动力入手来考察这一问题。

那么，政治认同从何而来？这是一个关系到权力起源的问题。在绝大多数情况下，认同是构建起来的概念，人们是在不同的压力、诱因或自由选择的情况下决定自己的认同的。就认同形成的驱动力而言，心理动机的需求期望是形成政治认同的原始动力。柏拉图在《理想国》中说"有多少种不同类型的政制就有多少种不同类型的人们的性格。你不要以为政治制度是从木头或石头里产生出来的。不是的，政治制度是从城邦公民的习惯里产生出来的；习惯的倾向决定其他一切的方向。"① 人的需要是人进行各种自觉活动的内在驱动力，"任何人如果不同时为了自己的某种需要和为了这种需要的器官而做事，他就什么也不能做。"② 人的需要是由人的本性所决定的，马克思在《德意志意识形态》中指出："他们的需要即他们的本性。" 人的本性表现为"人直接地是自然存在物"、"个人是社会存在物"和"人是自由的有意识的活动"的存在物三大特性。人的自然属性决定着人需要依赖自然界生活，人的社会属性决定着人需要参与社会交互活动，人的自觉意识性决定着人需要按照美的规律来建造未来③。认同主体的需要包括利益追求和价值追求两大类。就政治心理学视角而言，政治认同形成机制是在利益诱导和价值追求等结构因素的共同作用下，政治成员形成对于政治系统的坚定的政治信仰。因此可知，解释主体的认同行为有理性认同和感性认同两种维度。脑神经科学的解释也为以上两种模式提供了依据。它的研究表明，包括人在内的生物行为有两种基本方式，一种是目标导向的、能够内省的、通过计算而实施的"自主过程"，另一种是情景导向的、不能内省的、通过触发而实施的"自为过程"，两种方式一起影响人类的思维和行为④。这种二元分析框架也是目前分析人类选择过程的最为合理的分析模式⑤。本书认为，台湾民众的国家认同形成机制即是在政治动机系统和政治情感系统的参与下，认同主体对搜集的信息或知识进行加工处理，进而做出特征鲜明的行为反应。这一选择过程既有理性的成分，也有无意识或内隐的特点，换言之，它是理性自利和感性认同相结合的产物。因此，理性选择和感性选择在解释台湾民众国家认同的形成机制时均有不可或缺的价值。

---

① ［希腊］柏拉图. 理想国 [M]. 郭斌和、张作明译，北京：商务印书馆，1986:313—314.

② 马克思恩格斯全集 [C]. 北京：人民出版社，1960(3):286.

③ 裴德海. 马克思"需要理论"的价值向度 [J]. 安徽大学学报（哲学社会科学版），2009(1):1—5.

④ 中外研究的共识是：人的生命存在的本质体现是理性和感性的组合，"理性 / 利益"（rational/interest-based）与"感性 / 认同"（symbolic/identity-based）是人类社会发展的两个原动力。参见：Lau, Richard R., Thad A. Brown, and David O. Sears., "'Self-Interest and Civilians' Attitudes toward the Vietnam War," *Public Opinion Quarterly*, Vol.42, No.4, 1978, pp. 464-483.; David O. Sears, Richard R. Lau, Tom R. Tyler, and Harris M. Allen Jr., "Self-Interest vs. Symbolic Politics in Policy Attitudes and Presidential Voting," *American Political Science Review*, Vol.74, No.3, 1980, pp. 670-684.; David O. Sears, "The Role of Affect in Symbolic Politics," in Citizens and Politics: Perspectives from Political Psychology, ed. James H. Kuklinski, (New York, NY: Cambridge University Press, 2001).

⑤ 唐俊、王翊. 互惠行为的理性与非理性分析 [J]. 求索，2013(3):9—12.

一、理性选择模式

政治学的理性选择理论是在经济学的"经济人"假设和社会学的"社会人"假设的基础上建立起来的分析模式。这些发轫于"经济人"假设的理论核心基础是一致的，即都是以经济理性人为理论预设所发展出来的理论解释模式。理性选择模式认为，认同形成的动力来源于个人的利害得失的权衡及趋利避害的理性选择[①]。在该模式中利益是影响选择结果的核心变量，这是由利益的本质特征所决定的。其一，利益是一切社会活动的核心。政治学研究经验告诉我们，政治现象的背后是"犹抱琵琶半遮面"的利益诉求。形形色色的政治现象只不过是"漂浮"在利益上面的"遮羞布"。人类的思想、观念、意识与行为的生产是深深"嵌入"其物质活动与物质交往之中的。"如果你因为饥饿、贫困而身体内没有营养物，那么你的头脑中、你的感觉中，以及你的心中便没有供道德用的食物了。"[②]"哪一个关注人性的命题是绝对和普遍正确的？我们知道只有一个：它不但正确，而且完全相同，即人总是根据自身的利益行事，当我们看到一个人的行为时，我们必然知道他认为他的利益是什么。"[③]因为从人的自然属性看，人有生存的本能，离不开吃穿住行等物质利益。所以，"人们奋斗所争取的一切，都同他们的利益有关。"[④]其二，利益关系是一切社会关系的核心。马克思曾经明确指出："人的本质并不是单个人所固有的抽象物。在其现实性上，它是一切社会关系的总和。"[⑤]利益关系则反映着人们之间的社会关系，决定他们在社会的地位，并以此构筑社会秩序。在没有政府的情况下，维持人类社会正常秩序的"三条基本自然法则，即稳定财物占有的法则，根据同意转移所有物的法则，履行许诺的法则"，都和人的利益有关。如果不遵守那三条基本法则，"他们便不可能维持任何一种社会"[⑥]。

那么，政治认同与利益又有着怎样的内在联系？从认同的功能看，认同与利益有着密不可分的内在联系。芒茨爱拉特·吉博诺认为认同主要有三种功能，即做出选择；与他人建立起可能的关系；使人获得力量和复原力[⑦]。而实现这些

---

① 台湾学者称之为"理性自利"模式（rational choice/self-interest）. 参见：Lau, Richard R., Thad A. Brown, and David O. Sears., "'Self-Interest and Civilians' Attitudes toward the Vietnam War," *Public Opinion Quarterly*, Vol.42, No.4, 1978, pp. 464—483.

② 马克思恩格斯全集 [C]. 北京：人民出版社，1956(21):330.

③ ［英］格雷厄姆·沃拉斯. 政治中的人性 [M]. 朱曾汶译. 北京：商务印书馆，1995:13.

④ 马克思恩格斯全集 [C]. 北京：人民出版社，1995(1):82.

⑤ 马克思恩格斯全集 [C]. 北京：人民出版社，1995(1):60.

⑥ ［英］休谟. 人性论 [M]. 关文运译. 北京：商务印书馆，1980:566、581.

⑦ 王希恩. 民族认同与民族意识 [J]. 民族研究，1995(6):17—21.

功能的基础是利益：一是这种选择首先是基于根本利益的选择；二是与他人建立的关系是在利益的驱使下与他人建立关系；三是通过建立关系使利益得到实现或获得力量。从政治的功能看，政治是利益的权威性分配。利益关系中很重要的一环是分配。哈罗德·拉斯维尔认为，政治是社会中"何人在何时以何种方式得到何物"的过程[①]。施密特等人也认为，"政治是人类所参与的旨在决定哪些社会成员得到利益或特权、哪些人则被排除在利益或特权之外的斗争或过程。"[②] 利益的权威性分配是通过环境与政治系统持续地输入—输出—反馈—再输出过程实现的[③]。它的基本路径是通过利益表达、利益综合和政治制定等机制，实现利益的分配[④]。从古至今，民众都向往着"均贫富"和"大同世界"，这种向往成了朝代更替的巨大动力，这就是政治认同的力量。总之，人有自利性，他对其所在政治共同体的认同与否是以满足自己利益的大小为标准的，当自己的利益得到满足，那么他就表示认同，否则，他就不认同。

我们将利益驱动设定为两岸政治认同的核心动力，按照理性选择模式的基本假设和基本原则对两岸政治认同中的政治理性与经济理性问题分别进行事实考察，以确定理性选择因素在两岸政治认同中的角色地位。

二、感性选择模式

理性选择理论过高地估计理性思维与理性选择的效力，过分地强化了理性逻辑的基础性。很多情况下，个体并不按照最大化理性原则行动，更多地根据情感、信仰、习俗、惯例、道德规范、责任和模仿等采取行动。这表明，人的选择是多元的，纯粹的理性选择并不存在，感性选择也是人类行为选择不可忽视的基本方面。感性选择模式强调个人的信念、情感、态度等因素对认同的影响。这意味着政治认同总是在某种价值取向下进行的，价值认同不仅必要而且可能。

第一，价值追求是人类的本性特征之一。人的需要是有层次之分的，除了基础的物质需求，还有更高层次的精神需求。马克思把人的需要划分为三大层级，即人的生存需要、人的享受需要和人的发展需要，并认为这三大层级的需要密切联系在一起，构成了人性的实质内容。马斯洛在1943年出版的《人类激

---

① ［美］施密特.美国政府与政治 [M].梅然译.北京：北京大学出版社，2005:19.

② ［美］施密特.美国政府与政治 [M].梅然译.北京：北京大学出版社，2005:4.

③ ［美］戴维·伊斯顿.政治生活的系统分析 [M].王浦劬译.北京：华夏出版社，1999:37.

④ ［美］阿尔蒙德等.比较政治学：体系、过程和政策 [M].曹沛霖等译，上海：上海译文出版社，1987:62.

励理论》一书中首次提出需求层次理论。这种理论把人类多种多样的需求归纳为五种基本需求，并按其重要性从低级生理性需求到高级心理性需求排列成五个层次：生理需求—安全需求—社交需求—尊重需求—自我实现需求。这种需求层次逐级上升的理论比较直观地反映了人的物质属性与社会属性相统一的特征。其中，尊重需求和自我实现需求与人们的价值取向有关，是一种在人们头脑中的根深蒂固的观念或称思想。这里所称的思想是经由社会化所形成的相对稳定的指导自己行为的一套价值理念或观念系统。"思想"一词是指导人们行为的巨大精神力量，它包括的范围很广，涵盖了意识中全部感性形式和理性形式，但有侧重点，主要指意识中的理念、判断、推理及形象思维等理性形式，同时思想还是"形成人动机和行为的主导力量"[①]。

第二，价值取向是人类实践活动的先导。价值观是人们对社会存在的反映，是支撑人类生活的精神支柱。价值观可以分成两类：一种是不可求证的价值观。这种价值观是人们生活中抽象出来的一些基本的观念，诸如："善""良心""正义"等。另一种是可以推演出来的，这种价值在实践中是可以找到根源的，如竞争和效率意识，民主观念，法治观念，自由、平等、独立等观念。一定的价值取向支配着思维变动的方向，是实践活动的先导。价值观通常有理想、信念和信仰三种表现形态，其中信仰被称作是"一个人的元气"[②]，在人的发展中是一种内在动力和"终极价值标准"[③]。法国思想家塞奇·莫斯科维奇强调："如果群体没有信仰或者说没有推动他们前进的思想，那么这些就是没有活力的群体、空虚的群体。对于一个人而言，如果没有生活没有目标，那么生命对他来说就毫无意义；一个群体如果没有信仰，那么这个群体就会彻底瓦解。""使群体的精神世界统一起来的既不是科学也不是哲学，而是信仰，从古到今，毫无例外。包括我们当今社会在内的任何一个社会，如果没有信仰，都不能向前发展。"[④]在资本主义社会以人的独立性、个性自由为价值目标的主导价值观，对资本主义的维系、发展发挥着重要的作用。

第三，价值差异是人类社会普遍存在的客观现象。这是由价值的主体性及

---

① 陈秉公.思想政治教育学原理 [M].北京：高等教育出版社，2006:101—102.

② 蔡尚思.中国现代思想史资料简编 [M].杭州：浙江人民出版社，1982(2):273.

③ 贾英健认为，信仰就是为价值体系寻找一个更高的终极价值标准，这个最高标准是价值标准的起点，它既不为其他标准所规定，也不在信仰体系内受到怀疑。参见：贾英健.多样价值观态势与主导价值观的确立 [J].山东社会科学，2002(1):71—76.

④ [法]塞奇·莫斯科维奇.群氓的时代 [M].许列民等译.南京：江苏人民出版社，2003:149—150.

其主体的多样性所决定的。从价值的本质特性看，价值具有主体性。一切价值都是以一定的人的主体尺度为根据的现象，不同的主体拥有不同的价值观，其中每一个具体价值都是个性化和唯一的。同时，现实世界中主体具有多元性。人的主体形态并不是抽象单一的，而是具体多层次、多样化的。个人、民族、国家甚至全球人类的整体，都在一定情况下成为独立的主体。这些主体同时并存，彼此之间在生存发展的条件、方式、需要、能力等方面都有各自的特征，从而构成了主体多元化的现实。主体本身的多元化意味着价值标准、价值观念也必然是多元的、有差异的。

第四，价值认同是当代政治合法性的基础。从认同的本质看，所谓价值认同是个体对于社会主导意识形态所蕴含价值的接纳与认可，是"个体或社会共同体通过相互交往而在观念上对某类价值的认可和共享，是人们对自身在社会中的价值定位和定向，并表现为共同价值观念的形成。"① 政治系统无论是追求物质形态的绩效、传播观念形态的思想意识还是制定制度形态的各种规则，都与社会大众之间构成了某种价值效用的关系。社会大众也会相应地从自身的感受和价值理念出发就政治系统的作为进行评价和反馈。当政治权力主体行动的价值取向与政治权力客体评价的价值取向趋于一致时，即达到价值认同的地步，政治合法性的基础才有可能构建起来。

总之，人类精神孜孜以求、苦苦追索的不外真理与价值两大问题。政治认同总是在某种价值取向下进行的，价值认同不仅必要而且可能。本书将"政治符号"② 设定为两岸政治认同中的核心价值，并将它界定为两岸政治认同形成的诱导力量，从认识论、本体论和社会行为方式等视角对"政治符号"在两岸政治认同中的作用加以考察。

第四节　两岸政治认同的建构路径

既然"所有的认同都是建构起来的"③，那么如何建构认同？一般认为，政治

---

① 贾英健.认同的哲学意蕴与价值认同的本质 [J].山东师范大学学报（人文社会科学版），2006(1):2.

② 政治符号，又称"象征政治"（symbolic politics），参见 :Quattrone, George A. and Amos Tversky, "Contrasting Rational and Psychological Analyses of Political Choice," *American Political Science Review*, Vol.82, No.3, 1988, pp. 719-736.; David O. Sears, "The Role of Affect in Symbolic Politics," *in Citizens and Politics: Perspectives from Political Psychology*, ed. James H. Kuklinski, (New York, NY: Cambridge University Press, 2001).

③ ［美］曼纽尔·卡斯特.认同的力量 [M].曹荣湘译.北京 :社会科学文献出版社，2006:6.

文化、政治制度和社会结构是影响政治认同的三个主要变量。就两岸关系的现实而言，由于认同的主客体分别属于不同的社会群体，且分隔在两个不相包容的政治系统中，因此，政治文化功能和政治制度功能被严重削弱，社会结构路径成为推动两岸政治认同走出困境的基础通道①。我们基于哈贝马斯的"重建性"合法性理论和罗尔斯"重叠共识"理论的启示，对两岸政治认同重构问题进行思考。

一、从经验取向出发整合资源，丰富两岸政治认同中的交换性认同资源

政治认同的基本内涵可以概括为个体对政治体系的归属和赞同，并愿意自觉地约束自己的政治行为。个体对政治系统的支持是利益驱动、价值诱导和强力威慑等多种因素合力作用的结果。其中，利益驱动是政治认同主要的内在生发机制。因此，政治系统"输出"利益满足其成员的诉求是政治认同得以产生、维系与积淀的前提条件。按照政治是社会整合的结果这一逻辑，两岸政治认同的建构可以借道社会整合路径加以推动。

社会结构交换理论认为②，社会交换是社会生活中极其重要的社会过程。一项行为要成为社会交换，必须满足两个条件：一是该行为的最终目标只有通过与他人互动才能达到，二是该行为必须采取有助于实现这些目的的手段③。社会交换的基本逻辑是：社会交换始于社会吸引→不平等的社会交换导致社会分化→社会权力分化导致整合或冲突。首先，相互吸引是刺激行动者进行交换的前提条件。吸引力的存在是因为通过交往具有报酬性，报酬分内在报酬和外在报酬两种④，区分的标准是将交往作为达到某种目标的手段（外在报酬）还是将交往过程本身视为交往目的（内在报酬）。因此，社会交换有三种形式，即内在性报酬的社会交换、外在性报酬的社会交换和混合型的社会交换；其次，不平等的社会交换导致权力分化。交换过程中，各交换主体为了增加自身的吸引力都会尽力展示自己的报酬能力，当不断的相互吸引使双方建立起稳定化的共同纽

---

① 群体认同是政治认同的中介，而群体身份是可以通过社会整合加以改变的。社会整合与两岸关系现状更具有兼容性。

② 霍曼斯的行为主义交换理论侧重微观和个人层次上的阐述，对社会群体和社会结构的解释力有限，本书采纳布劳的结构交换理论。

③ [美] 彼得·M.布劳.社会生活中的交换与权力 [M].李国武译.北京：商务印书馆，2008:38.

④ 内在性报酬是指从社会交往关系本身中取得的报酬，如满意感、乐趣、社会赞同、爱、感激、相互尊重等，这种报酬对交换双方继续交往具有很强的内在拉动作用。外在性报酬是指在社会交往关系之外取得的报酬，如金钱、商品、邀请、帮助、服从等机械性报酬。

带时，便形成了某种社会群体。但是，由于行动者在拥有资源、自身禀赋方面存在差异，在很多情况下并不能提供相互吸引的对等报偿，资源优势者和资源匮乏者之间由此产生等级分化，处于社会结构的不同位置；最后，权力分化进一步影响交往，这种影响被概括为整合与冲突。一方面，群体中地位的分化加强了人们对整合纽带的需要①。资源贫乏者为了获取利益，会甘居臣属地位，从而减少了交换中的竞争和摩擦，有助于促进群体的整合。整合的结果则是群体中形成对权力结构的集体赞同，进而确立权力结构的合法性。另一方面，如果群体内部的报酬结构不再符合群体成员的报酬期待，参与交换的成员会产生被剥夺意识。这种被剥夺感会逐渐瓦解合法权威赖以存在的基础，并导致对权力的反抗。社会结构交换理论以社会吸引、竞争、分化、整合和反抗等概念为核心，形成了分析社会交换过程的基本框架。由此可见，社会吸引的存在形成了一种促使个体团结在一个集体单位内的动力。借鉴社会交换理论，我们将两岸政治认同的建构逻辑预设为两岸相互吸引→两岸交往→两岸整合→两岸认同，并将"利益"作为获取认同与支持的一般性报酬。因为利益关系是一切社会关系的核心，"处理一切社会关系，必须把握其核心，即利益关系。"②

那么，两岸政治认同的客体如何通过提供一般性报酬用以刺激主体调整认同目标？我们将从三个方面展开论述。一是界定两岸交换性认同资源的构成。从社会利益的结构系统看，两岸可交换的利益包括政治、经济和文化三大要素。其中，经济利益是社会的基本利益，政治利益是社会的核心利益，文化利益则是社会最高形态的利益。③两岸交换性认同资源不仅是物质性的，也是精神性的，覆盖以上三个领域。二是阐述两岸交换性资源的交换模式。首先根据和谐与冲突的程度，将两岸交换性利益划分成同一性、相容性、差异性和对抗性四大类。在此基础上根据共同利益和冲突利益的不同处理策略，提出两岸协作关系模式和两岸平衡关系模式。三是阐述制度化在两岸关系中的地位与作用。制度的本质是协调社会利益关系的规则，其功能在于提供一定的激励和约束机制。在经济、文化、政治领域加快制度化安排的步伐，是建立两岸关系稳定秩序的前提。

---

① ［美］彼得·M. 布劳. 社会生活中的交换与权力 [M]. 李国武译. 北京：商务印书馆，2008:91.

② 洪远朋. 社会利益关系演进论 [M]. 上海：复旦大学出版社，2006:5.

③ 洪远朋、郝云. 十七大对马克思主义利益理论的坚持与发展 [J]. 复旦学报（社会科学版），2008(3):42—45.

二、从价值取向出发重叠共识，缩小两岸政治认同中的价值性认同差距

正如亨廷顿所言："在一个完全不存在社会冲突的，政治机构便失去了存在的必要，而在一个完全没有社会和谐的社会里，建立政治机构又是不可能的。两个十分敌对的集团，在它们改变相互看法之前，共同体的基础是不可能形成的"①，因此，如何缩小两岸的认知差距，形成更多的共识，是两岸政治认同形成的关键。

如前所述，政治认同的核心是价值认同，而价值认同是价值差异的必然选择结果。人们对待价值差异现象的可能结果有两个：一是价值冲突。多元价值意味着价值之间存在着选择的可能性，于是就产生了价值之间的冲突可能。当一方主体不尊重现实的价值差异，只按照自己的价值体系为所欲为，就会导致双方价值体系之间的对立、斗争和对抗。二是价值认同。当然，冲突并非你死我活，也不是一方吃掉另一方，其最终结果是通过冲突实现彼此之间的融合，形成一种具有包容性和主导性的价值观。罗尔斯反复强调的普遍的社会正义观念就是这种主导价值观，它能够使存在差异的多样价值观之间保持必要的张力，并对各种冲突起抑制作用。这种由差异走向认同是完全可能的。本尼迪克特在《文化模式》一书中提出："是生存选择造成了文化的差异，这种差异就像是一个巨大的弧，从另一个文化角度看，每个社会都在舍本逐末。文化的差异完全是人为的。所以是可以相互学习和修改的，实际人类各团体间的共性远大于他们表面或口头上强调的差异。"②因此，正是由于价值冲突和文明冲突的结果，从而产生了政治认同感，这就是所谓的"表面看来越是激烈的价值冲突越是体现出一种强烈的价值认同需要"③。从社会交换理论的视角看，社会交换的中介机制是共享价值观，共享价值观在复杂的社会网络中具有重要的调节作用。它可以提供一套为各方所共同接受的统一的社会标准，以便各方能够以同样的情景定义进入交换关系。在现实的社会交换系统中，最普遍的共同价值观就是平等或公平观念。

目前，两岸政治认同的最大困境在于两岸间存在政治价值观无法通约的情况。我们提出以下化解方案：一是从政治哲学角度探讨"重叠共识"的意

---

① ［美］塞缪尔·亨廷顿.变化社会中的政治秩序［M］.王冠华等译.上海：世纪出版集团，2008:8.

② ［美］露丝·本尼迪克特.文化模式［M］.王炜译.北京：华夏出版社，1987:16.

③ 刘荣语、贺善侃.价值、文化、科技［M］.上海：东华大学出版社，2004:262.

义。价值多样性是当代世界的普遍现象，如何实现多元价值观之间的相互交融性？美国哲学家罗尔斯 (John Rawls) 在 20 世纪 80 年代末提出的"重叠共识"(overlapping consensus) 观念，尤其是关于价值对规范的支持作用的论述，对于社会如何在多样性基础上统一意见、协调行动和稳定秩序具有借鉴意义。二是从政治文化视角寻找"重叠共识"。政治文化的功能之一是确认政治统治的合法性。两岸政治制度和政治生活方式不同，政治文化呈现异质性，尤其是政治意识形态。而政治文化一旦形成，它的作用方向和作用强度都具有超强的稳定性，这也强化了限制或排除其影响的难度。台湾的政治文化是传统政治文化和现代政治文化相融合的产物。传统政治文化所包含的"民本意识""大同理念"和"伦常意识"与现代政治文化所包含的"公平正义""合理分歧"和"公共理性"等观念可以成为两岸的"重叠共识"。三是从政治实践范畴建构"重叠共识"。"重叠共识"不仅是一个理论问题，而且是一个实践问题①。从社会意识与社会存在的关系而言，社会价值规范具有鲜明的时代性特征，它来源于与时俱进的社会存在。因此，"重叠共识"观念可以在不断寻找和构建共同规范的政治实践中形成，两岸本着求同存异的原则，在民族、民生和民主三大领域可以建构起重叠共识。

　　基于以上论述，我们将对两岸政治认同形成的基本逻辑、基本共识、悖论与出路等问题进行总结和反思。

---

　　①　童世骏.关于"重叠共识"的"重叠共识" [J]. 中国社会科学，2008(6):63.

第二章　两岸政治认同的困境分析

政治学的经验研究表明，政治认同问题是关系到政治共同体生死存亡的重大问题，没有政治认同就没有政治内聚力。公民的政治认同危机，对于公民而言是认同危机，对于国家而言则是安全危机。正如阿尔蒙德所言："当对准国家单位的认同与对国家的认同发生冲突时，政治共同体的问题就可能成为首要的问题，并造成重大的政治危机。"[①] 目前，台湾民众的政治认同因为历史、政治、利益等复合因素的影响出现了异化，这是以国家认同为核心的认同异化危机。台湾民众国家认同的迷茫与分歧是两岸关系进一步发展的瓶颈，也是两岸完成祖国统一大业的深层障碍。为此，本章将从认同变迁的历史轨迹、认同的结构现状和认同的主要障碍等层面对台湾民众的政治认同危机问题展开探讨。

第一节　两岸政治认同的历时性分析

曼纽尔·卡斯特将社会认同划分成三种形式，即合法性认同、抗拒性认同和规划性认同，并认为这个认同序列处于动态变化过程中，没有一种身份是本质性的[②]。吉登斯也认为，认同是由人类自身创造的一个动态的、没有终点的过程。大陆学者的观点也基本类似，认为"使得事情变得更为麻烦的是，自我和认同两者都是进化的概念，这就意味着在不同的历史时期它们具有不同的意义。"[③] 由此可见，政治认同不是一成不变的，而是处于不断的变动过程之中，具有历史性和动态性特征。政治认同的变迁，既包括认同方向或性质的变化，也包括认同程度、作用方式、认同的主导因素的变化。在两岸政治认同的变迁中，国家认同是演化的主要历史线索，不同时期台湾民众对国家的认同感是有明显差异的。

---

① ［美］加布里埃尔·A.阿尔蒙德等著.比较政治学：体系、过程和政策 [M].曹沛霖译.上海：上海译文出版社，1987:39.

② ［美］曼纽尔·卡斯特.认同的力量.曹荣湘译.北京：社会科学文献出版社，2006:6-7.

③ 王成兵.当代认同问题的人学解读 [M].中国社会科学出版社，2003:8.

一、中国认同的统一时期

1. 明清时期，台湾存在族群冲突，但不存在国家认同问题

明清时期的台湾社会景象充满族群矛盾和冲突。台湾早期的族群冲突主要有两类。一类是台湾少数民族与早住民的生存竞争，即所谓的汉埔争斗。台湾少数民族是指由平埔人与高山族组成的南岛语系的居民，早住民是指 17—18 世纪来台开垦拓殖的中国沿海地区的移民。由于早住民不断迁居台湾，使得台湾少数民族的生存空间与文化受到严重的排挤与冲击，双方为生存竞争多次发生流血冲突。如：1629 年新港社之役、1635 年麻豆社之役和卡拉阳社之役、1636 年小琉球社之役、1641 年华武垄社之役、1644 年葛玛兰社之役、1645 年塔卡玛哈社之役、1661 年大肚社之役、1670 年沙辘社之役、1731 年大甲西社之役、1875 年加礼宛社之役、1888 年大庄诸社之役、1895 年观音山庄之役等。台湾少数民族的抗争活动可谓屡见不鲜。另一类是汉语系移民的分类械斗，主要为闽客械斗。早期渡台开垦的汉移民因为语言、习俗、信仰有别，依"祖籍认同"分类聚居，形成以闽南人、客家人、泉州人和漳州人等为主的四大聚集区。这些带有不同"原乡认同"的移民一再爆发宗姓摩擦，甚至集体械斗。在清朝统治台湾的 211 年间，台湾社会发生过 60 多次的分类械斗。在层出不穷的各类械斗当中，19 世纪 60 年代在西螺、二仑、仑背一带所爆发的廖、李、钟三姓的械斗是清代规模最大的一次分姓械斗，历时三年才被平息。

然而，明清时期的台湾族群冲突不影响汉移民的国家认同。相同的血脉、相同的文化和相同的政治对早期台湾民众的国家认同起了决定性的作用。台湾史研究学者普遍认为，明清时期"台湾意识"只是中国地方意识中的"祖籍意识"，诸如"漳州意识""泉州意识"，或称"闽南意识""客家意识"等。这种"祖籍意识"在当时深入人心。一是移民入台之初，以原籍分别聚居。最先入台的闽南人占据平原肥沃之地，依"漳山泉海"分布（意即漳州人居近山的平原而泉州人居沿海平原）。较迟抵台的客家人则聚居丘陵地带。二是早期移民以祖籍分类械斗。明清时期，台湾社会不同族群之间因为利益争夺（如田地、水源等）和社会风俗差异等摩擦不断，形成不同祖籍间的分类械斗。这种"因分类而械斗，因械斗而更分类"的现象又进一步强化了彼此的祖籍分类意识。三是早期移民按祖籍形成不同的祭祀圈。台湾早期移民社会的一大特征是原乡守护神的信仰。漳州人崇信开漳圣王，泉州人崇信保生大帝，客家人则崇信三山国王。四是早期移民习惯于不问陌生人姓名而先问其祖籍。这种做法生动地显示了明清时期汉移民鲜明的祖籍意识。总之，明清时期的"乡土意识"并无政治

含义，不牵涉国家认同或民族认同。

2. 日本殖民统治时期，"台湾意识"开始萌芽，但终究未形成国族意义上的认同

日据时期，台湾同胞产生了一种对祖国母亲的怨愤和悲情，作为被统治者的台湾人的集体意识——"台湾意识"开始萌芽。日本据台五十年，先后推行"渐进""同化"和"皇民化"等政治社会运动，在岛内构建"日本国族认同意识"①。与此同时，台湾民众以"汉族意识"抗衡"日本意识"，与日本殖民统治展开针锋相对的斗争。日据初期台湾的绝大多数中上阶层家庭仍固守传统的汉文书房教育，传统书房的数目和学生数量均远远超出日本统治者开设的"国语传习所"②，传统书房成为保存和发扬汉文化与汉民族精神的主要基地。一战后，受民族自决思潮的影响，台湾的"汉族意识"和"阶级意识"同步昂扬③，关怀台湾乡土的"本土意识"也逐渐萌芽。1921年由林献堂、蒋渭水等人发起成立的"台湾文化协会"的宗旨即是改革台湾社会，灌输民族思想，唤醒民族意识。通过广设读报社、开办夏季学校、举办讲习会及文化演讲，巡回各地放映电影、发行《台湾民报》等活动④，逐渐唤醒台湾人的"本土意识"。

据此，台湾有部分学者认为，"台湾国族主义"起源于日据时期的二三十年代，并且认为它对当前台湾的"国族认同"有相当重要的影响⑤。但是，更多的研究表明，日据时期台湾的国族认同是非常不确定与朦胧不清的，夹杂了中华民族认同、日本国家认同与台湾民族认同⑥。甚至认为这是一个"台湾国族认

---

① 王日吟."台湾意识"与历史教育的变迁 (1945—2011)[D]. 中兴大学历史学系硕士在职专班学位论文, 2012.

② 据吴文星研究，至 1897 年 3 月，全台计有书房 1224 所、学生 19022 人；1898 年 3 月增为 1707 所、学生 29941 人。参见：吴文星. 日据时期台湾社会领导阶层之研究 [M]. 台北：正中书局 .1992:314—318.

③ "阶级意识"具体体现在"六三法撤废运动""台湾议会设置请愿运动""台湾民众党""台湾地方自治联盟"等一连串的政治运动。通过运动台湾社会知识精英将自治、普选、参政权等民主政治的基本观念传输给普通民众，并迫使总督府不得不有所退让，于 1935 年首度举办"市街庄议员选举"。

④ 《台湾民报》作为台湾本土报纸，提出了"三百六十万台湾父老兄姊""台湾是台湾人的台湾"等一系列理念，成为"台湾人意识"的萌芽。

⑤ 吴叡人. 台湾非是台湾人的台湾不可：反殖民斗争与台湾人民族国家的论述 (1919-1931)[A]. 林佳龙、郑永年. 民族主义与两岸关系：哈佛大学东西方学者的对话 [C]. 台北：新自然主义股份有限公司 .2001:43—110.；吴叡人."福尔摩沙意识型态：试论日本殖民统治下台湾民族运动民族文化论述的形成"(1919—1937)[J]. 新史学, 2006(2):127—218.

⑥ 方孝谦. 殖民地台湾的认同摸索：从善书到小说的叙事分析（1895—1945）[M]. 台北：巨流图书股份有限公司, 2001.；李筱峰. 一百年来台湾政治运动中的国家认同 [A]. 张炎宪等. 台湾近百年史论文集 [C]. 台北：财团法人吴三连台湾史料基金会, 1996: 275—301.

同"的"失败经验"①。这个时期出现的"台湾人意识"是一个相对于"日本人"的"台湾人"政治群体，它包含"民族意识"和"阶级意识"等政治意义。但是，这种"台湾人意识"的边界并不清楚，其认同仍属"中国认同"范畴，是作为中国人的台湾人的社会意识。如，台湾民主国以"永清"为年号，表达永属清朝之意。在《自立宣言》中也明确说明成立台湾民主国的原委在于："今已无天可吁，无人可援，台民唯有自主，推拥贤哲，权摄台政，事平之后，当再请命中朝，作何办理。"吴浊流也在《无花果》中写道："台湾人具有这样炽烈的乡土爱，同时对祖国的爱也是一样的。……台湾即使一时被日本所占有，总有一天会收复回来。汉民族一定会复兴起来建设自己的国家。老人们即使在梦中也坚信总有一天汉军会来解救台湾的。台湾人的心底，存在着'汉'这个美丽而又伟大的祖国。"即使部分民众在"皇民化"政策下国家认同出现异化，其势力也不足以影响"台湾意识"中的"中国认同"②。1945年台湾人民期待回归祖国的心情便是写照，绝大多数台湾民众的"中国认同"和"中国情结"溢于言表③。这个时期的"台湾人意识"也是当时身为"台湾人"既不被所谓的"国家"（日本）信任，也不被自己的民族（汉人）接纳的无奈与苦闷。吴浊流在《亚细亚的孤儿》中描述了这种悲哀心态，"在大陆，一般地都以'番薯仔'代替台湾人"，"台湾人总被目为日本人的间谍……开战后日本人再也不信任台湾人，只是利用而已"④。

二、中国认同的虚像时期

国民党威权统治前期（以台湾当局代表被逐出联合国为分水岭），为了巩固政权，冻结了"宪政体制"，架空"宪法"，建立了非常体制，"中华民国"是台湾民众"国家认同"的唯一对象。

1945年联合国将台湾移交中国时，台湾人的国家认同是百分之百的中国人，这是毋庸置疑的。1947年"二二八事件"成为反抗以大陆人为多数组成的国民党政权的"台湾人意识"加速发展的起点。光复初期，由于大陆接收官员

---

①　吴密察．台湾国家认同之历史回顾—日本时代：一个失败的经验 [C]．施正锋．国家认同之文化论述．台北：台湾国际研究学会，2006:161—169．

②　台湾学者周婉窈认为，日据时期许多台湾民众的国家认同与民族认同是分离的，他们可能因为教育的关系认同日本这个国家，却知道自己是汉民族的后裔，因而具有"汉民族意识"。参见：周婉窈．"实学教育、乡土爱与国家认同——'日治'时期台湾公学校第三期国语教科书的分析"[J]．台湾历史研究，1997(2):7—55．

③　薛军力、徐鲁航．台湾人民抗日斗争史 [M]．北京：燕山出版社，1997．

④　吴浊流．无花果 [M]．台北：前卫出版社，1988:125．

政治腐败，将"接收"变成"劫收"，台湾人心中的"祖国意识"也发生了戏剧性的转变，叶荣钟在诗中用"忍辱包羞五十年，今朝光复转凄然"描述了台湾人民的心情转变①。他在《小屋大车集》中写道："有人说陈仪长官在法理上代表国民政府，而国府又是祖国的代表，那么欢迎陈仪长官不是就等于欢迎祖国吗？这样的三段论法当然可以成立，但这并不是逻辑的问题，这一股热情所祈求的是血的归流，是五千年的历史和文化的归宗，陈仪不配作我们倾注情感的对象。"②"二二八事件"发生后，台湾民众的"怨恨"和"悲情"又一次被延伸和强化，台湾民间流传起"五天五地说"，即"盟军轰炸惊天动地、台湾光复欢天喜地、官员接收花天酒地、政治混乱黑天暗地、民生痛苦唤天叫地"③，表明台湾民众对国民党政府由希望到失望进而绝望。其中少数人对来自祖国的政权的合法性质疑上升为对国家认同的异化。

蒋介石政权退踞台湾后实行以党领政的威权统治，"外省人"在政治、文化、社会和经济等方面的优势地位造成"本省人"与"外省人"之间的矛盾进一步加深，进而引起两个族群之间的社会敌意和紧张。"省籍矛盾"成为这一时期台湾族群对立的主要表现，"本省人"为了摆脱"外省人"的政治主宰和文化压制，开始推动认同台湾本土的文化思潮。不过，1945 年台湾光复至 1960 年代，"台湾意识"基本上是一种"省籍意识"，具有区隔"本省人"与"外省人"的效用。"省籍意识"的内涵主要是"阶级意识"，"外省人"与"本省人"之间有了统治阶级与被统治阶级的分野。换言之，70 年代以前，"中国意识"是台湾社会的主流思维，"台湾人意识"在岛内并没有发展空间，台湾认同与中国认同基本上是和谐的。台湾民众在"中华民国"这个符号下生活，他们的"国籍"填的是"中华民国"，他们的旅行证件、驾驶执照上写的是"中华民国"，理所当然，他们也认为自己是"中华民国"的人。

台湾民众强烈的祖国意识与国民党的铁腕统治有关。一是岛内实行"戒严"与白色恐怖，"台湾意识"是禁区。那是一个人人自危的年代，台湾民众对台湾议题噤若寒蝉，即使有少数"台独"言行也被严厉镇压。二是台湾民众接受的是"大中国"教化，做的是"反攻大陆"的美梦。国民党统治集团退踞台湾后，为了凝聚"国家共识"，采取了一系列加强"中国化"的政策措施。计有：推行

---

① 叶荣钟. 小屋大车集 [M]. 台中：中央书局，1977:212.

② 叶荣钟. 小屋大车集 [M]. 台中：中央书局，1977:213.

③ 王日吟. "台湾意识"与历史教育的变迁 (1945—2011)[D].(台湾) 中兴大学硕士论文，2012:25.

"国语运动"，禁止在学校使用方言；推行改名运动，将乡镇、街路、学校的名称，改用中山、中正、忠孝等；推行文化清洁运动，发表"除三害"宣言，清除文化界的赤色、黄色、黑色的毒，将"反共文学"打造成文化的主流；订立"国家"节日，将"中华民国开国纪念"(1 月 1 日)、革命先烈纪念(3 月 29 日)、孔子诞辰纪念(9 月 28 日)、"国庆"纪念(10 月 10 日)和孙中山诞辰纪念(11 月 12 日)于 1954 年定为甲类"国定纪念日"①，由各地政府召开大会、悬旗，并休假一日。通过这一系列举措，延续了两岸之间的文化道统传承关系，巩固了党国体制的统治模式的合法性，再现了大中国主义的历史记忆与想象。就如台湾作家龙应台所言："1952 年生在台湾的我，还有我前后几代人，还真的是在'中国梦'里长大的。"②通过国民党的强力运作，台湾化身为"中华文化的复兴堡垒""反共救国的前哨基地"，本土性的语言、乡土文学、艺术创作受到无情的打压。教育体系与文化传播变成服务于执政者意志的政治工具。"中国意识"牢牢占据统治地位，"复兴大陆国土、解救苦难同胞"便是此一时期的中国认同的产物，台湾人不只是中国人，还是中国人的主体所在。"大中国"观念深入人心，绝大多数民众对于祖国有一种"近乎宗教的虔诚与期待"。③

三、中国认同的弱化时期

国民党威权统治后期，因省籍矛盾最终浒生出"台湾主体性"的省思，"中华民国"这一台湾人民的中国认同虚像开始迅速破灭，"台湾认同"开始成为新的国家认同虚像。

20 世纪 60 年代末 70 年代初，"中华民国"这道保护国民党统治地位"合法性"的心理防线开始出现破绽④。主要背景是新兴中产阶级的自主意识抬头和一连串的"外交"危机。

现代化理论告诉我们，经济发展会产生大批中产阶级，而这批都市中产阶级会成为民主化的动力。许多政治学理论也都支持这种看法，认为经济发展不仅为政治发展提供了经济基础和阶级状况变化的基础，而且也提供了各

---

①　周俊宇. 戒严、解严与集体记忆——以战后台湾的"国定节日"为中心 [J]. 台湾文献，2007(4):48.

②　2010 年 8 月 1 日龙应台在北京大学的演讲. http://news.ifeng.com/opinion/indepth/longyingtai/a01/detail_2010_08/05/1893875_0.shtml

③　黄国昌. 中国意识与"台湾意识" [M]. 台北：五南图书出版公司，1995.

④　朱云汉. 寡占经济与威权政治体制 [C]. 台湾研究基金会编. 垄断与剥削：威权主义的政治经济分析 [C]. 台北：前卫出版社，1989:143—222.

种政治力量互动的基础。在有关第三波民主化的经验研究中，亨廷顿 (Samuel Huntington) 提出了每一个国家最积极的民主支持者都是都市中产阶级的看法。支持这种看法的理由是中产阶级往往具有开明、温和、理性的价值。一个普遍的说法是中产阶级在获得经济利益之后，会开始要求更多的政治权利，或者政治参与，因为中产阶级的主要标签就是经济基础较好，教育程度较高，接触信息比较丰富，具有倾向民主的态度。台湾的民主化经验研究似乎也是现代化理论的翻版。蒋介石败退台湾后，政治上积极准备"反攻大陆"，经济上加紧促进全面发展。20 世纪 50 年代，通过"三七五减租"、公地放领、赎买土地等土地改革措施，不仅促进了农业的发展，解放了农村生产力，而且为 60 年代的台湾工业经济的快速发展奠定了坚实的基础。60 年代实施自由化的经济政策，台湾开始大规模吸引外资，经济开始蓬勃发展。70 年代台湾经济完成了农业社会向工业社会的转型。随着工业化进程，农村人口开始向城市大幅度流动，台湾社会步入都市化道路。与此同时，教育迅速普及，为出身底层的台籍人士提供了接受良好教育的机会，造就了一批精英分子。据统计，70 年代末，全台湾的识字人口超过 90%，其中大专以上文化程度的比率占 7% 左右。一大批留学欧美等西方国家的留学生学成回台，带来了西方的民主政治文化。因此，70 年代台湾逐渐浮现出一个中产阶级的市民社会。有关新兴的台湾中产阶级的身份界定和人数，学术界并未有一个统一概念和精确数字。根据台湾社会学者许嘉猷的研究，70 年代中产阶级的数量有了大幅增长，这与台湾中小企业的快速发展有密切关系。若以个人为估计单位，中产阶级约占全体台湾民众的 19.2%；若以家庭为估计单位，比例则是 27.4%[①]；若以职业来区分，除了传统的以医生、律师和公务员等为主的专业性的中产阶级外，中小企业主是中产阶级队伍增长的主要来源。"台湾研考会"第五次现代化民调显示，至 1981 年 56% 以上的台湾民众主观上自认为是中产阶级[②]。台湾中产阶级的主体不属于国民党威权统治体系网络，"这些以本省人占较大多数的新兴中产阶层，多具有一定的社会正义感，也很正常地形成台湾本位的政治视野，他们对政府高层的政风或是基层的国民党党风反应极为强烈，对社会各种阴暗面的理解也颇富同情心"[③]，向威权体制争取权利成为他们参与或支持党外运动的原动力。70 年代的党外运动的主力成员如黄信介、康宁祥等是中产背景的知识分子。70 年代末崛起的美丽

① 张铁志.台湾：空间是一点一点打开的 [J].同舟共进，2011(08):50.
② 刘国深、李炜.影响台湾地区政治文化变迁的外部因素分析 [J].台湾研究集刊，2000(3):7.
③ 杨宪村.民进党执政 [M].台湾：商周文化事业股份有限公司，1995:222.

岛事件的辩护律师们，如陈水扁、苏贞昌、谢长廷等更是典型的中产阶级。许多中小企业主、医生、律师成为早期党外运动的财务提供者。可以说，以本省籍为主体的中产阶级观念和主张成为以后民进党最主要的思想意识来源。

按照民主化理论的结构论逻辑，只要有一定的社会条件，民主就会出现。70 年代台湾的"外交"困境成为台湾"民主化""本土化"的现实社会条件。1970 年的保钓运动以及 1971 年台湾当局的代表被逐出联合国，使国民党的统治权威受到相当大的挑战。美国将钓鱼岛交给日本管辖和台湾当局的代表被逐出联合国事件，以及随后的一系列"外交"挫折，彰显了台湾"国际地位"的虚幻性，触动了台湾社会的民族主义情绪。"保钓运动替我们的社会大众上了很宝贵的一课政治教育，使我们的民族意识普遍地觉醒和高涨；而退出联合国事件，则不但在民族主义这一课给我们作了加强的教育，同时还使我们认清：要抵抗帝国主义的侵略、要争取国际的生存权，首先还是在于自己国内政治和社会的彻底革新！所以，青年们批评的矛头便开始指向了那些社会和人民的公敌！"[①] 他们认为"中华民国"是"虚幻"的存在，"中华民国代表中国"是一种"神话"，因为世界上公认的中国是中华人民共和国，而不是"中华民国"。这一连串事件在台湾引发的民族主义情绪开始复杂化，既有反美、日等帝国主义而产生的中国民族意识，也刺激着以"本土化"为核心的"台湾意识"的形成。

1977 年乡土文学论战成为两种意识形态的首次交锋。一般认为，自 1977 年的台湾"乡土文学大论战"之后，台湾文学便从西化期进入到乡土回归期。论战中提出的"关注现实"和"重认传统"两大口号在很大程度上否定了 50 年代以来放弃传统、盲目崇洋的极端心态，使台湾社会形成一股"关怀本土、回归乡土"的风潮。论战之后，台湾社会的文学艺术创作更加贴近民众生活，歌仔戏、布袋戏等本土戏剧重新得到重视，台湾乡土题材的新电影风靡一时，校园掀起一股标榜"唱自己的歌"的"校园民歌"风潮。正是在这样的社会背景下"台湾意识"通过艺术形式和传播媒介被呼唤出来了。不过，早期"台湾意识"的推动者仍以"作为中华民族的台湾人"自居，他们强调的"乡土"或"本土"的意义不同于今日，它主要有三层含义："中国"相对于"西方"；台湾相对于"中国"及"西方"；"农工大众"相对于"资本家及统治者"。80 年代，台湾思想文化界发生的"中国结"与"台湾结"的大论战，进一步催化了"台湾本土意识"。1979 年美台"断交"之际，台湾街头巷尾唱响的《龙的传

---

① 王拓.是"现实主义"文学，不是"乡土文学"[J].仙人掌，1977(2):53—73.

人》,在台湾民众中引起巨大反响,成为言简意赅、激励人心的爱国歌曲。歌词传达出的浓烈的民族情感引起台湾民众广泛的共鸣,国际孤立的窘境又进一步激发了台湾民众浓烈的民族情感。然而,两岸隔绝、敌对的政治现实,也使台湾民众产生了迷惘,文化中国? 地理中国? 政治中国? 不同的认同对象在台湾人的认同意识中纠缠。1983 年,侯德健"出走"大陆,与他相关的出版物,包括《龙的传人》等歌曲都立刻在台湾遭到"封杀"。"出走"事件引发了在台湾社会身份认同建构历史中极为重要的一场论战——即所谓的"台湾结"与"中国结"论战。论战中,双方对"中国意识"和"台湾意识"的解释存在明显对立的倾向性看法,主要的争议集中在"有无台湾意识"及"如何定位台湾意识"两个基本问题上。经过论战,"台湾意识"正式浮出历史地表,台湾人的国族想象——"在台湾的中国人"开始弱化。一股与"中国意识""中华民国国族论述"分庭抗礼的思维体系已隐然成形。

至此,"台湾意识"是否具有"民族主义"内涵? 岛内已有的研究存在较大分歧,形成两种不同的解释。根据王甫昌的分析,解严以前的"台湾意识"虽具文化与乡土内涵,却未必具有"民族主义式"的政治诉求,其诉求主题内容围绕"动员戡乱体制下的政治权利""动员戡乱下的宪政体制"等议题,直到1989 年才触及"国家定位"的挑战[①]。吴由美的研究结论是,90 年代前,主流的"台湾意识"争论的只是"反攻大陆"与"经营台湾"的优先权,它是一种孰轻孰重的价值选择,它并没有把台湾摆在与中国对等的地位,相反它是在大体承认台湾是中国的一部分的前提下主张优先发展地方[②]。管碧玲则认为,以 1987年为分水岭,之前的台湾民族主义运动称为"住民自决"运动时期,之后称为"制宪建国"运动时期。前者为政治主导的选举促进路线时期,阶段性目标为建立一个主张"住民自决"的政党,因为"自决"主张在戒严的年代里具有民主正当性,故以"自决"来包装"台独"诉求。后者为联合阵线时期,乃后物质主义运动、政治民主化运动、"历史主体性建构运动"与"新国家命名运动"等组成联合阵线的运动阶段。本书认为,此时的"台湾意识"已经包含政治诉求。1986 年成立的民进党是以本省人为主要成员,从而使得台湾的族群矛盾组织化。在 80 年代的历次选举中,党外本省候选人为了凝聚同乡本省人的选票,大肆强

---

① 王甫昌.台湾反对运动的共识动员:一九七九至一九八九年两次挑战高峰的比较 [J].台湾政治学刊,1996(1):129—210.

② 吴由美.台湾国家认同的发展与反思 [A].施政锋编.国家认同之文化论述 [C].台北:台湾国际研究学会,2006:83—116.

调台湾人认同台湾、本省人与外省人间的政治怨仇以及台湾是属于台湾人等诉求，某些本省候选人甚至煽动本省人对中国的仇视，并公开宣称台湾应该"独立"，演变成明显的分裂主义政策主张。

四、中国认同的肢解时期

20世纪80年代末，随着民进党成立和岛内废除"戒严令"，台湾政治步入转型时期。此后，各种思潮纷纷涌现，其中包括"台独"思想，这严重冲击了台湾民众原有的国家认同，中国认同在执政当局"本土化"和"去中国化"的推动下逐步被肢解。

"解严"后，台湾社会进入急剧变迁时期。政治上，步入民主转型阶段从而形成政治价值观多元化局面。经济上，维持高水平成长并带来开放性就业机会。社会上，贫富差距不断缩小并形成开放性的阶级结构。这些社会变迁积极地增加了族群之间的社会接触，消极地防止了因单一族群垄断社会经济资源而可能产生的社会分歧[①]。但是，民主化和社会变迁的共同作用并未消解原有的社会敌意和族群关系中的政治怨恨。在政治多元化的背景下，"台独"分裂势力有意识地利用和误导民众的"本土化"情结，将"本土论"演化成为新的文化与政治权力结构合法化的论述策略。自90年代开始，"台独"势力开始炮制"新台湾人"概念。在以"新台湾人"为核心概念的"台湾意识"里，形成了"爱台湾=本土化=反共=反中国=反统一"的分裂意识[②]。

首先，"中国意识"逐渐松动。90年代台湾出现一系列社会运动和党外运动，以"民主化"和"本土化"为旗号，呼吁执政当局不断进行政治变革。台湾政治"本土化"的推力主要来自两方面：国民党与非国民党。1991年5月发生了一场解严后最大的"台独"风暴——"独台会事件"。以李镇源、陈师孟等为首的知识界人士更于9月成立"一〇〇行动联盟"，以"废恶法"为运动定位，欲废除"刑法"第100条，锁定"双十"节"反阅兵、废恶法"游行，民进党与此遥相呼应推出"台独党纲"。执政的国民党为了回应民进党与民间社会要求改革的呼声，也开始了一连串民主化和本土化的措施[③]。通过"国大代表"改选和"宪政改革"措施，使"中华民国"的政治体制更加"本土化"；通过

---

① 吴乃德.认同冲突和政治信任：现阶段台湾族群政治的核心难题[J].台湾社会学，2002(4):75—118.

② 黄俊杰.论"台湾意识"的发展及其特质[A].中国意识与"台湾意识"——1999年澳门学术研讨会论文集[C].台北：海峡学术出版社，1999:1—2.

③ 王英.当代台湾利益集团研究[M].海口：海南出版社.2008.

实行"新户籍法",以出生地取代祖籍地,试图从"法律"上消弭省籍矛盾,推动外省籍第二代子女的"本土化";通过"民意代表""正副总统"的民意直选,从所谓"法律"上宣示民主选举出来的政府机关只代表台湾人民,执政的正当性也只源自台湾人民的授权。由于台湾政治和文化精英的积极建构,加之开放台湾人民到大陆探亲后,当时两岸政治、经济和社会发展的差异成为许多台湾同胞产生"异己感"的现实经验,"我群"意识逐渐清晰,以"台湾为主体"的意识逐渐成为许多人的共识。1997年"认识台湾"教科书所引发的争议,就是岛内具有中国意识者对教科书中片面的"台湾史观"所引发的对"中国意识"弱化的担忧。2000年政党轮替后,执政的民进党又推行了一系列"去中国化"运动,计有2001年的旅行证件加注"Taiwan"的政策,2002年的"台湾正名运动",2004年的"入联公投"活动等。至此,"中国"的含义有所转变,70年代所谓的"中国",大多指向的是传统文化的中国抑或是"中华民国",但90年代以后的"中国"虽亦有文化中国的概念,但大多数都指向了中华人民共和国。

其次,"台湾主体意识"论述逐步完善。解严前后,台湾社会的身份认同定义工作已经是自觉而刻意的行为[1]。1986年民进党成立不久就制订了"竞选纲领",明确规定"台湾的前途由台湾全体住民共同决定"。1987年在"台湾政治受难者联谊会"成立大会上,具有民进党籍身份的蔡有全、许曹德等人提案将"台湾应该独立"列入章程并获通过。同年,民进党第二届大会通过"人民有主张台湾独立的自由"之决议,回应国民党运用"惩治叛乱条例"与"刑法"第100条"普通内乱罪"对蔡、许"台独"言行施以"法律"制裁。1988年民进党通过"四一七决议文"抗议国民党对蔡、许两人重判十年以上徒刑。民进党以"四个如果"作为假定前提,间接点出"台独"诉求,并朝"建制的台独"——改变台湾内部法政结构方向迈进[2]。1990年民进党第四届第二次代表大会通过"一〇〇七决议文",再次提出"我国事实主权不及中国大陆及外蒙古。我国未来宪政体制及内政、外交政策,应建立在事实领土范围之上。"1991年第五届第一次代表大会修正通过"建立主权独立自主的台湾共和国"基本纲领,即通称的民进党"台独党纲",宣称:"依照台湾主权现实独立建国,制定新宪,使法政体系符合台湾社会现实,并依据国际法之原则重返国际社会。……基于国民主权原理,建立主权独立自主的台湾共和国及制定新宪法的主张,应交由

---

① Gold, Thomas B. "Civil Society and Taiwan's Quest for Identity," in Cultural Change in Postwar Taiwan, ed. Steven Harrell & Huang Ch-chieh, (Taipei: SMC Publishing Inc., 1994,) pp. 47—68.

② 陈佳宏. 解严前后"台独"运动之汇聚 [J]. 台湾文献,2007:58(4):11.

台湾全体住民以公民投票方式选择决定。"至此，民进党内逐步确立了以"台湾主体意识"为核心的政治论述。国民党官方论述对国际关系、两岸关系及台湾定位上亦有重大的转变，国际关系上从"汉贼不两立"到"务实外交"，两岸关系上从"反共复国"到两岸双赢，台湾定位上从"复兴基地"到"台湾经验"[①]。

再次，国民党与民进党开始竞争"台湾路线"[②]。国民党在民主化进程中不得不面对"中华民国"的定位问题，为了获得执政的合法性不得不走上"本土化"的道路，也就此展开与民进党竞逐"台湾主体意识"的历程。李登辉上台后的12年间，其工作重点之一就是全面推动民主化，而李登辉推动的台湾民主化以"台湾认同"及"台湾本土化"为主轴[③]。为了强化对台湾的认同，李登辉先后采取了一系列重要举措：1991年宣布终止"动员戡乱时期临时条款"，放弃两蒋时期与大陆争正统的想法，将"中华民国"的"政治主体性"定位在台湾[④]。1993年李登辉抛出"生命共同体"说，借用康德等哲学家提出的"共同体"理念，呼吁消灭省籍问题，建立"生命共同体"的共识。1994年李登辉提出"中华民国在台湾"的论述，确立台湾优先的路线，他将国民党定位为外来政权，"所以有必要将它变成台湾人的国民党。"强调国民党的生存发展是建立在认同台湾的基础上。自1996年李登辉就任"总统"起，他已不再提"一个中国"，但强调"中华民国是一个主权国家"与"中华民国在台澎金马地区"的存在。他之所以提出"中华民国在台湾"的认同，目的是要把它与"中华民国"区分开来，以利于今后割断与大陆的联系。1998实行"冻省"政策，意味着作为"中华民国"法统管辖下的"台湾省"已经不复存在，1999年7月李登辉接受世界第三大广播公司"德国之声"访问，明确指出"已将两岸关系定位在国家与国家，至少是特殊的国与国的关系"。至此，李登辉的论述已充分展现"台湾民族主义"的色彩[⑤]。李登辉提出的"中华民国在台湾""台湾第一""新台湾""新台湾人""加入联合国"等政治口号在台湾颇为流行，并也明显地强化了本省人对台湾的认同。

在"台独"势力的操弄下，"中国意识"与"台湾意识"的分歧快速政治化，造成解严后台湾政治矛盾的统"独"问题。台湾民众的"台湾人"政治身

---

① 纪慧君."我国元首论述中价值观之呈现与转变"[D].台湾辅仁大学硕士论文，1994.

② 吴由美.台湾族群问题的探源与进路[D].台湾师范大学博士论文，2005.

③ 李登辉、中岛岭雄.亚洲的智略[M].台北：远流出版公司.2000:219—221.

④ 赖建国."台湾主体意识"发展与对两岸关系之影响[D].台湾政治大学硕士论文，1997.

⑤ 董思齐.不确定的想象共同体:1949年以来台湾国家认同的困境[D].台湾大学硕士论文，2001.

份认同急剧上升，而"中国人"政治身份认同加速下降，台湾的族群意识发展
到"国家认同"的严重对立。尤其是教科书改革后成长起来的年轻一代的主流
意识正在往"独"的方向发展。

第二节　两岸政治认同的共时性分析

国家认同是近代民族国家形成与存续的一项不可或缺的要素。由于台湾当
局的政治教化、国际环境的影响以及两岸关系的博弈互动，台湾民众的国家认
同出现严重异化现象。台湾民众的国家认同危机涉及统"独"立场和身份认同
两个层面。"台湾是中国不可分割的一部分"这本来是一个不须争辩的命题，但
是，随着台湾社会的政治变革，这样一个简单的命题在岛内却遭到了挑战。"台
湾人也是中国人"这样一个基本概念如今也面临"台湾人是不是中国人"的困
扰和"台湾人不是中国人"的质疑。激发台湾民众认同祖国的民族激情是一个
长期而艰巨的过程，也是今后两岸关系发展面临的重大课题。为此，必须正视
两岸关系中的政治分歧，准确把握台湾民众的思想脉搏。本节拟根据台湾的民
调资料，通过对台湾民众统"独"立场、身份认知以及政党支持等问题的分析，
全面勾勒岛内有关"国家认同"的民意分布状况和基本特征，为"争取台湾民
意"的相关政策提供学理支持。

一、统"独"认同的基本结构

统"独"议题最早出现在1983年的"立法委员"选举，党外人士提出
了"台湾住民自决"主张。20世纪90年代以来，台湾民众在统"独"问题上
的思考呈现多元化的特征，既有主张统一的呼声，也有主张"独立"的声音，
还有主张维持现状的要求，差别只是在人数的多寡及地域分布的不同。主张
"独立"及统一又包含着不同的类型，各拥有坚定的支持者，人数或多或少，
年纪或大或小，族群及受教育的背景亦不一而定。"独派"与统派也都面临程
度不一的困难及挑战。就两岸关系而言，统"独"偏好的总体趋势事关两岸
结构性矛盾，具有高度的政治性。那么，在统与"独"等攸关台湾同胞根本
利益的问题上，岛内的民意究竟如何？

台湾民众关于两岸关系的选项计有七种，即：统一（急统）、"独立"（"急
独"）、维持现状以后走向统一（缓统）、维持现状以后走向"独立"（"缓独"）、
维持现状看情形再决定"独立"或统一（维现再定）、永远维持现状（永维现

状）和无态度 [①] 等。因此，台湾学者常用"统独偏好六分类测量"方式进行研究 [②]，台湾陆委会例行进行的"民众对当前两岸关系之看法"调查也常用六分类法 [③]。本书主要依据台湾政治大学选举研究中心提供的"台湾民众统独立场趋势分析"资料 [④]，资料选取以 1994 年起的民调数据为据 [⑤]。

从 1994—2015 年的发展趋势看，"维现再看"是最受民众青睐的选项，其历年的平均值达 34%。1994 年是第一个高点，接近四成，达 38.5%。1996—2000 年，都相当平稳地围绕着 30% 上下波动。2001 年以后，这个比例又开始抬升到 36% 左右，2006 年则达到了 38.7% 的新高。此后，这个比例略有下降，近两年都维持在 34% 左右。另一个比例较高的选项是"永维现状"，其历年的平均有 20.2%。它的分布呈一路走高态势，从 1994 年的最低点 9.8%，次年大幅提升至 15.6%，此后三年基本维持在 16% 上下，2000 年出现一个小高峰，达 19.2%，2001 和 2002 年稍稍回落，其后一路上扬，2004 年达 20.9%，2009 年达 26.2%，2012 年更是攀升至 27.7%，19 年间成长了近 3 倍。"维现再看"和"永维现状"合计近 55%。

维持现状以后走向统一（缓统）也有较高的比例。在 1994—2003 年这

①　民调最常见的统"独"立场问题有三种：一是关于台湾和大陆的关系有几种不同的看法，请问您比较偏向哪一种？二是除了这个立场，请问您还能接受哪一种？三是您最不能接受哪一种？

②　陈陆辉、周应龙 . 台湾民众统"独"立场的持续与变迁 [J]. 东亚研究，2004,35(2):143—186.; 张佑宗 . 选举事件与选民的投票抉择：以台湾 2004 年"总统选举"为分析对象 [J]. 东吴政治学报，2006,22:121—160.

③　针对目前最为普遍的"统独六分类测量"，台湾学界仍感不足，因此尝试进行各种改进。朱云汉提出了九分类法，分别为：首先，倾向"独立"方面，包括"坚持独立"（赞成"独立"，反对统一）、"倾向独立"（赞成"独立"，对统一无意见）、"弱拒统一"（对"独立"无意见，不赞成统一）。其次，倾向统一方面，包括"坚持统一"（赞成统一，反对"独立"）、"倾向统一"（赞成统一，对"独立"无意见）、"弱抗独立"（对统一无意见，不赞成"独立"）。最后，六类之外还包括，有条件的同意统一与"独立"的"开放理性"（open-minded rationalist）、既反对统一也反对"独立"的"现状维护"（strong believer in status quo）以及对统"独"都没意见的"立场消极"（passivists）三类态度。参见：Chu, Yun-han, "Taiwan's National Identity Politics and the Prospect of Cross-Strait Relations." *Asian Survey*, Vol.44, No.4, 2004, pp. 484—512.

④　台湾的民意调查机构种类繁多，既有像盖洛普这样专门从事调查的专业机构，也有附属于媒体、大学和研究机构的民调中心。不同机构针对不同问题所做的民意调查也是数不胜数。各家民意调查机构在相关问题的问卷设计内容、抽样方法及访问过程上的处理方式与执行态度严谨不一，因而造成对同一类问题的意见搜集及解读出入甚巨的情形，导致读者无法判断孰是孰非。台湾政治大学从 1994 年起对民众统"独"态度的民调具有连续性，可信度高，被引用频率高，本书的民调数据主要以此为据。

⑤　从民调资料看，1994 年是台湾民众统"独"立场转变年。《联合报》于 1994 年 2 月底进行的民意测验中，"支持独立"12.3%；"支持统一"27.4%；"维持现状"44.5%；其余是不知道或拒答。4 月底同样的民调显示，"支持独立"增加为 15.5%；"支持统一"减少为 17.3%；"维持现状"54.5%；其余是不知道或拒答。

十年间，这个比例的平均值大约是 16.6%。不过，支持比例的下行趋势明显。1995 和 1996 两年尚能维持近两成的比例，此后不断下滑，尤其是 2003 年起跌幅加大，至 2007 年跌到仅有 10%。2008 年虽然国民党重新执政，民众支持"走向统一"的比例却没有止跌回升，2014 年出现了历年的最低点 7.9%。至于支持"统一"（急统）的比例十分低迷，历年平均 2.0%，从来都没有超过 5%，最高点的 1994 年也只有 4.4%。就算国民党重新执政，该比例还是在 2.0% 以下徘徊。

与此同时，"偏向独立"的比例却呈上升趋势，历年平均达 13.7%。这个比例在 1994 年只有 8.0%，1997 年开始突破一成，达 11.5%，1999 年出现小高峰，达 13.6%。政党轮替之初略有下降，2002 年起上升至 13.8%，并在民进党执政时期一直维持在 14% 左右。马英九执政后这一比例进一步提升到 16% 的高点，近两年一直保持在 18% 左右的高位，显示这一比例并未因为二次政党轮替有所减缓。不过，支持"急独"的比例也并不高，历年平均约 4.85%。该比例 1994 年为 3.1%，1997 年出现第一次波动，达 5.7%。2000 年曾经回落至 3.1%，不过，此后一直微幅上升，2003 年出现一个新高 6.2%，2007 年再创新高达 7.8%。政党再度轮替后呈下滑趋势，2015 年降到 4.3%。总之，偏向"独立"的比例约 18.6%[1]，2014 年的"反服贸运动"助长了"独派"势力，"独派"比例达 23.9%，创历史新高。

除了持有统"独"立场的，"无态度"的比例历年平均在 12.35% 左右，且该比例呈现明显的下降趋势。

---

[1] 1996 年台湾首次地区领导人直选，彭明敏代表民进党出征的得票率为 21.12%，这可以视为绿营的基本盘，代表"独派"人士的比例。

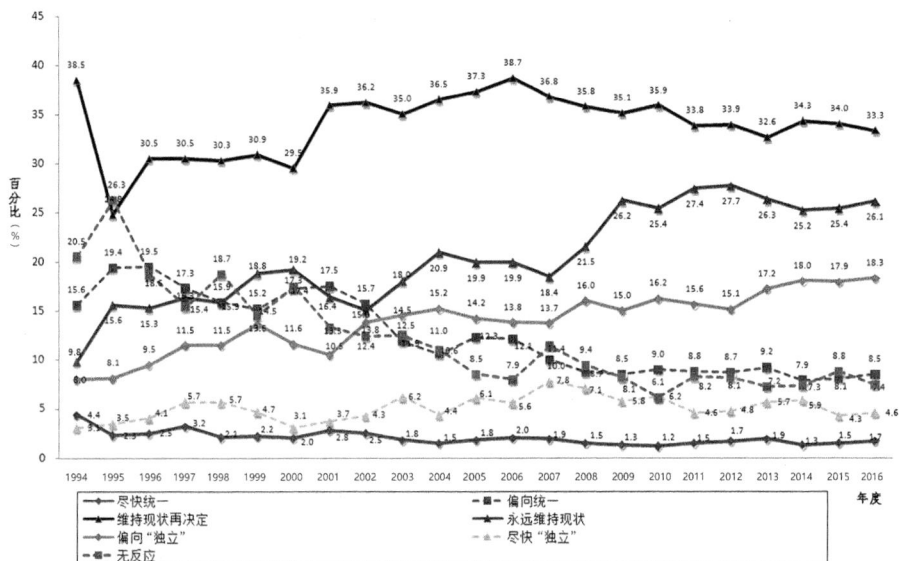

资料来源：台湾政治大学选举研究中心"台湾民众统独立场趋势分布"，http://esc.nccu.edu.tw/newchinese/data/TaiwanChineseID.htm。

图 2.1　台湾民众统"独"立场趋势分布（1994—2016.12）

整体而言，近二十年来，台湾民众的统独意识的结构呈橄榄型，中间大、两头尖。多数选择维持现状，对终极"独立"的偏好远高于终极"统一"。

其他民调选用"尽快统一""维持现状以后统一""维持现状以后再决定""永远维持现状""维持现状以后独立""尽快独立"的"六分法"进行的问卷调查，也得出了类似的结论。

但是，如果调查问卷的题组发生变化，结论就出现较大的差异。如，台湾舆论调查公司"台湾指标民调"（TISR）将终极统"独"题组简化合并为四分类，即泛统：可统反"独"＋可统不反"独"＋不反统反"独"；"泛独"：可"独"反统＋可"独"不反统＋不反"独"反统；永保现状：反"独"反统；模棱两可：可统可"独"＋不反"独"不反统。2013 年 8 月的统"独"民调显示：赞成两岸终应统一者为 20.5%，不赞成比例高达 60.9%，即便是泛蓝民众，不赞成（49.7%）的也远高于赞成的（35.8%）；有 52.3% 赞成"台湾终应独立成为新国家"，27.5% 不赞成，即便是泛蓝民众，看法也明显分歧（44.4% 赞成、43.3% 不赞成）[1]。

---

① 台湾民众终极统"独"观：指数与题组，http://www.tisr.com.tw。

二、身份认同的基本结构

认同的本质是身份确认，一个主体的身份往往是多元的。如《奥德赛》的故事告诉人们，奥德赛拥有多种身份：足智多谋的战士、冒险者和领袖、儿子的父亲、妻子的丈夫、伊塔克人的国王。又如，一个香港的上海人，可能自称上海人、香港人、汉人、中国人，每一个自称都让他与一群人结为一个族群，但用什么自称，要视场合来定。与统"独"立场一样，台湾民众的自我认同定位也具有高度的政治性，直接揭示岛内民众对台湾目前定位与未来前途的看法。"大陆"原本是个地理名词，在特定的政治环境下变成了身份名词。关于国族认同，即你是什么人？台湾人已经反复挣扎了许多年。在台湾要回答自己是不是中国人是一件很复杂的问题。国族认同的异化正在加剧解决台湾问题的复杂性。台湾80年代出现了几个新生代舞台艺术家，例如汪其楣、赖声川、林怀民等，他们的出身、留学和返台经历使得他们共同面对"国族认同"的难题。在他们青少年成长阶段，"中国人"是个不容置疑的身份；留学海外时，他们却不会被称呼为"中国人"，而被称呼为"台湾人"；学成返台后，自我调整为"台湾人"时，则又因为无法以流畅的"台湾话"与本地人交谈，而被"台湾人"质疑。"中国"与"台湾"成为一再被掏空而重新填充的符号，也成为舞台上借以思索文化身份的媒介。1989年，台湾《联合报》率先对台湾居民的国家认同感实施了调查。结果显示，超过半数（52%）的受访者认为自己是"中国人"，而将自己视为"既是中国人也是台湾人"的比例为26%，"仅是台湾人"的比例为16%。

目前，台湾民众的身份认同存在以下四种情况：一是认为自己首先是中国人，其次也是台湾人；二是认为自己首先是台湾人，其次是中国人；三是认为自己是中国人，不是台湾人；四是认为自己是台湾人，不是中国人。其中，中国人的概念有四种解读，包括血缘上的华人，文化上的华人，政治上的中华人民共和国的国民，或是"中华民国"（在台湾）的"国民"。台湾人的概念涉及四层意思，即福佬人、本省人、台湾住民和"台湾民族"。有研究表明，族群认同与政党认同密切相关。国民党认同者当中，自认为是"中国人"者占54%，自认为是"台湾人"者占17%，"既是台湾人又是中国人"者占29%。在民进党认同者当中，"台湾人"认同者占55%，"中国人"认同者占22%，"既是台湾人又是中国人"者占23%[①]。族群认同与统"独"之间也有着正相关的关系。

---

① 游盈隆.民意与台湾政治变迁——1990年代台湾民意与选举政治的解析[M].台北：月旦出版社，1996:126—127.

"中国人"认同越强者愈主张台湾统一，"台湾人"认同愈强者愈坚决主张台湾要"独立"。那么，台湾民众的族群认同结构状况如何？台湾政治大学选举研究中心自 1992 年开始进行的"台湾人／中国人认同"民调显示，台湾民众的民族身份认同与统独立场趋同，发生了重大的变化。

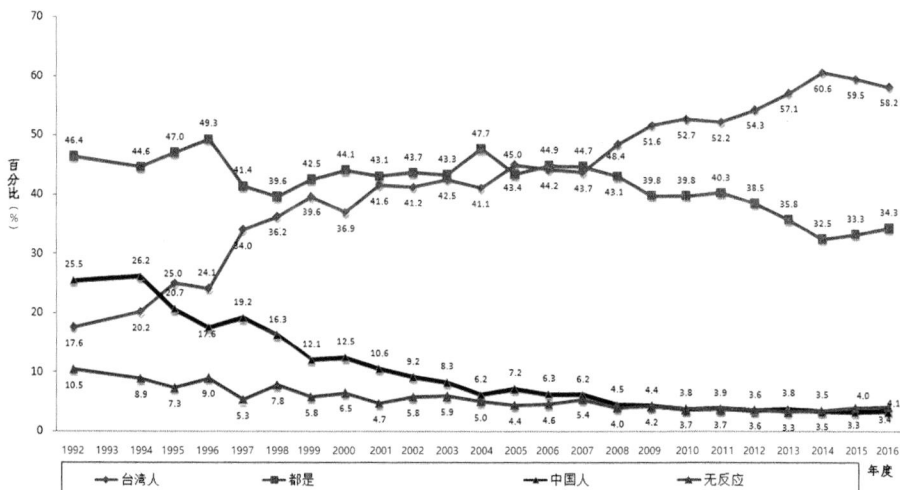

资料来源：台湾政治大学选举研究中心"台湾民众台湾人／中国人认同趋势分布"，http://esc.nccu.edu.tw/newchinese/data/TaiwanChineseID.htm。

图 2.2　台湾民众"台湾人／中国人认同"趋势分布（1992—2016.12）

在台湾政治大学 1992 年首次调查中，台湾民众认为自己是台湾人也是中国人的比例高达 46.4%，1996 年甚至一度逼近半数为 49.3%。2000 年台湾首次政党轮替，"本土意识"强烈的民进党上台执政，民调开始出现变化。但认为自己是台湾人也是中国人的民众一直是占多数，这一比例至少都在四成以上。2005 年，认同自己是台湾人的比例，首度超越自认两者都是的民众，但差距有限，而且很快又被超越。2008 年之后，认为自己两者都是的民众呈现持续下降趋势，2014 年为历年最低点 32.5%。

1992 年认为自己是中国人的民众占 25.5%，1994 年后这一认同比例出现转折，1999 年下降为 12.1%。陈水扁执政期间，认同自己是中国人的民众比例平均为 7.2%。国民党重新执政后，认同自己是中国人的比例基本在 4% 以下的低位徘徊。

1992 年认同自己是台湾人的比例是 17.6%，此后一直处于上升状态。1996 年是第一个转折点，由 24.1% 攀高至 1997 年的 34%，1999 年出现小高峰达

39.6%。第一次政党轮替时期，台湾人认同与两者都是认同处于相互竞争状态，台湾人认同基本处于下风，仅 2005 年以 45% 超越。2008 年之后，竞争格局出现此消彼长的明显分化，台湾人认同一路上升，2014 年达到 60.6%（相形之下，认为自己两者都是的民众比例剩下 32.5%）。

1992 年无反应受访者 10.5%，此后 20 多年间呈一路下滑走势，2013 年跌至 3.3%，近几年徘徊在 3.4% 左右。

《联合报》1996—2016 年的民调显示，台湾民众的身份认同发生巨大变化。自认是台湾人的比率从 1996 年调查的 44%、2006 年调查的 55%，攀升到 2016 年调查的 73%，创近 20 年来调查新高。觉得自己是中国人的比率，则由 20 年前的 31%、10 年前的 20%，降至 2016 年 11%，创历次调查新低。认为自己既是台湾人也是中国人的比例由 1996 年的 15% 降至 10%。2016 年只有 1% 觉得台湾人就是中国人。

整体而言，1992—2016 年，"台湾人"认同和"中国人"认同出现严重波动。"台湾人"认同上升势头强劲，"中国人"认同严重下滑。"两者都是"认同和"无反应"的走势相对平稳。

三、政党认同的基本结构

政党认同是指对于特定政党的归属感或者忠诚感。虽然台湾政党结构出现多元化和多样化，产生了很多政党，但是台湾选民投票行为依旧有着很强的传统的蓝绿阵营划分。实证研究表明，认同民进党的选民倾向"泛绿阵营"，而国民党认同者、亲民党认同者以及独立选民，选择"泛蓝阵营"倾向明显高于投票支持"泛绿阵营"[①]；政党认同与统"独"倾向呈正相关性。随着岛内政党竞争机制的出现，岛内政党间关于"国家定位"的意识形态冲突加剧，台湾政党政治形成以统"独"选择为区隔的分野。民进党认同者较有可能赞成"独立"，国民党认同者则是较有可能赞成统一；政党认同与族群认同也高度关联。台湾政治高度符号化，国民党被视为外省人，民进党代表本省人。因此，外省人较多支持蓝营，本省人更多支持绿营。另外，政党认同也是左右个人政治态度和其他选举议题的关键因素。选民对于政府的信任程度与他们对于执政党的喜好有关，通常情况下，民众倾向信任与他们理念相近的政党和政治人物[②]。因此，民进党执政时，倾向绿营的民众会比较信任执政当局，反之，倾向蓝营的民众对

---

① 朱云汉.台湾民主发展的困境与挑战 [J].台湾民主季刊，2004(1):145—160.
② 陈陆辉.政治信任与台湾地区选民投票行为 [J].选举研究，2002(2):65—84.

执政当局的信任度比较低。从政大民调有关政党认同的资料看，台湾民众的政党认同情况如下 ①：

中立无反应者几乎一直处于领先高位。1992—2016 年，中立无反应的比例年均 43%，除了 2011 年外，其比例一直居于首位。1992 至 1996 年，这一比例出现大幅下滑，由 62.3% 降到 44.9%，出现阶段性低点，但比支持率第二的国民党认同比例仍高出 13%。陈水扁执政期间，这一比例一直围绕 40% 小幅波动。2011 年，中立无反应者的比例一度跌至 30.4%，为历年最低，并低于同期的国民党支持率。此后，一路反弹，2014 年台湾民众认为自己是中立没有政党倾向的比例是 45%，占据绝对优势。2015 年又出现掉头下滑趋势，这一比例为 41.2%，2016 年为 42.3%。

国民党的支持比例起伏较大。1992—2016 年平均比例为 28.7%。1997 年出现第一个低潮，降到 24.9%，比 1992 年下降近十个百分点。此后逐步回升，1999 年为 33.6%，基本恢复到 1990 年代初的水平。2000 年政党轮替后支持率严重滑坡，2001 年一度跌至 14.8%，甚至低于亲民党的支持率。在陈水扁第一任期内，这一比例始终在低水平徘徊。2005 年起国民党的支持比例呈现戏剧性的变化，国、民二党的盛衰情形出现了反转的趋势。2005 年支持比例回升到 31.2%，在陈水扁第二任期内基本保持在 34% 的水平，2011 年更是达到历史高点 39.5%。此后又呈现一路下滑态势，2015 年只剩 22.1%，低于民进党的 31.2%。2016 年勉强维持两成，为 20.8%。

① 台湾现有民调中政党认同的测量方式普遍使用的是传统密西根学派所使用的政党认同量表。如，台湾学者引用较多的"台湾选举与民主化调查研究"所设计的政党认同测量题目为："目前国内有几个主要政党，包括国民党、民进党、亲民党、新党、"建国党以及台湾团结联盟"，请问您是否偏向那一个政党？"若受访者并未回答一个明确支持的政党，则追问他，"那相对来说，请问您有没有稍微偏向那一个政党？"此种方式测量的是政党偏好。由于测量政党认同存在困难，学界普遍用政党偏好来说明政党认同。

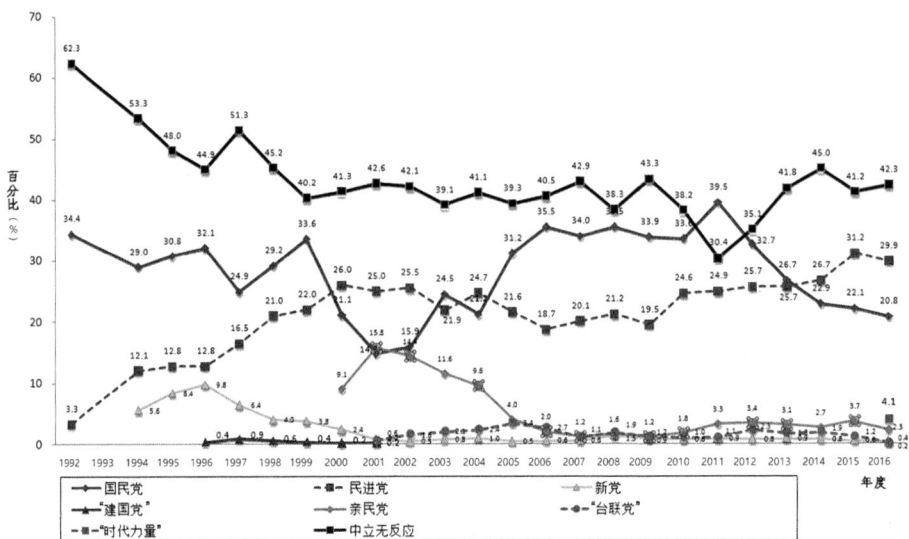

资料来源：台湾政治大学选举研究中心"台湾民众政党偏好分布"，http://esc.nccu.edu.tw/newchinese/data/TaiwanChineseID.htm。

图 2.3　台湾民众政党偏好分布（1992—2016.12）

民进党的支持率稳定上升。支持民进党的民众比例由 1992 年的 3.3% 已经上升到 2015 年的 31.2%，上涨了近十倍，年均 21%。2000 年民进党上台之前，其支持率呈直线上升态势，1994 年出现第一个高点 12.1%，2000 年出现第二个高峰，达 26%。陈水扁第一任期内支持率基本稳定在 25% 左右。第二任期内支持率出现明显下滑，到 2006 年甚至跌到 18.7%，与国民党的差距近一倍[①]。这一低迷局势至 2010 年开始缓和，2010 至 2014 年基本维持在 25% 的水平，2015 年和 2016 年出现明显回升，分别为 31.2% 和 29.9%。

其他政党的民众支持率一直处于低位并不断下降。泛蓝阵营的新党曾经是"立法院"的第三大党，1995—1996 年是其全盛时期，1996 年达最高点 9.8%，此后历经数次衰退，影响力式微，2001 年起一直在 1% 以下徘徊。亲民党于 2000 年大选前从国民党出走另立门户，2000—2015 年平均支持率为 5.5%，2001 年曾经上冲至 15.8%，高于国民党的支持率。此后一路下滑，2015 年降到 3.7%，2016 年为 2.3%。泛绿阵营的"建国党"和"台联党"的社会基础有限，政治偏好基本处于 1.0% 以下的状态。"建国党"属于"台独基本教义派"，自

---

① 民进党执政后，两岸关系僵持，经济持续低迷，"三通"难有根本性突破。与此同时，民进党爆出赵建铭的"台开案"、"国务"机要费案等，台湾民众对于过去强调清廉的民进党当局相当失望，转而支持形象良好的马英九出任党主席的国民党。

1996 年成立起，就因为其激进的政治主张令其他"台独"人士望而却步，目前基本上泡沫化。"台联党"以李登辉为"精神领袖"，2001 年成立之初，曾经一举拿下 13 个"立委"席次。至 2016 年"立委"选举已经风光不再，全军覆没。值得注意的是异军突起的时代力量，该党 2016 年大选获得 6% 的政党支持票，在"立法院"中斩获 5 席，一跃成为岛内第三大党。

总之，台湾民众的政党偏好呈现三分天下的局面，分别为无特定政党认同者、国民党认同者和民进党认同者。长期以来无特定政党认同平均有四成以上，占据稳定多数。国民党和民进党的支持比例随着政党轮替起伏较大，但发展趋势为民进党的认同者逐渐上升，不仅缩小了与国民党的差距，而且可能进一步扩大优势。在国、民两党的博弈中，民众的政党偏好于 2000 年、2004 年和 2013 年分别出现黄金交叉，每一次黄金交叉与随后的政党轮替都有密切关系。在台湾两党博弈的政治格局下，第三势力的生存空间狭小。"急独"的"台联党""建国党"和急统的新党已被边缘化和泡沫化，新成立的民国党和时代力量能否崛起有待观察[①]。

四、国家认同危机的主要表现

20 世纪 90 年代以来，台湾民众的国家认同正在发生深刻变化，产生各种危机现象。

（一）政治版图蓝消绿长

台湾"解除戒严"后，形成蓝绿对峙的政治局势。台湾政治有"政治版图"之说[②]，即地域上存在南北政治差异，有"北蓝南绿"的说法（桃园"眷村蓝"和台南"鱼塭绿"是典型代表）。以 2001 年"立委"和县市长选举结果为例，台湾北部（除台北县外）包括外岛均由泛蓝掌控，台湾南部除云林县外均为民进党控制。政治版图直接影响选举结果，甚至出现"北蓝南绿"的选举魔咒[③]。台湾南部是民进党或泛绿阵营的势力范围，越南部的选民越支持绿营。台湾学者的研究成果肯定，南部选民对民进党有"高度忠诚"[④]。在高雄、台南等县市民

---

① 黄国昌领导的"时代力量"自 2014 年"反服贸运动"后异军突起，这个在 2015 年 1 月才成立的政党在 2016 年"立委"选举中获得 5 个席位，获得 6% 的政党票，成为"立法院"第三大党。

② 有关台湾"政治版图"的讨论，参见：徐永明. 政治版图：两个选举行为研究途径的对话 [J]. 问题与研究，2001(2):95-115.

③ 由于投票按照选区进行，同一地域范围内的各种选情信息充分流通，民众因此可以充分了解其他人的投票意向并作出自己满意的选择，这样也增加了这一地域范围内的相互认同感。

④ 徐永明. "南方政治"的形成？——台湾政党支持的地域差别（1994—2000）[J]. 社会科学季刊（中山大学社科院），2001(4):167—196.

进党拥有绝对优势。高雄市除了1994年国民党的吴敦义当选外，之后一直由民进党主政。国民党在历次选举中采取了多种策略试图挺进南部地区，但未能撼动民进党的绝对优势。台湾北部是国民党或泛蓝阵营的势力范围，台北是蓝营传统票仓，被称蓝营基本盘。2006年台北、高雄市长选举，国民党和民进党各自稳住地盘。国民党参选人郝龙斌领先谢长廷15万余票，大胜对手，当选台北市长。民进党虽然陷入高雄捷运弊案、公务机要费案等，仍然成功激发起支持者起来打响"保卫战"，陈菊险胜黄俊英1114票，当选高雄市长。北蓝南绿的格局延续。2016年选举，蔡英文得票率最高的5个县市分别为：台南市、嘉义县、屏东县、云林县和高雄市，这5个县市也是传统上民进党的地盘。朱立伦得票率最高的5个县市也是传统上国民党的地盘，分别为连江县、金门县、花莲县、台东县和苗栗县。

台湾政治版图长期"蓝大绿小"。以具有指标意义的县市长选举为例。1989年台湾县市长选举中，民进党从国民党手中夺下台北县、高雄县在内的6个县市执政权，首次形成蓝绿版图；1993年的县市长选举，朝大野小的格局没有变化，国民党获得13席，民进党获得6席，无党籍获得2席，新党空白；1997年县市长选举出现出人意料的大震动，台湾媒体称之"蓝天变绿地"。此次选举包括基隆、新竹、台中、台南、嘉义等5个省辖市和18个县，民进党获得12个县、市长席位，首次超出国民党掌握的县、市数量，开启"地方包围中央"的政治局势。特别是民进党主政的县市由选前的6席增加至12席，其中增加的4席是原由国民党掌控的省辖市。民进党管辖的人口占23个县市总人口的73.2%，国民党仅为19.1%。民进党的得票率为43.3%，超过了国民党的42.1%。但2001年选举泛蓝大胜，除了固守既有版图外，也"光复"了台北县、宜兰县、彰化县、南投县以及嘉义市；2005年县市长选举，国民党由原来的8席增加至14席，民进党则由原来的10席下降为6席，民进党的版图退缩至高雄县、云林县、嘉义县、台南县、屏东县和台南市等台湾西南部地区。国民党的得票率为50.96%，民进党为41.95%；2009年台湾地区"三合一选举"，国民党阵营赢得12个县市的执政权，民进党仅赢得4席。岛内蓝绿政治力量的对比基本维持以前格局，蓝归蓝、绿归绿，国民党稳住了党内分裂的新竹县，却没守住花莲县；民进党力拼夺回宜兰县，一扫2008年政党再轮替的败选阴霾。国民党得票率为47.87%，民进党为45.32%。国民党大幅下滑，民进党明显上升，双方差距明显缩小。但民进党的得票数相较2008年大选只增加了4万多票，其基本盘没有实质意义的扩张。

国民党政治版图的衰退。传统北蓝南绿格局中，大台中（浊水溪）是一个具有政治地理象征意义的地方，对于绿营而言，"跨过浊水溪"就可改变传统版图，台中成为蓝绿争夺的标志性地区。2010年"五都"选举后，蓝营勉强保住3席，即台北市郝龙斌、新北市朱立伦、台中市胡志强。民进党的赖清德（台南）和陈菊（高雄）当选。台湾的政治版图延续南绿北蓝的形势，但是绿营总票数赢40万，该次台湾"五都"选举的投票率达71.75%；2012年"立法委员"选举，民进党拿下非执政县市席次，松动浊水溪界线；2014年"九合一"选举，更进一步凸显国民党政治版图的溃散。选举产生了22个县市的县市长、议员以及乡镇长、村里长等。在22个县市长中，国民党惨败仅获得6席，民进党获得13席，另有3席为无党籍。台湾地区六大"直辖市"（又称"六都"，即台北市、新北市、桃园市、台中市、台南市、高雄市）市长，国民党丢了5席，仅保住新北市，民进党获得四席，无党籍人士获得一席。台中市由民进党拿下，台北市由偏泛绿阵营的无党籍参选者柯文哲拿下[①]。"九合一"选举后，蓝绿势力范围发生重大变化，绿营从南到北勾连成片，蓝营被割裂成互不相连的4个部分，蓝绿在地理空间的分野不再明确。2016年台湾地区领导人大选，国民党溃败，蔡英文大胜。民进党参选人蔡英文、陈建仁获得6894744票（56.1%），国民党参选人朱立伦、王如玄获得3813365票（31%），亲民党参选人宋楚瑜、徐欣莹仅得到1576861票（12.8%）。在"立委"席位方面，2016年选举，民进党获席位68个，国民党获35个，亲民党获3个，其他党派获7个。民进党完全掌控"立法院"。

（二）统"独"立场求稳趋"独"

台湾民众在两岸关系定位问题上的求稳心态主要表现为两方面：

首先，"维持现状"是主流民意，具有主导性和稳定性。从民调统计数据看，"永维现状"和"维现再定"者高达近六成，与处在两极的"急统"与"急独"相比拥有绝对优势。在其他机构进行的相同议题民调中，基本态势也类似[②]。"维持现状"的走势也比较平稳,起伏不大。尽管不同民调机构的统计结果

[①]　台北市除了1994年因为泛蓝阵营分裂为两组候选人，民进党的陈水扁胜选外，台北一直是蓝营的天下。

[②]　台湾《联合报》2010年8月26日民意调查发现，马英九上任两年后，民众对于台湾前途的看法逐渐朝"永远维持现状"发展，比率首次突破五成。和《联合报》2000年7月所做的调查结果相比，民众的统"独"态度明显转变。主张"急统"或"缓统"者，10年来合计减少15个百分点，取而代之是主张"永远维持现状者"增加19个百分点，主张"急独"或"缓独"的比率也略多5个百分点。另据《联合报》2013年两岸关系年度大调查发现，民众对于台湾前途的看法相对稳定，47%的民众希望"永远维持现状"，比率最高。

有所出入，但稳定性较高，都在五成以上。可见稳定是台湾的主流民意，大多数民众保留了未来在统、"独"之间做选择的余地。当然，"维持现状"也反映民众对大陆心存疑虑，观望情绪加重，这使未来的选择充满不确定性。台湾民众的顾虑一方面是因为缺乏对大陆的了解，对大陆政策的稳定性心存疑惧，对大陆政策的内涵不能正确理解。另一方面是受台湾当局长期妖魔化中国的影响，如陈水扁曾经声称，"一国两制"的言论，就好像你的邻居有一天突然跑到你家里来，很粗暴地说："你的房子我要定了，但是我可以允许你们住在这里，而且可以继续使用部分的家具。"[1] 长期"反共""反中"的宣传教育，积淀成台湾民众严重的"恐共""恐中"政治心理。如果在民调选项中删除"维持现状"一项，台湾民众选择"独立"的比例估计会远远超过统一比例[2]。

其次，主张"急统"和"急独"者均只占极少数。从政大民调数据看，"急统"和"急独"者的比例均不过5%，其他机构的民调数据略高于这一估计。如台湾《联合报》从2000年以来所做的民调显示，"急统"的民众在10%以内，"急独"的民众则在15%—20%。台湾大陆事务主管部门2000年之后的系列民调也显示，主张两岸尽快统一或"独立"的支持度都在10%以内。由此可见，虽然李登辉、陈水扁等"台独"势力利用身份、权势和资源不断向台湾民众灌输"台独"分裂意识，做诱导、误导民意的工作，岛内最大的民意仍然是求和平、求安定、求发展[3]。即希望有一个和平的两岸关系，安定的社会环境和持续发展的岛内经济，这三者的关键是和平。这在一定程度上遏制了"急独"势力的发展，使得统、"独"之间仍然保持平衡状态，没有出现剧烈起伏。每当"独派"声音较大时，倾统的比例会增加。例如，陈水扁执政时期，"急统"比例年均2.0%，"倾统"比例15.3%。而马英九执政后，民众担心马的大陆政策过度"倾中"和两岸关系发展过快会危及台湾安全和既得利益，故用强化相反的选择来进行平衡或牵制。马英九执政后，"急统"比例年均1.4%，"倾统"为10.0%，"急独"为5.6%，"倾独"为21.2%。

但是，在统、"独"走向上，"急统"与"急独"的发展趋势令人担忧。一是主张"急独"的比例在缓慢上升。"独派"主要包括"台独基本教义派"以及

---

① 社论：陈水扁称"一国两制"是要将台湾"香港化"[N]. 中国时报，2001-07-14.
② 政大民调逾五成台湾民众支持"台独"[N]. 台湾：联合报，2006-11-28.
③ 岛内对于"急独"势力的危害有清醒的认识。当陈水扁当局激化统"独"之争以转移民众对其弊案和民生问题的关注时，在绿营内部也出现了不同的声音。不少政治人物将陈水扁视为"政治负资产"，2006年，号称"台独理论大师"的民进党新潮流系"立委"林浊水，和党内新生代人物李文忠同时辞去"立委"职务，与陈水扁做出立场决然的切割，引起党内震动。

"台联党"、民进党、"建国党"、"时代力量"等，其中有些人极端仇视中国。特别是 2000 年政党轮替、民进党执政后，台湾民众主张"急独"的比率一度显著成长。目前，台湾岛内主张"台独"者，声音大、力量强，尤其是"反对统一"，更是仿佛"政治正确"。二是"急统"的发展空间不断萎缩，充满"无力感"。"急统"是"台独意识"压抑下的一种心理情绪，它渴望全体中国人站起来扬眉吐气，充满民族主义与爱国精神，但台湾的民意目前接受度不高。"急统"人士以外省人居多，主要有三部分：一部分是 20 世纪 50 年代白色恐怖和"二·二八事件"的政治受害人，一部分是 70 年代保钓人士、夏潮联合会和中华杂志社系统，还有一部分是老兵系统。他们人数不多，年龄偏大，面对台湾的现实普遍存在"无力感"。

（三）青年世代国家认同严重偏差

不同世代的民众有不同的身份认同、统"独"立场和政党倾向。根据《天下》杂志 2009 年 12 月的民调，约有 75% 的 18—29 岁的年轻受访者认为自己是"台湾人"，仅 15% 认为自己"既是台湾人也是中国人"，不到 10% 的年轻受访者回答自己是"中国人"[①]。台湾指标民调（TISR）2016 年 3 月的调查显示，对于"两岸同属一中"的认知有明显的世代差异。如果是同属中华人民共和国，9.2% 民众表示能接受、81.6% 不能接受，经交叉分析愈年轻者愈不能接受。如果是同属"中华民国"，有 28.8% 民众表示接受、60.0% 不能接受，经交叉分析愈年轻者愈不能够接受。对于大陆表示蔡英文必须接受"九二共识""两岸同属一中"，才可能维持两岸协商或经济交流，民众对此议题看法分歧，37.6% 认为蔡英文不应该接受"九二共识"，33.4% 认为应接受"九二共识"，未明确表态28.9%，经交叉分析 20—39 岁民众倾向认为不应该接受，40—59 岁民众倾向认为应接受，60 岁以上民众未明确表态居多。两岸关系的未来取决于两岸未来的主人翁，台湾青年的国家认同发展趋势是影响两岸关系的重要变量。从"反服贸运动"、"九合一"选举、"反课纲微调"到首投族对蔡英文的支持，青年世代的总体"台独"倾向体现得淋漓尽致[②]。台湾青年世代在两岸关系议题上的态度

---

① "二〇一〇国情调查"[J]. 天下杂志，2009(437)：63.

② 台湾学者对"世代"概念的切割略有不同。陈陆辉、耿曙等把有无受国民党小学教育作为第一代和第二代的切割点（1943 年之前出生），将 1986 年民进党成立，台湾出现政党竞争作为第二代和第三代的切割点（1966 年以后出生）。参见：陈陆辉、耿曙. 台湾民众统"独"立场的持续与变迁 [A]. 包宗和、吴玉山. 重新检视争辩中的两岸关系理论 [C]. 台湾：五南图书出版公司，2009:163—194.; 陈义彦. 不同族群政治文化的世代分析 [J]. 政治学报，1996(27): 83—121. 本书的青年世代是指 1986 年以后出生的台湾居民。

令人十分担忧。

一是青年世代的台湾认同逐年上升。2012 年 5 月，台湾廿一世纪基金会针对 1986 年后出生的青年世代举行的"主权与和平之间——两岸和平趋势调查"发现，有 48.8% 的青年倾向于"台湾主体认同"，即"台湾是台湾、中国是中国，彼此互不隶属"。其中，大学生世代对"台湾主体"认同感更高达 52.8%。2015 年 7 月，"新台湾国策"智库的民调显示，自认为是"台湾人"的民众高达 87.8%，其中 20—29 岁的年轻人认同度更高达 94.9%，该世代在统"独"意向上更有 84.1% 的人同意"台湾未来要独立成为一个国家"，在民调无法测及的 20 岁以下民众这两项数据恐怕会更高。《联合报》2016 年 3 月的民调也显示，世代差异十分明显。"希望尽快独立"比率最高的是 20—29 岁族群，最低的是 40—49 岁；"永远维持现状"比率最高的是 40—49 岁，最低的是 20—29 岁；20—29 岁年轻族群，自认台湾人比率最高为 85%。在此背景下，乐观派认为，青年世代自认为是台湾人并不等于他们有坚定的台湾"国家认同"；青年世代成长于台湾政治转型时期，他们的历史观、意识形态、生活经验以台湾为主体，理所当然地认同自己是台湾人；青年世代的共识仍然是维持两岸关系现状。但是，我们应该清醒地看到，台湾认同已经不是简单的乡土认同、在地认同，而是被赋予政治含义的。许多台湾青年理解的两岸现状是"一个台湾"和"一个中国"，台湾就是"中华民国"。"中华民国"认知日益工具化，青年世代将它单纯理解为"主权国家"或政府机关，而在文化和情感认同上，则有更朝向"台湾"的趋势。目前，代表青年世代参与政治的时代力量是一个具有明确"独立"构想的政治团体。更令人担忧的是，随着人口结构的发展变化（世代交替），从小在台湾长大、想象的整个"国界"只为台澎金马的人口将逐年上升，"台湾认同"的比例还将高升。

二是青年世代的"反中护台"情结有增无减。理论上，本省人与大陆本无恩怨，外省家族出生的青年已经是第三代，他们应该不受蓝绿绑架，没有强烈的统"独"意识形态。然而，台湾社会长期存在的"反叛意识""悲情意识""恐共心理""媚日崇美"等倾向对青年一代的影响十分深刻。青年世代成长于台湾民主化快速发展时期，在追求"民主、自由、公平、正义"的旗号下养成了"为反对而反对"的叛逆心理，他们崇尚各种"反"，包括反权威、反体制和"反中"。青年世代没有父辈们的"弃儿"情结，但有着强烈的"被打压"情绪，他们认为大陆对台湾武力威慑，国际打压，是台湾最大的威胁。青年世代崇尚西方的自由民主体制，对大陆的政治体制高度疑虑，认为祖国大陆"不民主"，

"亲美媚日恐中"心态十分明显，2014年初"新台湾国策智库"发布的调查显示，60%的青年人喜欢日本，美国次之，中国仅获3%的称赞。青年世代步入社会后面临低薪资、高失业率、高房价、分配正义、世代正义等问题，加之绿营政客和学者的误导(如绿营大肆渲染服贸是大陆赴台投资"移民"协定，让大陆人来"抢生意""抢工作")，他们将原因归咎为两岸经贸所带来的负面冲击，这更加激发了他们"反中护台"的情感和行动，"我宁可被边缘化，也不要中国化！"就是典型的情绪表达。

三是青年世代的价值观更趋"后物质主义"(post-materialism)。"后物质主义"是台湾经济生活富裕和社会转型的产物。青年世代不以个人追求物质上的满足为最优选择，而是更重视自主性、自我表达和非物质的价值满足。与父辈注重维持秩序的价值观不同，他们更重视政治参与，甚至会以占领"立法院"的"非民主政治抗争"形式实践自己的理念。具体表现为：第一，新世代政治参与热情日益高涨，正在成为台湾社会运动的主角。随着台湾政治格局日益僵化、政坛被几大家族的官二代、官三代以民主选举的名义合法垄断，年轻人的从政之路越来越窄，出现借力公民运动另辟蹊径的新趋势。而青年贫困化的窘境更激发青年一代将焦虑和不满诉之于社会运动。第二，新世代政治自主意识不断提升，追求本土化目标。有人将90后群体称作"怂一代"，意指从心的一代。简单地说，他们不会轻易服从任何传统权威，即使表面上服从，也不代表内心的服从。即使内心是服从的，也不代表他们明天还会继续服从。这是由青年一代的成长环境所决定的。90后群体成长于台湾政治转型时期，思想自由、言论自由已经成为他们根深蒂固的价值观，他们渴望自主决定自己的命运。2013年发生"洪仲丘事件"时，学生的示威和静坐活动就不允许民进党介入。"反服贸运动"虽然和民进党的政党理念有部分吻合，但是民进党并没有掌控"反服贸运动"。目前比较活跃的"黑色岛国青年阵线"、激进侧翼、反媒体巨兽等青年政治势力团体的路线远比蓝绿政党激进，主张打破体制，追求本土化目标。第三，新世代追求"小确幸"的生活状态，经济发展对于很多人来说不是头等大事。"小确幸"是指微小而确定的幸福。不少青年人不愿意去竞争，不愿意去打拼，被老一辈批评为没出息。但是"小确幸"所描述的价值观已经成为年轻一代的印记，在台湾，"小确幸"已演化成一种浪漫的生活方式，它的关键词是低碳、慢活、创意和生活品质。这样的小确幸也蕴含着正面的价值，如强调保护环境、在地经济、有机农产、手作精神、小区连结等。"小确幸"们拥有相对独立的政治价值观，"政党认同"对他们的影响相对减弱，取而代之的是对公共议题的关注。2016 年"大选",在适龄选民中占比三成的年轻人(20—40岁)是各阵营重点争夺的对象,他们的价值观在一定程度上影响着台湾的未来。

第三节 "台湾主体意识"的集体行动分析

两岸政治认同中存在三大对立因素,即"国家认同"对立、"国号认同"对立和"政府认同"对立。原本两岸只是"国号认同"和"政府认同"对立,但自从李登辉抛出"两国论"以及民进党当局推行"去中国化"后,两岸对立被引入"国家认同"对立,甚至是两个民族对立的歧途中。期间,"台湾意识"作为新兴的认同符号,成为台湾近二十年来成长最快且影响最深远的社会意识[①]。按照族群自觉发展体系理论,族群发展存在族群身份—族群意识—族群政治态度和行为的内在逻辑关系[②]。"台湾意识"(又称"台湾人意识")正是在虚构所谓"台湾民族",解构"中国意识"的基础上阐发和推广的一种全新的民族意识,其终极目标是实现民族主义"建国"理想,这是目前两岸政治认同中最为严重的威胁。

一、区分四大族群,虚构台湾民族

族群意识一般包括群体的认同、群体利益的认识和行动的可能性三个不同的内涵。群体意识要发展成为集体行动的基础,其成员首先必须具有群体认同感,解决"我是谁"的问题。

人是"社会性"的动物,生活在各种社会"群体"之中,"族群"就是人类社会群体认同的种类之一[③]。那么,族群认同是如何形成的?西方学者一般将族群(ethnic groups)定义为:"因为拥有共同的血缘、语言、文化、宗教或祖先,而被其他人或自己认为是构成独特的社群的一群人"[④]。也就是说界定族群团体要考虑两个重要的因素,即客观因素和主观因素。客观基础主要包括有形的血缘、文化基础与无形的共同历史经验基础。有形基础中常见者有血缘关系(例

---

① 郭正亮."台湾主体性的辨论"[A]."中国意识与台湾意识——1999 年澳门学术研讨会论文集"[C].台北:海峡学术出版社,1999:626—645.

② 吴玉山.两岸关系中的中国意识与"台湾意识"[J].中国事务季刊(新境界文教基金会),2001(4):81.

③ 族群认同问题与国家认同问题并非一个层面上的问题。族群认同侧重于社会分类归属,国家认同侧重于政治定位与归属。

④ Ian. Robertson,*Sociology*. New York:Worth Publishers, Inc. 1987:286.

如，1/4 加上 1/2 等于 3/4 的血统）、生理特征（如肤色、**体格**、基因等）、出生地、居住地、姓氏、语言、宗教、生活习惯，等等。其中，文化是一个族群与其他族群相区别的重要"边界"，因为族群通常被认为是具有某些共同文化特质的一种人群共同体。民族学就将"族群"定义为地理上靠近、语言上相近、血统同源、文化同源的一些民族的集合体，它强调族群概念主要是用于研究人类社会文化差别的概念。语言作为文化的载体和传承文化的重要手段，在族群的文化认同中最有可能成为显性的象征符号和媒介[①]。如台湾的客家族群虽以台湾"国语"作为交际工具，但却恪守着"宁卖祖先田，勿忘祖先言"的古训，并在家庭和族群内坚持说客家话。客家人固守客家话的事实足以说明语言的族群属性及其在族群认同中的重要作用[②]。无形基础主要指"历史记忆"。"历史记忆认同论"的代表人物王明珂就强调历史是族群或社会群体的根基性情感联系，认同的建构在很大程度上由"历史记忆"创造[③]。至于主观的分类基础，主要是自我界定与认同，即人们对族群身份的自我认同和社会认定[④]，简单的理解就是在回答"我是谁？""我是什么？"的问题[⑤]。目前，国内外学术界对族群的定义分歧虽大，但这并不妨碍这一概念的使用，并形成原生论和建构论两种最有影响的族群认同理论。原生论强调族群的存在是与生俱来的，其本质决定于客观的共同特质。建构论则认为族群是一定社会历史条件下政治与经济资源竞争与分配的产物。

　　20 世纪 90 年代以前，台湾的族群认同基本沿着世代遗传以及因遗传而带来的文化传承的轨道在运行[⑥]，台湾只有汉民族和台湾少数民族两大民族[⑦]。从人口学的角度看，人口迁移与族群分类界定是影响台湾族群组成的两个主要变量，其中人口迁移（移民）是形成台湾族群的决定性因素。台湾被认为是一个移民

① 丁钰梅 . 阿拉伯语借词与中国穆斯林文化认同 [J]. 中国穆斯林，2009 (3):35—36.

② 周大鸣 . 动荡中的客家族群与族群意识——粤东地区潮客村落的比较研究 [J]. 广西民族学院学报 (哲学社会科学版)，2005(5):13—20.

③ 王明珂 . 华夏边缘——历史记忆与族群认同 [M]. 台北：允晨文化出版公司，1997.

④ 从词源上讲，"认同"（identity）一词起源于拉丁文的 idem（即相同，the same），即"同一性"。研究者对"认同"的内涵并无一致的解释，但都承认它至少有两层含义：一为哲学和逻辑学上的同一性。二为时间跨度中所体现出来的一致性。前者表示两者之间的相同或同一，后者表示同一事物在时空跨度中所体现出来的连贯性。洛克就是在这一意义上对认同进行了专门论述。认同本是哲学领域的概念，社会科学最初引入"认同"概念是为了用来解决个人心理与社会上的认同问题。

⑤ 江宜桦 . 自由主义、民族主义与国家认同 [M]. 台北：扬智出版社，2000 :13.

⑥ 吴乃德 . 省籍意识、政治支持和国家认同——台湾族群政治理论的初探 [C]. 族群关系与国家认同 [M]. 台北：业强出版社，1993:30.

⑦ 徐宗懋 . 台湾人论 [M]. 台北：时报，1993.

社会，今天在台湾除了少数民族外，大多数人的祖先都来自中国大陆，依先后顺序大致分为两种，一种是为了追求更好生活，宁愿冒着通过台湾海峡危险来台湾的人；另一种是在 1947 年之后从大陆赴台的人，而大多数是官员和军人 [①]。移居台湾的汉人与大陆人具有共同的文化特质，这是决定台湾移民群体身份与认同的最主要基础。台湾资深的媒体记者徐宗懋曾对移民数量最庞大的闽南人（或所谓的福佬人）特质有过这样的描述，"浓厚的闽南腔，热情好客，用塑料带包钞票，谈到赚钱时从容自信，甚至穿着西装配着白色球鞋的模样与台湾本地商人亦毫无二致" [②]。由于迁入台湾的移民数量庞大，以当时台湾的总人口规模来说，巨量移民必然相当程度影响人口组成 [③]，但主要改变的是与少数民族的人口比例。少数民族人口由于规模数量很小，自身比例变化不大。近二十年来，通过少数民族身份认定与族群认定的相关法令促使少数民族人口数量有一定增长，不过，相对台湾总人口规模仍不足以改变族群组成比例。因此，按照民族学理论，台湾族群只有少数民族和汉人两大族群，台湾是以汉人族群为主的移

① 李登辉 . 慈悲与宽容 [M]. 台北 : 台湾英文新闻股份有限公司，2002:14.
② 徐宗懋 . 台湾人论 [M]. 台北 : 时报，1993:3.
③ 李栋明 . 光复后台湾人口社会增加之探讨 [J]. 台北文献 .1969:9/10; 陈宽政、叶天锋 . 日据时代以来台湾地区人口年龄组成之变迁（1905—1979）[J]. 人口学刊，1983(6):99—114.

民社会。台湾"内政部"的统计数据表明，截至 2016 年 10 月，台湾户籍登记人口 23526295 人，人口组成以汉族、少数民族两大民族为主 (其余为所谓的外裔新住民)。台湾少数民族人口总数 552221 人，约占全部人口的 2.33%，汉族占总人口的 97.3%[①]。

然而，90 年代以来，台湾社会却出现了四大族群的划分，甚至出现"新台湾人"这一"台湾民族主义"现象。1988 年蔡淑铃最早提出"四大族群"的区分，但应者了了[②]。1991 年以后，民进党"立委"叶菊兰和林浊水提出"四大族群"的分类逐渐被各界接受[③]。所谓的四大族群分类，其中只有少数民族族群是依据客观、法定的分类基础，即根据"原住民身份法"界定的。"原住民身份"必须依据户籍登记，通过婚生与收养方式取得身份。相对而言，其他三个族群（闽南人、客家人与外省人）则并非法律界定的族群群体，只是社会定义的模糊群体概念。

文化边界是台湾社会各族群主观认同判断的主要依据。在日常生活里，传统的族群认同模式与机制依旧深植人心[④]，也就是说，所谓"四大族群"分类机制是以主观认同作为分类基础的。如台湾"内政部统计处"所进行的"九十一年台闽地区国民生活状况调查"中的族群界定方式，系采用受访者主观认同的数据[⑤]。"文化边界"的标示符号大致包括语言、宗教信仰、共同的历史记忆和遭遇等等。语言是族群边界标识中最常见的也是最重要的个人对族群认同的象征符号。当今台湾的客家认同仍然是以会不会讲客家话作为最重要、最便捷的判断标准（虽然不是唯一标准）。闽南话、客家话、"国语"成为区分族群的最便捷的方式。宗教信仰是区分"我群"和"他群"的又一个重要符号，而且具有强烈的排他性和对他群信仰的歧视性，故不同的宗教信仰往往就可以区隔不同的文化族群。例如移垦时期泉州人信仰保生大帝，漳州人信仰开漳圣王，而粤籍客家人信仰三山国王和义民庙，这种不同的宗教信仰就成了台湾移垦时期社会族群分类整合的重要标记。共同的历史记忆和遭遇也是族群认同的重要因素。

---

① "内政部统计处"."内政部"统计月报.2016-10.

② 蔡淑铃.社会地位取得：山地、闽客及外省之比较 [C].杨国枢、瞿海源.变迁中的台湾社会.台北："中研院"民族所，1988:1—44.

③ 张茂桂.近代台湾的族群关系：从"二二八"纪念日谈起 [C].1998 年冬令史迹研习会讲义汇编.台北：台北市文献会，1998:227—262.

④ 参见：徐富珍、陈信木.蕃薯＋芋头＝台湾土豆？——台湾当前族群认同状况比较分析 [J].台湾人口学会 2004 年年会暨"人口、家庭与国民健康政策回顾与展望"研讨会.

⑤ 许咨民.台闽地区"国民"三世代不同族群通婚状况调查结果分析 [J].中国统计通讯，2002(13):11.

族群是不可能单独存在的，它一定存在于与其他族群互动的关系中，共同的历史记忆成为族群认定的一个重要指标。移民早期的分类械斗，国民党威权统治时期的省籍矛盾成为四大族群分野的历史记忆因素。

需要指出的是，族群与民族的区别主要在于它们所处的政治状态或地位的不同，族群的政治诉求一般不涉及疆域、自治或主权承认①。然而，台湾政党和特定的社会群体对于四大族群的鼓吹，并进而形塑台湾民族主义概念导致台湾的族群意识开始错乱②。移民、被殖民和两岸分离等台湾人最重要的历史记忆以及社会制度、社会结构等因素成为族群建构的重要基础。所谓"新台湾人"之类具有"单一国族"身份认同的说法，就是一种高度建构的想象。它将"台湾民族"类同于"中华民族"，认为民族就是想象的共同体（imagined community），"中华民族"是由"汉满蒙回藏"五族共和所构成的，"台湾民族"则包含四大族群。最有典型意义的是"外省人"的身份建构。"外省人"本来不能算是一个族群，至少它不是靠自我认定而产生的，它被定格为一个族群，与台湾社会从"中国民族主义"向"台湾民族主义"转换的"新国族"打造有关。在塑造"台湾主体意识"的过程中，省籍矛盾成为政治力量建构台湾新族群关系可资利用的资源。原本"本省人"与"外省人"之间的区分，只在于显示台湾居民的祖先到台湾定居的先来后到的时间性差异，而不是指亲属血缘、风俗文化、习惯领域上的不同。但由于"二二八事件"的影响及两岸分离的事实，省籍问题与族群认同就此被操作成为造成政治分歧问题的焦点。随着时间的推移和社会环境的变迁，通过政治经济利益的再分配和政治意识形态的操弄，结果在台湾社会就虚构出一个新的族群——"外省人"，近年来甚至被定格为"新住民"③。

目前，台湾的汉族被分为三大族群，分别是闽南人（约73%）、客家人（约12.0%）和外省人（约13.0%）④。不过，这三个群体的界定，在客观分类基础上，经常出现争议困扰。由于每一族群特殊的迁移历史经验、社会经济地位、独特的人口学特征和族群通婚模式的差异，更加使得族群身份界定困难重重。例如，

---

① 潘蛟."族群"及其相关概念在西方的流变 [J].广西民族学院学报 (哲学社会科学版).2003(5):56.

② 由廖文毅的混血"台湾民族论"开始，"台独"就提倡"台湾民族论"。

③ 由于台湾人与东南亚国家人民通婚 (大部分是台湾男性和东南亚女性通婚) 日益增加，亦有所谓的"新住民"之称。

④ 徐富珍、陈信木.台湾当前族群认同状况比较分析 [C].台湾人口学会 2004 年年会暨"人口、家庭与国民健康政策回顾与展望"研讨会论文 .;台湾"行政院客家委员会"2010 至 2011 台湾客家人口基础资料调查研究。

所谓"外省人"与"本省人"的分类，主要以入台时间作为衡量标准。但是，依然存在以"跟随郑成功来台"还是以"跟随蒋介石入台"为切割时间点的问题。所谓"闽南人、客家人、外省人和原住民"，所用的是十分刻板而又自以为理所当然的标准——语言，但是这个标准在过去比较有效，在现在及未来都会越来越有问题。至于考量祖籍、出生地等因素作为分类基础时，也会遭遇若干困境。

蔡英文上台后，民进党当局构建"文化台独"的策略又有新论述。2016年5月，蔡英文在就职演说中专门做了这样的论述，"不敢忘记这个岛上先来后到的顺序"，"会重建'原民史观'"。2016年8月，蔡英文声称"汉人史观排挤原住民"，并打着"转型正义"的旗号，成立所谓的"原住民族历史正义与转型正义委员会"①，以"总统"之姿向台湾的少数民族道歉。2017年10月，蔡英文还煞有介事地前往南太平洋地区开展所谓"寻亲之旅"，宣称台湾和南太平洋岛国都属于"南岛语系"，具有"共同的历史文化背景"，与中国大陆所属的汉藏语系属于完全"两种文化形态"。这些言行的目的在于谋求以"原住民史观"替代"中国史观"。

二、排斥中国认同，解构"中国意识"

从族群意识的集体行动逻辑看，光有族群认同并不能产生族群意识，并根据该意识产生某种态度倾向，只有当族群成员对自身特殊利益有认知时才会产生族群意识。族群利益的认知通常是在不平等和不同质的感受下产生。所谓不平等认知是指成员将自身遭受的苦难或是不平等待遇归因为自己的文化身份，而不同质认知是指成员认为自身与他人在文化上具有异质性。"台湾主体意识"正是在"亚细亚孤儿"的悲情下产生的一种意识形态，解构"中国意识"成为建构"台湾主体意识"的前提②。

1. "中国意识"的基本论述模式

20世纪80年代初期，台湾岛内展开了一场"台湾结"与"中国结"的思想大论战。本次争论是"台湾主体意识"由隐晦走向公开、由本土走向分裂的一个起点，并由此开启了影响深远的国家认同争议。论战中，双方对"中国意

---

① 所谓的"原住民族历史正义与转型正义委员会"为任务编组，没有员额（工作人员都是兼职）、没有预算、没有调查权，后续能发挥的实质作用有限。

② "亚细亚孤儿"情结中有两大要素，即"我被欺负了"和"我被抛弃了"。这为岛内逐渐滋生出一种封闭的"台湾命运共同体意识"埋下了伏笔。

识"和"台湾主体意识"的解释存在明显对立的看法,主要的争议集中在"有无台湾主体意识"与"如何定位台湾主体意识"两个基本问题上。论战中,以陈映真 [①] 为中心的"中国意识"论者从历史唯物论出发,沿着身份认同构建的地脉—命脉—血脉的线索,以宽广的历史视野驳斥所谓的"空想汉族主义",呼吁民族团结,并在剖析"台湾·台湾人"主义的"虚相"和"实相"的基础上,否定了"台湾主体意识"的存在基础。"中国意识"论的立论基础是:

第一,中国是台湾的"父祖之国"。"中国意识"论者认为,台湾是移民社会,台湾人和大陆人都是中国人,差别只在于先来后到。近代以来,两岸又有着反帝、反殖民主义的共同历史遭遇,形成休戚与共的命运共同体。1949 年以后,两岸处于分离隔绝的状态,造成了台湾人民国家认同出现暂时的困惑。"几十年来,我们在这个分裂的祖国两边的政权中,找寻、选择认同的对象。有人选择台北,有人选择北京,也有的人两边都不要,要自己塑造认同的目标。现在想来,这些都不能充足地满足民族认同的需要。但是如果我们认同的主体是那创造了中国历史的中国人民,我们就不会由那一个党、那一个政权而使我们失落了认同。我们所认同的,是那历史的、文化的、混合着耻辱与光荣、挫折与胜利的、我们父祖所立、所传的国。对于一个爱国者,他不能说:我爱汉、唐,不爱宋、明……而这父祖之国,归根究底,正是无数中国人民所建造的。" [②] 因为台湾人是中国人,台湾各族同胞都是中华民族大家庭的成员,所以,台湾人民的主流意识毫无疑问当然是"中国意识"。在陈映真的论述中,一曲《龙的传人》搅动了沉睡的民族情感。它所唱的"黄河、长江"不仅仅是具有地理学意义上的河流,它所唱的"黑头发、黑眼睛、黄皮肤"不仅仅是人种学意义上的"龙的传人",它所唱的"百年前隆隆的炮声"也绝不只是一件单纯的历史纪事。"这首歌整体地唱出了深远、复杂的文化和历史上一切有关中国的概念和情感。""这种概念和情感,是经过五千年的发展,成为一整个民族全体的记忆和情结,深深地渗透到中国人的血液中,从而远远地超越了在悠远的历史中只不过一朝一代的任何过去和现在的政治权力。"而侯德健"出走"大陆只是为了去看看"父祖之国"的样貌。针对少数分裂主义者有关"空想汉族主义"的荒唐指责,有关台湾社会的矛盾是"中国人民族"对"台湾人民族"的殖民压迫和

---

① 陈映真的"中国情怀"始终如一。"生于台湾的中国人"是陈映真赋予自己的定义,"我为是一名中国作家而自豪"是他面对世人的宣告。反映两岸分离痛苦和台湾民众艰辛以及对历史做出深刻反省是陈映真创作的主轴。

② 陈映真. 答友人问 [C]. 陈映真作品集. 台北:人间出版社,1988(8):39.

剥削的谬论，陈映真明确地指出："组织在资本主义台湾社会的所谓'中国人'与'台湾人'之间的关系，绝不是所谓'中国人＝支配民族＝支配阶级'对'台湾人＝被支配民族＝被压迫·剥削阶级'的关系"。陈映真的结论是：中国意识是全局的，是有着宽广的历史视野的。而"台湾主体意识"是局部的，只是一种狭隘的地域主义[①]。

第二，"台湾主体意识"是"幼稚的""值得同情的"。"中国意识"论者也承认，"台湾人意识"不是空想的，它有现实的、物质的，甚至岛内外文化和政治的条件，但它是"为一个主观的政治偏见服务"的，这种"被恶用的历史唯物论"是幼稚的、可笑的[②]。按照戴国辉的论证，"台湾主体意识"的理论基础是脆弱的，呈现的是一种"虚相"，而其真相则是少数仰赖美日的、恐共的、反华的、法西斯的福佬中产阶级所玩弄的政治魔术。通常情况下，地方意识是否形成有两个条件，一是与当地的资本主义是否成熟有关，二是与主观认同有关。而主观认同之确立，往往要靠与外群之冲突才成立，例如，日本民族意识借着甲午战争和日俄战争而培育稳固，中国民族意识则借鸦片战争、辛亥革命和日本军国主义的残酷行径而培育。而台湾的资本主义尚未成熟，台湾资产阶级不仅在政治上少有代表人且没有权力、没有相对的发言权（台湾政治转型前）。至于"高山青"的山地青年，中坜一带乡下客家村庄或外省退伍军人下层穷困人家，他们不会觉得台湾的经济社会生活和他们是共同体，他们不会认同当时以福佬中产阶级作基础提倡的"台湾人意识"。所以，"台湾主体意识"的客观条件不足。与此同时，台湾人实际生活中基本保持着中华民族的优秀传统，譬如，衣食住行、婚丧嫁娶等，所以，"台湾主体意识"的主观认同条件也不足[③]。

第三，"台湾主体意识"的根源在于恐惧和焦虑。"台湾主体意识"既然主客观条件都不成熟，为什么有人要提高"台湾主体意识"甚至"台湾民族论"呢？原因之一是一部分本土中产阶级有一种恐惧感。他们恐惧的是共产党何时要过来？一夜之间换旗帜的事会不会发生？更恐惧国共会不会和谈？在和谈之中会不会被"牺牲"。他们企图以强调承认台湾现状来对抗中国大陆对台湾的影响。说得通俗一点，"这种心情就像是一个由乡下到都市去求发展的普通老百姓，改迹以后过着有汽车洋房的摩登生活，就不屑与乡下故里的穷亲戚认同来

---

① 陈映真.向着更宽广的历史视野 [J].前进，1984(12).
② 陈映真.向着更宽广的历史视野 [J].前进，1984(12).
③ 叶芸芸整理.戴国辉、陈映真对谈"台湾人意识""台湾民族"的虚相与真相 [J].夏潮杂志，1983（3）.

往了，更何况穷亲戚还具有共产主义的武装。"①原因之二是"台独"资产阶级有一种时不我予的焦虑感。进入 20 世纪 70 年代，随着美国对华政策的根本改变，"台独"运动的外部环境发生了变化。美国至少在政策上公开放弃了对"台独"的支持，而台湾内部的"独立"似乎遥不可期，"台独"势力迫切需要凝聚人气的意识形态。

2. 解构"中国意识"

"摇撼传统霸权式身份观的利器，主要来自'解构主义'式的身份观。而排它与自闭的新社群意识，则倾向于新本质论。"②"台湾主体意识"的倡导者本着所谓"把歪曲的岛屿扶正，把缺漏的历史填满"的责任意识③，首先开始解构"中国意识"，其基本步骤如下：

第一步是消弭"中国意识"论述中所建构的"我族"与"他族"的区分以模糊台湾的民族身份。施敏辉对此作了两段式阐述。他认为，"虽然中国与台湾都受过帝国主义的侵略"，但是"这种侵略并非仅见于中国与台湾，而是近百年来全世界各弱小民族所遭遇的普遍现象。"进而，他指出，非洲、拉丁美洲和亚洲其他国家也有被殖民的历史，台湾的反帝、反殖民斗争精神也与这些地区相通。施敏辉的论述意在打破以往"殖民与被殖民"区隔下构建出的"西方与中国"的二元对立模式。

第二步则是强调大陆与台湾在近现代史上的差异，以此拆解命运相连感。他们宣称中国社会与台湾社会是两个绝缘的社会。历史上，"当中国长江以南陷入太平天国革命的风暴中时，对整个中国的经济结构与生产关系可以说发生了相当严重的冲击；但是，对于台湾而言，所谓'太平天国'只是一个名词罢了，甚至是并不存在的。同样的，在二十世纪初期，当余清芳的革命风潮席卷台湾时，对整个岛屿的社会秩序与价值观念造成了重大的影响……对当时中国人民而言，余清芳起义其实是无关痛痒的。"现实中，"台北发生的任何通货膨胀的现象，都足以左右全岛的经济活动；但是对中国来说，这种波动是毫无轻重的。"④

---

① 叶芸芸整理 . 戴国煇、陈映真对谈"台湾人意识""台湾民族"的虚相与真相 [J]. 夏潮杂志，1983（3）.

② 廖咸浩 . 在解构与解体之间徘徊—台湾现代小说中"中国身份"的转变 [C]. 张京媛 . 后殖民理论与文化认同 . 台北：麦田出版社，1995:194.

③ 施敏辉 . 新台湾文库绪言 [C]. 施敏辉 . "台湾意识"论战选集 . 台湾：前卫出版社，1988.

④ 施敏辉 .《"台湾意识"论战选集》序 [C]. 施敏辉 . "台湾意识"论战选集 . 台湾：前卫出版社，1988.

第三步是强调不同历史语境中成长的人群形成的身份认同也必然有所不同。"一个经历二二八事件、八七水灾，以至美丽岛事件而成长的台湾青年，与一个受到大跃进、文化大革命、唐山大地震等等洗礼的中国青年，如何能够分享同样的意识呢？"社会环境决定意识的孕育与发展，"当一位台湾青年面临能源缺乏、国际孤立的时刻，他与他台湾岛上的人民一样，必然有着共同的危机意识。"①

至此，"台湾主体意识"论者得出以下结论：第一，在台湾主张"中国意识"只能是一个理想，或是一个梦而已。"二二八事件"之前，台湾同胞确实对祖国有过梦想。这样的梦想曾经出现在日据时期一些台湾知识分子的身上。这是基于"同文同种"的幻想，但这种幻想是没有物质基础的，因而特别脆弱。台湾民众在战后短短一年时间内对祖国的幻灭，便充分代表"中国意识"在台湾是没有物质基础的。政治运动者如谢雪红、苏新，文艺工作者江文也、钟理和、吴浊流，都以他们的亲身经验提供了确切的答案②。因此，宣称"台湾是中国的一部分"只不过是传统帝王史观的一种变调而已。"中国意识"只是"一种平面的文字，一种空洞的语言罢了。"这"只能是一个理想，或仅是一个梦。"第二，"中国意识"是"粗暴地移植"的产物。它"等于是把人民置于时空隧道，让过去和未来统治现在。这种时空错乱、认同误谬的统治方式，必然要随着台湾社会的整体化，台湾主体意识的崛起而矛盾百出，捉襟见肘了"。③

三、鼓吹主体性，建构"台湾主体意识"

至此，建构新的身份认同"台湾主体意识"，用"台湾主体意识"征服"中国意识"则是"台湾主体意识"论者的必然选择。在批判"中国意识"的"虚伪性"和"虚构性"的同时，"中国意识"的反对者开始按照身份认同构建的逻辑构建一个新的身份认同——"台湾主体意识"④。"台湾主体意识"是"台独"势力建构所谓"主权国家认同"的价值基础，其基本路线图是：从"台湾主体文化"出发，形成"台湾是生命共同体"的社会共识，进而将这个共同体上升

---

①　施敏辉.《"台湾意识"论战选集》序[C].施敏辉."台湾意识"论战选集.台湾：前卫出版社，1988.

②　施敏辉.《"台湾意识"论战选集》序[C].施敏辉."台湾意识"论战选集.台湾：前卫出版社，1988.

③　陈树鸿."台湾意识"——党外民主运动的基础[J].生根.1983(12).

④　具有"台独"倾向的《美丽岛》杂志曾发表文章鼓吹，新加坡能独立，主要是因为新加坡人早就征服了"中国意识"，而主观上产生了"新加坡意识"。香港则未产生强烈的"香港意识"，所以轻易地被中共收回。

为"国家主权"。

首先，刻意淡化身份认同中有形的特色。"台湾主体意识"论者也承认，两岸"同文同种"，有着深厚的地缘、血缘和文化渊源关系。"三百年前，在中国内地犯案逃落至台湾的是移民；二百年前，内地谋生不易转而来台湾拓垦营生的是移民；三十多年前，带了武器军队与国家机器败退至此海岛的，也不外是一批具有较强大政治军事力量的移民。"由于大批汉人移民台湾，汉人的宗教社会组织在台湾的土地上生根发芽，"台湾的语言、文字、宗教、工艺、风俗习惯和社会结构都渊源于移民者老家的汉人宗教社会。"[①] 但是，他们声称生于斯、长于斯，并不必然地构成一般人民的"共同意识"。以中国为例，秦以至于明代前期，由于自然经济的分散状态，汉人虽长期共同生活于中原之地，却始终没有形成近代民族坚强的"共同意识"，因此，封建割据、分裂的局面经常发生；反过来说，工商业发达的结果，往往打破一个地域中人民间不同血统、语言、文化的层层障碍，造成他们休戚与共互相依存的关系，而形成一个"共同意识"。例如，明末以来的中国，被列强以炮舰枪弹强销进去的资本主义经济方式，渐渐地把满汉等不同的族群融合成了一个民族，他们的"共同意识"又因为共同反抗侵略而大大地巩固起来[②]。这种论调背后隐藏的逻辑是，现代国家认同不是由血缘决定的，而是由社会经济文化条件决定的，所谓"命脉相连"的两岸"龙的传人"其实是一个充满差异和矛盾、利益相互冲突的群体。

其次，故意扭曲身份认同中的无形基础。历史经验所构成的历史记忆是认同产生的重要条件，"台湾主体意识"论者对台湾的历史进行了改造性阐述，在他们的论述中充满了戴国辉所称的"被殖民心态"和"岛气"。高伊哥在《后滕新平——台湾现代化的奠基者》一文中，称颂后滕新平在台湾建立了更有效的公共行政、卫生设施、交通系统等来提高被统治者的生活水平，尊其为台湾现代化的奠基者[③]。在高伊哥的历史观里，"后藤镇压台湾人，屠杀反抗者数千。而

---

① 陈元.从移民的台湾史试解"中国结"与"台湾结"[J]. 前进，1984(14).

② 黄连德.洗掉中国热昏症的"科学"粧吧 [J]. 台湾年代，1984(3).

③ 台湾的近代化起源于清代首任台湾巡抚刘铭传主政台湾时期。他在任内 (1885 年—1891 年) 大力推行加强海防、建立自立之省的"新政"，成绩卓著。在台北设电报总局，架设水陆电线1400余里，并在澎湖、彰化等地增设报局；创立新的邮政制度，台北设邮政总局，在全岛分设下站、腰站、旁站43处；发行邮票，邮路远达厦门、广州、上海、香港等地，是全国最早的自办邮政业务，比清政府成立的邮政官局还早八年；修建台北至基隆、新竹和基隆至新竹的铁路，这是全国最早的自行集资、自行主办、自行掌控的自建铁路；鼓励民间富商集资兴建台北街市，走马车，安电灯，引自来水，修造铁桥，使台北成为当时中国比较繁荣的城市。刘铭传还主持了台湾历史上第一次大规模丈量土地活动，兴办西学堂，聘请外国教师任教，为台湾培养了具有近代意义的人才。

刘铭传开山抚蕃，滥杀'生蕃'，并在丈量土地时激起施九缎反乱。前者如果是刽子手，后者难道配称为是台湾人民的大恩人吗？""清朝对台湾的统治，也是帝国主义的经济剥削。台湾的田赋比内地多三倍，又不准开发土地，却要求每年将大量米粮供应福建省，这和日本的剥削有何差别？"[①] 因而，台湾的历史是一部受到外来帝国主义的压迫与出卖，被迫妥协与反抗的血泪史。陈元则鼓吹"移民冲突论"，宣称"在移民的过程中，对原来的原住民会产生种族的矛盾；在先来者与后来者之间，会产生政治经济社会性的利益冲突；在移民母国与新殖民地区间，由于时空推移，人们的意识发生变化，也会发生分离独立的争执。"按照他的历史分期，台湾史可以分为："原住民时期（包括远古、中世纪）、汉人移民初期（明郑以前）、汉人移民后期（清初至甲午割台）、日据时期（甲午战争至一九四五年）和国民党时期（一九四五— ）"。这是一部台湾人被剥削、被压迫和被殖民的历史，中国与其他外来殖民者一样，给近代以来的台湾人带来深深的痛苦。共同的被殖民经历也让民众接受共同价值观的灌输，共同承受屈辱的不公平待遇，"台湾主体意识"因此在日本人据台以后逐渐成形。"本土论"者要从过去被迫害的历史经验中吸取教训，进而学习一些抵抗的方法，并学习如何武装自己的思想。

再次，突出强调身份认同的社会经济基础。"台湾主体意识"论者也以历史唯物论为旗号，主张社会存在决定社会意识，坚持"台湾主体意识"具有坚实的社会经济基础。他们认为"台湾主体意识"正是台湾社会经济发展到一定的程度必然要开花的结果。"台湾主体意识"并不是一个地理名词的延伸，而是一定的社会、经济发展下的产物。"台湾人"一词在清代只是狭义地指住在台南一带的汉人，因为那是台南府治的所在地。"台湾人"概念涵盖全岛源于日据时代的近代化。1900—1904 年，岛内统一了度量衡及币制，1923 年完成南北纵贯公路，这些措施一方面促进了全岛性企业的发展，另一方面也反映了台湾社会及经济活动整体化的程度。"有了整体化的社会生活和经济生活，就必然地产生了全岛性休戚与共的'台湾主体意识'了。"[②] 战后，台湾面临特殊的政治生态环境。在岛内，国民党长期实行威权统治，"人民受到同样高度的政治压迫，承担同样偏颇的教育制度，面临同样畸形的经济发展。"[③] 在两岸之间，双方处于对立隔绝状态，台湾与大陆在社会结构、经济基础、生产关系和政治际遇方面完

---

① 高伊哥. 台湾历史意识问题 [J]. 台湾年代，1984(3).

② 陈树鸿. "台湾意识"——党外民主运动的基础 [J]. 生根，1983(12).

③ 施敏辉. 新台湾文库绪言 [C]. 施敏辉. "台湾意识"论战选集. 台湾：前卫出版社，1988.

全不同。在国际社会，台湾又面临能源缺乏、国际孤立的艰难处境。这些经验经过长达三十年的累积，必然产生危机意识，进而酝酿出一个共同的意识形态。

最后，否认"台湾主体意识"的局限性。"台湾主体意识"论者坚信，"台湾在与中国本土相隔绝的地理、社会环境下，经过了四百年独自的移民、开拓，及近代化资本主义历史发展，而形成在社会上、心理上与'中国·中国人'不同的'台湾人'"。① 这种意识并非陈映真所言的偏狭的地方意识，而是"全体台湾人民的共同意识"②，即所谓的"1800万台湾人民论"③。面对"台湾主体意识"并不为大部分外省人和一部分本省人认同的现状，"台湾主体意识"论者辩解称，1949年前后来台的大陆人士，不论其主观愿望如何，终究是在这块土地上长期生存、活动、衰老或者成长的。他们面对着一个客观存在的经济体——台湾人民——是要自外于它呢？还是要进入其中？答案是极其明显的。而到今天为止的台湾历史也证明了这一点，大陆人并不能自外于台湾社会而形成一个个别的社会经济活动范围，他们别无选择只能进入其中，与台湾社会融成一体，成为台湾人④。因为，至80年代，大陆籍人士（上至国民党统治集团，下至一般大陆籍贯人士，如清苦贫困的军公教人员）和台籍人士的经济关系已经犬牙交错，互为依存，不可分割。至于，为什么同一的经济基础却反映了内容相互矛盾的两个上层建筑？为什么没有形成一个共同意识？"台湾主体意识"论者的辩护词是"在这个共同社会经济体中存在着被统治的两个阶级"，"正是统治与被统治的阶级差异，规范了意识形态上的内容差异"。至于"省籍矛盾"，"台湾主体意识"论者认为"这种讲法是不对的，唯一有的是主观认同与客观存在之间的矛盾。随着民主运动的进展，随着'外省人'渐渐地认识到他们的命运其实是和这一千八百万人紧紧地依在一起；随着台湾主体意识的普遍认同，这个矛盾终必被消灭。"⑤

"台湾主体意识"强行把岛内民众划分为以"台湾人"为认同的四大族群，宣扬所谓"台湾魂""台湾精神""我们都是台湾人"，目的是为了淡化中华民族意识，宣扬"台湾民族意识"，即"台湾人不是中华民族的一部分，已经形成一

---

① 党朝胜、刘宏.民进党大陆政策研究[M].水牛出版社，2006:14-15.

② 陈树鸿."台湾意识"——党外民主运动的基础[J].生根，1983(12).

③ 自1982年谢长廷等人最早提出与"生命共同体"相关的概念——"台湾1800万名住民自决"的主张后，1983年，党外的"中央选举后援会"确立反对运动将以"住民自决"为原则。至此，"全体住民"成为"台湾意识"建构者的核心概念。

④ 陈树鸿."台湾意识"——党外民主运动的基础[J].生根，1983(12).

⑤ 陈树鸿."台湾意识"——党外民主运动的基础[J].生根，1983(12).

个独立的民族，台湾人不是中国人，台湾人和中国人在社会上、意识上已经成为两个不同的民族"。

　　理论的作用在于指导实践，"台湾主体意识"的危害性在于它转化为实践活动，"去中国化"是其最主要的实践形式。一是推出"台独史观"的教科书。早在李登辉时期，台湾当局就进行所谓的教科书改革，开始编撰具有"台独史观"的中小学语文、历史、地理教科书，经过陈水扁当局八年的操弄，受"台独教育"成长起来的一代年轻人在国家认同问题上出现严重错乱。马英九执政时期，试图对教科书修改，以清除"台独"和"皇民化"思想。但2015年8月推出的"高中历史课纲微调新版本"收效甚微，超过三分之二的由民进党执政的县、市明确拒绝新版教科书。蔡英文上台第二天，立即废止马英九执政时期制定的具反殖民内涵的"微调课纲"。2017年6月，蔡英文当局又推出"十二年国教社会领域课程纲要草案"，把高中历史科目的中国史纳入东亚史框架。"台独史观"教科书大面积传播成为年轻世代"天然独"的主因。与此同时，蔡英文上台之初就已取消遥祭中山陵，进入2017年又做出一系列"去孙中山""去蒋介石""取消遥祭黄帝陵仪式""大幅删减高中语文课本中的文言文"等举动，步步切割台湾与大陆的历史文化脉络，以抹杀两岸文化同属中华文化的事实。在蔡英文当局的"文化台独"工程的框架内，"台独"势力正在利用各种意识形态"霸权装置"，大肆宣扬"台独"理论，潜移默化地影响台湾民众的政治社会化过程。随着"台湾主体意识"的社会基础的不断扩大，其发展趋势正由地缘认同上升到共同体认同再到所谓"国家认同"，危害不可小觑。

第三章 两岸政治认同生成的
理性自利模式

有关统"独"、族群之类的议题，是台湾政治与社会研究领域近 20 年最受关注的讨论议题。已有的"统独六分法"的研究成果已经全面勾勒了台湾民众统"独"立场的基本结构和发展特点。按照台湾学者吴乃德、蔡佳泓等人的研究，台湾民众的国家认同具有高度浮动的特征，所谓的"台湾民族主义者"和"中国民族主义者"在 2000 年之后大量转而成为"实用主义者"①。有关两岸经贸交流的利弊争议同样表现出强烈的现实主义取向，台湾民众在"中国磁吸"与"中国威胁""戒急用忍"与"两岸三通"的彷徨中选择加大开放交流，实现全面"三通"。本章拟用理性选择模式考察台湾民众在民族认同、统"独"立场、两岸经贸关系发展等问题上的态度与立场。

第一节 两岸政治认同理性选择的分析框架

政治认同研究中，有关认同的来源一直是争论不休的话题。认同从何而来？"认同可以是强加的，但很少如此；更正确地说，认同是皈依的，因为它们呈现的正是人们想要的"②。那么，什么是人们所需要的？传统政治学认为，人们在从事政治活动时，或是基于自身利益的考虑，或是基于正义。无论是基于前者还是后者，人们都认为是理性的，也就是说这样的行为是具有合理性的。

---

① 吴乃德. 面包与爱情：初探台湾民众民族认同的变动 [J]. 台湾政治学刊，2005:9(2)：5-39.;Tsai Chia-hung, Ding-ming Wang, and Livianna S. Tossutti, "Between Independence and Unification: An Ordered Probit Analysis of Panel Survey Data on Taiwan's Constitutional Future," *Issues & Studies*, Vol.44, No.4, 2008, pp. 71—98.

② ［美］Y. 拉彼德，［德］F. 克拉托赫维尔主编. 文化与认同：国际关系回归理论 [M]. 金烨译. 杭州：浙江人民出版社，2003:43.

一、理性自利的基本模式

有关合理性问题涉及对"理性选择"词汇中的核心概念"理性"一词的理解。迄今为止，理性至少有两种含义，即哲学理性（reason）和社会学理性（rationality）。哲学上"理性"的含义丰富多变，自古希腊起，毕达哥拉斯、斯多葛学派、柏拉图到尼采、康德、黑格尔等都对"理性"有过深刻而不同的洞见，可谓莫衷一是。因此，要彻底弄清哲学上"理性"的含义，既不是笔者能力所及之事，也非本书之要旨。在此，仅将哲学理性概述为进行逻辑推理的能力和过程，指与感性、知性、情感和欲望相对应的能力。社会学理性，又称合理性，也简称理性，是指对象（自然、社会甚至人本身）之合乎秩序、合乎必然性或目的性。在韦伯阐述的四种社会行动类型中，从合理性角度看来，只有目的合理性（工具合理性）与价值合理性行动才属于合理的社会行动。而"理性选择理论"所考察的个体行为其实主要对应于韦伯的"工具合理性行动"①。本书所要探讨的"理性选择"中的"理性"属于社会学理性范畴，是指解释个人或群体有目的的行动与其所可能达到的结果之间的联系的工具性理性。

理性选择理论是当今社会科学具有广泛影响力和较强解释力的思想工具。政治学的理性选择理论是在经济学的"经济人"假设和社会学的"社会人"假设的基础上建立起来的分析模式。

人类行为的"理性"解释根基于经济学的"经济人"假设。古典经济学家亚当·斯密提出的"经济人"（即经济理性人）概念是经济学整个学科的分析基石。在古典经济学理论中，"经济人"假设占据了主导地位。亚当·斯密认为人的理性就在于他能够在对各种利益的比较中选择最大的利益，以最小的代价实现自身最大的需要。斯密同时认为，个人利益最大化往往是通过市场交易来实现的，运用市场这只"看不见的手"就会实现个人选择的最优组合，从而实现个人选择与社会选择的有机结合，进而使整个社会富裕起来。新古典经济学继承和发展了古典经济学的"经济人"假设，他们的基本理论假设包括：①个人是自身最大利益的追求者；②在特定情境中有不同的行为策略可供选择；③人在理智上相信不同的选择会导致不同的结果；④人在主观上对不同的选择结果有不同的偏好排列②。由此可见，"经济人"主要具有以下特征：一是"自利"，

---

① 后来理性选择范式经过新古典经济学家、新制度主义、社会学家、政治学家等修正与扩充后，也将"价值合理性行动"包含在内，但经过修正后的理性选择理论其实已经偏离了其原来的理论核心，即经济理性人的假设了。参见：陈彬.关于理性选择理论的思考[J].东南学术，2006(1):119—124.

② 丘海雄、张应祥.理性选择理论述评[J].中山大学学报（社会科学版），1998(1):118—125.

即追求自身利益最大化是其行动的根本动机。二是"理性"，即掌握其所处环境的各方面的知识，这些知识即使不是完备的，至少也是足够丰富的。三是"偏好"，即具备一个很有条理的、稳定的偏好体系，并拥有很强的计算能力。

虽然"经济人"假设存在许多缺陷，但是这种"经济人""理性人"的思维方式却为所有的理性选择理论者所继承和发展。一般认为，理性选择范式之后，社会学和政治学运用"经济人"假设，分别提出了"社会人"和"政治人"概念，并产生了"公共选择理论"和"理性选择理论"。社会学的理性选择理论也正是以"理性人"为基础解释了个体的目的性行动以及在此基础上有目的的选择。当然，社会学家对经济学极端功利主义的假定进行了修订，形成了"社会人"概念。理性选择模式 (rational choice model) 的哲学基础是现实主义。在现实主义范式中，一个基本的观点就是行动者是理性的，或者说行动者出于主观期望是按照功利原则或理性规范行事，以追求自身利益与权力的最大化。本章扼守理性选择主义立场，分析台湾民众政治认同中追求自利的行为所发挥的作用。

二、台湾民众理性选择的分析结构

虽然理性选择理论源于新古典经济学的假设，然而，理性选择理论却广泛地用于经济学以外的领域。本书的理性自利模式也是建立在"理性人"假设基础上，试图运用社会学中的合理性观点对台湾民众的两岸政治认同行为进行诠释。

首先，台湾民众的两岸政治认同具有一定的目标函数。

"经济人"所说的理性行为，是主体人奔着自己的目标函数的"最大化"而去，或者说努力在既有的约束条件之下使自己的目标函数的函数值达到最大。这意味着，"理性人"首先是一个具有明确目标函数的行为体[1]。台湾民众的政治认同目标可谓错综复杂、变化多端，这与两岸政治认同的特殊性相关。但是，这并不妨碍台湾民众对于财富、权力或威望的追求。本书认为台湾民众政治认同的目标取向可以分解为政治愿望、经济要求和文化认同三个方面。政治上，追求国家身份的政治实践是其核心追求目标；经济上，在两岸关系中追逐增进台湾利益财富是其首选目标；文化上，建构具有"台湾主体性"特征的文化是

---

[1] Becker, Gary S., The Economic Approach to Human Behavior[M] (Chicago, IL: University of Chicago Press, 1976). Kahneman, Daniel, and Amos Tversky, "Prospect Theory: An Analysis of Decision under Risk," *Econometrica*, Vol.47, No.2, 1979, pp. 263—292.

其终极目标。当然，在这些议题上，民众的取向五花八门，纷争不断，但是，"理性自利"的目标导向是十分清晰的。在统"独"、"族群认同"等政治议题方面，民意虽然呈现两极冲突状态，但是，"要和平，不要战争"的安全诉求占据绝对主导地位。在"三通"、ECFA 等经济民生问题上，虽然也存在对不对称依赖的担忧，但是，整体上共识大于分歧。因为在利益追逐中，人具有注重眼前利益的本性特征。就如休谟所言，"人类总是极其爱取现前利益、而舍去辽远的利益，而且他们也不容易因为担心一种辽远的灾祸，而抵拒他们所可以立即享受的任何利益的诱惑。"① 这也就解释了为什么在"台湾人""中国人"等文化认同问题上，台湾社会充满焦虑和迷茫，非理性色彩比较明显。在此，我们将台湾民众的理性"目标导向"的实现设定为下列几个要件，即：利益属于短中期、偏物质属性且与个人切身相关②。因此，政治领域和经济领域是考察其理性选择行为的主要对象。

其次，台湾民众的两岸政治认同突出"利己原则"。

在利益追逐中，人还具有利益最大化的本性特征。布坎南也指出，"无论在其市场活动还是政治活动中，人都是追求效用最大化的人。"③ 心理利己主义者从人性出发，认为人们行为的动机总是寻求自己的利益最大化，现代经济学所谓主体人的理性行为，也往往被解读为"自利行为"。"理性自利"的行为体以自己的利益实现为目的，会在可备选择的行动方案中，挑选后果最有利于自己的方案，这就是所谓"理性人"遵循的"利己原则"。两岸政治认同的核心是国家认同，而国家认同的前提是民族认同。民族认同的动力从何而来？利益是主要驱动力。按照 Russell Hardin 的论述，民族认同的本质是认同者的自我利益④。这一判断建立在两个假设基础上。

一是自我利益和群体认同经常是一致的。该观点得到了理性选择理论的代表人物迈克尔·赫克特（Michael Hechter）的支持。赫克特在《遏制民族主义》一文中提出了以下几个重要论点：①对地方（或边陲）民族的政治、文化或宗教精英而言，当中央政权的势力愈来愈强的时候，主张民族主义可以保护它们

---

① ［英］休谟 . 人性论 [M]. 关文运译 . 北京：商务印书馆，1980: 579.

② David O. Sears and Carolyn L. Funk, "The Role of Self-interest in Social and Political Attitude," In Advances in Experimental Social Psychology, ed. Mark P. Zanna, (Orlando, FL: Academic Press, 1991).

③ ［美］詹姆斯·M. 布坎南、戈登·塔洛克 . 同意的计算——立宪民主的逻辑基础 [M]. 北京：中国社会科学出版社，2000:25.

④ Hardin Russell, "Self Interest, Group Identity," in Nationalism and Rationality, eds. Albert Breton et al., (New York: Cambridge University Press.1995).

的力量免于被边缘化。他们对所属民众的影响力越大,他们对中央政权提出民族主义挑战的能力也就越强。当中央政权的势力开始衰退(例如帝国、或殖民国开始崩溃)的时候,推动民族独立运动可以扩充其权力。独特文化产品的供应者——像语言文学教师、民族宗教的牧师,尤其可能相信,民族自决会增加他们的个人收益。②就一般的公民而言,许多人相信,一个由同一民族所组成的政权,其推动的社会和文化政策,应该比较有利于民族的所有成员。在这种情况下,人们会想象,如果某些工作,特别是政府工作的职位保留给本地人,他们自己的前景就会改善。如果某一地区的人们有着明显的偏爱,自决可能就会通过促使采取与这些偏好相一致的政策来增加公民的福利。③就一般的民族成员而言,当民族的地位获得提升或尊重,所有个别的成员的地位(self-esteem)也都获得提升和尊重①。

二是一个对群体或民族有利的行为是否发生受行动代价的制约。简言之,从事这项行为的代价愈高,这种行为就会愈少发生。历史经验也似乎支持这样的观点,例如在中世纪许多犹太人面临可能遭受宗教审判的危险的时候都改信了天主教。在台湾的"台独"运动中"基本教义派"一般也不愿付出生命的代价。对此,拉塞尔·哈丁(Russell Hardin)的分析很有启发。他认为当认同必须付出太高的代价的时候,认同经常被抛弃。同时,民族认同是一种"协和游戏"(coordination game),不和别人合作的"搭便车者"并不会得利,反而会遭受损失,由此克服了"囚徒困境"难题。开车靠右就是一种协和游戏。如果所有的人都靠右开车,不追随主流、拒绝和别人合作者将遭受撞车的重大损失。当大多数人都认同某一种文化的时候,不加入主流认同的人反而会吃亏②。因此,群体认同的本质是理性的利益考虑,理性选择模式对民族认同最有说服力③。

第三,台湾民众的两岸政治认同呈现明显的偏好结构。

理性选择理论要求分析单元是理性统一行为体,具备稳定的偏好。所谓偏好在经济学研究领域被解释为消费者对物品进行"价值排序""效用排序"的一种心理倾向,在政治学研究领域是指社会成员对公共物品,包括法律、政策、社会问题治理方案等的赞成或反对的态度。偏好作为人的行为倾向,源自人的内心欲望,与利益密切相关。人具有趋利避害的天性,因而人的偏好总带有鲜

---

① [美]迈克尔·赫克特(Michael Hechter). 遏制民族主义[M]. 韩召颖等译. 北京:中国人民大学出版社,2012:30—31.

② 吴乃德. 面包与爱情:初探台湾民众民族认同的变动[J]. 台湾政治学刊,2005(2):21—22.

③ Hardin Russell, "Self Interest, Group Identity," in Nationalism and Rationality, eds. Albert Breton et al., (New York: Cambridge University Press.1995,) p. 15.

明的功利性。利益和偏好通过政治制度最终影响政策输出。选举制度、立法制度和官僚制度是最为重要的三种制度，其中选举制度是聚合利益的重要方式，立法制度和官僚制度则是重要的授权方式。政治偏好作为一种观念意义上的认知模式可以指导人的政治行为，在政治生活中，通常人们持有什么样的政治偏好，便会采取与之相应的政治行动。在台湾目前的政治体制下，政党不管是执政还是制定政策，都必须面对一人一票的"铁票规律"，也就是说，在自由普选的政治规则下民意对台湾当局的两岸政策具有很大的约束力。那么，台湾民众的政治偏好有什么特征？对两岸政治认同有何影响？台湾民众的政治认同偏好结构十分复杂。它包括物质的、精神的、社会的需要和偏好。本书认为，台湾政治生态中有两个鲜明的特征：一是民众有站队看颜色的政治偏好，并形成选民的政党认同具有相对的稳定性（虽然台湾的政党政治并不成熟，政党体系也在不断变迁之中）；二是民众对自由民主的"政治体制"和社会生活方式充满信仰，并因此导致在两岸关系上形成内群体偏好（台湾优越感）和外群体偏见（大陆专制落后）。

　　第四，两岸政治认同中的"理性计算"受认知和环境的影响。

　　所谓"理性计算"，是一种有限信息下极大化个人利益的形式。因此，决策过程中人们遵循的并不是最优原则，而是满意原则。现实中个人选择行为无法做到理论上所设计的完全理性化，人的选择行为常常偏离了理性选择理论的标准和预设。按照西蒙的有限理性理论，人类的行为由决策的环境与主体本身的认知能力决定。他形象地说：人类行为是由一把剪子裁剪而成的，这把剪子的一边是主体的计算、认知能力，一边是决策环境的结构。在此，我们把认知和环境设定为影响或决定民众理性选择行为的两个基本要素。首先，认知是选择的原始根据和理性计算的前提。本书的认知主体既不是社会学的纯粹工具理性的抽象"经济人"，也不是帕森斯意义上的仅受限于社会规范的"社会人"，而是处于社会互动、社会关系中的能动选择的主体。不同的主体拥有不同的资源，包括省籍、年龄、教育、性别、财富、事件、技能、情感等[1]，这决定了不同主体的认知能力和利益诉求不尽相同。其次，环境因素是选择的行动结构。本书所指的环境既包括岛内政治环境、大陆政治环境、两岸互动环境等主体性因素，也包括其他国际力量、国际法律及制度等影响因素，其中美国是最重要的外部因素。岛内政治环境的衡量指标是政党政治，不同政党的大陆政策理念影响民

---

① [美] 詹姆斯·科尔曼. 社会理论的基础 [M]. 邓方译. 北京：社会科学文献出版社，1999:34.

众的国家统一认知。大陆政治环境的衡量指标是对台政策，台湾民众对于不同时期的对台政策有不同的解读和体认。两岸互动环境的衡量指标是紧张或缓和，两岸存在复杂的互动博弈关系，它牵制着台湾民众的国家认同选择。国际环境的衡量指标是美国的两岸政策，"不统、不独、不武"的政策对台湾民众的国家认同异化具有明显的催化作用。

第二节　台湾民众理性选择的政治实践

政治上，进入民主政治转型期的台湾民众不断培养其政治理性。所谓政治理性是亚里士多德笔下追求合乎公共秩序、合乎公共利益的倾向，因为"人本质上是一种政治动物"，是一种具有社会性的、具有利益协调能力的，并追求友善合作，追求社会至善和谐的动物。随着两岸关系由隔绝、封闭走向交流与整合，两岸对立的政治结构正在逐步消解，两岸关系中的政治问题日益凸显。台湾民众在关涉统"独"、"宪政秩序"、"国际空间"等问题上都面临严峻考验，而安全第一成为岛内民众的基本共识。

一、统一VS"独立"：维持现状成为主流民意

台湾与大陆同属一个中国，这个历史和事实历来为两岸中国人所认同。然而，经过近70年的两岸政治对立，这种共识和认同却逐渐发生了变化。按照理论依据不同，台湾目前大致有两种"主权"理论。①"主权固有"说。即1912年成立的中华民国"存在至今"，依然保有"主权"。这一理论框架又有两个考察维度：一是"一个中国"。它从两岸关系发展的历史脉络出发，认为两岸仍处于内战状态，主权从来没有分裂。"一中"架构是处理两岸关系的基本原则。二是"两个中国"。它从两岸分离的现状出发，强调台湾的"中华民国"五脏俱全并且维持20多个"邦交"国家，已经是一个事实上"主权独立"的"国家"（地区）。②"主权建构"说。它从建构主义观点出发，主张台湾"主权"应该依据"台湾认同"和"台湾主体意识"进行建构。与此相对应，台湾民众对民族国家的政治认同大致可以划分为三种倾向：一是坚持台湾与大陆的联系，二是强调台湾与大陆的区隔，三是突出台湾与大陆的对立。在此基础上形成了坚持国家统一、主张维持现状和追求"独立建国"三种目标模式。

台湾社会的政治特性之一就是它已经是一个初具规模的民意社会，是一个民意能影响甚至决定公权力政策的社会。马英九将民意高度支持列为两岸签署

和平协定三大条件之首,可见其对民意的顾忌之深①。所谓民意就是人民的意见、意思或理念。统"独"民意是岛内民众对台湾未来前途的看法,这是衡量台湾民众国家认同最直接、也是最有效的一项指标。就政治行为而言,台湾社会最深刻的政治分歧无疑是统"独"之争。在台湾进入民主化转型后的大大小小的选举中,统"独"常常成为政治人物操纵选举的重要议题,这就与岛内民众的统"独"议题的偏好分布情况有着密切的联系。当"偏向独立"的民意高涨时,绿营政治势力会推波助澜大打"台独"牌,其至蓝营也会被迫跟进。1996年岛内首次"总统直选",民进党彭谢组合以"和平尊严、台湾总统"这样具有浓烈"台湾意识"的诉求作为文宣主轴。文宣从头到尾未见"中华民国"的文字符号,却显现清晰的"台湾意识"。2004年"大选",民进党推出"公投绑大选"与"2·28百万人牵手护台湾"的竞选策略,进一步凸显"台独意识"。而蓝营在国家认同上亦处处展现"台湾意识",与绿营比赛"爱台湾"。2008年和2012年两次"大选",国民党的竞选口号和Logo上都一定要放上台湾,例如"台湾向前行,台湾一定赢""台湾加油赞",其Logo上都找得到台湾的形状。2016年败选后甚至有声音主张"去中国化",改党名为"台湾国民党";当"维持现状"成为岛内的主流民意时,蓝绿双方都对统"独"议题持谨慎态度。2000年陈吕组合是以"反黑金""政党轮替"为文宣重心,与"台湾意识／中国意识"相关的文宣广告比例有限。2012年"大选"中,蔡英文曾拿马英九父亲骨灰坛上"化独渐统"的说法做文章,甚至打出"我是台湾人"的广告,但频遭舆论围剿,更引起中间选民挞伐,致使蔡英文不得不调整策略,锁定民生、经济议题。可以说,统"独"争议主宰着台湾政党竞争的政治生态,左右着台湾当局的大陆政策。正是由于泛蓝军的政策积极向"维持现状民意"靠拢,最终取得2008年"大选"的胜利。而泛绿军反其道而行,一系列"台独"举动加重其执政危机,直至其丧失执政权。因此,有关统"独"、族群之类议题,也成为台湾政治与社会研究领域里引人注目的焦点,王甫昌曾以"大鸣大放"称之②。

如前所述,岛内民众的国家认同光谱中的极化现象十分严重。尽管存在

　　① 王英.台湾的民意调查能反映民意? [J].唯实,2013(11):91—94.
　　② 有关国家认同与统"独"立场的研究,参见:江宜桦.自由主义、民族主义与国家认同[M].台北:杨智文化事业股份有限公司.2000.;陈文俊."国家认同与总统大选:分裂国家民主化问题的探讨"[A].台北:"行政院国家科学委员会专题研究计划"."总统选举选民投票行为之科际整合研究"[C].1996:122—160.;游清鑫.台湾政治民主化之巩固:前景与隐忧[J].政治学报,1996(27):201—233.;袁鹤龄.国家认同外部因素之初探——美国因素、中国因素与台湾的国家认同[J].理论与政策,2000:14(2):141—163.

"急独""急统""缓独""缓统""维持现状再看"及"永远维持现状"等不同的立场，并由此区隔出"深蓝""浅蓝"，"深绿""浅绿"，"正蓝""正绿"，"中间偏蓝""中间偏绿"等不同类型，但是国家认同光谱实际是以统"独"来区隔的。按照台湾社会的划分，"偏统"的是泛蓝、"挺独"的是泛绿，统"独"成为台湾社会划分政治团体甚至民间团体的标签①。"泛蓝"与"泛绿"分别成为国民党和民进党的基本盘，从选民政党偏好看，认同国民党的比例2014年只剩23.5%，低于民进党的25.6%。与此同时，岛内民意所呈现的统"独"意识结构中，主张"维持现状"的中间立场者占大多数，具有主导性。除了台湾政治大学的民调数据，在其他机构进行的相同议题民调中，基本态势也类似。2015年公信力民调中，75.2%的民众支持国民党当局在"中华民国"框架下，继续维持台海"不统、不独、不武"的现状政策②。哪怕是深绿智库"新台湾国策智库"2014年所做的民调中，维持现状高达57.8%仍是民意主流③。"维持现状"的走势也比较平稳，起伏不大。尽管不同民调机构的统计结果有所出入，但稳定性较高，都在五成以上。可见稳定是台湾的主流民意，大多数民众保留了未来在统、"独"之间做选择的余地。

为何"维持现状"成为台湾民众现阶段的首选？这是台湾民众对于台湾前途和命运理性、务实思考的结果。

首先，"维持现状"是一个空洞而且模糊的概念，可以让中国大陆、台湾与美国三方对"维持现状"的内涵作有利于自己的解读。"现状"在国际关系领域比较常见，通常表示在有争议的战略议题上各方权力平衡的状况，它具有很强的主观性。那么，台海现状是什么？目前，大陆方面强调两岸关系的现状是一个中国前提下的主权与治权分离，"九二共识"是两岸维持现状的基础④。其立论基础是"中华民国"不具备"主权国家"资格，两岸政治关系的本质是政府继

---

① 台湾社会统"独"意识泛滥，甚至连民间社团也有所谓的统"独"之分。统派团体主要包括：中国统一联盟、中华爱国同心会、夏潮联合会等。"独派"团体则包括："台湾教授协会、台湾李登辉之友会总会、台湾社、台湾基督教长老教会、水当当妇女后援会、北中南三社及澄社"等。

② "民众对政府大陆政策及两岸关系之看法"实时民调问卷各题百分比配布表. 台北：台湾公信力民意调查股份有限公司，2015-5.

③ "深绿智库民调：台湾近六成民意主张维持现状"，http://www.CRNTT.com.

④ 虽然"九二共识"并不是国家统一的蓝图，但却为国家未来的统一奠定了基础。自1992年两岸达成"九二共识"后，两岸于1993年举行"汪辜会谈"、2005年举行"胡连会"、2008年举行"陈江会"、2014年举行"张王会"、2015年实现"习马会"，这是循序渐进的不断提高发展的过程。"汪辜会谈"是官方认可的民间团体的会谈，"胡连会"是国共两党之间的会谈，"陈江会"是两岸法定机构的会谈，"张王会"是两岸双方主管部门的会谈，"习马会"是两岸领导人的会谈。

承关系①。对于"一中"原则大陆方面既有原则底线，也有制度安排，即"一国两制"。大陆认为"一国两制"既兼顾了领土的完整性，又体现了两岸现政权的平等性，是现有解决台湾问题的最佳方案；台湾方面定位的现状比较复杂。泛蓝支持者主张的是"九二共识"中的"一中各表"，体现为"一国两区"或"一国两体"。"一国两区"论强调两岸领土主权重叠，但治权分拥、互不隶属，中华人民共和国（简称PRC）实际管辖中国大陆，"中华民国（简称ROC）"实际管辖中国的台、澎、金、马地区，"两区"各自拥有一套相对完整有效的统治方式和一定数量的国际承认，各自的统治效力互不及于对方。"一国两体"即"一个中国两个政治实体"是"一国两区"的另一种说法，主要针对两岸存在着全中国领土主权代表及政权合法性之争的特殊情况。其立论基础是根据"宣告说""国家继续原则"和"中华民国宪法"，证明"中华民国"仍然是一个"主权独立的国家"。该论调是岛内政治转型以来以国民党为主的泛蓝阵营一直维持的立场②。在泛绿支持者中，现状通常是指台湾是"主权独立的国家"，目前"国号"叫"中华民国"。虽然蔡英文在2016年竞选中做出"两岸关系维持现状"的政治承诺，但是蔡英文上台后拒不承认"九二共识"，其"维持现状"的说法只是玩弄的两面手法，试图用"维持现状"为"柔性台独"争取更多的时间和空间；台海"维持现状"也是美国经常提到的说法，但不同时期有不同的内涵，其本质是"阻统防独""以台制华"。李登辉时期，克林顿政府出于冷战后美国全球战略的调整，逐步确立了以"三不政策"为标志的美国台海政策③。陈水扁时期，小布什政府出于反恐战略的需要，继续保持"维持现状"的台海政策，其核心是保留美国对现状的定义权以及两岸皆不能以任何方式改变台湾现状④。

马英九时期，奥巴马政府在金融危机和两岸和平发展的大背景下基本维持原有的台海政策基调，一方面对两岸和平发展持积极态度，另一方面继续对台军售。蔡英文执政后，美国从其亚太再平衡战略出发，加紧提升台美关系，这给岛内的分裂势力提供了想象空间。但是，2016年的南海仲裁案将太平岛裁定

---

① 李炜. 台湾参与国际活动问题的再思考 [J]. 台湾研究集刊 .2010(1):50—60.; 李秘. 两岸政治关系初探 : 政府继承的视角 [J]. 台湾研究集刊，2010(1):44—49.

② 自90年代起，国民党当局以"维持现状"的现阶段定位将"一个中国"未来化，利用两岸定位的模糊地带，寻找回旋运作空间，试图形成一种"主权独立"的"既成事实"。

③ 所谓"三不政策"是指不支持"一中一台"或"两个中国"，不支持"台湾独立"，不支持台湾以"国家"名义加入国际组织。

④ 在美国的两岸关系政策论述中，任何可能升高两岸紧张情势的言论，都是对区域和平的威胁，也不利于美国的利益和台湾的福祉。2007年，美国国务院发言人麦科马克针对陈水扁的"急独"言论重申，美国重视陈水扁于2000年及2004年就职演说中所作的各项承诺。

为礁的事实让岛内民众清醒地认识到，台湾只不过是美国的战略棋子，中国大陆、台湾与美国是不等边三角关系。

其次，"维持现状"具有巨大的弹性和包容性，可以成为不同政治主张者共同的栖身之所。在"维持现状"队伍中有三类人：一是"维现再决者"。他们倾向统一，但出于势单力薄和两岸"磨合成本"的务实考量，愿意先选择维持现状将问题延后抉择。另一类是"坚定维现者"。许多民众经过理性考虑认为，维持两岸不统不"独"的现状最符合台湾人民的利益，因而真心诚意主张维持现状。第三类是"维现投机者"。在维现队伍中也不乏倾向独立者出于"规避战争风险"和"追逐眼前利益"的考虑，转而选择在维持现状中暂且栖身。客观而言，自台湾地区威权政治体制转型后，受西方自由主义思潮的影响，人民主权和普遍直选等西方政治理念成为台湾当局政治合法性的重要来源。在此背景下，台湾分裂主义势力乘机抬头。但是，这种追求"国家"身份的政治实践在两岸关系的现实状况下受到很大的制约。大陆早就划定两岸关系的底线，"台独"即战争[1]。对此，部分"台独"分裂势力不得不面对现实，做出妥协性选择。台湾学者吴乃德的国家认同研究结果支持这一观点。他虽然倾向于"国家认同在本质上是感情的倾向"，但是，他也同意"在台湾目前的政治条件下，国家认同的表现常受到现实条件的干扰，而无法清楚凸显"[2]。例如"认同台湾国家的人，可能会因为现实条件（如中共的武力威胁）而暂时不选择同意台湾独立。"[3] 条件制约论在一些民调中也有反映，当设置各种客观情境后，民众对于统"独"的支持态度就随之发生了改变。2014 年由杜克大学设计政治大学选举研究中心执行的"台湾民众对于各假设状况下之统独支持百分比"的数据显示，假如大陆方面不攻台，有 80% 的民众支持"台湾独立"。假如大陆方面攻台，仍有 40% 的民众支持"独立"。假如两岸政经条件发展还差很多仍支持统一的约 20%。当两岸政经发展差不多就支持统一的比例为 28%。

第三，"维持现状"即是维持"不战不和"的状态，符合台湾民众"少纷争、求稳定"的普遍心理。

就民众心态而言，台湾民众在经历了离散之苦、经济打拼以及物质充足后

---

① 陈水扁第二任期内变本加厉、肆无忌惮地频频抛出"台独"分裂言论，蓄谋改变台湾是中国一部分的地位，中央政府明确表示决不会坐视不管，并于 2005 年出台了《反分裂国家法》。

② 吴乃德．自由主义和族群认同：搜寻台湾民族主义的意识形态基础 [J].台湾政治学刊，1996(1):5—40.

③ 吴乃德．国家认同和政党支持：台湾政党竞争的社会基础 [J]."中央研究院"民族学研究所集刊，1992(74):33—61.

安全感、归宿感缺失的困扰后，"少纷争、求稳定"成为 1995 年以后岛内民众文化的一个基本心态。主流民意的共识是："台独"即战争；"台独"是台湾社会的乱源[①]；"台独"导致了台湾经济衰退；"台独"引发了两岸对立升高。因此，台湾民众的两岸关系立场普遍理性，即要和平不要战争，要发展不要动乱，要发展经济不要经济衰退，要缓和两岸关系不要两岸对立。2012 年 5 月，廿一世纪基金会举行的"主权与和平之间——两岸和平趋势调查"，针对 1986 年后出生的台湾青年世代的国家认同及两岸和平倾向进行探索性调查，结果显示，若台湾为了维护"主权"必须与大陆发生武力冲突时，有 31.6% 的受访者不愿意接受参战，这代表新世代在两岸关系态度上明确转向务实主义，不愿意为了维护所谓"主权"而牺牲生命。联合报系民意调查中心 2016 年 3 月的调查中询问民众愿意为了宣布"台湾独立"付出何种代价？43% 能够接受来台的大陆居民观光大减，22% 可以接受失去多数"邦交国"，20% 表示愿意去打仗，16% 愿意付出经济被封锁的代价，23% 认为不值得用以上代价来换取"台独"。即便是30 岁以下的年轻世代或"台独"者，也是以愿意牺牲观光的大陆居民的比率最高（逾六成），愿付出失去"邦交国"、去打仗或被经济封锁的代价来换"台独"的比率则都低于三成。

二、"中华民国"VS"台湾国"："中华民国"成为最大公约数

台湾岛内以国民党和民进党为代表的两股政治势力在"宪法"规定的"国家体制"层面问题上也存在根本对立。民进党处心积虑要改变、消灭"中华民国"体制，主张抛弃使用了几十年的"中华民国"称号，以"台湾"的名义走向国际社会。国民党坚决捍卫"中华民国"及其"宪法"规定的"国家"体制，坚持"中华民国"的"法统"。众所周知，宪政秩序是现代社会政治文明的重要标志，它是一种民主政治秩序，是民主存在的一种基本形式；它不仅是对宪法、宪政的价值追求，而且是现代政治法律社会的基础[②]。为了使台湾的"宪政领域"（即其"有效法律范围"）与"国家领域"（即其"有效统治区"）名副其实，更是为了通过"宪政秩序"的重塑建构新的"国家认同"，李登辉和陈水扁执政时期，先后进行了"宪政改革"和"宪政改造"。在"宪政体制"改革过程中，统"独"势力展开了多回合、多层次的激烈较量。最终，双方在"中华民

---

①　台湾进入政治转型社会后，"朝野"冲突不断，族群撕裂，社会乱象丛生，究其根源无不与李登辉、陈水扁等人极力推动"台湾独立"活动有关。

②　余伟. 宪政秩序论略 [J]. 武汉大学学报 (哲学社会科学版)，1998(1):58.

国"框架下形成妥协，以维持现有的政治秩序。正如民进党的颜建发所言，现在"中华民国"已经成为台湾"最大公约数"。国民党、新党一向坚持"中华民国万岁"。亲民党也主张"中华民国是主权独立的国家"，宋楚瑜曾表示"'中华民国'是我们热爱的国家，也是我们坚持以生命和一切力量维护的国家。"① 民进党也不得不说"台湾是一个主权独立的国家，它现在的名称是'中华民国'"②。

首先，国民党出于执政统治的需要继续捍卫"中华民国"的"法统"地位。国民党当局败退台湾之后，一直自称"中华民国"。1971 年被逐出联合国和 1979 年美台"断交"，使"中华民国"的政治地位在岛内遭到反对阵营的挑战。自 1979 年高雄事件开始，反对阵营相继提出了一系列政治改革诉求，比如要求"解严、开放党禁"，要求"废除万年国代、国会全面改选"等，目标指向十分明确，就是要求"政权民主化和本土化"。而"本土化"的本质是要求国民党当局"放弃中国"，成为"台湾政权"。迫于岛内政治压力，国民党在李登辉统治时期进行了一系列"宪政改革"。"宪政改革"的主要内容是终止"动员戡乱时期"、废除"临时条款"、全面改选"国会"、修订"宪法"中不适用的条款等。经过六次"修宪"，台湾的"法律"地位走向"本土化"。一是政权台湾化。根据 1994 年第三次"宪政改革"后的"宪法"规定，"中央民意代表"产生因选举人和被选举人均限于台、澎、金、马，所以其代表性仅限于这些"有效统治区"；将"总统"的产生方式改为"由中华民国自由地区全体人民直接选举"。这种"直选"的规定又落实了"中华民国"的"国家象征"——"总统"的台湾化。二是"政权体制"的台湾化。经过第四、五、六次"修宪"，"中华民国法统"的象征——"五权架构"体制已经异化，"总统制"形式下的"三权分立"体制成为台湾政权体制新结构③。不过，"宪政改革"仍然保持在"中华民国"的框架内。修改后的"宪法"为"中华民国宪法"；其 171 条规定了体现至上原则的"法律与宪法抵触者无效"条文；其"增修条文"第 5 条也规定"政党之目的或其行为，危害中华民国之存在或自由民主之宪政秩序者为违宪"。可以说，形式上已经构成了带有"民主政治"特点的"宪政秩序"，明确规定了

---

① 夏珍. 自由自在宋楚瑜 [M]. 台北：时报文化出版，1999:194.

② 参见：陈癸淼. 论台湾 [M]. 台北：海峡学术出版社，2002:138.；林满红. 晚近史学与两岸思维 [M]. 台北：麦田出版，2002:31.；吴国祯. 在历史面前 [M]. 台北：海峡学术出版社，2002:195.；等.

③ 台湾的"宪政"体制既不是严格意义上的内阁制，也不是严格意义上的总统制，也不是一般意义上的半总统制。按照其所谓现行的"宪法"，"行政院"要向"立法院"负责，但是"行政院"的"院长"是由"总统"来任命，不需要经过"立法院"同意，这使得"行政院"逐渐成为"总统"的附庸；而"总统"权大无边，却属于有权无责，不需要向"立法院"负责；同时政党之间频发的失范斗争又往往造成"立法院"空转。

"中华民国"的"法律"地位。期间，出于政党竞争的需要，国民党一度向"台湾主体性"靠拢，在李登辉的推动下，先后提出了"阶段性两个中国""中华民国在台湾""中华民国台湾"以及两岸关系是"特殊两国（'中华民国'VS 中华人民共和国）"的论述，引起两岸关系的轩然大波。李登辉被国民党清除出党后，连战、马英九领导的国民党基本上仍恢复到"中华民国"的一个中国立场上。在两岸关系上，马英九一向主张在"中华民国宪法"的架构下，维持"不统、不独、不武"的状态。台湾民意也认为，"一中各表"中的"一中"是指"中华民国"[①]。

其次，民进党因"台独"市场拓展困难被迫借"中华民国"之壳上市。"台独"理论的核心内容就是以地缘认同为基础，以"生命共同体"认同为中介，以"公投"为基本手段，完成台湾的"独立建国"。民进党以"台独"为建党理念，其 1991 年通过的"台独党纲"就明确提出"人民自决、台独建国"，民进党人还主导召开了两次所谓的"人民制宪会议"，搞出了个"台湾共和国宪法草案"，于是，"中华民国 VS 台湾国"的两条路线、两种"国家认同"，成为国民党与民进党激烈斗争的主要内容之一。在两种"宪政秩序"之争中，民进党屡屡碰壁，不得不面对现实不时做出调整。

一种情况是出于选举的需要有条件地向"中华民国"认同方面靠近。民进党倡导的分裂主义国家认同理念跃上台面后，引发了岛内新的省籍矛盾，加剧了岛内的政局动荡，也成为民进党选举的票房毒药。1996 年民进党在首届"总统民选"中惨败后，体制内"台独"取代体制外"台独"，成为"台独"运动的新主流。与此相适应，民进党出于功利需要调整其"宪改"主张。主要手法为：①对"中华民国"称号采取一些务实的做法。早在 1994 年陈水扁当选台北市长后就在"中华民国国旗"下宣誓就职，2000 年和 2004 年陈水扁当选台湾地区领导人后也均按"中华民国宪法"宣誓就任。有些民进党籍公职人员不便于公开反对"中华民国"，也只好采取某种"妥协"的做法，例如，时任台中市长张温鹰不得不出席"升旗典礼"，但她"不唱国歌不敬礼"，人们认为"是一种妥协"。②对"台独"理念进行即时修正。面对分裂主义倾向日益严重的李登辉当局，民进党的"台独"路线对选民的吸引力面临下降的危机，民进党内重新检讨"台独"路线的声音渐渐增大。党内新世代开始质疑"台独党纲是民进党的

---

① 　2013 年 11 月 17 日，台湾"全国公信力民意调查"显示，53.4% 的民众认为"一中各表"中的"一中"是指"中华民国"。2014 年 7 月台湾政治大学选举研究中心对该议题的民调数据是52.3%。

资产还是负债？"。1999 年林义雄担任民进党主席期间，为了陈水扁竞选"总统"的需要，主持民进党通过"台湾前途决议文"，表明在坚持"台湾是主权独立国家"的前提下，承认"中华民国"为"国名"，而未来则"住民自决"。这一说法被国民党批判为"台独借壳上市"。2005 年，陈水扁为解决自己不被半数选民认同的困境，提出所谓"中华民国是台湾"的所谓"中华民国三段论"，即"中华民国在大陆——中华民国在台湾——中华民国是台湾"，企图将"中华民国"与"台湾"二者等同，为岛内"国家认同"分歧寻找出路。

另一种情况是出于安全需要，退缩到"中华民国"的认知框架内。2000 年之后，民进党挟执政资源优势大力推动"宪政改造"。希望通过"选举新国会、制定新宪法、建立新国家"来彻底否定以"中华民国宪法"为基础的"宪政体制"，建构起一个"新国家宪法"基础上的"宪政秩序"。2003 年陈水扁正式提出"催生新宪法"的主张。此后，陈水扁当局推动"台独"的言论和活动变本加厉，通过所谓"公投""制宪""正名""去中国化"等，不断谋求与推动"法理台独"，甚至还抛出了所谓"公投""制宪""建国"的"台独时间表"，图谋在 2006 年进行"公投制宪"，2008 年实施"新宪法"，使台湾成为一个"正常、完整的国家"。"台独"挑衅导致两岸关系急剧恶化，全国人大于 2005 年 3 月 14 日通过《反分裂国家法》。这部法律的出台使大陆对两岸关系的走向划了一个底线，对于"台独"起到非常大的震慑作用。民进党不得不将"国家认同"阐述为"台湾是主权独立的国家，依目前宪法称为中华民国"。蔡英文在 2010 年时曾抛出"中华民国是流亡政府"的言论，但到 2016 年"大选"时又改称"台湾就是中华民国，中华民国就是台湾"，并宣称民进党愿将"中华民国"及国民党包容在台湾观念下。

目前，"中华民国"等同于台湾是台湾民众的主流思考。2014 年 1 月，远见民调中心的调查显示，55.6% 的民众认同国民党当局对于"九二共识"的立场就是"一中各表"，而"一中"就是"中华民国"。

三、"汉贼不两立" VS "务实外交"：功能主义占据上风

如何定位两岸政治关系？由此延伸出来，如何拓展台湾的"国际空间"？这是台湾不同时期、不同政党都必须面对的最敏感和最棘手的问题。早在蒋经国时期，为了摆脱国际孤立局面，不再固守"汉贼不两立"的"外交"政策，转而实行"总体外交"。90 年代初期，台湾的"外交政策"又一次重大转型，"务实外交"成为台湾对外关系的主轴。在"务实外交"实践的过程中，出现了

激进与温和的路线之争，以陈水扁时期的"烽火外交"和马英九的"休兵外交"为代表。两种"外交"策略的实践及其转型都体现了台湾"务实外交"的功能主义特色。按照帕森斯的结构功能主义理论，影响行动者实现目标的环境因素包括手段和条件两大要素。手段是指环境状态中行动者可以控制和利用的那些促成其实现目标的工具性要素。条件是指情境中行动者无法控制和改变的那些阻碍其实现目标的客观要素。无论是"烽火外交"，还是"休兵外交"，其共同点都是以自身的资源优势为基础，以国际环境为条件，以两岸关系为制约，以灵活、弹性的手法，拓展台湾的"国际空间"，破解台湾参与国际组织的困局。一句话，具有浓厚的功能主义驱动色彩[①]。

首先，为了"确保台湾主权之完整"，蒋经国推动"弹性外交"。

1949 年中华人民共和国成立开启了两岸双方围绕"中国"代表权的激烈较量。大陆方面根据国际法上的继承原则（新政府继承旧政府在国际法上的一切权利和义务）和承认原理（有效统治原则）认为，中华人民共和国是中国的唯一合法代表，台湾从历史和国际法的角度，均为中国领土不可分割的一部分，中华人民共和国对之拥有完全的主权。而国民党统治集团退踞台湾后，也坚持"一个中国、一个政府"政策，"汉贼不两立"和"意识形态"对抗成为台湾对外政策的主轴[②]。五六十年代，台湾的对外关系体制是建立在美国支持它作为"中国政府"的基础上，并以"美台共同防御条约"和它在联合国的席位为两个主要支柱[③]。美援是美国与国民党政权的关系重新恢复并日益密切起来的最初标志，对日后美台关系的演变与发展影响极大[④]。而台湾对于美国而言，其主要的外交利益却在于作为制衡中国，并构成美国全球冷战围堵的战略棋子，因此台湾在获取援助之际，也必须满足美国的这些利益。与此同时，国民党当局对美国或明或暗支持的"划峡而治""两个中国""一中一台"等分裂中国的主张，也进行了坚决的抵制。因此，亲美、"反共"、反"台独"是蒋介石执政当局"对外政策"的核心内容。国民党在各种国际组织、国际会议和"外交活动"中，都采取"有你无我、有我无你"的所谓"汉贼不两立"的"外交"方针，在国号、国旗、合法政府等法统问题上，双方完全没有任何妥协的余地，"外

---

① 据 2013 年 11 月 17 日台湾"全国公信力民意调查"数据，在台湾参与国际组织方面，55.8% 的民意认为，实质参与比坚持正式头衔和称谓更重要。

② 蔡东杰 . 两岸外交策略与对外关系 [M]. 台北 : 台湾高立图书有限公司，2001:87—88.

③ 范希周 .1979 年以来台湾"总体外交"政策分析 [A]. 朱天顺 . 当代台湾政治研究 [C]. 厦门 : 厦门大学出版社 .1990:262.

④ 张健 . 美援与台湾经济发展 [M]. 台北 : 台湾海峡评论社，1992:233.

交"出现零和博弈的结果。

但是，随着国际形势的发展，加之两岸综合实力和国际影响力对比悬殊，"汉贼不两立"的政策越来越不利于台湾当局对外关系的开展。进入 70 年代以后，台湾的"外交关系"进入空前困难时期。1972 年 9 月中日邦交正常化，"日本国政府承认中华人民共和国政府是中国的唯一合法政府"。1973 年欧共体终止了与台湾当局唯一的"官方文件"——"棉纺协定"，并于 1975 年终止与台湾的年度棉纺咨商，台欧政治关系降至历史冰点。至 1979 年，欧共体 9 国全部与中华人民共和国建交。1978 年中美两国建交，美国承认中国关于只有一个中国，台湾是中国的一部分的立场，承认中华人民共和国政府是中国的唯一合法政府。美国自 1979 年 1 月 1 日起与台湾废约，从台湾撤军，与台湾"断交"。整个 70 年代，世界各国纷纷与台湾当局"断交"，台湾的"邦交国"数量剧减。1971 年，台湾的"邦交国"尚有 67 个，而到 1979 年仅剩 23 个。

面对剧烈变化的"外交"形势，蒋经国意识到台湾已经难以继续依靠美国来提供安全保障和"外交"支持，于是开始重新审视过去"汉贼不两立"的局限，提出了"总体外交"的基本构想。"总体外交"的新意在于台湾当局开始重视动用全社会的力量，采取多种方式，通过多种渠道全方位地开展对外工作。它要求在维持既有对外关系的基础上，积极进取，大力发展"实质关系"。这说明"总体外交"开始松动"汉贼不两立"的政策。在"总体外交"政策的指导下，台湾"外交"向灵活、弹性方向发展。首先，在"一个中国、一个政府"的原则问题上，台湾当局的立场出现了松动。一直固守的"不妥协、不接触、不谈判"的"三不政策"出现了"不退出、不出席、不接受"的新说法。其次，不再强调依靠美国的保护和国际上的"反共"势力，而主张依靠自己的力量进行"多方位外交"。另外，台湾的"外交"模式也进行了调整，由原有的"高阶政治"关系，逐渐改由贸易、文化等"低阶政治"关系所取代。台湾一方面加紧巩固已有的"邦交"关系，另一方面积极寻求与"无敌意的国家"建立实质性关系。主要方式为协商建立非官方机构，并"以经济、财政、贸易、教育、文化等配合外交的推展"[①]。在"断交"潮涌时期，台湾当局开始在"无邦交"国家中派驻各种名义的"非官方机构"。例如，1971 年台湾在比利时设立"孙中山文化中心"，1972 年在法国设立"法华贸易观光促进会"，1973 年在日本设立的"亚东关系协会"，1979 年在荷兰设立"远东商务办事处"等。这些机构的

---

① "台湾'行政院长'俞国华关于推动'弹性外交'的谈话"，引自：台湾问题重要文献资料汇编 [G]. 北京：红旗出版社，1997:937.

功能在于取代原有的"大使馆"，借"非正式外交"替代原有的方式，并运用经贸力量换取政治优势。蒋经国开启的"弹性外交"成为李登辉进行"外交政策"重大转型的基础。

其次，为了拓展"国际生存空间"，李登辉推行"务实外交"。

李登辉执政后，更加强调要以"新观念、新做法"，用"更灵活、更富弹性的态度处理对外关系"。1989 年 3 月，李登辉访问新加坡后宣称今后台湾"外交"要"重利轻名""舍名求实"。1990 年台湾当局明确宣称"外交"上"汉贼不两立"的时代已经过去，今后要在国际上与大陆"和平竞争、平等共处"。1990 年 6 月，李登辉正式提出"全方位务实外交"的主张，声称"冷战结束后，中华民国要赶快走出去，占一个有利位子"，"要有尊严、有国格的走进国际社会，否则会困死在这个小岛上"①。与蒋经国时期的"弹性外交"不同，"务实外交"不再坚持"中华民国是中国唯一的合法政府"，而是强调"中华民国是一个主权独立的国家"②。至此，"务实外交"成为台湾对外战略的"主轴"。李登辉时期的"务实外交"名目繁多，例如"金援外交""过境外交""度假外交""典礼外交""体育外交""学术外交""国会外交"和"政党外交"等等。

花样不断翻新的经济外交是李登辉当局"开拓国际生存空间"的主要手段。以"经济共荣外交""金钱外交""外贸外交"为名目的"经济外交"是台湾"务实外交"的优先战略。这是因为经济是台湾的优势"外交"资源。一方面，台湾经济的快速发展使台湾在对外关系方面获得了一定的回旋余地。七八十年代，在台湾的国际地位一落千丈的同时，台湾经济却取得惊人的成就，跃居亚洲四小龙之首。尤其对外贸易额大幅成长，使经济成为对外联系的重要桥梁。另一方面经济因素在国际关系中地位的提升为台湾获得了新的发展空间。冷战结束后，由于经济全球化迅猛发展，各国之间的经济联系与依赖日益加深，这为台湾"经济外交"的发展提供了新的舞台。台湾当局认为，经济往来甚至比官方政治互动更为重要，前"经济部长"孙运璇曾表示，经济力量、贸易及科技已逐渐取代军事，成为台湾巩固"国际及外交"地位的重要因素。以经济促政治的手法可谓屡试不爽：通过重金收买、直接贿赂，台湾得以与中南美洲和非洲的一些弱小国家维持"邦交"关系；利用某些国

---

① 中共中央台湾工作办公室、国务院台湾事务办公室编．中国台湾问题（干部读本）[M]．北京：九州出版社，1998:187—192．

② "务实外交"最初设定的三条基本原则是"不预设立场，不挑战中共在联合国现有席位，不排除未来中国之统一"。

家经济落后进行大量的经济援助，换取它们为"台湾重返联合国提案"摇旗呐喊；通过紧密的经贸联系不断提升与欧美大国的实质性关系，使一些国家原来被视为禁忌的"高阶政治"方面出现了某种松动的迹象，如政治人物的互访和接触层次有所提升，一些美欧国家公开对台军售，争取在没有"邦交"的国家设立各种"代表处""总领事馆"和"办事处"等①。

不断推动"重返联合国"是李登辉时期增强国际曝光度的主要途径。李登辉时期推行"务实外交"的一个重要目的是要让国际社会认知到台湾问题不仅存在而且十分严重，以争取更多的国际支持。1991年"立委"黄主文建议"行政院"积极拓展"外交"关系，以"中华民国"名义申请"重返联合国"，提案在"立法院"以2/3的票数通过，正式开启了台湾"重返联合国"活动的序幕。岛内各界对于此议题立刻形成一股讨论的热潮，具有实务经验的"外交官"普遍持反对意见，从事反对运动的人士则大半赞成，"外交部次长"章孝严与"立委"谢长廷的辩论轰动一时。黄主文的提案通过后，吕秀莲随后策划成立"台湾加入联合国宣达团"，同年，"行政院"成立"参与联合国决策小组"，并在"外交部"设置"参与联合国项目小组"，积极推动"返联"活动。1996年，吕秀莲发起"爱与和平台湾宣达团"，率领百余人赴美国纽约，以在联合国总部上空放飞飞艇和发动街头游行的方式为活动造势。自1993年起，萨尔多瓦、尼加拉瓜、格林纳达等国每年都向联合国递交有关"台湾重返联合国"的提案。1993至1996年的提案要求联大设立特别委员会，审议2758号决议导致在台湾的"中华民国"无法参加联合国的不合理状况。1997至1998年的诉求改为要求联大讨论撤销2758号决议中有关排除"中华民国"在联合国的合法性的条文，并恢复在台湾的"中华民国"在联合国及其所有相关组织的一切合法权利。1999至2000年，提案要求联合国大会成立工作小组，审视"中华民国"在台湾的特殊"国际处境"，并允许台湾派代表参与联合国及其所有相关机构。"台湾重返联合国"行动给两岸关系造成严重冲击，加深了台湾问题的国际化程度②。

---

① 除了美台、日台关系，欧台关系的快速发展同样引人注目。2009年5月，欧盟经贸办事处在台北成立了"欧盟中心"，作为全面提升台湾地区和欧洲双方交流和了解的主要管道。2010年11月，欧盟正式宣布台湾取得欧盟免签证待遇。近来，欧洲智库也发布报告，建议欧盟考虑与台湾签订自由贸易区协定（FTA）。这些现象表明，在冷战结束后的20多年时间里，台湾与欧盟的关系日益密切，双方的实质关系有所发展。目前台湾在欧盟及其27个成员国中设立了29个代表处。经贸是台湾与欧盟关系联系的主要纽带。

② 这一阶段两岸的"外交战争"硝烟弥漫。台湾在中东地区最重要的"邦交国"沙特阿拉伯（1990）、亚洲最后的"邦交国"韩国（1992）、最大的非洲"邦交国"南非（1998）纷纷与台湾"断交"，与中国建交。"台湾重返联合国"的提案也一次次失败。

第三，为了谋求"台独国际化"，陈水扁展开"烽火外交"。

2000 年政党轮替后，陈水扁除了延续李登辉"务实外交"的做法外，在对外关系的内容和策略上又增加了"全民外交""民主外交"和"人权外交"等新内容，其特点是主动出击，到处点火，到处闯关，被称作"烽火外交"或"攻击性外交"。

以"民主外交""人权外交"为核心的政治外交是其塑造"台湾形象"的主要工具。依靠台湾的"民主成就"将"中华民国"重新纳入国际人权体系是陈水扁执政时期着力推动的"外交"目标。"民主、人权外交"一度位列民进党执政当局对外政策"三大原则"与"三大主轴"之首。2002 年陈水扁发出塑造"美日台三边民主国家"伙伴关系及"亚洲民主同盟"关系的呼吁 [①]。2004 年的就职演说更是明确表示，"长久以来，台湾与美、日及许多国际友邦的友谊基础，不仅在于维护共同的利益，更重要的是建立在自由、民主、人权与和平的'价值同盟'关系"。陈水扁主打"民主、人权"牌的原因在于：一方面，国际大环境为台湾打"民主牌"提供了良好机遇。冷战结束后，国际形势发生深刻变化。在世界多极化、经济全球化和区域化的推动下，国家、民族间的相互依赖不断加强，"民主、对话、和解、合作"逐渐成为新世纪的主流思维。与此同时，"人权、民主"更是被捧为普世价值，美日欧等西方国家不断宣扬这些价值观的重要性与普遍性，并将它纳入对外政策中。另一方面，台湾的所谓"民主奇迹"成为台湾当局树立"国际形象"的新标签。1996 年李登辉通过"直选"再次当选为所谓"总统"，此举成为西方国家眼中的"民主改革成功经验"。2000 年政党轮替，台湾竞争性政党政治就被海内外一些舆论誉为华人世界的骄傲和榜样。至此，以选举竞争和政治制衡为主要内涵的西方民主政治形式——政党政治，开始成为台湾政治运作的主要形态。"民主牌""人权牌"成为台湾当局争取西方支持和认同的主要工具。这一新武器在台湾发展欧美关系时发挥了一定的功效，民主成为台湾提升与欧美国家政治关系的敲门砖。台湾当局宣称自己的价值观与欧美相同，并极力渲染大陆在政治及意识形态方面与西方的分歧，以此争取同情和支持，并离间与西方国家的关系。通过有影响的政治人物以"民主""人权"为切入点在欧美国家活动，台湾在国际上增加了"台独"的曝光率。

"全民外交"是陈水扁拓展所谓"国际生存空间"的新工具。所谓"全民外

---

① "陈总统推动亚洲民主同盟"[N]. 自由时报，2002-8-27.

交"就是整合民间资源参与"外交"工作。这一策略在李登辉时期早已提出，但并未有效实施。陈水扁上台执政之时，国际环境和岛内社会政治结构都发生了重大变化。进入新世纪，随着全球化进程加速，全球治理的必要性和紧迫性大为上升，这在一定程度上扩大了非政府组织在国际社会的功能和作用。而台湾自解除"戒严"后，各种社会组织蓬勃发展，NGO 数量急剧增长[①]，并积极参与国际 NGO 的活动。在此背景下，陈水扁当局提出"全民外交"新策略，并将"非政府组织外交"定为核心内容。其目的是"用较小的资金投入，通过'NGO 外交'，增加参与国际事务的机会，扩大台湾的影响"[②]。陈水扁当局推动"NGO 外交"的手法有：举行研习班，培训"全民外交"事务人才；实行"外交替代役"制度，为台湾储备"外交"人才；仿效美国"海外和平队"的做法，招募"外交志工"；扩大选择"无任所大使"，以期依靠他们来推动各项功能性"外交"任务；建立为民间服务的机制，辅导岛内非政府组织的成长。在陈水扁当局的鼓动下，台湾的"NGO 外交"取得了一定成效。台湾陆续加入了"国际排放协会"等国际非政府组织，至 2006 年台湾已经加入的国际组织达 2157 个；台湾的"NGO 组织"以参加会议、投资融资、人道援助、技术合作和国际教育培训等方式活跃于各种国际场合；在台湾当局的力促下，一些重要的国际组织会议在台湾举办；台湾甚至创建了"民主太平洋联盟"（DPU）等总部在台湾的国际组织。

第四，马英九为缓和"外交"颓势，实行"活路外交"路线。

陈水扁的"烽火外交"走的是激进、挑衅的"台独"路线。它以改变两岸关系的国际定位为理念，以推动台湾入联和争取新"邦交国"为目标，成为国际社会的"麻烦制造者"。陈水扁的"烽火外交"称得上失败至极。执政八年，在对外援金高达 900 多亿新台币的情况下[③]，不仅没有拓展"邦交国"，反而"火烧自己的屁股"，先后丢掉马其顿（2001）、利比里亚（2003）、多米尼克（2004）、瑙鲁（2002）、格林纳达（2005）、塞内加尔（2005）、乍得（2006）、哥斯达黎加（2006）、马拉维（2007）等 9 个"邦交国"。"烽火外交"不但危及台海两岸的和平，严重影响各方在该地区的利益，而且台湾自身的对外空间也

---

① 1991 年 NGO 为 7773 个，2013 年为 41514 个。https://iseeyou.com.tw/org/?o=40.

② 陈艳云、区小莹 . 论陈水扁时期台湾的"非政府组织外交"[J], 台湾研究集刊, 2013(1):27.

③ 原因在于：一是进入 21 世纪，台湾已经不再拥有经济优势；二是台湾试图"建交"的对象国要价越来越高；三是"金钱外交"滋生出涉嫌贿赂他国政要、影响政党公平竞争的后遗症；四是援助款被贪污的丑闻等严重伤害台湾的"国际形象"。因此，台湾媒体将陈水扁的"金钱外交"称作"迷航外交""困在头等舱里开记者会外交"。

受到压缩。

"烽火外交"的困境让马英九当局意识到，改善两岸关系是台湾对外关系走出去的最佳活路。于是，马英九提出"活路外交"的政策主张，以两岸和解为出发点，以加入经济性和非功能性的国际组织作为优先考虑，维持现有的对外交往格局。其目标定位主要有三：一是稳定与"邦交国"的关系。"活路外交"的含义之一是争取大陆不挖台湾的"邦交国"，以稳定台湾现有的对外关系局面，因此"活路外交"又被称作"休兵外交"；二是扩展与"非邦交国"的实质性关系。"活路外交"政策的另一层含义是，台湾不去无谓地拼"建交数"、拼"过境"礼遇规格、拼"加入联合国"，而是争取与"无邦交"国家开展更广泛而紧密的双边关系①。在政治上，力图提升"外交"关系，例如，互设代表处或提升代表处的层级、让"中华民国"的"国旗"出现在"非邦交国"（包括在"非邦交国"举办的各种会议或活动）、在"过境"中获得更高的礼遇（例如"过境"美国首都、会见政府高层等等）、让台湾的高层官员（包括"总统""副总统""行政院长""外交部长""国防部长"）在"非邦交国"出现、在签证问题上获得更大的突破，等等。在经济上，力图扩展经贸关系，例如与美、日、欧盟及新加坡等国签订自由贸易协定（FTA）。三是谋求加入更多的政府间国际组织。扩大参与全球性及区域组织仍然是台湾拓展"国际空间"的重要目标。马英九当局设定的中短期目标是参加联合国专门机构，诸如世界卫生组织、国际民航组织、国际货币基金、国际海事组织等，世界卫生组织（WHO）成为台湾突破的首要目标。长远目标是参加一切以主权国家身份参加的国际组织，包括联合国在内。区域组织目标是力图参加"东盟10+N"。

中国政府在处理国际事务上，除了压缩台湾以"中华民国政府"与原"邦交国""外交"承认、不折不扣打击"台独"在国际上制造"一中一台""一边一国"分裂活动外，给予了台湾诸多"国际空间"（有关台湾的"国际空间"包含三个层面，即"国际"政治空间、"外交"空间和生存空间）。国际政治方面，只要不是有违一个中国原则的事情，大陆都原则上不加以干涉。如果推行"台独"或"独台"，那就没有任何"国际空间"可言；国际事务中，只要是不涉及领土主权或必须以主权国家参与的国际组织，都同意台湾参与或以变通形式解决。如允许台湾在各国设立代表处、以特定名义加入世贸组织，等等。这恐怕是国际社会的创举，目前，还没有哪一个国家允许设立这样的准外交的驻外机

---

① 台湾经历70年代的"断交"风潮后，通过推行"务实外交"在许多"非邦交国"中建立了贸易办事处以及代表处，据称一共有121个"外馆"（包括"邦交国"中的"使领馆"）。

构；生存空间方面，不管岛内资金是西进还是南下，大陆对于台湾发展民生持积极态度，乐观其成。大陆的领导人多次强调，大陆"了解台湾人民的感受，可以谈台湾在国际上与其身份相适应的活动空间"，并且认为透过"共同的努力，一定可以找到解决的办法"。两岸恢复协商后，大陆信守承诺，优先讨论台湾参与世界卫生组织（WHO）活动的问题。大陆同意台湾参加世卫组织举办的学术活动[①]。

第三节　台湾民众理性选择的经济实践

两岸经贸交流中，究竟是竞争性强，还是互补性强，是竞争大于互补，还是互补大于竞争，在岛内一直是一个颇有争议的问题。因此，岛内对于发展两岸经济关系所产生的影响也一直存在"经济共荣"与"经济掏空"两种纠结的观点，并直接影响到台湾的大陆经贸政策[②]。不过，就台湾当局的两岸经贸政策的发展轨迹来看，在处理高级政治（政治安全）与低级政治（经贸利益）的关系时，遵循的是政经分离、先经后政的原则，充分体现了经济理性所要求的利益最大化的核心内涵。

一、"三不政策"VS 开放交流：开放台胞探亲

自国共内战后，由此产生的两岸之间的敌对关系、敌对思维和敌对意识形态十分鲜明，在两岸经济交往中也打上了深深的烙印，两岸经贸往来被赋予极高的政治含义。

从两岸关系的发展历程看，政治因素对海峡两岸的经贸政策，进而对海峡两岸经贸合作具有重要影响，甚至是决定性的影响。80 年代之前，两岸长期处于军事对峙与政治对抗中，经贸关系也在长达 30 年的时间里因台湾当局政治与军事管制而完全中断。这一时期，台湾除了从第三地区（主要是香港）间接购

---

① 台湾自 1993 年起推动"重返联合国"，连续 9 年均遭失败。在此背景下，台湾当局从 1997 年起转而谋求加入 WHO(世界卫生组织)，台湾当局以人道主义为诉求，以"卫生无国界""疾病无国界"为旗号，申请成为 WHO 观察员。但是，台湾当局的图谋一再遇阻。国共恢复协商后，双方开始共同努力创造条件，逐步寻求最终解决办法。2009 年 5 月 19 日，台湾以"中华台北"名义作为观察员参加世界卫生大会，这是台湾 38 年来首次参加 WHO，当时国际媒体争相报道此事，卫生部也释出善意。但是，中国政府不接受台湾正式加入世界卫生组织的立场并未改变。

② 吴乃德. 面包与爱情：初探台湾民众民族认同的变动 [J]. 台湾政治学刊，2005(2):5—39.；林琼盛、耿曙. 从"安全"与"利益"的两难中解套：再思两岸关系中的市场力量 [J]. 远景基金会季刊，2005(4):238—281.

买少量的大陆中药材和土特产品等台湾无法生产或难以替代的必须消费品外，两岸基本上没有实质性的经贸往来，1978 年两岸贸易额只有 0.46 亿美元，这是世界经济发展史上非常少见的现象。

1979 年 1 月 1 日，全国人大常委会发表《告台湾同胞书》，呼吁两岸先行"通邮、通航、通商"，经由实质的互惠互利，促进两岸同胞间的善意了解，结束长年的隔绝敌视，积累和平统一的条件，最终完成国家统一。1981 年 8 月 31 日，人大常委会委员长叶剑英发表对台政策的九条讲话，呼吁两岸"三流四通"。1983 年 6 月邓小平将对台政策细化为"六点做法"，为两岸勾勒了"一国两制、和平统一"的解决框架。1984 年 5 月 15 日，全国人大六届二次会议在《政府工作报告》中将这一思想明确为"一个国家、两种制度"，至此，"一国两制"的对台政策正式形成。期间，大陆方面利用各种场合呼吁两岸之间发展贸易，互通有无，进行经济交流。

但是，面对大陆的和平攻势，台湾当局出于政治目的于 1979 年提出"三不政策"，即"不接触、不谈判、不妥协"的大陆政策。在"三不政策"指导下，1979 至 1983 年台湾当局采取严厉措施限制两岸经贸往来。1979 年 5 月，台湾一度禁止香港作为出境旅游的第一站。1980 年 5 月，台湾交通局发出通告，禁止外籍商船直接往返于大陆和台湾各港口。8 月，"国贸局"通令台商不得与大陆进行直接贸易，"违者将由有关机构议处"。随后，"新闻局""交通部""经济部"陆续颁布禁令，禁止台湾影片在香港左派影院放映，禁止台湾旅行业与海外亲共旅行业来往，禁止台湾工商界直接、间接将产品销往大陆或进口大陆产品，禁止旅客或船员携带大陆药品入台。1981 年，规定外汇指定银行应拒绝受理大陆受益人的商业信用状况，次年又规定外汇指定银行应拒绝受理汇向大陆的汇款。

然而，随着岛内外形势的发展变化，台湾当局的大陆政策也在悄然转变。1987 年 11 月，台湾当局允许台胞经第三地转赴大陆探亲是两岸经贸关系的第一个重大转折点。台湾当局大陆政策的转型是应对政权合法性危机进行政治革新的产物。国民党威权统治前期，为了巩固政权，冻结了"宪政体制"，建立了非常体制，"中华民国"成为台湾民众"国家认同"的唯一对象。但是，60 年代末 70 年代初，"中华民国"这道保护国民党统治地位"合法性"的心理防线开始出现破绽[①]。主要背景是"省籍矛盾"加剧、新兴中产阶级的自主意识抬头

---

① 朱云汉 . 寡占经济与威权政治体制 [A]. 台湾研究基金会编 . 垄断与剥削：威权主义的政治经济分析 [C]. 台北：前卫出版社，1989:143—222.

和一连串的"外交"危机。执政的国民党为了回应民进党与民间社会要求改革的呼声，为了维护日益虚化的"中华民国"的地位，也为了改善台湾的国际形象，不得不进行政治转型①。1987 年台湾废除国共内战背景下出台的"戒严令"，开放此前被压抑的言论自由、结社自由和集会自由等，开启政治自由化进程。

与此同时，国民党当局受到民间日益增加的要求改善两岸关系的压力，人们要求蒋经国顺应时代发展，实行新的大陆政策。蒋经国不得不实行更加务实的两岸政策：一是将大陆政策由"复国"调整为"统一"。针对民进党等党外势力提出的极端"本土意识"主张，强调只有"中国问题"，没有"台湾问题"，以凸显"中华民国"的"正当性"。但追求的目标不再是消灭或取代中共政权，而是默认中共政权的政治地位。国民党秘书长李焕首次表示，"国民党的政治反攻，不是要取代中共的政权，而是要促进大陆的政治民主、新闻自由、经济开放，使中国解除共产主义桎梏，成为民主自由的现代化国家"②。二是提出"三民主义统一中国"口号。面对大陆提出的"一国两制"的统战压力，国民党当局以"三民主义统一中国"加以应对。"行政院长"俞国华强调，"不接触、不谈判、不妥协的政策是维护国家安全、社会安定所实行的临时措施，为暂时性手段，政府目标是三民主义统一中国，使大陆人民共享自由民主与均富繁荣的生活"③。

"开放老兵回大陆探亲"成为两岸交流的突破口。1949 年之后，由于两岸军事对峙，导致 200 多万背井离乡的游子有家不能回，积聚了浓浓的乡愁。1981 年"叶九条"中"台湾各族人民、各界人士愿回祖国大陆定居者，保证妥善安排，不受歧视，来去自由"的条文触动了老兵们的心绪，开始动议要求回家探亲，即使台湾当局推行"三不政策"，许多老兵还是设法通过香港回大陆与亲人团圆。台湾同胞来大陆探亲访友、旅游经商逐渐成为公开的秘密，国民党当局的态度也由严厉禁止盘查，转为不过分干预。国民党宣布解严后，老兵们被压抑了近四十年的思乡情绪开始汹涌，他们成立"想家"合唱团和"外省人返乡探亲促进会"，通过举办晚会、演讲会等形式表达探亲诉求，岛内看到这些六七十岁的老先生都于心不忍，舆论开始支持老兵争取公开合法地回乡探亲。1987 年 8 月，台湾《自立晚报》报道了一份民意调查，认为民众前往大陆探亲"早就应该开放了"的比例高达 64%，"现在正是适当的开放时机"亦达 24.6%。

---

① 王英 . 当代台湾利益集团研究 [M]. 海口 : 海南出版社，2008.

② 李松林 . 蒋经国的台湾时代 [M]. 台北 : 风云时代，1993:230.

③ 江雅贞 . 比较两蒋时代一个中国政策之背景分析 [D]. 中山大学大陆所硕士论文，2001:69.

这份民调数据显示老兵的诉求已成为"普台价值"。1987 年 10 月 14 日，蒋经国主持国民党中常会通过有关探亲决议案，指出"基于传统伦理及人道立场的考虑允许国民赴大陆探亲。除现役军人及现任公职人员外，凡在大陆有血亲、姻亲、三亲等以内之亲属者，得登记赴大陆探亲。"次日，台湾"内政部"宣布有关台胞赴大陆探亲的实施细则：一年一次，一次可待三个月，并责成台湾红十字组织自 1987 年 11 月 2 日起开始受理登记。1988 年 2 月，台湾"行政院"决定，在大陆有直系亲属因患重病或死亡的台湾居民，可放宽每年赴大陆探亲一次的限制。老兵探亲掀起了台胞寻根之旅的高潮，开启了两岸关系和经贸往来的前奏。

开放老兵探亲是台湾当局调整大陆政策的第一步。当时，国民党内部对于开放到大陆探亲的意见并不统一。保守势力主张只开放探亲，不涉及其他领域大陆政策的调整。开明势力则主张把开放探亲看作是调整大陆政策的第一步，随之可以开放旅游、贸易、文化交流等。因此，起初台湾当局处理老兵探亲问题比较保守。1987 年 10 月 16 日，"经济部长"李达海就开放探亲发表讲话称，对台湾厂商与大陆直接通商，将采取干预手段，予以法办。"交通部观光局"也宣布，台湾旅游行业不得直接与大陆旅行社接触，也不得直接带团进入大陆，禁止旅游行业安排或协助旅客进入大陆。但是，保守的台胞探亲政策不符合台湾的经济发展要求。80 年代，台湾经济面临欧美市场萎缩、开放台湾市场、解除外汇管制以及新兴工业化国家竞争等压力，工商界迫切希望拓展国际市场。他们要求当局解除对社会主义国家的经贸管制，与民主德国、捷克等东欧国家建立商务关系，包括开拓大陆市场和加强对大陆的投资。台湾当局此前已经通过各种变通方式允许两岸间接通航。如，自 1982 年起，凡在海外注册的船只可以直接到达对方港口。1985 年底，取消了把大陆作为"完全禁航区"的决定，宣布凡受雇于外轮的台湾船只，经事先申请，即可不受限制地航行至任何国家和地区。台湾当局对于两岸的转口贸易也由默许转为公开宣布"不干涉"。1984 年 3 月，台湾"经济部"宣布放宽自港澳转口进入台湾的 1157 种产品限制，其中除当归、枸杞、黄花菜等 9 种物品列为公卖外，其余均允许民营，实际上默许民间通过港口形式与大陆通商。1985 年 7 月，修正"三不"政策，宣布对港澳转口贸易采取"不接触、不鼓励、不干涉"的三项新原则，这等于正式承认了转口贸易的合法性。

1988 年 7 月，国民党召开十二大，通过《现阶段大陆政策案》，台湾的大陆政策重心调整为"扩展台湾经济、支持大陆民主运动"。此后，台湾当局处理两岸关系的态度比以前积极、灵活，台湾当局开始有意识、有步骤地开放两岸民间交流。首先，实行官民分开原则。即政治与文化、学术、体育等分离。台湾学者可以民间团体的名义赴大陆参加国际学术会议，台湾体育代表团可以"中国台北"的名义参加奥运会，台湾记者也可以赴大陆采访。其次，实行单向、间接的原则。开放大陆与台湾间的信件往来，但不能直寄，必须由台湾红十字组织通过香港代寄。有限度地开放部分大陆出版物入台，规定大陆的科技、艺术、史料文献等作品，经个案申请批准后，可重新印刷繁体字及竖排体发行。适当开放大陆风光、文物录像带入台等等。

政治松绑直接推动两岸经贸关系飞速发展。1987 年第一批台商赴大陆投资，至 1995 年李登辉访美之前，两岸经贸交流全面高涨，贸易额年均增长超过 35%。这是两岸经贸政策合力所产生的积极效应。1992 年，台湾经济部门通过"对大陆地区从事投资或技术合作办法"，该办法放宽"间接投资"的定义，对旅游业、部分性质特殊的制造业、服务业，以及投资 100 万美元以下的投资案，可经第三地转投资至大陆。1993 年起台湾经济主管部门又先后颁布了"在大陆地区从事投资或技术合作许可办法""大陆地区人民来台从事经贸相关活动许可办法""台湾地区与大陆地区贸易许可办法"等，进一步开放台商间接投资大陆。而大陆方面于 1994 年 3 月 5 日通过了《中华人民共和国台湾同胞投资保护法》，这是第一部关于台胞到大陆投资的法律，将台胞所关心的投资权益保障提升到法的高度，降低了"政治风险"可能给投资人带来的影响。1993 年 4 月 27 日至 29 日，海峡两岸关系协会会长汪道涵与台湾海峡交流基金会董事长辜振甫在新加坡举行会谈，双方就海协会与海基会两地会务、两岸经济交流、科技文化交流等三项议题深入交换了意见，取得了双方均满意的成果。李登辉也肯定了汪辜会谈的意义，称会谈标志着两岸关系进入到协商阶段。在 1995 年 4 月 8 日的"国统会"闭幕讲话中，李登辉提出了加强两岸交流，增进两岸经贸往来，发展利益互补关系的主张。

两岸关系的缓和为两岸经贸关系的发展提供了良好的外部环境。此后，在两岸经贸关系一波三折的发展历程中，不管是国民党当局还是民进党当局都在开放交流的框架下推行大陆经贸政策①。

---

① 民进党的有识之士一直呼吁，处理两岸问题要政经分离。面对 2012 年败选，前台南县长苏焕智认为，"我们不是没希望，只是没把问题看清楚"。并指出，两岸问题关键在经济，但民进党却把政治、经济绑在一起，划地自限，拿不出一盘足以和国民党对决的两岸经济大菜，终而败选。参见：中评社台北 2012 年 2 月 15 日电。

二、政治自主 VS 经贸交流：两岸全面"三通"

两岸经贸交流快速发展的同时，岛内对于两岸经贸关系的政治影响的看法出现了严重分歧。忧虑者将"中国崛起"与"台湾生存"视为不能兼容，担心两岸经贸交流会产生不对称依赖关系，进而危及台湾的政治地位，因而力主投资设限、严格审查等政策，以应对中国大陆的经济壮大。"南向政策""戒急用忍"政策以及 2002 年曾掀起的八吋晶圆厂西移的热烈辩论，都基于类似原因；支持者则认为两岸经贸交流有利于两岸关系的和平与稳定，经济利得与政治安全并不矛盾，呼吁两岸实行全面"三通"，为台湾经济发展创造空间。理论上，有关经贸交流对政治关系的影响这个问题历来有很多的争议，至今学术界对经济相互依赖的政治后果并没有一致的看法。一般而言，自由主义者往往认为国际贸易可以抑制国家间的冲突，即贸易可以导致和平，而现实主义者倾向于支持贸易冲突论，认为贸易导致更多的冲突。台湾岛内围绕这一问题出现的截然不同的看法也是这两种观点在台湾的思想界的反映。

贸易冲突论者对于两岸经贸交流所产生的政治影响高度疑惧，担心大陆透过两岸互动，取得"以商围政、以通促统、以民逼官"的力量，进而危及台湾的生存与安全[1]，因而悲观地认为经济利得与"国家安全"难以两全。其推论逻辑是：

第一，国际体系的无政府性决定权力是维护安全的利器。所谓"权力"是指一种"可以让他人从事其不愿从事的事情的能力"，也可被解释为一种"控制结果"的方式[2]。"权力"对内能确保安全和生存，对外亦可征服和汲取资源，获取更大的财富。国际社会的无政府本质特征决定了国家依靠自身的实力介入国际竞争，获取国家利益，它一方面努力维持和扩大自己的权力，另一面还要提防其他国家权力的增长。因此，各国十分重视"自助"的原则，以满足自身的安全和生存需要。也就是说，国际无政府状态下，国家基于相对所得的"权力考量"远比基于绝对所得的"财富考量"更重要。除了现实主义者，自由主义者也没有否认权力在国际政治中的核心作用。新自由主义者罗伯特·基欧汉与约瑟夫·奈认为，"相互依赖的许多重大政治问题仍然与政治学的老问题有不解

---

① 童振源.台湾与"中国"经贸关系：经济与安全的交易 [J].远景季刊，2000(2):31—82.; 童振源.两岸经济整合与台湾的国家安全顾虑 [J].远景季刊.2003(3):41—58; 群策会编.两岸交流与国家安全 [M].台北：群策会，2004.

② Robert O. Keohane, Joseph S. Nye, Power and Interdependence[M], 3rd ed., (Glenview, IL: Scott, Foresman, 2001), p. 11.

之缘:谁得到什么?"①,他们揭示了"相对收益"对国家的重要性。"自由政府间主义"的理论代表安德鲁·莫拉维斯克也将把"权力宝石"嵌入其"讨价还价"理论之中②。国际无政府状态又决定了国家意图的不确定性,由于军事实力与经济实力可以相互转换,因此今日的贸易获益或许会转化为明日的军备,从而威胁自己的国家安全。

第二,不对称的相互依赖容易引发冲突和对抗。政经权力主要产生于经贸交流时的"不对称依赖"③。相互依赖带来的结果是什么?卡特琳娜·巴比尔蕾(Katherine Barbieri)的计量模型验证研究得出这样的结论,对称的相互依赖减少冲突,而不对称的相互依赖导致更多的冲突④。现实主义更为关注相互依赖所带来的冲突问题,认为"紧密的相互依赖意味着交往的密切,从而增加了发生偶然冲突的机会。最残酷的内战以及最为血腥的国际战争都发生在制度相似而且紧密联系的人们之间。……如果相互依赖的各国之间的联系无法得到规范,必然会发生冲突,偶尔也将诉诸暴力。如果相互依赖的发展速度超过了中央控制的发展,相互依赖便会加速战争的来临。"⑤当国家之间的相互依赖不对称时,国家可能把贸易作为实现政治目的的手段,即国家以贸易为手段造成对方对自己的依附,从而使对方难以摆脱其控制,迫使其实施对己方有利的对外政策。从权力构成来看,相互依赖的关系中形成了联系性权力和结构性权力。"联系性权力"是甲国迫使乙国去做它本不愿意做之事的权力,"结构性权力"是决定办事方法的权力⑥。强势一方对弱势一方在两种权力中都占有优势地位。

第三,两岸关系的不对称依赖局面将成为大陆向台湾施压的利器。两岸关系是典型的权力不对称关系。在军事实力、经济规模、统治能力和国际影响力等方面,大陆的优势一目了然。担忧者认为两岸密切的经贸联系,将成为大陆用以要挟台湾的利器。贝思·西蒙斯(Beth Simmons)(2003)、Solingen (2003)、

---

① [美]基欧汉·罗伯特、约瑟夫·奈.权力与相互依赖[M].门洪华译.北京大学出版社,2002.;Grieco, James M., "Anarchy and the Limits of Cooperation: A Realist Critique of the Newest Liberal Institutionalism," International Organization, Vol.42, No.3, 1988, pp. 485—507.

② Moravcsik, Andrew, "Preferences and Power in the European Community: A Liberal Intergovernmentalist Approach," Journal of Common Market Studies, Vol.31, No.4, 1993, pp. 474—483.

③ Albert O. Hirschman, National Power and the Structure of Foreign Trade[M] (Berkeley & LA: University of California Press, 1945), pp. 8—12.

④ Katherine Barbieri, "Economic Inter dependence: A Path to Peace or a Source of Interstate Conflict?" Journal of Peace Research, Vol.33, No.1, 1996, pp. 29—49.

⑤ [美]肯尼思·华尔兹.国际政治理论[M].信强译,上海:上海人民出版社,2008:185.

⑥ [英]苏珊·斯特兰奇.国际政治经济学导论——国家与市场[M].杨宇光等译.经济科学出版社,1990.

Schneider 和 Schulze (2001) 等研究认为，经贸关系会影响国家的内部经济乃至政治制度和政治联盟。由于每一个政治力量的利益不同，因此对贸易和经济开放的支持度不同，不同利益集团的博弈决定一国外贸政策的走向①。两岸经贸交流中形成的"台商社群"的政治效应问题是岛内忧虑者最为关切的对象。张荣丰最先从两岸日益升温的经贸关系中涉及台商的政治影响研究②。此后，吴介民发表《经贸跃进，政治僵持？后冷战时代初期两岸关系的基调与变奏》一文，对台商政治效应进行了极具代表性的阐述③。对于"台商社群"的政治影响，计有"人质说"④、"亲中利益团体"说⑤、"特洛依木马"说⑥ 和"马前卒"说⑦ 等，都是担心由两岸经贸往来所孕育的既得利益集团将成为大陆向台湾施压的武器。因此，为了确保本身的生存安全，在与大陆进行经贸交流之际，应尽力维持不过于依赖大陆，以避免本身受到因经贸交流而产生的政治操控所左右。至于如何处理"利益"与"安全"问题却没有给出可靠的回答。

　　贸易和平论者对于两岸经贸关系的发展持乐观积极的态度。认为冷战结束后经济因素在国际竞争中的地位上升，经济利益是各国发展战略的首要考虑。两岸经贸有利于两岸关系的和平与发展，经济利益与政治安全是互惠的⑧。

　　首先，从机会成本角度而言，经济手段正在取代领土征服成为获益的主要手段。这是基于以下考虑：一是战争无利可图。随着科学技术的发展和相互依赖程度的提高，通过战争征服其他国家的领土的方式越来越昂贵，越来越无利可图，而贸易则可以获得发展所需的物品⑨。二是冲突代价昂贵。冲突不仅可能带来直接的贸易损失，而且还将面临经济结构调整的压力。后者的高昂成本

---

　　① 　Beth Simmons, "Pax Mercatoria and the Theory of the State," *in Economic Interdependence and International Conflict: New Perspective on an Enduring Debate*, eds. Edward D. Mansfield & Brian M. Pollins, (Ann Arbor: the University of Michigan Press, 2003,) pp. 31—43.

　　② 　张荣丰 . 台海两岸经贸关系 [M]. 台北：业强出版社，1997.

　　③ 　吴介民 . 经贸跃进，政治僵持？后冷战时代初期两岸关系的基调与变奏 [J]. 台湾政治学刊（创刊号），1996:211—255.

　　④ 　吴介民 . 经贸跃进，政治僵持？后冷战时代初期两岸关系的基调与变奏 [J]. 台湾政治学刊（创刊号），1996:211—255.

　　⑤ 　林佳龙专访 [N]. 工商时报，2002-08-28.

　　⑥ 　群策会编 . 两岸交流与国家安全 [M]. 台北：财团法人群策会，2004.

　　⑦ 　耿曙、林琼盛 . 全球化背景下的两岸关系与台商角色 [J]. 中国大陆研究，2005,48(1):1—28.

　　⑧ 　英国经济学家纳尔夫·霍特雷有"经济事务和国家安全是互惠的"这样的观点，参见 Ralph G. Hawtrey, Economic Aspects of Sovereignty[M], (London: Longmans, Green, and Co, 1952).

　　⑨ 　Richard, Rosecrance, The Rise of the Trading State: Commerce and Conquest in the Modern World[M], (New York: Basics Books, 1986).

令许多国家也不愿意挑起战争①。三是获益方式的改变。所罗门·波洛契克从现代经济因票据和纸币的使用所具有的财富的可移动性特征出发，指出军事征服不再是获取利益的有效方式，战争的机会成本远远大于贸易损失②。总之，贸易与冲突之间存在负相关关系。贸易将逐渐取代领土征服的方式，成为国家获取利益的更有效、更和平的方法。台湾在技术、管理、资本和人力素质上仍然拥有相当的"市场力量"。台湾可以通过开发利用这些"市场力量"，提高大陆动武的经济成本，大幅减少两岸发生战争的机会③。

其次，从两岸经贸发展的现实来看，投资、贸易的间接往来大大制约了台湾厂商的市场竞争力。一是加大了经贸交流的成本。由于台湾当局对两岸经贸的阻挠，海峡两岸生产要素（从贸易、投资到人员流动）的流动呈现明显的单向性特征。不论是80年代的转口贸易(需在第三地办理报关手续)，还是90年代的转运贸易(不需向第三地海关申报货值)，货物均必须经过第三港，因此增加了运输成本。海峡两岸之间最短距离仅一百多海里，但是，经过第三地却增加了数百海里，增加了巨额运输成本。两岸"三通"前，两岸空运不得不采取间接通航的模式，主要是经香港和澳门中转，约占两岸客流市场的85%以上，间接通航增加了运输成本，也给两岸人员往来带来不便。二是让台湾的一些优势企业丧失了在大陆竞争市场的好时机。台湾的高科技产业技术层次较高，石化产业、金融产业等投资金额较大，在大陆市场与国际同类厂商具有竞争优势。但是台湾当局对台商投资大陆实行金额控制（设上限）和所谓"违法"处罚政策，直接影响此类企业开拓大陆市场。此外，台湾餐饮、酒店、旅游等行业在内的第三产业也受到很大影响④。由此可见，两岸商品、资金、技术等各种要素不能实现自由流动直接损害了台湾经济的发展和人民福利水平的提高。

在两种理念博弈过程中，贸易冲突论者及其"经济掏空"的担忧一度占据上风⑤。由于担心台商西进产生不利的政治影响，台湾当局于1994年提出"南向政策"，并进而于1996提出"戒急用忍"政策，试图对台商投资大陆实施降温。

---

① Crescenzi, Mark JC. "Economic Exit, Inter dependence, and Conflict," *The Journal of Politics*, Vol.65, No.3, 2003, pp.809-832.

② Polachek, Solomon W. John Robst, and Yuan-Ching Chang, "Liberalism and Interdependence: Extending the Trade-Conflict Model," *Journal of Peace Research*, Vol. 36, No.4, 1999, pp. 405-422.

③ 林琼盛、耿曙. 从安全与利益的两难中解套：再思两岸关系中的市场力量 [J]. 远景基金会季刊，2005, 6(4):239—281.

④ 王英. 两岸"三通"的可能性评估 [J]. 世界经济与政治论坛，2003(1):74—78.

⑤ 台湾地区的FDI投资自1993年起（除了1995年为净流入外）均为净流出。其产业空洞化的根源在于自身投资环境失去优势。

但是，台湾当局的大陆经贸政策的负面影响很快显现。此后几年海峡两岸的贸易和投资增长率明显下降，台商大陆投资出现了明显的波动①，此举遭到了台湾民众尤其是工商界的强烈反对。2000 年至 2003 年主要民调数据显示，台湾民众对两岸"三通"有迫切需求，赞成"三通"的民众普遍超过六成，工商业者赞成的比例甚至高达八成。2001 年 8 月初，在台当局为应对岛内经济衰退而召开的"经济发展咨询会议"上，要求开放"三通"成为压倒性的声音。王永庆等工商界大佬呼吁当局开放两岸直航②。事实证明，自 2000 年政党轮替以来，岛内要求开放两岸直接"三通"成为主流民意。为此，台湾当局不得不于 2001 年改行"积极开放、有效管理"政策。

2002 年两岸贸易额高达 446 亿美元，创历史新高。2003 年起大陆首次取代美国成为台湾最大的出口市场③。至 2008 年，两岸贸易总额累计超过 2000 亿美元。台湾在两岸贸易中获得的顺差，累计近 1500 亿美元，约 73000 家台商在大陆投资发展。台湾成为大陆的第七大贸易伙伴，第七大出口市场，第四大进口市场和最大的贸易逆差来源地；而大陆则成为台湾第一大贸易伙伴，第一大出口市场，第二大进口市场和最大的贸易顺差来源地。毫无疑问，台湾是两岸经贸交流最大的受益者，两岸"三通"是大势所趋。正如台湾《中国时报》的社论所言，两岸经贸发展和"三通"的关键，"在于对台湾有利益、有经济需要、有客观社会基础，且已形成超越党派、超越南北差异、超越意识形态的共同政见，因而政府是无法抵挡的"④。2008 年两岸中断近 10 年的两会商谈重新恢复，海协会会长首次访问台湾。11 月 4 日，两岸两会在第二次"陈江会"上签署了关于两岸海运直航、空运直航、直接通邮等协议，并于 12 月 15 日开始实施，标志着两岸进入"三通"时代。

"三通"标志着两岸经贸关系正常化，直接影响台湾经济的稳定与发展。两

---

① 施祖麟、黄涛. 台商对大陆投资特点的实证分析与发展展望 [J]. 清华大学学报（哲学社会科学版），2007,22(4):137—144.

② 台湾"经济部"2001 年 6 月民调中，赞成"三通"者达 68.88%，《联合报》2002 年 5 月的民调中，主张开放"直航"者为 64%。

③ 陈水扁上台后，岛内经济持续不振，社会问题丛生。与此形成鲜明对比的是，两岸经贸文化交流却十分热络。尽管台湾当局想方设法阻拦台商西进，但是，在陈水扁第一任期内两岸交流的水平又上了一个新台阶。过去是"5555"，即在大陆有 5 万家台商，50 万台胞，500 亿美元，大陆是台湾的第五大贸易伙伴。2004 年之后是"1111"，即在大陆有 10 万家台商，100 万台胞，1000 亿美元，祖国大陆是台湾的第一大贸易伙伴。过去是"9 个热"，即探亲热、访问热、寻根热、交流热、旅游热、投资热、服务业热、农畜业热、求婚热。2005 年之后是"16 个热"，即新增加金融热、寿险热、文化热、求学热、求职热、购房热、高科技热等。

④ "三通"议题应跳脱意识形态泥淖 [N]. 中国时报，2002-06-27.

岸直航消弭了两岸的时空距离，直接推动相关行业的发展。无论是空运还是航运，时间成本和运输成本大幅降低，两岸航线由"濒危状态"成为热门航线，大大提高了台湾的航运、航空公司的获利能力。三通后形成的两岸和平发展新局面，也有利于吸引更多的外资放心地投资台湾。三通也大幅提升了台商的管理效率，有利于台商运作"台湾总部经济"模式，进而促进台湾的产业升级。

三、经济整合 VS 以经促统：两会签署 ECFA 协议

2008 年 3 月，国民党赢得"大选"之后，派出萧万长代表台湾前往海南出席博鳌亚洲论坛，并在与胡锦涛总书记会谈时提出了台湾方面推动两岸经贸往来全面正常化的意愿。2008 年 12 月 31 日，胡锦涛总书记发表对台"六点意见"，提出两岸可以"签订综合性经济合作协议，建立具有两岸特色的经济合作机制"。得到大陆的正面回应之后，马英九当局便于 2009 年 2 月 27 日正式宣布将推动与中国大陆洽签"两岸经济合作架构协议"（ECFA）。ECFA 协议的内容包括逐步取消所有货物的贸易关税与非关税壁垒，建立开放和竞争的投资机制，促进服务贸易自由化以及逐步允许人员、资金、劳务、商品等自由流动。但是，两岸经济进一步整合的努力在岛内遭遇巨大阻力。自台湾当局公布议题公开征询岛内各界意见后，反对签署的声浪此起彼伏。有人谴责此举是"矮化台湾""出卖台湾"，有人要求协议内容经民众投票（2009 和 2010 年民进党推动了两波"公投"），也有人扬言发动民众罢免马英九。在 ECFA 协商过程中，以国民党为代表的赞成派和以民进党为代表的反对派两大阵营围绕着 ECFA 议题展开了十分激烈的争论。国民党主席马英九和民进党主席蔡英文亲自上阵，于 2010 年 4 月 25 日就 ECFA 相关议题展开辩论。

赞成者认为，反对者的理由没有新意也脱离现实，两岸经济一体化是两岸经贸关系发展的必然结果，也是台湾经济发展的客观需要。

首先，签订 ECFA 是台湾走出在区域经济整合中被边缘化困境的需要。多哈回合谈判后，WTO 体制下的多边谈判陷入困境，许多 WTO 成员转而通过建立自由贸易协定（Free Trade Agreement，简称 FTA）和区域整合的方式寻求突破。根据 WTO 官方的统计，截至 2009 年 2 月，在 WTO 备案的 FTA 数量为 421 个，而且尚有 400 个 FTA 在协商中。台湾虽然属于 WTO 成员，但是由于政治原因，无法加入东亚区域整合关系中，也无法与他国洽签 FTA。此前台湾曾试图与新加坡等东亚国家签署贸易协定，但这些国家拒绝合作。至 2008 年，与台湾建立的 FTA 数量只有 5 个，即巴拿马、危地马拉、尼加拉瓜、洪都拉斯、

萨尔瓦多，且均是与台湾经济贸易往来规模很小、与中国政府没有外交关系的中美洲小国。据渣打银行数据显示，这 5 国的贸易量仅占台湾贸易总额的 1%，而台湾对大陆的贸易占其出口总额的 41%，台湾对大陆出口产品的平均关税为 9%。FTA 对非成员国非常不利，台湾若不思改变现状，台湾经济将会被边缘化。台湾"经济部"委托中华经济研究院所作的评估报告称，中国—东盟自由贸易区将台湾晾在外面，台湾无法享受低关税或零关税优惠，受此影响，台湾 GDP 将下降 0.18%，福利水平将减少 1.88 亿。同样，在"东盟＋中日韩"模式排斥下，台湾 GDP 将下降 0.84%，福利水平将减少 36.84 亿美元 [①]。因此，ECFA 就像是一块敲门砖，与大陆签订 ECFA 是台湾在东亚区域化合作中获利的正确方式。

其次，签订 ECFA 是台湾厂商提高在大陆市场竞争力的需要。进入新世纪，中国成为世界上最有潜力的经济体，2010 年取代日本成为世界第二大经济体。中国拥有广阔的市场前景，吸引世界各国企业前往投资布局，加强经贸互动，并积极商签 FTA。过去，台湾企业凭借地缘、文化关系，在拓展大陆市场的竞争中占据优势地位。但是，由于复杂的政治原因，台湾与大陆的经贸关系仍然存在诸多限制条件，很多领域面临高关税或其他障碍，并有一些产业并未对两岸投资和贸易开放。这意味着，许多台湾产品将在大陆市场上失去竞争力，直接威胁企业的生存和发展。而企业生存危机的外溢效应将波及企业员工、原料厂商、服务厂商以及政府税收等。例如，石化工业是台湾的出口支柱产业，产值高达四兆。台湾的石化产品外销大陆市场，要被征收 5.5%—9% 的高关税，中国—东盟建立自由贸易区后，印尼等国的石化产品出口中国享受零关税，届时台湾产品将无法与印尼竞争，将影响 50 万人的就业 [②]。因此，两岸应建立具有制度性保障的经济合作机制来进一步推动两岸关系正常化发展。以出口为导向的台湾产业可以借助 ECFA 避免处于竞争劣势，甚至能够在繁荣的大陆市场维持并扩大台商的市场份额，尤其是进一步开拓服务业市场 [③]。

再次，签订 ECFA 是台湾经济走出金融危机困境的需要。受 2008 年金融危

---

① 中华经济研究院台湾 WTO 中心 . 两岸经济合作架构协议之影响评估 [M]. 台北 : 中华经济研究院，2009:4-5.

② "全国工业总会"（台湾）：《两岸经济合作架构协议 (ECFA) 之市场开放与贸易障碍意见调查报告》，2009:8—15.

③ 台湾岛内的金融市场狭小，金融业者之间的竞争日益加剧，它们对放宽赴大陆市场经营限制的声浪持续增强。ECFA 给了台湾银行"捷径"，允许其在大陆办理人民币业务，较之其他外资银行将获更多优待，因此，台湾服务业，特别是银行业受益良多。

机的影响，台湾经济进入低迷状态，至 2009 年 1 月，经济不景气指数已经降到"蓝灯"中的 9 分[1]，工业生产指数、非农业部门就业人数、海关出口值、机械及电机设备进口值、制造业销售值等指数皆维持在低迷的蓝灯。台湾进出口贸易面临的主要难题有：一是出口急剧萎缩，外需成长转弱。出口贸易总额自 2008 年 9 月起呈现连续 4 个月的衰退，8 月时的月出口总额约为 252.09 亿美元，至 12 月底时单月出口额萎缩为 136.33 亿美元，衰退幅度达 45.92%，较 2007 年同期减少 41.93%。在金融危机的冲击下，全球消费信心指数下降，台湾的外销订单大幅下滑，2008 年底较 2007 年同期下降 33%[2]。二是失业率攀升，内需成长疲弱。金融危机下，岛内企业纷纷实施减薪裁员措施，低薪资、高失业率导致民众消费信心不足。2008 年内需对经济成长的贡献为 -2.04%[3]。三是贸易保护主义抬头，进出口贸易环境恶化[4]。金融海啸后国际贸易环境出现保守主义倾向，从发达国家到发展中国家纷纷推出贸易保护措施。美国、欧盟、巴西、印尼、土耳其等国主要通过绿色壁垒、技术壁垒、反倾销和知识产权保护等非关税壁垒措施，绕过 WTO 规则的约束，通过贸易保护，保护本国经济和就业增长。而两岸经济的依存度决定了大陆对台湾经济将产生至关重要的影响。自 2000 年开始，台商投资大陆占台湾对外投资的比例快速上升，这不仅带动对大陆出口的增加（大陆成为台湾产品的第一大出口目的地），也提高了对大陆市场的依赖。台湾学者的研究表明，"台湾对大陆贸易出超占同年度台湾对外贸易出超总额的比重，历年来均超过一倍，2010 年甚至超过两倍，显示，大陆市场是台湾创造对外贸易出超最主要的贡献来源，不考虑大陆市场，台湾的对外贸易即将陷于入超。"[5]

---

① 经济景气程度的综合判断分数及信号为：红灯 45—38；黄红灯 37—32；绿灯 31—23；黄蓝灯 22—17；蓝灯 16—9。数据来源：台湾"经建会"网站：http://www.cepd.gov.tw.

② 根据台湾"经济部国际贸易局"资料整理。

③ 数据来源：台湾"行政院主计处"："2009 年 5 月国民所得统计及国内经济情势展望"。

④ 美国海关于 2008 年 11 月 24 日公布《进口商安全申报及运输业者额外要求暂行规定》，要求承载海运货柜之运输业者须提交船运装载计划及货柜状态 2 项信息，进口商（或代理人）须于货柜运抵美前 24 小时，提交 10 项信息。欧盟加强了对进口纺织品的生态要求和社会责任要求，规定纺织品须进行一致的标示才能输入；巴西政府宣布将于 2009 年 1 月 27 日起将对包括玩具、鞋子、成衣和照相机在内的 24 种进口产品实行许可证制度；土耳其自 2009 年 1 月 1 日起，提高涂层和非涂层钢轧板的进口关税 8%；印尼贸易部规定，自 2008 年 12 月 5 日起未来两年内，成衣、鞋类、电子产品、儿童玩具以及食品饮料等 5 类商品进口，必须由正式注册的登记进口商负责，并经由国际机场或位于雅加达、三宝垄、泗水、棉兰和望加锡的 5 个指定的大型海港通关，进口还须附有进口港的证明。

⑤ 高长 . 大陆政策与两岸经贸 [M]. 台北：五南图书出版公司，2012:27.

最后，签署 ECFA 是台湾吸引投资重振经济的需要。由于外来投资直线下降和岛内资本不断外流，台湾产业结构转型升级困难重重，其结果是经济成长趋缓，结构性失业、薪资水平停滞不前。这些问题的症结都与两岸经贸关系不能正常化直接相关①。众所周知，台商对大陆的投资结构前后发生了根本性的变化。90 年代，主要是以中小企业为主的下游厂商为了利用大陆的廉价劳动力而赴大陆投资设厂，从而带动了台湾对大陆的出口；随后，中上游的关联产业也陆续前往大陆投资，并在当地形成完整的产业集群。随之产生的现象是，台湾对大陆出口的成长率下降，对大陆的投资金额却年年上升。台湾企业对大陆投资上升的同时，对岛内的投资却停滞不前②。与此同时，两岸经贸关系非正常化、非制度化的局面也造成台湾吸引外资能力下降。在上述一系列压力面前，两岸经贸关系制度化有望促使台湾成为"全球营运中心"，吸引在大陆市场的外资和台资来台设立运营总部，进而促进台湾经济的复苏与繁荣。根据标准贸易模型研究结果，台湾经济整体上都将受益于 ECFA。ECFA 开启自由贸易后，将使台湾 GDP 提高 1.65%—1.72%。未来 7 年内 ECFA 将吸引到 89 亿美元的外商直接投资，并创造 26.3 万个新工作机会③。

反对者的立论既有经济层面的因素，还有政治层面的考量。

首先，ECFA 冲击台湾经济。反对者质疑国民党当局和工商团体提出的经济危机性问题，认为两岸经贸关系对台湾经济发展的提振作用被片面夸大了。根据绿营学者的分析，台湾石化业所受两岸经贸关系的影响没有那么夸张。原因在于，台湾石化行业的从业人员总数约 12 万人，影响面没有那么广泛④；东盟的部分石化产品被中国—东盟自由贸易协议列入高度敏感产品类别，并不在零关税清单之中，因而不构成对台湾石化产品的威胁；更为重要的是，台湾石化产业的产值中，官方的中油公司就占了四分之一，而中油的绝大部分市场在台湾，不受中国—东盟自贸协议的影响⑤。相反，签订 ECFA 协议将对岛内钢铁、电子、服务等产业造成巨大冲击。反对者认为，大陆是世界廉价钢材的生产地，ECFA 将使大陆的廉价钢材大量涌进台湾市场，直接冲击中钢集团（台湾）将

① 尹启铭. 捍卫 ECFA：今天不做，明天会后悔 [M]. 台北：商讯文化，2011：29—37.

② 吴荣义. 台湾 / 中国经贸关系的回顾与展望——未来台湾经贸该何去何从 [M]. 台北：财团法人台湾智库，2009：8.

③ 中华经济研究院台湾 WTO 中心. 两岸经济合作架构协议之影响评估 [M]. 台北：中华经济研究院，2009：6—7.

④ 石化产业是个宽泛的概念，包括塑料、石化与化纤等。特别是作为纺织、运动用品及雨伞等产业的上游化纤，是台湾输往大陆的重要产品，将因关税减让而能继续在台湾生产、出口。

⑤ 台湾智库. ECFA 不能说的秘密？ [M]. 台北：财团法人台湾智库，2010：148—151.

近 14000 人的就业；电子产业是台湾出口主力，之前享受 WTO《信息技术产品协议》(Information Technology Agreement，ITA) 规定的待遇，几乎所有出口到大陆市场的电子零组件都已经是零关税，所以 ECFA 对台湾电子业帮助不大。但是大陆对 ECFA 的附加要求中，包括放宽台湾 12 寸晶圆厂与 LCD 面板厂赴大陆投资设厂，因此，ECFA 的签订必将导致整个电子产业链加速移往大陆，除了技术外流，也将使台湾失去大量高薪的就业机会①；以金融为主的高端服务业也将深受 ECFA 的危害②。根据 WTO 市场开放原则，签订了 ECFA 之后台湾也应该开放相应的服务业市场。大陆居民在获得台湾的居民待遇后，即可通过考试取得诸如律师、建筑师、会计师等高端专业证照并在台执业，这将严重打击台湾的专业就业人员的生计③。

其次，ECFA 扩大贫富差距。反对者宣称两岸经贸关系的扩大损害台湾中下阶层民众利益，会进一步恶化贫富差距④。因为 ECFA 作为贸易协议是马英九当局为图利特定财团（如台塑等大财团）而牺牲台湾整体利益的行为。反对者根据 ECFA 早收清单将台湾社会划分成赢家和输家。石化、机械设备、元器件和纺织中上游等资本密集型行业为获利较多的赢家，它们因降低关税从而在大陆市场更具竞争力。而包括手工制鞋、毛巾、床上用品、陶瓷制品等劳动密集型传统产业为受损的输家，它们将受到大陆低关税或零关税廉价进口货品的冲击。台湾农民在未来也容易受到影响，因为 ECFA 等贸易协议通常会使包括农产品在内的很多市场更加开放。因此，反对者的结论是，ECFA 主要对台湾大企业或资本巨头有利，但会损害中小企业利益，并使成千上万的台湾传统产业工人失业。

再次，ECFA 损害台湾"主权"。台湾自 1987 年正式开放两岸间接经贸交流以来，就一直担心对大陆经济过度依赖而导致所谓的"安全"问题⑤。政治因素对两岸经济整合的干扰显然更为严重。反对者基于两岸实力对比的此消彼长、两岸经贸产生的不对称依赖以及大陆"不承诺放弃武力"所产生的威慑，认为大陆是台湾最大的安全威胁，两岸经济整合可能导致政治整合的严重后果。对于赞成方提出的经济边缘化危机，反对方并不否认。但是，反对方强调危机本

---

① 台湾智库 .ECFA 不能说的秘密? [M]. 台北 : 财团法人台湾智库，2010:152—155.
② 许忠信 .ECFA 东西向贸易对台湾之冲击 [M]. 台北 : 新学林，2010:169—188.
③ 许忠信 .ECFA 东西向贸易对台湾之冲击 [M]. 台北 : 新学林，2010:172—173.
④ 林宗弘、胡克威 . 爱恨 ECFA: 两岸贸易与台湾的阶级政治 [J]. 思与言，2011(3):95—134.
⑤ 台湾对大陆的贸易依存度由 1990 年的 4% 上升至 2010 年的 23%。http://www.mac.gov.tw/public/Attachment/12149433186.pdf。

身来源于大陆的政治打压。"中国一贯的立场是，FTA 是主权国家之间的行为，中国不允许其他国家和台湾签。"① 按照反对方的逻辑，所谓的"两岸经贸往来的正常化"，其实就是要将台湾与中国整合成一个"一中市场"②。至此，反对方将 ECFA 协议这一经济议题又转化成两岸之间的安全、主权等政治敏感议题。

最后，ECFA 损害台湾民主政治。反对者的质疑主要集中在两方面。一方面，认为 ECFA 协商过程和审议过程"不民主""不对等"。反对者批判 ECFA 协议是"国共两党协商的产物"，"党对党模式"不符合台湾的民主程序。国民党利用在"立法院"中的多数席位（共 113 个席位，反对党仅占 33 个席位）两次驳回了民进党提出的 ECFA"公投"提案，还试图强行通过"立法院"ECFA 审议。另一方面，认为"台湾的民主生活方式将受到 ECFA 的严重伤害"③。"中共对台的政治目的就是要控制台湾的自由民主政治，经济一体化是政治一体化的前奏"。其主要观点有：大陆通过两岸经贸机制将形成对台湾内政的"影响力杠杆"；两岸经贸谈判缺乏反对党和"公民社会"的参与和监督，"将逐渐危害台湾民主制度的运作"；"横跨两岸的政商利益集团正在快速形成中"，它们可能危害"立法"和行政机构的政策制定与执行④。

民进党等反对者将经济问题政治化的手法产生了一定成效，激发了台湾民众台湾认同的情绪。民众担忧大陆在经济上做出让步，台湾则要在政治上给出更多回馈。他们不只把 ECFA 看成是两岸间的一项经济合作协议，更担忧它还具有潜在的政治和战略意涵。

但是，在经济依赖既成事实的情况下，如何寻找出路？国民党认为，ECFA 正是可以让大陆方面不再限制台湾与他国发展经贸关系，进而降低对大陆依赖程度的唯一可行方案⑤。民进党反复强调经济依存威胁台湾政治自主与"主权"，却提不出任何有说服力的方案，其有关经济影响的论证还出现既承认台湾经济存在边缘化危机，又要封闭台湾市场的自相矛盾的说法⑥。期间，马英九当局为争取岛内民意支持和缓和绿营的反对，在与大陆协商谈判中对协议名称和条款都做了适当调整。在协议名称上刻意避开"统一"字样 CECA（Comprehensive

---

① 台湾智库 .ECFA 不能说的秘密？[M]. 台北：财团法人台湾智库，2010:118.

② 台湾智库 .ECFA 不能说的秘密？[M]. 台北：财团法人台湾智库，2010:55—67.

③ 台湾智库 .ECFA 不能说的秘密？[M]. 台北：财团法人台湾智库，2010:126.

④ 吴介民 . 第三种中国想象：中国因素与台湾民主 [M]. 左岸文化出版社，2012.

⑤ 林祖嘉 .ECFA 对台湾经济发展的整体分析 [R]."国政研究报告"．台北："国家政策"研究基金会 .2009:http://www.npf.org.tw/post/2/6156.

⑥ 王媛媛 . 两岸经济合作框架协议：争议、效益及展望 [J]. 亚太经济，2010(4):121—127.

Economic Cooperation Agreement），而以 ECFA（Economic Cooperation Framework Agreement）取代，并一再澄清 ECFA 与内地与香港之间的 CEPA 不同。在协议内容方面确定了 17 个弱势产业需要保护，并提出包括振兴辅导（内需型、竞争力弱的产业、企业和劳工）、体质调整（进口增加但尚未受损产业、企业和劳工）和损害救济（已经受损产业、企业和劳工）等救助办法。同时，保证不增加大陆农产品进口（大陆对台让利的一部分）。马英九还在公开场合澄清，签署协议不会触及台湾当前的政治地位，大陆有关方面已表明无意仓促讨论政治议题。在"安全"与"利益"的纠结中，主流民意主张政经分开，先经后政。在台湾 152 个产业公会当中，认为台湾与大陆签订 ECFA 刻不容缓的占了103 个[①]。ECFA 签署前夕，台湾约有 63% 的民众支持签署 ECFA，反对者仅占37%[②]。民进党出于政治考虑，对于两岸经济合作框架协议的态度从最终的反对转变为"有条件接受"。

2010 年 6 月，岛内关于 ECFA 的争议告一段落，两岸遵循平等互惠、循序渐进的原则，于 6 月 29 日签署了 ECFA 协议，同时签署了货品贸易和以金融业为主的服务业早收清单，从 2011 年 1 月 1 日起正式生效。这标志着两岸经贸交流，由单向变双向，步入制度化轨道。

不过，ECFA 协议签署后，岛内争议并未平息。在野党举证批评马当局，ECFA 并非挽救台湾进出口衰退的救命仙丹，相反是毒药，台湾对大陆投资占对外投资的比例居高不下，更使得台湾的产业技术流向大陆，结果不仅对大陆的出口没有增加，对其他国家的出口也出现衰退。2014 年 3 月 18 日爆发了反服贸的所谓"太阳花运动"。那么，ECFA 协议对台湾经济的影响效果到底如何？数据可以说明一些问题。截至 2015 年的两岸经济交流数据表示，ECFA 早期收获计划实施四年来，早期收获产品受惠金额持续增长，覆盖范围不断扩大，台商、台农受益匪浅。货物贸易方面，大陆对台累计减免关税约 177 亿美元（台湾对大陆累计减免关税约 3.1 亿美元）[③]。服务贸易方面，在非金融领域，共有 8 家台湾会计师事务所申请获得有效期为 1 年的"临时执行审计业务许可

---

① 黄健群.评析 ECFA 对台湾产业的影响 [J]. http://www.cnfi.org.tw/kmportal/front/bin/ptdetail.phtml?Part=magazine9904-481-4.

② 台湾政治大学选举研究中心教授游清鑫收集的数据显示，截至 2010 年 5 月，台湾约有63% 的民众支持签署 ECFA，反对者仅占 37%。转引自：两岸经贸合作时代来临，台湾希望与焦虑并存 [EB/OL].(2010-07-21)[2016-11-12]. http://www.knowledgeatwharton.com.cn/article/2485.

③ 中华人民共和国商务部台港澳司.2015 年 12 月大陆与台湾 ECFA 早期收获实施情况资料，http://tga.mofcom.gov.cn/article/sjzl/ecfa/201605/20160501314149.shtml.

证",105 家台资企业设立独资或合资企业,合同台资金额 2.2 亿美元（在非金融领域,台湾共核准陆资投资案件 38 件,核准投资金额 0.5 亿美元）。在金融领域,6 家台资金融机构获得了合格境外机构投资者（QFII）资格,QFII 投资额度提高了 37.1 亿美元。大陆引进 6 部台湾影片（台湾进口 10 部大陆影片）[①]。大陆仍然是台湾最大的贸易伙伴和贸易顺差来源地。总体上,两岸贸易表现要好于全年大陆整体对外贸易,也好于全球对外贸易。

---

① 中华人民共和国商务部台港澳司 . 2015 年 12 月大陆与台湾 ECFA 早期收获实施情况资料,http://tga.mofcom.gov.cn/article/sjzl/ecfa/201605/20160501314149.shtml.

第四章　两岸政治认同形成的感性选择模式

2008 年以来，两岸关系发展呈现前所未有的良好势头，台湾各界对"和平红利"不仅"有感"，还有期待。然而，台湾的民意调查数据和台湾学者的研究却表明，台湾民众对两岸关系的态度似乎并没有随着两岸关系大缓和、大发展，以及大陆不断向台湾民众释放善意而发生积极变化，有些甚至还相反，出现结构性的不协调。更令人诧异的是，2014 年台湾大学生发起了反服贸运动。这让我们不得不思考这样的问题，惠台政策为什么对台湾民众的国家认同意识没有产生立竿见影的影响？由此引申的问题是，具有不同身份的台湾民众基于何种考量选择政治立场？

解释政治认同有两个相互竞争的理论，即理性的物质利益论与感性的群体认同论。前者强调"理性抉择"，后者侧重政治符号。在探讨台湾民众的国家认同问题时，大陆学者往往过多地强调理性的作用而忽视感性问题。事实上，解释这一现象离不开感性选择的视域。国家认同是一种主观信仰、主张或政治立场，指个人对其所处政治共同体合法性的主动认同，并愿为维护该共同体的生存和发展做出贡献。台湾民众国家认同的异化是多方面因素综合作用的结果，其中至少包含三个非理性因素：第一，国家认同行为者的本能、欲望与需求等因素；第二，渗透在国家认同行为者中的情绪、情感等因素；第三，渗透在国家认同行为者中的传统习惯等因素。这些因素相互联系构成了国家认同的感性选择特征。

第一节　感性选择模式的基本内涵

古典经济学和新古典经济学过高地估计理性思维与理性选择的效力，过分地强化了理性逻辑的基础性。很多情况下，个体并不按照最大化理性原则行动，更多地根据情感、信仰、习俗、惯例、道德规范、责任和模仿等采取不顾及后果的行动。这表明，人的选择是多元的，纯粹的理性选择并不存在，感性选择也是人类行为选择不可忽视的基本方面①。所谓感性选择是指行为者在不完全信息条件下，依靠直觉、信念、价值等做出的选择，它具有本体论、认识论和社会实践多重含义②。

一、本体论内涵

从本体论而言，感性选择就是基于人的感性生存需要而发生的选择行为，是人类生存的本质体现。

人既是理性的存在物，同时也是感性的存在物，人的生命本质是理性与感性的一种整合状态。人的选择行为不仅可以由理性思维支配，而且也可以由感性意识支配，并且后者有更基础的支配作用。首先，感性选择的主体是"自然的、肉体的、感性的、对象性的存在物"——人。人作为自然存在物"具有自然力、生命力，是能动的自然存在物"③，因而人感知周围世界的广度和深度是动物所无法比拟的。"鹰比人看得远得多，但是人的眼睛识别东西却远胜于鹰。狗比人具有更敏锐得多的嗅觉，但是它不能辨别在人看来是各种东西的特定标志的气味的百分之一。"④马克思在《1844 年经济学哲学手稿》中提出了"人的感觉"这个概念，并阐述了"人的感觉"只能在劳动中生成的命题。认知心理学同样认为，在个人做出选择行为的时候，心理层面的思考是难以避免的，由感性冲动、知觉冲动和观念冲动而构成的本能在人的心理活动中具有基础地位。其次，感性选择的客体是"现实的感性的社会"。马克思认为有生命的个人是社会历史发展的主体，人与社会形成了相互创造与被创造的关系。社会的现实性、感性化的特征来源于个体的现实性和感性化特征。一方面，"人的感觉"不仅是个体自身的感知，而且具有社会历史性质，它以整个人类的实践和文化为中介，并把整个社会获得的感觉、表象的全部总和包括在自身之中。另一方面，"人的

---

① 研究表明，"人的意识活动在其实际过程中，一定是在理性和感性两个层面上同时展开的。选择行为中的意识活动也是如此，从来没有脱离人们的感性意识活动的单纯由理性思维支配的选择行为"。参见：刘少杰.理性选择理论的形式缺失与感性追问 [J].学术论坛.2006(3):125.

② 感性选择还有其他一些叫法，诸如瞬间洞察、专家直觉、本质直观等等，它与感性意识有关。感性意识是指称那些简单的、尚未进入逻辑思维层面的、肤浅的、被动的意识活动，而感性选择就是建立在感性认识基础之上的在初级意识活动支配下的选择行为。传统行为和情感行为则属于感性选择行为。帕累托的"非逻辑行为"，布迪厄的"模糊逻辑"也具有感性选择行为的意味。参见：姚俊廷.感性选择视阈中的守法可能性及其限度 [J].唯实.2009(7):58—61.

③ 马克思.1844 年经济学哲学手稿 [M].北京：人民出版社.1979:120.

④ 马克思.1844 年经济学哲学手稿 [M].北京：人民出版社.1979:79.

感觉"的形成也是整个人类社会实践发展的结果，而绝不单单是感觉器官发展的产物。"冬的感觉、感觉的人类性——都只是由于相应的对象的存在，由于存在着人化了的自然界，才产生出来的。五官感觉的形成是以往全部世界史的产物。"[①] 一般而言，现实的感性的社会的发展状况也直接决定着感性选择的内容、范围和性质[②]。最后感性选择的过程是一种感性认知和对象化的过程。感性选择是主体对客体的一种对象化行为。"是通过自己的对象性的关系，亦即通过自己同对象的关系，而对对象的占有。"[③] 就如眼睛要成为人的眼睛，只有在眼睛的对象首先成为人所创造的对象时才有可能。感性选择中的对象性关系内在地包括了人与自然的对象性活动、人与社会的对象性活动以及与自身的对象性活动即异化三种形式。就人与社会的对象性关系而言，"只有当对象对人说来成为属人的对象，或者说成为对象化了的人，人才不至于在自己的对象里面丧失自身。而只有当对象对人来说成为社会的对象，人本身对自己来说成为社会的存在物，而社会对人来说成为这个对象的本质，这种情况才是可能的。"[④] 总之，依赖对象化的感性活动是实现感性选择的重要途径。在感性认识阶段，由于实践中目的这一内在要素的影响以及思维的参与，人的认识就能够能动地选择对象和在一定程度上再现对象。

二、认识论内涵

从认识论而言，"感性选择是在感性意识支配下的选择行为"，是社会成员展开社会活动的基本形式[⑤]。

所谓认识是指人脑对客观世界的反映，是由一个接触现象到把握本质的逐步深入的过程。大陆理论界对认识发展阶段的划分有不同的观点。绝大多数学者主张"二分法"，即将认识过程区分为感性认识和理性认识两个阶段[⑥]。也有不少学者主张"三分法"，即感性、知性、理性或感性认识、理性认识、实践认识[⑦]。有些学者还提出了"四分法"，即感性认识、知性认识、理性认识和实践认识。无论如何划分，感性认识和理性认识是统一认识过程中的两个基本阶段，

---

① 马克思 .1844 年经济学哲学手稿 [M]. 北京：人民出版社，1979:97.

② 王浩斌、王飞南 . 感性选择与中国社会现代化 [J]. 石家庄学院学报，2006(5):40—44.

③ 马克思 .1844 年经济学哲学手稿 [M]. 北京：人民出版社，1979:77.

④ 马克思 .1844 年经济学哲学手稿 [M]. 北京：人民出版社，1979:78.

⑤ 刘少杰 . 经济社会学的新视野——理性选择与感性选择 [M]. 北京：社会科学文献出版社，2005:67.

⑥ 孙显元 . 感性认识和理性认识是认识发展的基本阶段 [J]. 哲学研究，1984(10):16—22.

⑦ 陶玉泉 . 划分认识阶段的根据问题 [J]. 哲学研究，1984(6):35—41.

感性认识是认识的初级阶段，理性认识是认识的高级阶段。离开感性认识，理性认识就会成为无源之水、无地之根。认识主体只有在占有丰富的感性材料以后，运用辩证思维的分析和综合、抽象与概括的思维方法，才能使感性认识上升为理性认识，才能完整地反映事物的本质和规律性。

政治认同是人们主观的一种感受，是认同主体对政治系统的一种自发判断、政治情感，因而往往是不系统的，既有理性成分，也有大量的非理性成分。"人的头脑就像一把竖琴，所有的琴弦都一齐震动；因此，感情、冲动、推理以及称为理性推理的那种特殊的推理，往往都是单独一种心理体验的许多同时发生的、互相混合的方面。"①除了理性选择之外，认同主体往往也存在感性选择行为。政治认同中的感性选择是一种基于政治情感、政治认知和政治态度基础上的情感、态度、偏好或反应性行为。感性认同模式认为，政治认同是一种包含着情绪和信仰因素的认知心理关系，换言之，感性认同源自主体人的情感和信仰。

主体认识结构中的诸多非理性要素——欲望与需要、情绪与情感、兴趣与爱好、信仰与崇拜、理想与信念以及意志等等，在认识活动中均具有选择功能和驱动功能，有的还具有不同的调控功能。一方面，欲望与需要、情绪与情感、兴趣与爱好等非理性认识要素是认识的原初动因和选择性的依据，其中情感因素是政治认同建构的重要变量。首先，情感能够转化为思维的动力。一般说来，人们总是带着一定的情感去进行实践和认识活动的。乔纳森·默瑟提出"情感与认知在信念中相遇"的观点，认为诸如信任、民族主义以及可信性等概念实为情感建构的信念，即情绪信念（emotional belief）。在信念建构过程中，情感是同化机制，影响行为体对信息的选择、解释和评估等进程。其次，情感影响思维的选择和指向。通常人们总是选择那些自己所喜爱、感兴趣的东西，由此而展开自己的思考、探索活动②。默瑟指出，与行为体感觉（feeling）相符的信息不需要进一步研究即被接受，而信息与感觉不符时则促使行为体寻求更多的证据（信息），或直接导致行为低估或忽略这些不相符的信息③。由此可见，作为一种心理认知变量，认同本身不仅包含有情绪因素，而且这些情绪因素还对认知进程产生重要影响。所以，心理学一般倾向于将理性选择解释为认知或理智过程，而将非理性定义为靠感情机制做出的选择，至于人的效用最大化能否

① [英]格雷厄姆·沃拉斯.政治中的人性 [M].朱曾汶译，北京：商务印书馆，1995:63—64.

② 庄惠娟.论非理性因素在认识中的作用 [J].山东省青年管理干部学院学报，2006(3):19—21.

③ Jonathan Mercer, "Emotional Beliefs," *International Organization*, Vol.64, No.1, 2010, pp.1—31.

在选择中实现，则是不予深究的。另一方面，人类认识活动和实践的成功与否，又和人的理想、信念、意志等非理性心理因素有密切关系①，"信念和信仰也是实践成功的必要条件"②。信念和信仰是主体心理结构中相对稳定的非理性因素，它们既能"直接影响到主体的价值判断和价值选择，强化主体进行实践活动的自觉性"③，又能"促使主体在实践活动中形成一定的思维定式，从而影响主体实践活动的方向和效率"④。

三、社会实践内涵

从社会选择方式来看，社会生活中的行动者在相当多的情况下的行为选择都是感性的，而不是理性的⑤。

就一般社会选择方式而言，社会行动的感性特征十分突出。韦伯运用自己的理想类型的研究方法建构了社会行动的四种类型，它包括：①目的理性的行动 (means-ends rational action)。这类行动"以对外部环境中的客体或他人按某种方式行动的期待为基础，并通过将这种期待作为"条件"和"手段"，以使行动者能够成功地理性选择自己的目的。这是一种最具典型意义的理性行动。②价值理性的行动 (value rational action)。"这类社会行动可以根据行动所具有的对固有价值的自觉信仰来界定。如此，它是独立于任何功利动机的，仅仅受制于伦理的、美学的和宗教的标准。"③情感行动 (affectual action)。"这是行动者个体的特殊情感和情绪的结果"，也"可能是对某种意外刺激的不受制约的反应"。④传统行动 (traditional action)。即"由长期形成的习惯决定的"行动⑥。在韦伯的理解中，四种行动中包含的感性成分不同，呈依次递增的状态。目的理性的行动是感性成分最少、理性成分最高；价值理性的行动尽管在主观上具备相当的理性成分，行动者清楚意识到自己行动的价值意义，但在客观上这类行动是不具备理性特征，因为它根本不顾及或不愿意顾及行动的附带后果；而传统行动和情感行动在主观上是感性的，尽管在客观上可能都是合理的，因为传统行动对行动的目的和手段缺乏有意识的思考而盲从于习惯，情感行动则受行

① 张浩.认识的另一半——非理性认识论研究 [M].北京：中国社会科学出版社.2010:345.

② 张浩.认识的另一半——非理性认识论研究 [M].北京：中国社会科学出版社.2010:346.

③ 张浩.认识的另一半——非理性认识论研究 [M].北京：中国社会科学出版社.2010:347.

④ 张浩.认识的另一半——非理性认识论研究 [M].北京：中国社会科学出版社.2010:346.

⑤ 黄诚.理性选择还是感性选择：农民工劳动合同问题的个案研究 [D].湖南师范大学硕士学位论文，2007:12.

⑥ 转引自周晓红.西方社会学的历史与体系（第一卷）[M].上海：上海人民出版社.2002:365—366.

动者情感甚至冲动支配。由此可见，在社会生活中的行动者在相当多的情况下的行为选择都是感性的，而不是理性的。韦伯对社会行动的理想类型的建构为感性选择理论提供了至关重要的理论来源。

就中华文化传统的社会选择方式而言，其社会行动充满感性化特征。中国传统社会的主导思维方式是感性思维，特别推崇直觉思维。直觉思维特别推崇"体认""顿悟""意会"等思维路径，甚至常常以悟性来衡量人的认识能力。儒、释、道都比较重视直觉：孔子的"下学而上达"，孟子的"尽其心者，知其性也；知其性，则知天矣"；老子的"涤除玄览"，庄子的"心斋""坐忘"；禅宗的"明心见性，顿悟成佛"等，都强调了直觉体悟。康有为、梁漱溟和费孝通等人在论述中国人的社会行为方式时，已经充分论述了中国人社会选择方式的感性特征，如亲情性、家族性、血缘性、圈子性和熟悉性等等①。在中国传统经济生活中，重伦理的感性选择方式具有广泛性和基础性，梁漱溟曾对中国传统经济生活中"伦理本位"的选择方式做了生动概括。费孝通在《乡土中国》中则对中国人社会选择行为的感性特征进行了令人信服的论述。他对传统中国社会秩序——礼治秩序的论述，实际上也是关于中国人选择方式的论述。在费孝通看来，"以土为本的中国人不是在团体格局中按照法律或规律等普遍原则开展社会行动，而是在家庭关系基础上，通过血缘关系、亲情关系和熟悉关系，在以自己为中心的水纹波般扩散开的差序格局中开展社会行动的。虽然差序格局中的社会活动不像西方团体格局中的社会行动那样有界限清楚、概念明确、原则普遍的规则性，但是，它有自己特殊的规则性，即作为传统和经验而发生作用'礼'"，"礼是社会公认的规范……维持礼这种规范的是传统"，"传统是社会所积累的经验"，"如果我们对行为和目的之间的关系不加追究，只按照规定的方法去做，而且对于规定的方法带有不这样做就会有不幸的信念时，这套行为也就成了我们普通所谓'仪式'了。礼是按照仪式去做的意思。"这种不用逻辑推论、不用计算预测的传统经验，正是感性活动的基本特征。进入现代社会，中国传统社会的主导思维方式——感性思维并未改变，感性选择是在中国社会具有深厚传统根基，而且至今仍然发生着基础作用的选择②。在台湾社会，普通

---

① 中国人无论做什么事都要充分估量对方的成本。鲁迅说"面子是中国人的精神纲领"，不给他面子就伤到了他的精神纲领，这很难用是非来衡量了。而充分地尊重别人，在中国人的文化里是给别人面子。给了面子按鲁迅的说法就是抓住了辫子，所有事情迎刃而解，这是中国文化一整套处理问题的方法。

② 刘少杰.经济社会学的新视野——理性选择与感性选择 [M].北京：社会科学文献出版社，2005:90.

的社会成员在日常生活实践中延续的大部分仍然是费孝通先生所言的乡土社会"差序格局"下的传统行为习惯和路径，依赖亲缘关系和熟人关系开展社会交往和进行经济活动。随着转型期不确定性因素的增加和竞争激烈程度的不断升级，普通社会成员对这种行为方式的依赖程度反而得到强化，而且模仿、从众和沿袭传统等行为也仍然是他们的主要行为方式。

第二节　生存与发展：台湾民众国家认同错乱的本体论向度

"社会存在决定社会意识"是马克思主义历史唯物主义的基本观点。从本体论视角而言，感性选择是基于人的感性生存需要而发生的选择行为，是人类生存的本质体现。正如泰尔朋所言："对于意识形态的产生所做的解释和研究，就必须从特定的社会结构、特定的社会和自然环境、以及特定的社会和其他的社会之关系等等变革的过程出发。正是这些变革，构成了意识形态产生的物质决定因素。"[①] 国家认同是一个历史范畴，台湾民众的国家认同也存在一个由一元到多元的历史演变过程，而每一次变化都与台湾所面临的生存和发展的现实困境有关。

一、国民党政权建构"合法性"的压力与"中华民国"认同虚像的形成

1945 年台湾光复，重新回到祖国的怀抱。1949 年蒋介石率领大陆 200 万军政人员退踞台湾，国民党政权移至台湾地区。入台之初，国民党面临的最大挑战是台湾民众的认同危机和国际社会的承认危机，在台国民党政权陷入了深刻的"法统"危机之中。

首先，"二二八事件"导致的省籍矛盾引发"本省人"对国民党政权的认同考验。

合法性是任何政治统治和社会秩序的先决条件。在政治学领域中，合法性（legitimacy）是指对统治权力的承认[②]。这种承认可以是积极的"同意"或"认同"，也可以是被动的或默认的。获得认可与服从的基本方式有两种，一是通过国家机器的暴力威慑强制获得，二是通过非强制性的"合法性信念"赢得自愿

---

① ［瑞典］戈兰·泰尔朋. 政权的意识形态与意识形态的政权 [M]. 陈章津译. 台北：远流出版事业股份有限公司，1990:53.

② ［法］让－马克·夸克. 合法性与政治 [M]. 佟心平译. 北京：中央编译出版社，2002:12.

认可。"合法性信念"中的"法"是"理念法"（包括自然法、政治文化、政治习惯、历史传统因素以及社会规范等）和成文法的总称，其中对"理念法"是否符合正义的追问，则是它的关键所在。因此，合法性又指"正当性"或"正统性"。"理念法"的内涵在不同历史时期具有不同的标准。民族国家诞生之前，政权的合法性主要来源于"君权神授"的理念。在中国历史上，"君权神授""天命不可违""五德终始""五百年必有王者出"，嫡长子继承制、"金匮藏书"以及"金瓶掣签"等，都曾经被统治者援引为合法性的来源。民族国家产生之后，政权的合法性主要来自"主权在民"的自然理念法，这种观念也逐渐影响到中国。辛亥革命以来，中国的中央政权的合法性开始基于人民授权。抗日战争胜利以后，国民党政权的合法性来源于"国大代表"的全国性"民主选举"。虽然第一届"国大代表"的选举过程和结果存在人为操纵的弊端，但这些"国大代表"毕竟由全国各地"选举"产生，还是符合法律程序的，因此这次选举产生的中央政权和国家领导人具有形式上的普遍性基础和合法性依据。然而，1949年国民党政权败退台湾后，国民党的统治范围由全国蜕变为台、澎、金、马地区，如何继续保持"中国中央政府"的架构的"合法性"？这对于溃败后来台的国民党构成极大压力，也是危机重重的国民党政权需要直接面对的内部危机。

其次，国共内战导致的两岸分离局面引发国民党政权的国际承认压力。

在国际法实践中，政治实体是否具有"国格"，并非由哪个国际机构来决定（这与国际社会的本质特征是无政府状态有关），而是由国际社会中的其他国家来认定，这就产生了所谓的"国家承认"问题。按照国际法泰斗奥本海默的看法，"国家之得为国际法人，以获得承认为唯一途径"，而获得国家承认首先要具备"国家构成要件"。"国家构成要件"包括"固定的人民（a permanent population）""固定界限的领土（a defined territory）""有效的政府统治（effective government）"和"与他国进行交往的能力（the capacity to enter into relations with other states）"等四大要素[1]。这意味着一个分离的政治实体只有经过国际社会大多数国家的承认，且在符合国际法规定的"国家构成要件"以后，才能真正成为国际法人，进而才会具有"国格"（statehood），成为国际法的主体，并担负国际责任和义务。而分离的政治实体往往不具备有效统治的条件[2]，因此，对于一

---

① 《1933年蒙得维的亚国家权利及义务公约》第1条，见 Brownlie I. Principles of Public International Law, 6th ed., New York: OUP, 2003, p.75.

② 有效统治的判断标准为：一是有效性。执政当局实际上统治该领土及该领土上的人民，或至少是大部分地区和人民；二是"稳定性"。执政当局应有继续掌权之机会；三是"独立性"。执政当局应与他国政府相区别，不隶属于任何他国政权。

个分离的政治实体而言，"与他国进行交往的能力"是其能否获得"国格"资格的最重要指标，也是唯一途径。1949 年中华人民共和国成立开启了两岸双方围绕"中国"代表权的激烈较量。根据国际法上的继承原则（新政府继承旧政府在国际法上的一切权利和义务）和承认原理（有效统治原则），中华人民共和国是中国的唯一合法代表，台湾从历史和国际法的角度，均为中国领土不可分割的一部分，中华人民共和国对之拥有完全的主权。而国民党统治集团退踞台湾后，也坚持"一个中国、一个政府"政策，"汉贼不两立"和"意识形态"对抗成为台湾对外政策的主轴①。可见，国民党统治集团退踞台湾后，"中华民国"的"国格"同样面临国际社会承认的考验。

为了化解国民党当局的"合法性"危机，继续维持其"中央政府"的"法统"地位，国民党当局着力开展在台的"建国工程"。这项工程是以"反共"命题为核心，通过"现代中国"的想象与"正统中国"的逻辑演绎，重新构建国家认同内容。

首先，以威权统治结构为基础建立"内部合法性"。

国民党统治集团兵败大陆、退守台湾后，建立起"以党领政""以党领军""以党领社会"的威权统治体制。在威权统治的基础上，国民党构建其"合法性"资源。其一，打造"民主宪政"招牌，给威权统治披上"合法性"的外衣。国民党为了在形式上保留其"中央政府"的"法统"地位，将大陆时期的所谓民主宪政体系照搬到台湾。该体系由 1946 年通过的《中华民国宪法》、1948 年修订的"动员戡乱时期临时条款"，以及 1947—1948 年陆续选出的第一届"国大代表""立法委员"和"监察委员"等组成。"民主宪政"既为国民党政权装点了门面，又成为其维持"法统"的法律基础。其二，把内战状态制度化，继续宣示拥有中国大陆的"主权"。国民党政权将大陆方面定义为"叛乱团体"，不断强调"反攻大陆"，并强调要将台湾建设成为"三民主义模范省"②。将台湾定义为"中华民国复兴基地"，也就明确了台湾为"中华民国"统辖下的地方政府的身份。其三，以"中华民国"为符号进行意识形态宣传，灌输"党国统治合法性"观念。台湾的国民党政权形成的是"以党领政、以党领军"的政治型态，如何确立其"党国统治"的"合法性"成为国民党当局要破解的最大难题。国民党的解决路径是：将中华民族与"中华民国"联结起来，叙述传统中国与"中华民国"之间的传承关系；将中华民族范畴与"中华民国"领土

---

① 蔡东杰."两岸外交策略与对外关系"[M].台北：台湾高立图书有限公司，2001:87—88.

② 台湾：《中央日报》，1950-10-7.

联系起来，形成"民族国家"；将"中华民国"与中华人民共和国对立起来，塑造一个窃取权力的"他者"；突出"中华民国"的政治符号，营造"中国意识"的教育现场、文化环境以及社会氛围。通过"中华民国"的"国家正统地位"教育，培养了台湾民众对"新国家"的归属感和信任感。其四，以地方自治为手段缓解"省籍矛盾"，解决台湾民众的政治参与危机。台湾民众在日据时期就提出了争取地方自治的诉求，失势失利的国民党政权为了巩固统治，不得不回应民众早已觉醒的自治诉求。1950 年前后，台湾省政府制定颁布了诸如《台湾各县市实施地方自治纲要》《台湾省各县市议会议员选举罢免规程》《台湾省各县市长选举事务所组织规程》等 16 项地方自治法规，开启了台湾地方自治历程。

国民党在台湾通过实践孙中山三民主义学说，在一定时期内安定了台湾社会，安抚了台湾民众，实现了稳固国民党在台湾统治的目的。在国家认同问题上，它一度模糊了台湾民众的身份意识，促使台湾民众的国家认同高度统一，并形成国家认同的虚像——"中华民国"。具体表现为：承认台湾是中国领土的组成部分；外省人和台湾人同为中国人；否认中华人民共和国的政治地位；"中华民国"是国家认同的唯一对象。

其次，以美台关系为后盾建立"外部合法性"。

五六十年代，台湾利用两极对峙的冷战格局，通过加强美台关系，逐步建立台湾的对外关系体系。其一，以朝鲜战争为契机争取美国的政治支持。朝鲜战争之前，美国一度实行对台观望的"弃蒋"政策①。美国国务卿艾奇逊在 1950 年 1 月 12 日发表的题为《中国的危机》的演讲中，就直接把台湾置于美国西太平洋防线范围之外。因为美国认为退台初期的国民党已经是气数已尽，衰败的命运难以挽回。但是，1950 年 6 月 25 日朝鲜战争爆发后，美国出于冷战思维和地缘政治利益考虑改变对华政策，1950 年 6 月 27 日杜鲁门抛出了"台湾地位未定论"。从此，美国改变"弃蒋"政策转而承认"中华民国"的"国际地位"。其二，以"自由中国"的新形象重获美国的军事、经济援助。美国追求的民主、自由精神与国民党政权在大陆时期的专制、腐败格格不入，这是美国停止经济援助并一度准备"弃蒋"的原因。为了争取美国的支持，国民党退台之初就在内部实行土地改革和地方自治，以"民主、自由"的招牌充当"中华民国"的门面，以此换取美国的重新信任。随着中美在朝鲜战争、联合国和双

---

① 袁明、[美]哈里·哈丁主编.中美关系史上沉重的一页[M].北京：北京大学出版社，1989:321.

边关系中的军事和外交斗争的全面展开，美国对华实行"遏制"和"孤立"政策，对台湾则开始大规模提供军事和经济援助，以加强国民党的军事和经济实力。仅 1950 年下半年至 1951 年上半年美国援台武器就可装备 20 个师左右的兵力。其三，以"反攻大陆"为旗号争取美国军事介入台海事务。在国共内战后期，美国意识到国民党大势已去，并认真研究过美台关系。1949 年 3 月美国确定的对台政策目标是"不让台湾、澎湖列岛落入共产党手中"，同时表示美国无意承诺以任何武装力量"保卫"该岛。然而，朝鲜战争爆发两天后，美国宣布第七舰队封锁台湾海峡，这标志美国在台湾问题上从不介入转向军事介入。国民党政权出于"反攻大陆"的需要进一步发展美台军事安全关系，1954 年 12 月与美国签署了"美台共同防御条约"。在条约中，美国承诺继续向台湾提供军事装备和其他援助，并在必要时使用美国的武装力量防止大陆解放台湾。50 年代，美国曾在两次台海危机（1954—1955 年和 1958 年）中对中国进行核威胁和核讹诈。

美国对台湾国民党政权的政治承认、军事保护和经济援助成为国民党维持生存至关重要的外部支撑。一方面，蒋介石当局稳定了在台湾的统治地位。在美国的支持下，西方主要资本主义国家承认"中华民国"的"国际地位"（直到 1970 年，台湾还有 65 个"邦交国"），国民党政权得以"联合国会员国"的身份延续其"国际"政治参与。另一方面，蒋介石当局获得了有利于台湾发展的外部条件。因此，在美国的撑腰下，蒋介石当局一再拒绝中共的和谈倡议，在岛内掀起"反共""仇共"浪潮，气焰日益嚣张。在此背景下，当时台湾民众虽然绝大多数认同中国，认为"我是中国人"，但相信"中华民国"代表中国的"正当性"[①]，而中华人民共和国则是"叛乱团体"，是"匪政权"。

与此同时，美国对华的分裂言论助长了岛内"台独"势力的发展。由于美国大肆鼓噪"台湾地位未定论"，美国等西方国家出现了"两个中国""一中一台"、由联合国托管台湾等反华浪潮，并图谋通过联合国提案使台湾问题国际化。美国分裂中国的言行成为日渐衰落的"台独"活动的强心剂，大量岛内外的所谓国民党党外精英将美国作为庇护所，纷纷在美国安营扎寨。进入 60 年代，美国逐渐取代日本，成为海外"台独"活动的大本营。此后，"台湾独立联盟"等"台独"组织以美国为基地，筹集经费，招兵买马，发展组织，公开进

---

① 蒋介石曾五次抵制美国分离台湾的图谋：1947 年严厉驳斥"联合国托管"谬论；1950 年明确反对"台湾地位未定论"；1954 年与美国的"外岛停火论"极力抗争；1955 年反抗美国的"金马撤军论"；1958 年再反"金马撤军论"。

行分裂祖国的活动。

二、国民党威权统治危机与"中华民国"认同虚像的幻灭

进入 70 年代，国民党政权危机四伏，其统治地位的合法性受到内外两方面的夹击。

在外部，"中华民国"的外在合法性遭到国际社会的否定。

1971 年中华人民共和国恢复了在联合国的席位，台湾当局失去了"代表中国"的国际"合法"地位。1972 年 2 月，中美关系改善，美国在《上海公报》中表态：台湾海峡两边的所有中国人都认为只有一个中国，台湾是中国的一部分，美国对这一立场不持异议。同年 9 月中日复交，日本接受中日建立三原则，即承认中华人民共和国是代表中国的唯一合法政府，台湾是中国的一省，废除日台和约。此后，台湾遭遇一系列"外交"挫败。1973 年欧共体终止了与台湾当局唯一的"官方文件"——"棉纺协定"，并于 1975 年终止与台湾的年度棉纺诺商，台欧政治关系降至历史冰点。国际社会的大多数国家也纷纷与台湾"断交"，至 1978 年底与台湾维持"外交"关系的国家只有 21 个。台湾原先参加的 13 个联合国机构，也仅剩下国际复兴开发银行、国际货币基金、国际开发协会和国际金融公司，台湾的国际地位空前孤立。特别是 1979 年美国与中国建交并与台湾"断交"，台湾的"国际地位"一落千丈，岛内称之为"失去了国际人格"。国民党当局也不得不承认这是"迁台以来的最大挫折"，整个台湾政坛摇摇欲坠。

在内部，"中华民国"的内在"合法性"逐渐衰弱。

一是"中华民国"的"法统"基础开始动摇。为了维持"中华民国政府"是唯一"合法政府"的宣称，国民党将大陆时期按"合法"手续选出的"中央民意机构"整体搬迁到台湾，因此第一届"国大代表""立法委员""监察委员"就变成"法统"的象征。然而，由于迁台的"中央民意机构"无法按照"宪法"的规定在全中国地区展开选举，其"合法性"隐藏着两大漏洞。①代表性不足。迁台的"国大代表"没有达到法定的半数要求。第一届"国大代表"的法定名额应为 3045 人，1947 年实际选出 2953 人，但这些代表中约有一半并没有随国民党来台，有的留在大陆，有的则移居海外。因此，迁台的"国大代表"事实上不具有全国代表性。②功能性障碍。由于不能按照法律程序定期改选民意代表，国民党为了维持"法统"地位，以"动员戡乱"的旗号封闭中央选举，将民意代表的任期无限期延长。冻结"国会"的后果便是形成倍受诟病的"万年

国代"和"万年议员"①。随着不改选"议员"的老化凋谢，自然产生功能性衰退问题②。由于"国会全面改选"问题的激化，国民党威权统治的"法统"危机全面爆发。

二是政治权力再分配的压力与日俱增。国民党威权统治时期，实行"封闭中央、开放地方"的统治策略。"总统""国大代表""立法委员"实行终身制，外省人长期占据台湾党、政、军、情、教等各级要害部门。本省人虽然在地方自治的旗号下获得了参政议政的机会，但大都局限于县乡政权（在1969年中央民意代表增补选之前，台湾的选举的最高层级仅至省议员）。至70年代，随着台湾经济的飞速发展，中产阶级迅速崛起。中产阶级自身的自由、民主、平等、法制意识与"有纳税，无政治参与"的社会现实的矛盾日益突出，从而形成以本省人为主体的大众政治参与意愿急剧增长趋势，与以外省人为主体的权力垄断格局相冲突的结构性矛盾。这种人口—权力分配上的结构性"族群矛盾"是70年代后台湾地区政治变迁的基础。

三是民主意识开始萌芽。为了扩张国民党统治的社会基础，从50年代开始台湾进行地方自治选举，县级、市级和镇级选举成为台湾社会生活中的常态事件。然而，地方自治是一把"双刃剑"，国民党在利用台湾本土政治资源维护其威权统治的同时，无意之中也培育出了威权体制的掘墓人。一方面，它缓解了政治参与危机。开放地方自治权力安抚了岛内民众的抵触情绪，并把岛内政治精英成功纳入国民党威权体系轨道，使得国民党与地方社会建立了一种比较柔性的政治关系③。另一方面，它提供了民主的训练场。地方自治选举体制为台湾民众提供了一条参与地方政治的制度性渠道，台湾选民参与程度较高，省议员和县市长选举的平均投票率均在70%以上。台湾民众通过不断投身管理公共事务，在实践中积累了管理经验，培养了民主意识。这就在台湾威权体制内部埋下了"一颗从一元走向多元的种子"，最终瓦解了威权统治。

在内外交困的情况下，国民党试图通过对外开展"弹性外交"，对内推进民主化和本土化进程来寻找出路，摆脱困境，但结果却导致"中华民国"认同进

---

① 第一届"国大代表""立法委员"和"监察委员"，一直保留着职位，直到1992年底才全部退职，形成了举世罕见的"万年国会"和"万年议员"。在第一届"国会"中，从台湾省选出的"议员"人数分别为："国代"28名，"立委"8名，"监委"5名，只占总数的约1%。国民党退台后，仍然维持如此低的台籍"议员"比例，其代表性问题自然受到台湾本地人的质疑。

② 有数据显示当时的资深委员年龄普遍都在60、70岁以上，等于说基本丧失了议政监督的能力。而大量的委员因为年事已高，不得不带着担架甚至尿壶前去参加"国民大会"。

③ 王英．当代台湾利益集团研究[M]．海口：海南人民出版社，2008:74—75.

一步遭受质疑。

在外部，国民党实行"弹性外交"，以摆脱"国际孤立"地位。

面对剧烈变化的"外交"形势，蒋经国意识到台湾已经难以继续依靠美国来提供安全保障和外交支持，于是开始重新审视过去"汉贼不两立"的局限，提出了"总体外交"的基本构想。"总体外交"的新意在于台湾当局开始重视动用全社会的力量，采取多种方式，通过多种渠道全方位地开展对外工作。它要求在维持既有对外关系的基础上，积极进取，大力发展"实质关系"。在"总体外交"政策的指导下，台湾"外交"向灵活、弹性方向发展。首先，在"一个中国、一个政府"的原则问题上，台湾当局的立场出现了松动。一直固守的"不妥协、不接触、不谈判"的"三不政策"出现了"不退出、不出席、不接受"的新说法。其次，不再强调依靠美国的保护和国际上的反共势力，而主张依靠自己的力量进行"多方位外交"。另外，台湾的"外交"模式也进行了调整，由原有的"高阶政治"关系，逐渐改由贸易、文化等"低阶政治"关系所取代。台湾一方面加紧巩固已有的"邦交"关系，另一方面积极寻求与"无敌意的国家"建立实质性关系。主要方式为协商建立非官方机构，并以经济、财政、贸易、教育、文化等配合"外交"的推展。

但是，"总体外交"的实质是"弹性外交"，它主张台湾与"非邦交"国家可以发展实质性的经贸关系，这说明国民党"汉贼不两立"的对外政策开始松动，也意味着台湾不再强调政治上的正统地位。特别是，蒋经国时期的"弹性外交"基本处于守势，成效不大，无法挽回台湾民众在台湾失去"国际人格"后对于"中华民国"合法性的质疑和对于中国认同的动摇。联大驱蒋事件发生后，几乎在一夜之间，20多个国家与台湾当局"断交"，承认中华人民共和国政府为中国唯一的合法政府。台湾民众对"中华民国"开始质疑，仿佛在一瞬间，台湾变成了"亚细亚的孤儿"。1979年，美台"断交"，直接导致台湾民众对中国认同的动摇。在这之前，对台湾人而言，"台湾不只代表中国，台湾就是中国"，大陆只是"匪区"。在这之前，台湾人不只是中国人，还是中国人的"主体"所在。可是中美建交之后，台湾等于是在国际政治上，尤其是被美国剥夺了"中国身份"。于是，台湾在海外的留学生的"中国认同"开始出现一个转折，产生了 Chinese 与 Taiwanese 的身份认同困惑。"中华民国"的"外部合法性"的丧失，台湾同胞作为中国人的身份在国际舞台上"失去认可"，"中华民国"这一认同符号迅速幻灭，不仅给岛内民众原有"大中国"国家意识带来了巨大冲击，还导致国民党政权内部合法性的衰退。

在内部，国民党实行"本土化"策略，以此打造新的"合法性"基础。

蒋经国刚刚上任"行政院长"，便面临台湾退出联合国席位后出现的统治"合法性"危机，既有的省籍矛盾成为重大隐患。为此，蒋经国做出的策略选择是通过本土化政策来化解这场政治危机。此后，蒋经国推出了一系列"以台治台""扎根台湾"的本土化措施：第一，确立了起用台籍"青年才俊"的人事新政策。第二，大幅提高"行政院"部会首长和国民党常委中的台籍人士比例。第三，大力吸收台籍党员，使国民党成为以台湾人为主体的政党。第四，实行"国会"增额选举，增加台湾与海外华侨代表人数，不再举行大陆代表选举。

蒋经国推行本土化政策的目的是加强国民党统治台湾地区的"合法性"，但是本土化的利器是民主化，民主化与本土化相生相伴的结果便是国民党最终选择开放政治，结束威权统治。原因在于：一是技术官僚崛起改变了国民党的主体结构。由于起用台籍青年人才的新政，台湾的技术官僚获得了很大的发展空间。至80年代，技术官僚取代"革命精英"和"军事精英"居于社会主流，国民党由以行政官僚为主逐渐演变成以技术官僚为主体。这批技术官僚的学历背景[①]和省籍背景使这个群体成为国民党内的开明派或改革派，他们主张政治开明、政治自由，这成为国民党选择政治开放的内部组织基础。二是国民党精英结构中台籍人士比例的大幅上升，使得国民党内部"革新派"与"保守派"的力量对比发生根本性变化，并最终促使国民党内部对台湾政治体制的危机和"政治革新"的迫切性形成共识。三是增额选举的初衷是缓解国民党政权"法统"危机，但是增额代表的民意正当性，使得资深代表的法统正当性与海外遴选代表的程序正当性受到挑战。四是国民党党员群体结构的深刻变化使国民党开始打上了浓厚的台湾地域色彩。这为后来国民党内李登辉等人与岛内分裂分子在"台独"主张上的趋同，预设了可能。随着政治权力松动，国家认同议题被引燃。在反对运动挑战威权统治的过程中，与国家认同相关的争议一一出现，"建立民主"与"打造民族"两个概念，同时纳入了后续的社会工程之中。由此可见，在本土化和民主化进程中，国家统一观念和价值逐步消解，沦为台湾政

---

① 台湾的财经技术官僚绝大多数具有美英教育经历，拥有美英大学的硕士、博士头衔。美国经援计划下赴美研习的台湾技术人员，占出岛研习总人数的65%。经援终止后，1966—1972年由"中美基金"资助赴美研习人数的比例提高为91%。因而在"经合会""经设会""经建会"里，从美国回来的财经技术官僚为数相当可观。参见：文馨莹.经济奇迹的背后——台湾美援经验的政经分析（1951—1965）[M].台北：自立晚报社，1990:179—180.

治转型最大的牺牲品①。

三、两岸政治定位危机与国家认同的混淆

以 1971 年 10 月 25 日，第 26 届联合国大会通过 2758 号决议为分水岭，台湾的政治地位问题成为两岸关系中极其敏感的政治议题。它由两岸关系定位及其延伸的台湾的"国际空间"问题组成。所谓两岸政治定位包含三方面的内涵：首先，需要就两岸关系的本质做出回答，是国内关系、特殊的国内关系？还是"特殊的国际关系"？甚至就是"国际关系"？探讨两岸政治定位无法回避这一两岸关系的本质问题。其次，需要就两岸双方的身份、地位做出回答。从根本上回答"你是谁，我是谁，你我是什么关系？"，从根本上确定"你是什么、我是什么，我们作为整体又是什么"等等问题。再次，需要确定两岸双方彼此承担何种责任、权利与义务。为此，两岸双方都需要特别关注两岸在国际场合"面对面""背靠背"（即面对第三方）情况下的两岸政治互动的方式与途径。

在两岸开放交流与台湾政治转型的大背景下，80 年代末 90 年代初，两岸政治定位问题正式浮出水面，并引发激烈交锋（参见附录一）。

台湾当局将两岸关系定位为"一国两区两个政治实体"，谋求"双重承认""平行代表权"。该主张有两个要点：首先是"一国两区"论。它强调"两岸领土主权重叠、但治权分拥、互不隶属，中华人民共和国（简称 PRC）实际管辖中国大陆地区，'中华民国（简称 ROC）'实际管辖中国的台澎金马地区，两区各自拥有一套相对完整有效的统治方式和一定数量的国际承认，各自的统治效力互不及于对方"。其次是"一国两体"。即"一个中国两个政治实体"，主要针对两岸存在着全中国领土主权代表暨政权合法性之争的特殊情况。其立论基础是根据"宣告说""国家继续原则"和"中华民国宪法"，证明"中华民国"仍然是一个"主权独立的国家"。该论是岛内政治转型以来以国民党为主的泛蓝阵营一直维持的立场。1991 年 2 月，台湾当局通过所谓"国家统一纲领"，要求两岸"对等""在互惠中不否定对方为政治实体"等，并以此作为迈向国家统一之途的"前提条件"。

大陆强调两岸关系的现状是"一个中国"前提下主权与治权的分离。其立

---

① 在社会政治转型的大背景下，台湾最终构建起"大中国国家意识"与"本土化"进程间反向关系逻辑架构。若林正丈认为："70 年代的外交危机以后，蒋经国之所以推动台湾化及十大建设，并以民间的人脉及经贸力量展开实质外交，基本上都可视为体制本身在静悄悄地促进台湾图腾的正统化。"参见：[日] 若林正丈. 分裂国家与民主化 [M]. 台湾：月旦出版社，2000:8.

论基础是"中华民国"不具备"主权国家"资格，两岸政治关系的本质是政府继承关系[1]。主要依据如下：第一，由于内战以及外国势力的介入，造成两岸目前政治分离的状态，从而导致中国主权与治权的分离。第二，中国的主权并没有分割，中国的主权由中华人民共和国政府代表中国人民在行使。第三，在两岸政治分离的状态下，中华人民共和国政府的治权还不及于台湾地区。第四，两岸各自拥有的治权在性质上是根本不同的。中华人民共和国政府对大陆地区的治权，是从主权派生出来的，是合法的治权；台湾当局所拥有的对台湾地区的治权，不是从主权派生出来的，而是由于它实际控制台湾地区而在事实上形成的，因而不是合法的治权。第五，目前台湾问题尚未解决，固然有国内外的诸多因素，但是从根本上说，关键原因是中国政府不打算用武力方式解决台湾问题[2]。

中国政府的对台政策立场得到了国际社会的广泛支持。国际上绝大多数国家都承认"一个中国"是指中华人民共和国，而不可能是"中华民国"。美国政府也提出"三不政策"明确其两岸关系立场，即不支持"台独"，不支持"两个中国""一中一台"，不支持台湾加入任何必须由主权国家参加的国际组织。众所周知，国际承认是支持政权合法性的重要支柱。换言之，国际社会定位不仅是形塑"自我认同"的关键，同时也提供了"他人认可"。"中华民国"制度在国际社会的失效使得台湾当局的对外关系和两岸政策面临极大的压力和挑战。

面对"中华民国目前之治权，则仅及于台澎金马"[3]，中国国民党"无法有效在全国行使统治"[4]的现实，台湾当局必须为自己悬空的政治架构寻找新的"合法性"基础，"台独"势力则趁机宣扬分裂理念，岛内政治势力在两岸关系上的异动得到了美国等国际势力的默许和支持。

首先，国民党当局从一个中国原则立场上倒退。

李登辉时期，随着个人权力的逐渐巩固，李登辉开始背离国民党的政策，逐步从一个中国原则的立场上倒退。在李登辉继任之初，他还基本上延续了国民党的政策，宣称"中华民国的国策就是只有一个中国的政策，而没有两个中国的政策。"并表示"自己虽然是台湾人，但也是中国人。台湾无论在历史、文

---

① 李炜. 台湾参与国际活动问题的再思考 [J]. 台湾研究集刊，2010(1):50—60.;李秘. 两岸政治关系初探：政府继承的视角 [J]. 台湾研究集刊，2010(1):44—49.

② 陈动. 也谈主权理论及在台湾问题上的应用——兼与黄嘉树、王英津商榷 [J]. 台湾研究集刊，2003(1):27—35.

③ 台湾：《中央日报》，1992-8-2.

④ 台湾：《中央日报》，1988-12-24.

化及客观条件下，都没有独立的理由与可能。台湾的前途在大陆。"[①]但是，一旦权力巩固，他就开始抛弃"一个中国"的立场，推行"去中国化"政策，将中国国民党打造成台湾国民党，突显"台湾政权"的存在。李登辉的分裂路线图大致如下：第一阶段：提出"一国两府""对等的政治实体"等主张，在统一问题上搞"分裂分治"，在国际上推动台湾"重返联合国"。第二阶段，以与司马辽太郎的谈话为契机，公开强化分裂意识，鼓吹和推行"务实外交"，加紧在国际上从事"一中一台""两个中国"的活动。第三阶段，公开抛出"七块论""两国论"，并不顾一切地将其"两国论"塞进国民党十五届二中全会通过的一项决议中，成为国民党的党策，企图伺机将其法律化。至此，李登辉公开走上分裂祖国的道路，明目张胆地呼吁本省人与外省人共同认同"中华民国"的"主权独立国家"地位，认同"中华民国在台湾"，不再视台湾为中国的一部分，因而不再认同中国。马英九执政期间将"九二共识、一中各表"作为国民党的基本立场，但是，国民党内部对于如何表述"一中"存在很大分歧。

其次，民进党不断强化"台湾主体意识"理念。

民进党在两岸关系上在一贯主张分裂祖国。民进党的"台独"主张经历了三个阶段的演化。第一阶段，主张"住民自决"。民进党成立之初接过党外运动的旗号，主张"台湾的将来应由台湾1700万住民决定"。第二阶段，主张"独立建国"。由于李登辉对"台独"活动的纵容，"台独"组织"合法化"，"台独"活动公开化。民进党先后通过"4·17决议文""10·07决议文""台湾共和国宪法草案""台独党纲"等"台独"文件，声称"基于国民主权原理，建立主权自主自立的台湾共和国及制订新宪法之主张，应交由台湾全体住民，以公民投票选举决定"。第三阶段，主张"实质台独"。由于"台独党纲"成为票房毒药，民进党开始对"台独党纲"进行重新包装。1999年民进党推出"台湾前途决议文"，以"中华民国"作掩护，宣扬台湾是"主权独立国家"与"公投拒统"等理念。民进党执政时期，极力去除"大中国意识"，建构"台湾主体意识"。2002年陈水扁明确提出"一边一国"，并开启"法理台独"进程。2003年陈水扁提出了"法理台独"时间表。2004年陈水扁连任后，面对压力，虽然将"制宪"改称为"宪政改造"，但是，他始终没有放弃企图通过"宪改"的形式进行"台独"活动的阴谋，如鼓吹"台湾正名"、变更"领土""台湾主权"属于2300万台湾人民等。这些所谓的"新宪法"主张目标直指"台湾法理独立"。

---

① 陈宏.海峡风云[M].北京：中国妇女出版社，2000:129.

蔡英文上台后，以"九二事实论"取代"九二共识"，以"中国"取代"中国大陆"，其实质就是坚持"一边一国"的两岸政策立场。

第三，美国的台海政策出现大的波动并呈现向台湾倾斜的倾向。

台湾当局背离一个中国立场有一个重要的国际背景，那就是美国出于自身利益的需要逐渐调整对华、对台政策。其客观结果是推动了台湾当局在处理两岸关系问题上渐渐背弃了一个中国的基本原则，岛内的"台独"倾向也由"隐性台独"向"显性台独"的方向迅速发展。

中美建交之初，美国在台海问题上就形成了"战略模糊政策"，即所谓的"双轨政策"。按照美方的解释，美国在台湾问题上的原则立场是：遵守中美三个联合公报，承认一个中国的政策；美国政府无意执行"两个中国"或"一中一台"政策，坚持不支持"台湾独立"，不支持台湾"重返联合国"，不支持台湾加入只能由主权国家参加的国际组织的"三不"政策；反对武力解决台湾问题。这种偏重于中国大陆的"倾斜的双轨政策"一直持续到1992年美国恢复对台军售。与此同时，美国国会在1979年3月美台"断交"不到两天的时间内表决通过《与台湾关系法》，声称"本法乃为协助维持西太平洋之和平、安全与稳定，并授权继续维持美国人民与在台湾人民间之商业、文化及其他关系，以促进美国外交政策，并为其他目的。"其实质在于取代遭废除的"美台共同防御条约"，将台湾视为不享有主权国家之名的独立的"政治实体"。美国的对台政策使得被逐出联合国后"国际空间"急剧萎缩的台湾获得了喘息的机会，也给其他国家保留与台湾的实质性关系开了一个恶劣的先例。在此背景下，不仅催生了岛内"台独"势力的发展，而且刺激了海峡两岸的主权之争。

冷战结束后，由于苏联东欧剧变，国际战略力量的对比失衡，美国对华政策出现了大的波动，在海峡两岸关系中逐步向台湾倾斜。主要表现为：其一，恢复对台军售。1992年9月，美国售台150架F-16战斗机，价值64.3亿美元，占美国对外出售武器总额的47.3%。其二，提高《与台湾关系法》的法律地位。1994年4月，在亲台议员的操纵下美国国会通过了一项美台关系修正案，其中有关军售部分明确规定，它比美国其他的相关政策文件，包括公报、规则及指令都重要。美国在立法中的这项规定，事实上将《与台湾关系法》置于中美三个公报之上，为美国首先在立法上向台"合法"出售武器提供了法律上的依据。其三，支持台湾加入国际组织。1995年美国众议院形成第63号"众议院共同决议案"，鼓噪台湾加入联合国，并列举了台湾应加入联合国的所谓14条理由。美国认为，台湾参与更多的国际性组织的活动是有益的。在美国的影响和带动下，一些国家和国际组织也以"灵活"的态度对待台湾，致使台湾在国际上从事"弹性外交""务实外交"愈演愈烈。其四，提升美台的实质性关系。从老布什开始，美台关系就迅速升级。1992 年 11 月 30 日，美国贸易署首席代表奚尔斯女士赴台出席台美工商联合会议。这是美台 1979 年"断交"后美国首位部长级官员访台，开了美国高层官员访台的先例。克林顿时期，美国的对台政策进一步调整：将台湾驻美机构"北美事务协调委员会"更名为"台北驻美国经济文化代表处"；扩大美台双方在经贸、技术、文化领域的接触，提高互访官员的级别和层次；将美台高层官员的互访纳入立法保障之中。1994 年 10 月，美国参众两院分别通过包括允许台湾"总统"等高级官员访美的《1993 年移民及国籍技术修正案》，授权国务院在指定事项下，给访美的台湾高级官员发放签证。将美台高层互访纳入法定的框架之中，从实质上提升了美台关系。更为严重的是，美国竟公然允许李登辉于 1995 年 6 月访美。

在美国的支持和纵容下，海峡两岸关系在 20 世纪 90 年代中期陷入前所未有的危机，岛内分裂主义倾向愈演愈烈，台湾开始背离一个中国原则。主要表现为：一是在美国的默认下，李登辉逐步形成"台独"分裂理论。李登辉自 1992 年 8 月抛出"两岸分裂分治"的理论后，美国于 1995 年邀请李登辉访美，充分肯定台湾"政治民主化"的成果，默认李登辉的"隐性台独"。此后，李登辉在否定一个中国原则的道路上越走越远，至 1999 年公然抛出"两国论"，由"暗独"走向"明独"。二是在美国的协助下，李登辉当局在国际上大力推行"务实外交"。"务实外交"打着所谓拓展"国际生存空间"的旗号，试图制造"两个中国"并存的既成事实。在美国的引导下，时任台湾"行政院长"的连战于 1993 年 9 月联合国大会即将揭幕之时，在美国《天下事》杂志发表题为"在台湾的中华民国应属于联合国"的文章，为支持台湾"重返联合国"大造舆论。在美国的邀请下，台湾首脑曾参加 1993 年 11 月在西雅图举行的亚太经合会首脑会谈。1995 年美国邀请李登辉访美，将台湾的"务实外交"推向一个高潮。三是在美国的保护下，台湾当局"拒统"的心理基础日益增强。台湾当局向岛内民众鼓吹的美国将为"台独"提供军事保护的说法并非完全空穴来风。1996 年台海危机时，美国曾经派出航空母舰到中国海域耀武扬威，给台湾撑腰壮胆，这成为"台独"安全信心的重要来源。美国在 1998 年的"国防授权法案"和 1999 年的"两岸关系评估报告"中，都一再强调大陆军事现代化对台湾局势的"威胁"，主张将台湾尽快纳入亚洲战区反导系统，增强台湾的防空能力。此举令"台独"势力如获至宝，有恃无恐。

进入 21 世纪，美国政府的台海政策由"战略模糊"开始走向"战略清晰"。其一，以"保护民主自由"为幌子炮制"加强台湾安全法"。2000 年 2 月 1 日，美国众议院通过了由赫尔姆斯提出的"加强台湾安全法"。该法打着支持和保护民主、自由的幌子，支持台湾加入联合国及其他国际组织，要求提升美台军事关系，提高美国对台军售水平，为台湾提供军事保障。小布什上台初期，美国的一些亲台议员甚至叫嚣要"不惜一切代价协防台湾"。其二，将"一个中国"的承诺"空心化"。在一些美国政客眼里，一个中国原则简直就是紧箍咒，想方设法突破它的制约。但在克林顿执政时期，美国除了表示要信守"三不政策"之外，又提出两岸政策的"三个支柱"，即"一个中国、和平解决、积极对话"。小布什执政后，美国国内要求检讨一个中国政策的杂音日渐升高。2001 年 1 月 22 日，美国国家安全事务助理赖斯表示，美国不同意任何一方改变现状，若试图改变现状，美国绝对会介入，美国在这一态度上不再暧昧。同年 4 月 25 日，布什总统在美国广播公司的《早安美国》节目中表示，如果中国大陆攻击台湾，(美国)将尽其所能来帮助台湾自卫。其三，实施遏制中国大陆的"亚太再平衡"战略。2009 年 11 月，上任不久的奥巴马总统提出美国重返亚太的战略构想，又称"亚太战略再平衡"。按照这一构想美国将于 2020 年前向亚太地区转移一批海军军舰，届时将把 60% 的海军军舰布置在太平洋。美国力图构建的亚太新格局对中国有很强的针对性，即遏制和防范中国的崛起，排挤中国的影响力。

美国打破对台"战略模糊"框架直接助长了"台独"分子的嚣张气焰。一是"台独"势力在"政治民主化"外衣的掩饰下，逐渐成为台湾当局的主流派。二是陈水扁当局制定"台独"时间表，并企图"公投台独"。三是陈水扁当局加快了"去中国化"的速度。

总之，从李登辉的"独台"，到陈水扁的"台独"，甚至到马英九的"不统、不独、不武"的"三不"政策，台湾当局一直都在不断强化对"台湾主体意识"的认同。期间，台湾当局加紧本土化和民主化进程，试图通过"宪政改革""务实外交"等方式制造两岸永久性分裂，奠定"台湾政权本土化"的"合法性"基础。李登辉时期采取改选"国民代表大会"、推动"总统直选"和提出"两国论"等一系列步骤，从体制内消解了支撑"中华民国"认同符号的政治资源。至此，"中华民国"这一台湾人的中国认同虚像基本破灭，这不能不对一般民众的认同产生重大的影响。当"中华民国"的国家图像出现破裂时，两岸不同的政治制度、经济发展水平以及社会生活方式，决定了中华人民共和国的国家图像不可能得到台湾民众的认同。与此同时，陈水扁时期通过所谓的"宪政改造"

进行"台湾法理独立"活动，进一步强化了"台湾认同"这一所谓的新国家认同虚像。为了缓解对国家认同的迷茫与缺失，部分台湾民众从虚构的"中华民国"认同情感转移到对"台湾主体"的认同上，"台湾主体"认同逐渐异化成为国家认同的替代物。美国两岸政策重心的转向则进一步助长了台湾岛内的分裂主义倾向，也间接影响了台湾民众的国家认同选项。它使台湾分裂势力产生了一个错误的幻觉，以为有美国支持就有了靠山，就可以无所顾忌了，以至于在分裂国家的道路上越走越远。

第三节　意象与认知：台湾民众国家认同错乱的认识论根源

从认识论角度出发，感性选择是建立在感性认识基础之上的在初级意识活动支配下的选择行为。认知学派认为，认知主体由于存在不可避免的认知局限而产生错误知觉[①]，其认知中存在着夸大对方敌意的判断，从而产生威胁认知。基于这种威胁认知，认知主体有明显敌意的行为，并因为行为体之间的负面互动最终导致现实冲突。意象（Image）是认知主体对认知对象的一种相对固化的认知[②]，它一般根据自身价值、知识、信仰体系、历史经验而形成对客体的看法[③]。意象的主观性决定了其反映出的不见得是客观事实，有时候也可能反映出曲解和偏见。意象对政治行为的影响途径在于，它会让认知主体根据来自于经验和现实形势的知觉，对认知对象进行特征分类，从而对某个事件或某个国家产生"先入为主"的亲疏远近的"认同"或"不认同"的"刻板印象"。"刻板印象"将不可避免地会影响到认知主体的政治认同决策心理，从而影响到其认同内容。台湾民众的国家认同立场也是由民众对认同客体的感性认知所决定的，不同的意象导致不同的认同。

---

　　①　主要由于认知相符、诱发定势和历史包袱等因素的影响，认知个体难免存在认知局限。参见：[美]罗伯特·杰维斯.国际政治中的知觉与错误知觉[M].秦亚青译，北京：世界知识出版社，2003.

　　②　意象和认知之间的关系，一般指的是进入大脑的刺激与认知过程如何影响这些刺激以及如何被这些刺激所影响，并将这些刺激转化为反应之间的关系。参见：James E. Dougherty and Robert L. Pfaltzgraff Jr., Contending Theories of International Relations: A Conperhensive Survey[M], 5th ed., (Pearson, 2000), p. 592.

　　③　意象与印象有着一定的联系，但意象并不等同于印象。意象是一个相对稳定的、建立在长期认知基础上的印象，它反映出的是一种有选择的认知过程，它涉及对认知客体的主观认知、情感和评价取向。

一、敌人意象与"中华民国"认同

1979 年之前，大陆与台湾一直处于"敌对"状态。台湾民众对祖国大陆的理解和认知十分扭曲。由此可知，台湾民众对新中国的认知意象是"敌人"，即把新中国视为对自身的威胁和挑战。敌人意象的形成与冷战格局这一客观背景有关，尤其是与国民党的反共教育密切相关。国民党当局的反共意识形态教育包括以下内容：

第一，视苏俄和中共为"不合民主精神、违背世界潮流"的敌对势力，植入"反共抗俄"观念。

学校开设的"公民教育"科目中充斥着这样的描述："中华民国为民主集团国家之一，发觉苏俄侵略世界的野心最早，遭受苏俄侵略的危害最大，反共抗俄的决心也最坚强。今后我们一方面要促进民主集团的团结，一方面要继续努力，加强军事和政治的建设，完成光复大陆、重建国家的伟大使命。"① 蒋介石败退台湾后，念念不忘"反攻大陆"。从 1949 年至 1975 年，整整 26 年他都始终不忘他的"复国大业"。每年的 1 月 1 日元旦、3 月 29 日青年节、10 月 10 日"双十节"和 10 月 25 日"光复节"他都要发四次文告，每一次都老调重弹：今年是"反攻大陆"的"决定年"，不然就是"关键年"，至于明年，当然一定是"反攻大陆"的"胜利年"。其间经历了"反共抗俄""反共复国""三民主义统一中国"等阶段性的变化，但其"祖国化、中国化"的目标始终没有改变。直至 21 世纪，大担岛（金门）上著名的"三民主义统一中国"标语，与对岸厦门的"一国两制统一中国"标语仍遥遥相望。

第二，将祖国大陆扭曲为"水深火热的地狱"和"实行恐怖统治的妖魔"，植入"仇匪恨匪"观念。

两蒋时代的小学课本有一个特色，就是要教大家"仇匪恨匪"。从小学二年级开始，"国语"课本里就开始提醒孩子"共匪"的可怕："现在大陆的同胞，大家没有饭吃，没有衣穿。我们要在蒋总统的领导下，早早反攻大陆，把共匪赶走，使大陆上的同胞，也能够吃得饱，穿得暖。"② "人们每天从早到晚的工作，吃不饱，穿不暖。杭州从前是快乐的天堂，现在变成了愁苦的地狱。"③ 六年级国语课本第十一册第四课起，一连四课的题目都叫《天堂与地狱》，分别由食、衣、住、行四方面组成，介绍"在水深火热中的大陆同胞"。诸如，一生勤劳，

---

① "国民学校公民课本"高级第四册 [M]. 台北：编译馆，1960:2—4.
② "国民学校国语课本"高级第三册 [M]. 台北：编译馆，1957:61.
③ "国民学校国语课本"高级第三册 [M]. 台北：编译馆，1969:43.

省吃俭用的老农夫被"共匪""扫地出门"，"没收了房屋和土地。"①而对于两岸隔绝对峙的展望，一方面是宣誓"汉贼不两立"，宣称台湾在政治和"主权"上的"唯一正统"，另一方面誓言以武装"反攻大陆"、打败"共匪"而完成"中华民国之统一"。在冷战年代，"杀朱拔毛""打倒共匪""反攻大陆""反共抗俄""还我河山"等口号满街的贴，包括信封、香烟、米袋、火柴盒，生活中到处可见这些标语。军歌简直就是"反攻大陆"的宣言②。

第三，配合"动员戡乱"体制，植入"保密防谍"观念。

为了解决"中央级权力架构"缺乏地方性基础的矛盾，国民党在台湾构筑起严密的"反共/国家安全"体系。通过颁布"戒严令""戡乱法""戡乱时期检肃匪谍条例"实行特务统治。在"戒严"体制之下，特务机构凭着蒋介石的"保密防谍"尚方宝剑，到处抓人杀人。据董显光公布的资料，仅在1950年上半年内，"台湾治安当局处理了匪党地下活动案300件，牵涉的嫌疑犯在千人以上"。在"保密防谍"的高度专制下，蒋氏父子对军队、青年和知识文化界的控制格外重视。中小学设有专门的"保密防谍"课程，教导学生大陆上的共匪"常派爪牙来做种种危害政府的工作，这种爪牙，就叫做匪谍，对于这些外国的间谍和大陆的匪谍，我们都应该提高警觉，注意防范，使他们的阴谋诡计，无法实现。"③为了控制青年，1952年10月31日成立"中国青年反共救国团"，"救国团"在台湾各县市及大、中学校均分别设有团委会、党支部、支部，并拥有幼狮通讯社、幼狮出版社、幼狮广播电台等一套文化宣传机构，成为国民党控制台湾青年的"最大最活跃的政治团体"。

由于国民党当局渲染内忧（中共）外患（苏俄），灌输"汉贼不两立"的理念，大搞特搞反共思想灌输，从军队、学校到政府机关无一遗漏，在扑天盖地的情治箝制与思想控制下，台湾人对中国的理解逐渐脱离了现实；加之国民党信息封锁，大陆对中国合法性代表的议题被屏蔽了，导致台湾民众的信念唯有"反共大陆"和"三民主义统一中国"。就如聂华苓所言："大陆来台的人，由于怀乡，不得不相信国民党的反攻神话，生活在一厢情愿的梦想中，幻想中。他们不敢也不愿意承认自己会长期流放下去。"台湾作为光复"中华民国"的基地，台湾民众在爱国主义和民族主义驱使下产生了强烈的自豪感和使命感，增

---

① "国民学校国语课本"高级第三册 [M]. 台北：编译馆，1966:41.

② 军歌歌词："反攻，反攻，反攻大陆去，反攻，反攻，反攻大陆去！大陆是我们的国土，大陆是我们的乡亲。我们的国土，我们的乡亲。不能让俄寇欺侮，不能让血肉屈辱。我们要反攻回去，我们要反攻回去，把大陆收复，把大陆收复！"

③ "国民学校公民课本"高级第三册 [M]. 台北：编译馆，1959:15—16.

强了对"中华民国"的亲密性与向心力。由此可见，蒋介石威权统治时期台湾民众的国家认同完全被国民党反共、仇共的意识形态所操控，台湾的中国想象是"自由中国"，是"中华民国的正统"，使得"中华民国"这一难以自圆其说的国家认同符号长期占据主导地位。

二、退化意象与"台湾主体性"认同

长期孤悬海外的台湾民众的国家认同常常产生迷茫。台湾早期作家李昂在小说《迷园》中描写了主人公在国家认同问题上长期的迷惘失措，吴浊流也在《亚细亚的孤儿》中描述了台湾民众沦为半个世纪历史孤儿的困惑。国民党威权统治早期，虽然通过专制统治打造了"中华民国"这一认同符号，但是，由于"二二八事件"的影响，部分台湾民众早就对"白色祖国"(指国民党政权)失去希望。他们曾经寄望于"红色祖国"，可是"文化大革命"又导致"红色祖国"的梦碎[1]。台湾何去何从？台湾民众的国家认同又一次迷茫、分歧并异化。此时，台湾经济上"四小龙"和政治上"民主灯塔"的地位让台湾相较于大陆在心理上占据了明显的高地优势，形成有关大陆的"退化意象"(degenerate)。在台湾人视野中，台湾处于文化高位，在经济发展、民主政治和生活方式上都远远优越于大陆，台湾若和大陆交流、融合，将面临经济依赖、民主倒退、生活方式受到破坏等危机，因此，台湾需要保持自主性和独立性。

首先，台湾具有经济优越感。

台湾为什么拒统？因为台湾对大陆抱有极大的优越感，这种优越感最早来源于经济上的优越感。台湾民众一直以来最为骄傲的资本就是台湾的"经济奇迹"。自 1963 年起[2]，台湾的经济有了飞跃式的发展，经济成长快速，一举成为"亚洲四小龙"之一[3]，而且一度是四小龙中经济实力最强、经济结构最完善的一个经济体，是亚洲四小龙之冠。"台湾经济奇迹"威名远扬，在于它有两大特点：

一是经济持续高速增长。台湾是战后新兴经济体发展的典型代表，曾是许多后进国家或地区学习的榜样。台湾光复初期，民生凋敝，物资缺乏，物价恶性膨胀，失业问题非常严重，是一个纯粹的、落后的农业社会。1951 年，台

---

① 王晓波.台湾意识的历史考察 [M].台北：海峡学术出版社，2001:14.

② 1963 年，台湾工业总产值第一次超过农业总产值，台湾经济进入崛起阶段。

③ 1979 年，台湾与香港、韩国、新加坡等被国际经济组织列入新兴工业化社会，被世人称为"亚洲四小龙"。

湾的外汇负债为 1050 万美元，GDP 为 12.28 亿美元，人均 GDP 为 158 美元。然而，60 年代台湾首创的加工出口工业创造了台湾经济起飞的基础。1962 年 GDP 为 19.63 亿美元，人均 GDP 为 172 美元。1980 年 GDP 为 422.21 亿美元，人均 GDP 为 2385 美元。1992 年 GDP 为 2199.74 亿美元，跃居世界第 20 位，人均 GDP 首次突破万元，达 10625 美元，居世界第 25 位，外贸总额达到 1500 亿美元，高居世界第十四位，外汇储备 900 多亿美元，居世界第三位。2000 年 GDP 达 3262.05 亿美元，人均 GDP14704 美元，对外贸易进出口额双双突破 1400 亿美元，总额达 2800 亿美元，外汇储备达 1067 亿美元。期间，台湾经济高速稳定增长，长达 30 年之久。60 年代为 9.1%，70 年代达到高峰为 10%，80 年代减少到 8.2%，1990 年至 1998 年则为 6.2%[①]。

二是贫富差距缩小。台湾经济奇迹的意义，不只是经济发展速度稳定高增长，还包括分配很平均。经济增长与社会收入不平衡问题似乎是经济发展中的老大难问题，经济学上的"倒 U 型假说"认为，在经济发展的初期，收入差距会逐渐扩大，而后进入稳定阶段，最后逐渐缩小[②]。台湾经济在快速工业化时期却做到了收入差距基本保持稳定，甚至有所减少，基尼系数大体稳定在 0.3 左右，可谓是"倒 U"理论的一个反例。如果将台湾经济快速工业化阶段划定为 1962—2000 年[③]，期间，台湾经济连年高速稳步增长，贫富之间的差距缩小也相当快。台湾的贫富差距之比在 1950 年是 15∶1，1964 年为 5.33∶1，到 1980 年则减少到 4.17∶1，成为台湾收入差距最小的年份，且整个 80 年代都将所得比控制在 5∶1 以下的低水平上。在当时，亚洲地区新兴工业经济体的收入分配差距比拉丁美洲地区新兴工业经济体小，而在亚洲地区新兴工业经济体中，台湾的收入差距又特别小，接近于世界上收入差距最小的日本。进入 90 年代后，差距有所扩大，2000 年是一个峰值，为 5.55∶1，但与其他国家和地区横向比较，仍然处于低不平等国家及地区之列[④]。

其次，台湾具有制度优越感。

自 1987 年国民党开启"政治革新"以来，台湾正式步入民主政治转型期。台湾地区西方式民主政治的实践以普选制度、多党竞争和言论自由为主要特征，

---

① 数据来源：台湾"行政院主计处"："台湾地区居民所得"。

② Kuznets Simon, "Economic Growth and Income Inequality," *The American Economic Review*, Vol.45, No.1, 1955, pp.1—28.

③ 按照李国鼎先生的划分，1962 年为台湾工业化起飞点。而 2000 年以后，台湾地区服务业比重基本稳定在 70% 左右，可以将其视为步入以服务业为主导的社会。

④ 台湾地区 1992 年家庭收支调查报告 [R]. 台湾经济年鉴，2005:174.

已经形成台湾特色的民主政治体制，因此，台湾民众具有明显的政治优越感。

第一，民主转型以和平方式完成。台湾是"第三波民主化"浪潮中的一员，符合亨廷顿所言"妥协、选举、非暴力"的特点，被学者称作"政治改革的奇迹"①，这与台湾"民主化"进程的和平方式直接相关（由军政、训政而宪政，从地方到中央，以渐进的方式展开）。台湾在迈向民主化的过程中没有出现大规模的流血冲突事件，基本以和平演变的方式完成。70 年代的党外势力在与国民党抗争时都以街头游行、示威为主，流血冲突不多。即使在台湾民主转型过程中最富有冲突性的"美丽岛事件"中，也没有人被杀（大约有 183 名非武装的警察受伤）。随后在民进党与国民党对抗时也以街头抗争、示威为主，尽量避免流血、冲突。出现这种现象主要与台湾"民主化"属于变革类型（transformation)有关。台湾"民主化"是自上而下进行的，"在变革过程中，威权统治者在结束威权政权、并把它变成民主体制的过程中起着带头作用，并扮演着决定性的角色"②。国民党对待政治事件的当事人主要通过司法渠道进行解决，且很多政策都是各政党之间协商而制订的。

第二，民主选举的游戏规则比较完善。选举既是民主化的目标，也是民主化的工具，亨廷顿就把是否有"公开、自由和公平的选举"作为民主的本质特征③。台湾借鉴了世界许多国家的选举制度和选举方式，形成了具有台湾特色的选举方式，已经成为台湾的基本制度模式。台湾选举的"法律"依据主要有三：一是台湾"宪法"，二是"总统、副总统选举罢免法"，三是"公职人员选举罢免法"。台湾选举制度可以说全盘接受了西方民主国家的基本原则：普遍（只要年满 20 岁，在选举区内居住年限满 6 个月的成年人都有选举权。但被剥夺公权尚未恢复者、受禁止之宣告尚未撤销者除外）、平等（任何人不享有特权，一次选举中一人一票）、直接（公职人员一般均由选民直接投票选出，但"总统"例外）和秘密选举（无记名选举）。台湾选举制度参照的是法国的"总统制"，产生办法是简单多数选举制（单一选区相对多数决制），具体规则有：单一选区相对多数决制、复数选区单记不可让渡制、政党比例代表制、单一选区两票制等。

台湾经济上"四小龙"和政治上"民主灯塔"的成就使岛内民众的优越感与自信心持续膨胀，普遍认为两岸在经济水平、政治制度、生活方式、人文素

---

① 许庆复.迈向 21 世纪的台湾 [M].台北：正中书局，1994:31.

② [美] 亨廷顿（Samuel P. Huntington）.第三波——20 世纪后期民主化浪潮 [M].刘军宁译.上海：上海三联书店，1998:154.

③ 照这个标准，凡是一党体制、极权体制、个人独裁、军人政权以及类似的政权则叫做"威权政权"（authoritarian)，两蒋时期的国民党政权也因此归属威权统治范畴，属于不民主的体制。

质等方面存在巨大差异。"大陆人吃不起茶叶蛋"、"台独"势力乘机强化台湾不同于大陆的区域特征，以此增强台湾民众的"我群"意识，打造"台湾主体性"意识的社会基础。首先，经济实力成为台湾划分"我群"的界线。研究显示，在两个群体之间，若要追求"我群"的认同时，一定要划出不同民族之间的界线。相较于大陆在六七十年代经济物质生活水平发展落后、百废待兴，台湾则在同时期随着经济起飞完成了工业化、现代化，并且在经济快速成长中维持了物价稳定，维持了低度失业率，开创了台湾社会"廉政、稳步成长、低通胀、物价合理"的美好时代，因此，台湾的"经济奇迹"被标榜为台湾的资本主义制度优越于大陆的社会主义制度的经典实例。90 年代以来，台湾社会一度以经济发展水平来划分台湾与大陆，并以台湾经济好于大陆为由拒绝统一。"民主灯塔"则成为"台湾独立"的借口和工具。随着大陆经济快速发展，两岸社会贫富易位，台湾开始寻找新的优越感支撑点。台湾民族主义的"我群"认同也由经济区分转变成制度区分，强调台湾与大陆的差异在于"民主制度"和"尊重人权"。按照统派作家王晓波的说法，台湾民主运动既不能接受"红色祖国"，又不能认同国民党的威权体制，只有走自己的道路。"为保障台湾经济建设的成果和民主运动的成果不被吞噬，台湾独立不失为一条选择的道路。"① 随着台湾实现"民主化"，台湾问题越来越受民主问题的影响。岛内政治势力以"民主"为借口抗拒两岸和平统一。李登辉一手炮制的"国家统一纲领"抛出了"民主统一论"②，把大陆实现自由化、民主化作为统一的前提条件。陈水扁则集中攻击祖国大陆"不民主"、"一国两制"缺乏民主性，宣称"统一不能以牺牲台湾的民主自由人权为代价"。马英九的大陆政策仍大打"民主牌"，认为"两岸的核心价值观与生活方式不同，阻碍了两岸的统一"，宣称"大陆民主化是中国统一的关键"，"统一没有时间表，应视大陆地区民主化来决定和平统一进程"。可见，台湾民众已经把台式民主运作机制当作是他们区别于"大陆人"的主要特征之一③。

---

①　王晓波. 台湾意识的历史考察 [M]. 台北 : 海峡学术出版社，2001:315.

②　从某种程度上说，"民主统一论"比"两国论"影响还要深远，还难对付。它一方面迎合了台湾岛内相当多数人的普遍心态，另一方面也迎合了西方世界重视"民主外交"的倾向。国际社会对"两国论"普遍持否定态度，但对"民主统一论"却较同情。特别值得注意的是，冷战后美国的对台政策也增强了"民主"的因素。

③　台湾有学者认为，2014 年"反服贸"学生运动组织得如此有效、有秩序，学生请愿过后的街道竟然一个垃圾都不留。台湾民主已发展到如此阶段，连"学运"都已变得如此有组织、有纪律，实在可喜可贺。

三、帝国主义意象与"维持现状"认同

时过境迁，随着改革开放，大陆抓住经济全球化的机遇，经济社会发展取得了举世瞩目的成就。尤其是 21 世纪以来，大陆快速崛起，在经济总体实力、军事发展水平、国际地位与政治影响力等方面实现全面跃升。大陆经济的发展更成为东亚乃至世界经济发展的重要推动力，大陆的国际影响不断扩大。就连美国也认识到，"中国的国际作用已发展到包括广泛的全球问题和地区问题"，"与中国合作与否，对世界及亚洲地区的和平与安定都有莫大的影响。"面对大陆强势崛起，台湾民众产生了抵触、焦虑、失落、自卑等错综交织的情绪，心中的失衡感与不安全感与日俱增。尽管大陆早已不是改革开放之前的大陆，国际局势与海峡两岸都已发生天翻地覆的变化，"恐共情结"却依然影响着许多台湾民众的脑袋。有所不同的是，此时，台湾自认为受到了一个比它强大但文化上并不具备优越性的国家的威胁，对大陆产生了"帝国主义意象"(imperialist)。所谓的"帝国主义意象"主要来源于以下三方面的误解：

第一，关于武力威慑。

解决台湾问题、完成祖国统一大业是中共确定的新世纪三大任务之一。新中国成立以来，虽然中共三代领导集体解决台湾问题的方式先后经历了以武力为主、和战并用和以和平为主的阶段性变化[①]，但是，从未承诺对台放弃使用武力。"不承诺放弃使用武力"是中国政府对台政策的重要组成部分。不承诺放弃使用武力意味着为了打击和遏制"台独"分裂势力，可能采取非和平方式，包括军事封锁、战争等方法。正是在此背景下，自 1995 年 7 月解放军在台湾海峡开始导弹试射演习，这成为台湾经常炒作的"飞弹"议题。

台湾当局长期把大陆对"台独"分裂势力和外来干涉者"不放弃武力"渲染成中共以武力"威胁"和"打压"台湾。"飞弹威胁论"一直是绿营人士操控的议题。每逢"总统大选"进入倒计时阶段，所谓的"大陆飞弹威胁"说便会被拿出来炒作，以此来向其支持者洗脑和强化其支持信心。例如，从 2007 年岁尾开始，陈水扁连续在许多场合都讲，大陆对准台湾的飞弹有 1328 枚，台湾正面临重大的威胁！扁、吕执政期间，"大陆飞弹威胁"也一直是他们制造悲情的一张牌。从台湾媒体的报道可以发现，2000 年台湾地区政党轮替后，

---

① 中国历代领导人对台主张都坚持和平方式。毛泽东 1956 年提出和平统一思想（省亲会友、来去自由；既往不咎、立功受奖；国共合作、爱国一家；和平解放、互不破坏）。周恩来 1963 年提出"一纲四目"方针。叶剑英 1981 年提出九条和平统一主张。邓小平 1983 年提出的六条和平统一主张。江泽民 1995 年提出八条和平统一主张。胡锦涛 2005 年提出新形势下发展两岸关系的四点意见。

陈水扁、吕秀莲公开演讲最爱引用的就是所谓的大陆导弹数量。在扁、吕执政的 8 年时间里，在"九二一地震"受灾户重建典礼、天理教会面、与南部房地产业者见面、教师节活动、与企业界会面、与医学界会面等不同场合，台湾民众经常看到他们在谈导弹。而扁、吕两人谈到的导弹数字，又像初一、十五的月亮，经常兜不拢。在他们的口中，导弹的数量从 2001 年 300 枚，到 2007 年已经达到 1328 枚。陈水扁和吕秀莲几乎是每半年演讲，就要自动增加飞弹数量，其目的是明确的，那就是刻意营造大陆威胁的氛围，制造悲情气氛，最终骗取选票。自 2005 年以来，"中国牌"又增添了新的议题，即《反分裂国家法》[①]。在深绿人士的逻辑里，《反分裂国家法》等同于"武力侵台"亦等同于"回归中国、两岸统一"。

　　由于绿营利用两岸民众渴望和平，不希望发生战争的心理，经常拿"飞弹威胁"制造误解和麻烦，久而久之，许多台湾民众已经因此对大陆产生了一定程度的敌意。他们认为，大陆一方面讲"中国人不打中国人""骨肉同胞，手足兄弟"，一方面布置飞弹威胁台湾，是互相矛盾的。"一手安抚，一手拿剑"的做法又岂是应有的兄弟之情？蓝营的一些政治人物也表达了对"飞弹威胁"的反感。新党的赵少康说，"新党反台独，也反对中共用武，中共就像一个恶邻居，当中共入侵时，新党没有理由幸灾乐祸，当然会一起对抗恶邻居。"[②]很显然，大陆在东南沿海布置导弹，对台湾影响极大，很多台湾民众认为"飞弹是台湾安全的最大威胁"，"伤害两岸感情"。

　　第二，关于国际打压。

　　台湾的"国际空间"问题是在两岸分离的漫长岁月中形成的，并且在两岸关系的不同阶段有着不同的性质和表现。在两岸开放交流之前，两岸以军事对抗为主，谁是中国的合法代表是这一时期的两岸国际空间问题的焦点，即使 1971 年台湾当局代表被逐出联合国，两岸谁是正统的问题仍然是主要矛盾。进入 80 年代，祖国大陆加快改革开放步伐，以新的思维踏上国际舞台，为避免出现"两个中国"或"一中一台"的局面，始终不懈地进行斗争。特别是李登辉、陈水扁执政以来，反"独"成为大陆处理两岸关系的一条主线。大陆反

---

　　① 台湾打着"公民自决"的旗号大搞"法理台独"，已经走向分裂国家的边缘。《反分裂国家法》是以法律手段遏制"台独"势力的有力武器。这种方式在国际社会有许多的先例：法国于 1982 年颁布《地方分权法》，确认了科西嘉是一个行政区的地方自治单位。1991 年 5 月颁布的法令则完全承认科西嘉的特殊地位，但认为科西嘉是法兰西共和国的一部分，在主权问题上没有任何商讨和让步的余地。加拿大于 2000 年通过了《清晰法》草案，以保障加拿大永远不会在混乱中被分裂。

　　② 张麟征.硬拗 [M]. 台北：海峡出版社，2001：171.

"独"有两个战场：一是坚决反对在岛内推行"台湾主体化"的"法理台独"行为，二是强力扼制台湾在国际上冲撞一个中国底线的"外交"行为（防止"台独"问题国际化）。台湾的"国际空间"问题的实质是"主权问题"，对于这一敏感问题，双方针锋相对，互不相让，因此，两岸在涉外领域始终处于紧张对峙状态。

台湾当局和"台独主义"者长期以来一直对于大陆惩治和遏制"台独"的壮举，解读为大陆有意"打压"台湾，对台湾民众"求发展"造成威胁。具有"台独"思维惯性的民进党经常使用"中国并吞""中国的压力""中国的打压及野心""中国持续僵化的霸权思想"以及"中国民族主义及思想框架"等语汇，编造各种虚假的故事，颠倒"台独"和"打压"的因果关系，将大陆制止分裂的行为说成是大陆打压台湾"国际空间"。并且化身守护台湾、帮助台湾"出头天"的正义者，声称如果大陆要坚持两岸统一，如果大陆继续反对分裂，如果大陆继续采取行动遏制"台独"，民进党则要进行"自卫、自保、被动式的公投"。按照陈水扁的谬论，大陆打压台湾的"国际空间"，把有"台湾意识"的人逼到"台独意识"的路上去了。国民党对于大陆的外交围堵也是一肚子怨气。2006年马英九以国民党主席和台北市长的身份出访多个国家和地区，并且多次阐述了他对台湾"国际空间"问题的态度。马英九认为，《马关条约》割让台湾、"二二八事件"及"退出联合国"，是台湾人最大的三个创痛，也是台湾悲情的来源。台湾拼"金钱外交"也是大陆"打压"造成的。他抱怨一个生产占笔记本电脑芯片世界产量85%的地方却没有"国际空间"难以想象。他认为，现在台湾最迫切需要的是"国际空间"，台湾的"主体性"必须受到尊重。甚至抛出重话，中国大陆不要逼反台湾人，否则"后果要自负"[①]。

经过二十多年的教化，台湾民意在"国际空间"上的态度和心理发生了变化。许多人开始接受"台独"的错误思维，逐渐误认为"台湾"真的是在国际法上存在的一个"独立的国家"，并且对大陆在国际舞台挤压"台独"空间的行为强烈不满，认为这是"以大欺小""以势压人"的表现，对此相当反感。甚至警告说，大陆每"打压"一次，台湾人民对"生命共同体"的共识就增强一次。两岸进入和平发展轨道以来，岛内又不断有人提出应当用"新思维"、确立"大前提"、给台湾以"尊严"等主张。而所谓的"新思维"是要改变"中华民国不是一个主权国家"的"旧思维"，确立"中华民国在台湾"的地位。所谓的"大

---

① 按照马英九2006年3月在美国斯坦福大学胡佛研究所发表演讲时说："假如中共再持续打压下去，不只台独分子，连我们这些人都要站出来反抗了！"

前提"就是要从"互不承认"转向"互不否认"，归根结底是要大陆不否认台湾是一个"主权国家"。所谓的"尊严"就是台湾要有"国际法地位"，享受"主权国家"的待遇。

第三，关于不对称依赖。

随着两岸经济实力的此消彼长，大陆在军事实力、经济规模、统治能力和国际影响力等方面明显强于台湾，形成所谓的权力不对称关系。对此，岛内对于两岸之间的不对称依赖关系持担忧立场者进行了危言耸听的解读（参见第四章）。

总之，两岸实力的消长让台湾民众原有的优越感不断消耗，台湾民众自信的资本越来越少，需要通过强调"台湾本土意识"、鼓吹"本土化"、刻意与大陆相区别，才能防止被大陆统化。在此背景下，他们产生了一种既抵触又焦虑的矛盾情绪。这种心态体现在两岸关系上，主要是担心大陆会"以大欺小"，"吞并"台湾，使台湾民众失去原有的生活方式与"民主自由"。于是，"惧统"和"拒统"自然成为岛内普遍的社会心态，维持现状又因为其巨大的弹性和包容性成为主流选择。

第四节　"文化台独"：台湾民众国家认同错乱的社会行为基础

台湾光复之前，即使在日本殖民统治的奴化、同化下，台湾人民也没有改变过国家认同。但是近三十年来，"台湾主体意识"成为公开性、群体性的论述，台湾民众的国家认同出现了不同程度的分歧。台湾民众国家认同的异化有着深刻的社会历史根源，其中，台湾政治文化的变迁是台湾民众 90 年代以来国家认同危机的重要根源。由于经济发展和政治转型，台湾政治文化发生了结构性转变，虽然仍然具有浓厚的中国传统政治文化品格，但是已经积淀形成具有台湾地方性格的政治文化。如果按照通行的说法，将政治文化分解成政治认知、政治情感和政治评价三个部分，台湾政治文化的"去中国化"现象已经从政治认知、政治情感和政治评价各个层面蔓延开来，而这与台湾政治文化中的"台独"倾向的发展密切相关。"文化台独"[①]正是通过改造历史观和文化观等方式，潜移

---

①　"文化台独"是"台独"势力制造分裂的重要手段，是一种以确立"台湾文化独立性"为价值取向，以"去中国化"和"本土化"为特征，为"台湾独立"的政治目标服务的社会文化思潮。"文化台独"作为台湾政治分裂主义行动的组成部分，经历了一个较长的演变过程，具有极为复杂的背景。一般认为，"文化台独"主要由 80 年代初出现在岛内的文化"本土化"运动衍生出所谓"台湾意识"，最终异化成为分裂主义思潮。尤其是在李登辉和陈水扁执政时期，"文化台独"成为体制内的"合法"运动，致使"文化台独"成蔓延之势。

默化地影响着台湾民众的民族观和国家观，使台湾民众的国家认同出现混乱。

一、"台独"历史观及其实践

"文化台独"关于台湾的"历史观"主要包括两部分：一是否认台湾自古以来属于中国，将台湾定位为"无主之地"；二是大肆宣扬外国尤其是日本殖民统治"有功"。

"台独"论者否认台湾历史上属于中国，将台湾定位为中国可要可不要的"化外之邦"，是"无主之岛"。"台独"理论的奠基者史明在"台湾人四百年史"中所提出的"台独"历史观颇具代表性[1]。他认为曾统治台湾的荷兰、西班牙、明郑、清朝、日本、国民党等政权均是"外来政权"。因此，台湾"自古以来就不属于任何国家"，台湾是一个"无主之岛"，台湾"只有400年历史"。从"文化台独"的历史观出发，"台独"论者又衍生出了台湾历史"多元"论。他们认为，台湾不仅同大陆有历史联系，而且同所有其他殖民统治台湾的外来政权的母国也存在历史联系。中国同台湾的历史联系不过是台湾同众多"外国"的历史联系之一。

与此同时，为了从历史观上彻底"去中国化"，"台独"论者试图通过承认日本殖民统治"有功"，并竭力宣扬"国民党中国"或"外省人""殖民"统治之过错，来唤醒台湾的所谓"民族主义"，达到"脱离中国"的目的。为此，他们想方设法为日本殖民统治歌功颂德。"台独"运动的祖师爷廖文毅于1948年5月发起成立"台独"组织——"台湾民主联盟"，创办英文杂志《福摩萨论坛》和中文杂志《前锋》，并组成"青年训练班"，散布"台独"思想，其中就包括美化日本殖民统治的言论。廖文毅在1949年5月向美国情报人员狄克塞德呈递的"台湾发言"中，除了宣扬"台湾人不是中国人""台湾民族论""郑成功、清朝、民国对台湾的治理都是殖民统治"等理念外，还极力鼓吹日本殖民统治给台湾带来的福利，按照他的说法，日本人"成功地使台湾人和中国人分离"，"台湾人的民族认同得以在此一时期获得"。日本使台湾"呼吸了现代文明"，学习了先进科技，使台湾人的生活水平高过目前"中国在台统治时期"等等[2]。

90年代以来，"文化台独"在岛内取得合法地位，并逐渐成为台湾当局的政策。古语云：欲亡人国，必先亡人史。李登辉、陈水扁主政期间，台湾当局

---

① 史明."台湾人四百年史" [M]. 台北：南天书局，2014.

② 廖文毅是"台独"史上第一个公开打出招牌的"台独"头目，他拼凑了"台独"史上第一个分裂组织——"台湾共和国临时政府"，因为其浓重的亲日色彩，被人们称为"皇民化台独"。

打着改革教科书的旗号，公开割裂海峡两岸之间的历史联系，炮制所谓的台湾史。在李登辉的操控下，台湾"教育部"陆续修订了小学、初中、高中课程标准，全面推行所谓"教育本土化"措施。1997 年 2 月，台湾当局推出新版教科书《认识台湾》[①]，正式启动"本土化"教育。2001 年 2 月，台湾又改版《认识台湾》教科书，该版本以杜正胜的所谓"同心圆史观"为核心，主张以"台湾史"为主，"中国史"为辅，赤裸裸地割裂两岸联系，歪曲台湾历史[②]。在这一台湾史观的指导下，自 2003 年 10 月起，陈水扁当局不断修改大中小各级学校历史课程，不仅中断了以往中学历史课程以中国历史为主轴的做法，增设"台湾史"，而且将明代中期以后的中国历史，包括清朝和"中华民国"的历史全部列入了世界史课程。更有甚者，当民进党控制"国史馆"后，编著出版了"从'戒严'到'解严'"的所谓"民主运动史"，将民进党史定位为台湾史，试图以此取代台湾史。近二十年来，台湾当局"去中国化"的历史观教育主要表现为：

首先，它否认台湾自古以来属于中国的历史事实。《认识台湾·历史篇》只字不提台湾自古以来就是中国的领土，在开篇就将台湾史分为：史前时代、国际竞争时期（约 1600 年前后至 1662 年），也就是说台湾从"史前时代"进入所谓"有史时代"后直接就进入了"国际竞争时代"，如此一来，17 世纪以前的台湾似乎就是"无主之岛"[③]。"国际竞争时代"则包括"汉人和日本人的活动"以及"荷兰人与西班牙人的活动"，言下之意就是，对于台湾而言，汉人与日本人、荷兰人、西班牙人一样，都是"国际关系"，都是"外来政权"，由此进一步得出台湾是"无主之地"的结论。至于清朝时期的台湾史则被煞费苦心地表述为"清领时代的台湾史"，二战后国民党在台湾的统治则被笼统称作"中华民国在台湾"。2006 年 9 月启动的"高中课程暂行纲要"更是对于棘手的"中华民国"史问题进行了令人吃惊的裁剪。它以 1945 年收复台湾为界，将之前的历史划为中国史[④]，之后的划为台湾史。而且 1945 年前的历史也并非全是中国史，

---

　　① 《认识台湾》包括"社会篇""地理篇""历史篇"三篇，极力宣扬"台湾精神""台湾生命共同体"等"去中国化"意识。

　　② 陈水扁鼓吹"本国史就是台湾史，中国是外国，要先认识台湾史，再谈外国史"，以解决"国家认同问题"。在高一历史教科书《中国史》中删除旧石器时代北京人、秦始皇灭六国统一天下、黄花岗 72 烈士等内容，简化夏商周及魏晋南北朝历史。

　　③ 《认识台湾·社会篇》甚至荒唐地从 16 世纪葡萄牙海船"发现台湾"开始谈台湾史，还说"从 17 世纪开始"，"中国大陆的汉人陆续移来"。

　　④ 按照台湾教育部门的规划，包括辛亥革命、五四运动、中日战争、国共内战等都被列入中国古代史。创立"中华民国"的孙中山成了"外国人"，而台湾现行使用的新台币上却印着被划归在"中国古代史"的"国父"。

明代初叶之后的历史，包括"中华民国"的建立被划为世界史①。

其次，它否认中国政府治理台湾的合法性和正当性。《认识台湾·历史篇》否定中国在清代以前就对台湾行使管辖权的事实。1997年版《认识台湾》描述的"史前时代"至17世纪间的两岸历史联系为空白，一些重要的历史事实被有意地"失忆"了。例如，三国时代吴国军队到达"夷洲"（台湾）；隋朝在"流求"（台湾）的活动；宋朝在澎湖驻军；元代在澎湖设立巡检司，归福建晋江县管辖等。在岛内各界的强烈要求下，2001年版极不情愿地加上"元代曾在澎湖设巡检司""澎湖为明朝领土"等内容，却仍把郑成功治理台湾说成是"台湾首度出现汉人政权"。经过如此表述，虚化了郑成功治台之前中国历代政府对台湾的管辖。与此同时，《认识台湾》对于一些重要历史事件的描述可谓煞费苦心，在用词上大作文章，很多看似"中性"的用词却包含明确的政治立场。如，把郑成功"收复"台湾说成是"进取"台湾（"进取"即"进攻、夺取"之意）；称清政府管辖台湾是"清领台湾"（"领"即有"占领"的意义）；将甲午战争后日本"侵占"台湾称作日本"取得"台湾（"取得"如同日本有人把入侵他国称之为"进出"，掩盖了侵略的本质）；将惯用的台湾"光复"表述为"战后"（将台湾主权光复模糊为二战的结束）。高一历史教科书《中国史》中武昌起义变成"武昌起事"。可见这些"中性"用词并不客观中立，而是明显地表达了其政治倾向，即试图以此否认中国政府治理台湾的正当性与合法性。

第三，它美化日本殖民统治，抹杀台湾同胞抗日业绩。《认识台湾》被认为是一本为日本帝国主义篡改台湾历史的教科书，原因在于：其一，它故意抹杀台湾及祖国大陆同胞反抗日本殖民侵略的历史。《认识台湾·历史篇》不仅对台湾同胞反抗日本帝国主义可歌可泣的历史篇章和光辉业绩惜墨如金，而且还诬蔑台湾民主国的抗日活动是"抗拒日本接收"，把台湾同胞抗日活动被残酷镇压说成是"抗日完全瓦解"。不但如此，还把旧版历史教科书中"日据时代"的字眼说成是"日治"②。其二，它对台湾同胞遭受的歧视待遇和各种灾难或轻描淡写，或避重就轻，甚至避而不谈（如南京大屠杀）。为了掩饰、淡化日本帝国主

---

① 在陈水扁任期内，"台独"分子把持台湾教育文化科研机构，将"台湾主体性"列为"四大教育施政纲领"，公务员应考科目"中国制度史"改为"台湾近代史"，废除"国文""宪法""本国史地"科目，增考"日本近代史"，"本国史地考题"全是台湾史题目，初等考试"本国史地"命题范围仅限于"台澎金马"。

② 在台湾各界的强烈反对下，"历史篇"后来改成"日本殖民统治"，但"社会篇"仍坚持采用"日治"说法。"日治"显然是从日本人的视角来看这段历史，台湾学者王晓波批评"日治"的说法，称其"抹杀充满中华民族主义的台湾主体性的台湾抗日精神"。

义屠杀台湾同胞的罪行，它声称 1895 年 11 月至 1902 年，日本侵略者杀戮的台湾军民只有一万余人。而历史真相是，单是 1896 年云林"大坪顶事件"，"相传死者当不在 3 万人以下"。其三，它以大量的篇幅为日本殖民统治歌功颂德。《认识台湾》的历史篇和社会篇都极力美化日本占领时期的台湾社会变迁，认为这种变迁造成"人口的激增""放足断发的普及（即女人不缠足，男人不留辫子）""守时观念的养成""法制观念的建立"及"现代卫生观念的确立"等等。还极力替"皇民化运动"辩解，声称台湾人没有因学会日语而被同化，"日语反而成为台人吸收现代知识的主要工具，促进台湾社会的现代化"[①]。2002 年，陈水扁当局以"言论自由"为名，庇护鼓吹"台湾独立建国"的日本右翼文人小林善纪的漫画书《台湾论——新傲骨精神》发行中文版。

由于在台湾史中切断孙中山建立"中华民国"的历史，在中国史中截去"中华民国"在台演变史，并通过否认《开罗宣言》和《波茨坦公告》的正当性，抬高"旧金山和约"及"日蒋和约"的地位，只谈"日本放弃台澎金马"，不谈台湾归属问题，严重扭曲了中学生对历史事实的认知。台湾新生代被称作"天然独"与接受"台独"教育直接相关。

二、"台独"文化观[②] 及其实践

在文化观上，"文化台独"理论的核心要点是否定"台湾文化"与中华文化的同一性。"台独论者"认为：台湾文化不属于中国文化的一部分，台湾文化是由多元文化构成的综合体；台湾文化与中国文化具有本质的不同，台湾文化属于海洋文化；中国文化是落后文化，台湾文化是先进文化。

首先，台湾文化是多元文化。"文化台独"论者认为，台湾在特定的历史、地理环境中已经形成了"独立"的台湾文化。与台湾自古以来就是"无主之地"、历来统治台湾的都是外来政权的历史观相呼应，"文化台独"论者认为，"台湾文化包括原住民文化、西洋文化、日本书化和汉文化，中国文化只是台湾文化中的一元，并且也是一种外来文化"。以此说明台湾文化是"独立"于中国文化之外的文化系统。

---

① 对于"皇民化运动"，连日本学者西野英礼在论述时也不得不承认它是"企图使台湾人忘掉民族性的白痴化教育"，给台湾人民的精神负担与痛苦"是无可比喻的"，"最受夸耀的教育制度的确立，就是对于住民最为野蛮的行为"。

② 台湾大学中文系陈昭英教授提出了"本土化"运动的三阶段说，她认为，这一运动大致可分为三个阶段，即"反日阶段"（1895—1949）、"反西化阶段"（1949—1983）、"反中国阶段"（1983—至今）。

其次，台湾文化是海洋文化[①]。在割裂台湾文化与中国文化内在联系的基础上，"台独论者"进一步将台湾文化与大陆文化区隔开来。他们宣称，由于近百年来台湾孤悬海外，政治、经济、社会、文化等制度已经完全不同于中国大陆，台湾事实上已经具备有别于中国文化、具有主体性的台湾文化（又称台湾新文化），而且，这种文化呈现出"浓厚的海洋文化的特殊风格"，与中国文化的大陆文化有本质的不同。由此，"台独论者"提出了中国属于大陆文化、台湾属于海洋文化的伪命题。

再次，台湾文化是先进文化。为了构建所谓的"台湾文化"，"台独论者"不仅将两者分别命名以示区隔，而且大张旗鼓地将两者对立起来[②]。中国文化成为"落后"的代名词[③]，"台湾共同体"则是"先进"的代表。按照谢长廷的说法，台湾这五十年来的统治者是大陆文化，而被统治者是海洋文化。大陆文化是保守、僵化，比较不会变动，但台湾民间的海洋文化是冒险的、模仿的、比较求新求变。因此，台湾人民应该摆脱"大陆文化"的控制，追求"海洋的生活方式"，享受"海洋文化"。

在"台独"文化观的指导下，台湾文化领域的"本土化"和"去中国化"运动此起彼伏，主要表现为发起语言文化运动。语言是人与人沟通的工具，共同的语言可以拉近人与人的距离。台湾的"国语"跟大陆的普通话是一回事。台湾全面推行"国语"始于台湾光复之后，国民党统治集团退台后得到进一步强化，"国语"成为各个族群的沟通语言，台湾几乎人人会讲"国语"。然而，由于国民党当局雷厉风行地推行"国语"运动，手段强硬、霸道，例如，对在学校、公务场所讲方言的人给予罚款、处分或挂狗牌，这种贬低、排斥方言的做法，伤害了台湾人的感情，进而产生抵触情绪。"台独论者"抓住这个错误大做文章，历数推行"国语"摧残方言的罪恶，并将语言问题政治化。2000年民进党上台执政后将"全盘否定国语"的论调落实为一系列"台独"语文政策[④]。

---

① 所谓"海洋文化"，是指依赖于海洋进行商品生产所形成的文化观念和形态。台湾学者认为，海洋文化的意涵"在于人类与海洋互动所形成的生活方式，长期的生活方式，建构了族群所具有的海洋文化特质"。参见：戴宝村.台湾的海洋历史文化[M].台北：玉山社，2011:21.

② 李筱峰.海洋文化性格，丰沛台湾活力[N].中国时报，2001-07-24.

③ "台独论者"攻击中国传统文化封建保守、个人专制、图腾崇拜，甚至将贪污腐化、残暴、斗争、欺骗、虚伪，以至脏乱、吐痰等都与中国文化画等号。在"台独论者"的视野里，中国文化是"劣质文化""落后的东西""漆黑一团"，是"长年的腐肉"，必须"彻底抛弃"。参见：贾亦斌.论"台独"[M].北京：团结出版社，1993:68.

④ 早在陈水扁任台北市长期间，该市教育局就催生"母语教材"，就是为培植"台独思想"而发起的语言文化活动。

其一，强制推行"通用拼音"，与汉语拼音相对抗。1999 年台湾国民党当局决定采用汉语拼音[①]，这是中国人通用的、联合国公认的、国际标准都认可的拼音方案，便于在国际化、信息化时代与世界接轨。2000 年民进党上台后为了削弱"中国语言"的影响力，否决了汉语拼音，决定推行"通用拼音"方案。所谓的"通用拼音"是人为原因创设的一种整合了普通话、闽南话、客家话等语言的拼音方法（又称"台湾闽南语罗马字拼音"）。实际上，"通用拼音"一点不"通用"，因为"通用拼音"与汉语拼音相比，读起来音相同，但拼写符号不一样[②]。在汉语越来越国际化的今天，这样很容易造成交流上的障碍，尤其是年轻人使用电脑时很多人使用拼音输入法，通用拼音制造了不必要的麻烦。

其二，鼓噪"第二官方语言"，企图用"台语"（闽南话）取代"国语"。台湾的"国语"一直是正式的官方语言，但是，"台独"分子主张用"台语"教学，要求将"台语"列为"第二官方语言"。陈水扁上台后打着"语言平等"的旗号，制定"语言平等法"，把"国语"改称华语，规定华语与其他 13 种方言、族语（即闽南话、客家话和少数民族语）并列为"平等"的官方语言。与此同时，闽南语被尊为"国语"。现在台湾的中小学生不光要学"国语"、英语，还要正经八百地学有音无字的方言，甚至在学校不讲方言会被修理。有相当一部分人在大庭广众之下根本就不讲"国语"，全部都说闽南话，比如在民进党的大小会议上。而有些电视台和电台则根本就不用"国语"播出，全部用闽南话开讲。一些作家更是用闽南话写作，美其名曰"台语文学"。

其三，推行"本土化"教育，将中国文化边缘化。为了逐步削弱青少年的"国语"能力，早在李登辉主政时期，"台独"势力就打着所谓"本土化"的旗号大肆"去中国化"。从 1996 年开始，全岛三年级到六年级减少"国语国文"教学时数，增设"乡土教学活动"，包括"乡土语言"教学。陈水扁上台后，废止"国语推行办法"，从法规上取缔"国语"的共同语地位。2001 年起台湾中小学生必须在客家话、闽南话、少数民族语言中选修一种，中小学校必须用闽南语对学生进行关于台湾历史、地理、人文、风俗、社区等各个方面的"乡土"教育。为了培养具有"台独意识"的教育家、思想家，陈水扁时期积极推动各大学设立"台湾文学系""台湾历史系""台湾地理系"，以达到大学教育中"去

---

① 第一届全国人大代表大会第五次会议于 1958 年批准颁布《汉语拼音方案》，1982 年获国际标准组织的认证，1986 年被联合国接受为汉语标准语音系统，至此在全球的华人范围内，汉语拼音成为中文拼音系统的共同标准。

② 为了解决台湾方言有音无字的尴尬问题，只好用汉语和注音符号来勉强表达意思，诸如以"厝"取代"家或屋子"、"牵成"取代"提拔"、"冻蒜"取代"当选"等。

中国化”的目的。蔡英文上台后，“台独”势力拿“国语”开刀。民进党当局于2017年7月力推“国家语言发展法”等法案，企图将闽南话、客家话等与普通话并列为“官方语言”①。

其四，将“文化台独”深入日常生活和习惯，建立所谓具有“本土特质”的台湾大众文化。为了培养社区集体感情和社区认同，增强社区意识和乡土认同，陈水扁上台后，台湾当局在社会文化领域开展如火如荼的“本土化运动”。台湾“文建会”牵头进行“营造社区”的文化建设，以“文化生活化”为口号，通过社区总体的营造“做台湾文化的扎根、深根工作”。台湾北港朝天宫被称为“海内外各地妈祖的总庙”，岛内陆续设立台湾历史博物馆、台湾美术馆、台湾民族音乐中心、台湾传统艺术中心、台湾文学馆等10多个搜集、整理、研究台湾文化的研究中心和机构，台湾当局的领导人带头推崇“本土菜”“本土茶”“本土艺术”等，试图用本土饮食、艺术活动来塑造一个“台独”的文化空间。2007年，又将“故宫博物院组织条例修正草案”（1986年公布）修正为“故宫博物院组织法”，删除“宝物来自北平故宫与中央博物院”等文字，将中国古代改为“国内外”。

其五，大搞“正名运动”，铲除“中国”字眼，加速“中华民国台湾化”。陈水扁上台后，台湾在国际场合想方设法优先使用“中华民国（台湾）”，即“Republic of China（Taiwan）”和“台湾（Taiwan）”的字眼，其他名称如“中国台北”、“台澎金马”则尽可能不用。他们将“驻外机构”的名称由“台北”改称“台湾”。将海外侨胞分成“华侨”和“台侨”，将加入美国籍的台胞称为“台美人”（台裔美国人），从称谓上制造“台湾有别于中国”的印象。台湾当局主要“部委”的徽记图案也由大中国地图背景改为台湾岛背景。旅行证件加注“Taiwan”。在岛内也大作“国”字的文章，一切与祖国大陆有联系的标语口号、地图画册、徽章标记、机构名称、街道名称、公司名称等等，都被视为清除对象。为此，中国石油、中国钢铁、中华航空公司等台湾含有“中国”“中华”字眼的公司面临更名的强大压力。“国号”“国旗”“国歌”“国父”等关于中国的印记也成为“台独”势力的心病，必欲除之而后快。新台币成为“国币”，闽南话被视同“国语”，地方歌仔戏成为“国剧”。

“文化台独”的实质是建立“台湾独立”的社会思想基础，具有断根性的严重危害。“台独”势力从搞乱台湾民众的历史观入手，打破其在历史上对中国的

---

① 蔡英文当局的“去中国化”更加肆无忌惮。李登辉、陈水扁也没有把闽南话列为官方语言，而蔡英文却把她的“母语”客家话列为官方语言。

认同。以语言为工具试图割裂台湾与大陆的联系，从根本上动摇两岸统一的文化基础。台湾学者的研究也印证了这样的观点，"台湾人"认同始终是决定民众统"独"偏好的一大主因①。

---

① 俞振华、林启耀.解析台湾民众统"独"偏好：一个两难又不确定的选择 [J]. 台湾政治学刊，2013(2):165—230.

第五章　丰富两岸政治认同中的
交换性认同资源

政治认同的基本内涵可以概括为个体对政治体系的高度一致性。那么，如何引导台湾民众的政治认同，使认同主体形成对客体的一致性呢？如前所述，个体对政治系统的支持是利益驱动、价值诱导和强力威慑等多种因素合力作用的结果。其中，利益驱动是政治认同主要的内在形成机制。因此，政治系统能否"输出"利益以满足其成员的诉求是政治认同得以产生、维系与积淀的前提条件。换言之，国家认同在利益一致的前提下具有可塑性。不过，目前两岸处于分离状态，利益关系错综复杂，短期内主客体目标的高度一致性是根本无法实现的。为此，我们借鉴社会交换理论，将两岸政治认同的建构逻辑预设为两岸相互吸引→两岸交往→两岸整合→两岸认同，即通过经济整合、文化融合为政治统一储备条件。

第一节　两岸交换性认同资源的基本类型

根据布劳的社会交换理论，交换是社会生活中一个极其重要的社会过程，主要包括微观结构中个人之间的关系和宏观结构中组织与团体之间的关系。微观结构和宏观结构的社会交换过程之间，有很大的相似性。组织与团体之间的交换一方面会促进他们的联盟，另一方面也会导致统治的产生。相互吸引是刺激行动者进行交换的前提条件，吸引力的存在是因为通过交往具有报酬性。那么，在两岸关系中，大陆如何通过提供一般性报酬用以刺激主体调整认同目标？本书认为，利用交换性认同资源创造共同利益是吸引认同主体调整认同目标的重要途径。理论上，两岸通过各种资源交换可以形成不同层次的共同利益，进而促进两岸关系一体化发展进程，形成两岸共生界面。

所谓两岸交换性认同资源，是指大陆在引导台湾民众的国家认同正向转化的过程中所能利用和调动的物质和精神资源的总和。随着两岸交流交往的深入以及大陆综合实力的壮大，大陆拥有的交换性资源越来越丰富，构建共同利益的能力也在不断增强。我们按照资源属性，将交换性资源分为经济资源、文化资源和政治资源三大类。

一、经济资源

经济资源一直缺乏严格的理论定义。本书借鉴新古典经济增长理论和现代经济增长理论，将经济资源定义为决定一国所能提供商品数量和服务能力的要素总和。它包括自然资源（土地）、人力资源（劳动力）、资本资源（金融）、知识资源等基本要素。

土地是人类社会生活和一切生产活动的承载体，在传统农业经济中发挥决定性作用。重农学派认为"农业是经济增长的唯一源泉，农业进步是经济发展之本"①。发展中国家经济的发展，尤其是农业经济的发展，在很大程度上受土地资源丰歉的影响。土地资源的相对稀缺性、不可再生性和不可移动性等特点决定了其不可替代的价值地位。中国自然资源相对紧缺，土地人均占有量极低。不过，总量优势比较突出，即国土面积排名世界第三，耕地面积排名世界第四。广袤的土地、多样化的自然资源，不仅给予经济增长必要的要素条件，使得大陆形成了较为完整的产业结构和较为充裕的商品产出，也为经济发展更高阶段的结构优化调整、产业梯度转移提供了腾挪空间。

劳动力资源，又称人力资源，是指人口中有劳动能力，可以从事社会劳动的那一部分人口的总和。经济增长离不开它的承担主体，即劳动力资源的作用。劳动力数量的多少、质量的高低是一国经济社会发展的关键。虽然人口增长与经济增长的关系理论上有截然相反的解读，甚至悲观主义的观点在70年代之前一直占据统治地位。但是，随着发达国家人口问题转型，关于人口增长对经济增长的乐观主义观点开始出现，"人口红利"理论就是其中之一。大陆虽然自然资源匮乏，但人力资源十分丰富。2011年，大陆15～59岁劳动年龄人口曾达到峰值9.25亿人。改革开放以来，大陆依靠廉价劳动力的优势吸引国际资本进入大陆，嵌入国际分工体系，成为全球价值链上的重要环节，"人口红利"是大陆经济增长的重要动能。虽然近年来由于劳动年龄人口规模的下降、劳动薪酬收入的快速增长，大陆的低成本劳动力优势被削弱，但随着科技教育水平的提高，大陆劳动力素质正在不断改善，熟练掌握技术的专业人才、广泛接受职业

---

① 薛家骥. 发展经济学与中国经济的发展 [M]. 南京：南京出版社，1991.

技能培训的高级技工、高素质的管理人才推动了大陆劳动力要素的质量提升。在庞大的劳动力基数禀赋之上，加以专业化的技能培训和素养提升，大陆劳动力以量、质并重的竞争优势取代原有的低成本比较优势。在当代国际分工理论中，一个经济体拥有的要素水平与参与分工的环节乃至价值链中分得的利益相得益彰，大陆劳动力竞争力的提升，意味着大陆能参与国际分工的高端环节，从而能创造更为丰厚的价值。

资本是市场条件下组织社会生产的前提条件，具有集聚其他生产要素、组织生产的作用。资本的形成和高效利用依赖于国民储蓄水平和金融市场的发展程度。大陆的储蓄率和储蓄规模均居于世界前列，这为经济起飞阶段的资本积累提供了有利的基础。随着金融市场改革的推进，大陆已形成商业性金融、开发性金融、政策性金融、合作性金融分工合理、互为补充的金融体系，构建了多层次、广覆盖、有差异的银行机构体系，全球五大银行中有四家在大陆。截至 2015 年底，已有 22 家中资银行开设了 1298 家海外分支机构，覆盖全球 59 个国家和地区。大陆资本市场经过 20 多年的发展，已经成长为全球最重要的资本市场之一，为资本的集聚与形成提供了重要的平台。大陆不仅通过引进国际资本，学习先进的技术、管理经验，而且对外直接投资也快速增长，2016 年大陆对外直接投资超过 1700 亿美元，稳居全球前三。大陆企业通过资本出海，在全球获取技术、品牌、人才、资源等高级要素，提升了整合全球要素进行跨国经营的能力。

知识资源是指"服务于知识经济社会的以科学技术知识和理论、能力和智力为核心的知识体系。"[①] 它包括知识信息资源、知识创新资源和知识智力资源三个大的组成部分。作为一种独立的生产要素，知识具有很强的正外部性和非竞争性，其对经济增长的驱动作用集中体现在技术进步和创新上。技术进步有两种实现方式：自主创新、模仿和购买技术。大陆充分发挥了后发优势，将原创研究、集成创新和引进消化吸收相结合，实现了技术进步，不仅形成了较为完备的工业生产体系和较强的科技基础，而且在信息通信、新能源、新材料、航空航天等领域掌握了关键技术。在增长动能急需转换的经济新常态时期，大陆适时推进创新驱动发展战略，尤其注重科技创新的引领作用。一方面从国家层面实施一批重大科技项目，推进有特色高水平大学和科研院所建设，重视颠覆性技术创新，集中支持事关发展全局的基础研究和共性关键技术研究。另一方

---

① 白屯. 知识经济与新的资源观 [J]. 大自然探索，1998(4):101.

面，强化企业创新主体地位和主导作用，完善有利于创新的产权制度、投融资制度、分配制度，力促形成一批有国际竞争力的创新型领军企业，支持科技型中小企业健康发展。"中国制造 2025""大众创业、万众创新""互联网＋"等战略的提出与实施，将促进信息技术向市场、设计、生产等环节渗透，推动生产方式向柔性、智能、精细转变，推动新技术、新产业、新业态的蓬勃发展。

尽管 1949 年前大陆的经济、文化基础十分落后，但在社会主义条件下，大陆创造了经济和社会发展的高速度。改革开放前 30 年，大陆的工业总产值平均增长速度达到 12.5 % 左右，远高于同期发达国家的增长水平（美国为 4%，法国为 5%）。改革开放后 30 年，大陆不仅建立起全面的物质生产体系，还保持经济持续高速增长。1979—2016 年，大陆 GDP 年均增长 9.6%，而同期世界经济年均增速只有 2.8%。从持续时间和增长速度看，都超过了经济起飞时期的日本和亚洲"四小龙"，创造了人类经济发展史上的新奇迹。GDP 由 1978 年的 3645 亿元上升到 2007 年的 246619 亿元，30 年间增加了 67 倍。人均 GDP 由 1978 年的 149 美元，上升至 2007 年的 2640 美元，成长了 17 倍。人民生活水平显著改善，1978—2006 年，大陆城镇居民家庭的恩格尔系数由 57.5%，降到 35.8%，下降了 37.7%。农村居民家庭的恩格尔系数由 67.7% 降为 43%，下降了 36.4%。教育发展取得长足进步，1979 年共有 468.5 万人参加高考，录取了 28.4 万人，录取率为 6.1%。2008 年考生人数达到空前绝后的 1050 万，高考招生人数也创新高，计划录取 599 万人，录取比例 57%。国际地位持续不断提高，2001 年我国成为 WTO 成员，全面融入世界经济体系。2010 年我国超越日本成为世界第二大经济体。2016 年人民币被国际货币基金组织纳入"特别提款权 (SDR)"篮子。我国是促进世界经济发展的重要力量，经济对世界经济的贡献率已从 1978 年的 2.3%，上升到 2007 年的 19.2%，跃升世界首位。自 2008 年金融危机以来，世界经济复苏乏力，我国经济仍保持稳定增长，对世界经济的贡献率持续保持在 20% 以上。2009 年世界经济出现战后首次负增长，同期我国经济无论是数量上的稳步增长还是经济结构的深度调整，都赢得了国际媒体高度评价，甚至被称为绿色突围，对世界经济增长的贡献率猛增至 50%。至 2016 年我国经济对世界经济的贡献率高达 33.2%，仍居首位。作为世界上最大、综合实力最强的发展中国家，我国在国际经济事务上的地位不断提高，影响力不断增加。

二、文化资源

作为一个概念，文化资源的内涵十分宽泛，有人说，除了自然资源，都是文化资源，这与"文化"一词的内涵十分广泛有关。迄今为止，对于文化的界定已经有 160 多种。广义上，文化泛指人类创造活动的总和，它包括"显性文化"和"隐性文化"两部分，前者以具体的、可感知的物质化、符号化的形式存在，后者以非物质的知识、态度、价值观、习俗、艺术、文学等形式存在。文化资源由文化转化而来，但是，文化资源并不等同于文化。文化与资源组合后它拥有了时间性、效用性、再生性和衍生性等特点。时间性主要表现为它的精神内容可以持续加以利用，效用性主要是指文化本身就是一种独特的经济资源，再生性是指文化资源可以被重新生产出来并被反复利用，衍生性是指文化资源所包含的精神内容可以被提取、转化，并与特定的物质载体和媒介结合，形成新的文化产品和服务。由此可见，文化资源是具有文化特征和人类精神活动痕迹，具有人文价值和经济价值的资源。按照文化的传承方式，本书将文化资源分为三类，即物质文化资源、精神文化资源和行为文化资源[①]。

物质文化资源是一个民族物质文化的基础，是人类在长期物质生产活动中积累起来的、以物质形态表现出来的一种文化方式和文化类型。物质文化资源虽然包括的范围十分广泛，内容也较为庞杂、零散，但是，它可以归结为生产资料和生活资料两种主要形态。物质文化资源具有鲜明的时代性和不可再生性特征。一方面，它是人类在特定时空背景下创造的一种具有文化属性的生产资料和生活资料，在农业经济、工业经济、商业经济以及知识经济时代，它的内容和形式都在不断发展和变化。另一方面，物质文化资源不同于一般的物质资源，具有不可再生性，一旦受损就无法复原。

精神文化资源是人类社会实践和意识活动中，经过长期孕育而形成的价值观念、审美情趣、思维方式等文化形态。精神文化资源具有相对稳定性，原因在于，精神文化是文化的一种内在表达方式，它的传承不容易受到外部因素的干扰，因而，在历史发展中具有较为稳定的形态。诸如，人类的思想、思维、信仰、意识、伦理、情感、知识、才能、哲学、文学、艺术等多种精神活动，从多方面满足了人们表达情感、信仰、生活态度的需求，从而通过精神的方式不断被继承和保留下来。

行为文化资源，又称习俗文化资源，是指人类在社会实践，尤其是人际交往中约定俗成的社会风俗习惯和行为标准，它包括民风、民俗、习惯、习俗、食俗、婚俗以及生活方式和人际关系等。行为文化资源的突出特点在于其民族

---

① 制度文化是人类在社会实践中组建的各种社会行为规范。本书将"制度文化资源"纳入政治范畴加以阐述，以突出制度认同的重要性。

性，原因在于，行为文化是一种群体性行为方式、行为心理、行为动机和行为习惯的总称，是该群体的精神和价值观的折射。行为文化虽然通常见之于人们的日常起居生活，但是，透过行为，如思维方式、行为习惯、人际交往、生活旨趣等，可以观察到这一群体的素养、精神、信仰、价值取向和文化品位等。民族学所谓的"民族的差异就是文化的差异"，最直观的体现之一就是各民族行为方式和生活方式的不同。

文化资源具有多种属性，其中最基本的属性是文化属性和经济属性，这决定了它同时具备文化性功能和经济性功能。

文化功能体现为：其一，它是控制思想、实施统治的工具。这是由文化资源的意识性所决定的。文化是人类有意识、有目的创造出来的，不可避免地带有阶级属性。正如毛泽东在《实践论》中所言，在阶级社会，各种思想无不打上阶级的烙印。统治阶级出于精神统治的需要，必然有意识地将文化转变为相对独立的上层建筑，变成其政治教化的工具。其二，它是社会发展的历史记忆。这是由文化资源的社会性所决定的。文化资源是人类为了满足社会需要，由社会集体共同创造的财富。它蕴藏着历史文化传统，存在于社会文化现状，作用于整个物质生产和精神生产过程。在同一文化体系和社会结构中，文化具有共同性，表现为人们有同一种文化传统、生活方式、生产方式、思想意识、精神信仰等，这就是社会群体意识，或称民族和社会的"集体无意识"。

经济功能主要表现为：其一，文化资源是独特的经济资源。一方面，人类的经济活动主要通过文化继承与传递来实现。另一方面，文化所具有的生生不息的创造力，是一个国家或民族的文化产生和发展的基石。其二，文化资源是综合国力的重要体现。文化资源中的教育、科技等物质性资源彰显一国的综合国力，而理想、信念、道德等精神性资源具有巨大的教化、激励和导向作用。文化影响力也是一国塑造国际形象的主要手段。

文化资源是文化竞争力的核心要素。中国是一个有着五千年历史的文明古国，中华民族经过一次次的历史涤荡，通过自强不息，艰苦奋斗，创造了灿烂的中华文化。中华文化所蕴藏的各种传统价值观、道德观与民族精神，是两岸文化交流进而引导文化认同的重要资源。

中国拥有举世闻名的物质文化遗产。包括可移动文物、不可移动文物和历史文化名城。根据《中华人民共和国文物保护法》的规定，中国物质文化遗产包括古文化遗址、古墓葬、古建筑、石窟寺和石刻、壁画；历史上各时代重要的文献资料以及具有历史、艺术、科学价值的手稿和图书资料等；历史上各时代珍贵的艺术品、工艺美术品；反映历史上各时代、各民族社会制度、社会生产、社会生活的代表性实物；与重大历史事件、革命运动或者著名人物有关的以及具有重要纪念意义、教育意义或者史料价值的近代现代重要史迹、实物、代表性建筑；具有科学价值的古脊椎动物化石和古人类化石，等等。由于物质文化遗产的不可再生性，中国政府特别重视中华文化的传承和保护。2005 年 12 月，国务院下发了《关于加强文化遗产保护的通知》，目的有二，一是保护物质文化遗产的实体，二是传承物质遗产所承载的文化讯息。物质文化遗产在两岸文化交流中发挥着重要的作用，它不仅吸引大批台胞赴大陆旅游，而且使得台湾同胞在领略大陆人文、自然景观的同时，加深了对大陆政治与社会生活方式的了解与理解。

中国拥有独具魅力的精神文化资源。中国传统文化有哲学思想和文学艺术两大源流，每条源流的支脉又蕴藏着丰富的精神内涵，具有人文性（强调人本位，将天地人三者并认为宇宙中心）、包容性（各民族、各地区文化兼容并蓄，相互借鉴，共同发展）、伦理性（统治者注重道德感化，个人强调自身道德修养）、和谐性（天人合一"真"，知行合一"善"，情景合一"美"）等基本特征，至今影响我们的思想、价值观念和审美意识。两岸文化一脉相承，中华民族文化精神是加强台湾同胞的中华民族认同和中华文化认同的重要纽带。

中国拥有精彩纷呈的行为文化资源。它包含了体现"天人关系"的生产行为，承载道德观念的生活行为，传递知识和思想的学习行为，彰显民族性格的娱乐行为以及表达文化传统的节庆行为等多种形态[①]。台湾的婚姻文化、宗教文化、节庆文化、口传文化（神话、传说、歌谣、民间故事等）、语言艺术、戏曲艺术等行为文化，绝大多数和大陆有相同或相似之处。中国的行为文化中所蕴含的中国传统思想，如，儒家文化的"忠、孝、礼、仪"思想，道家文化的"道法自然""天人合一"思想以及佛教文化的"持戒""宽容""行善"思想等，在台湾社会生活中占据主流地位。这意味着两岸的生活方式并没有本质的差别，也不构成所谓的族群区隔的理由。随着两岸交流交往的深入，更多的台湾同胞会深刻体会到"两岸一家亲"的意涵。

三、政治资源

两岸关系博弈中大陆拥有怎样的政治资源是管控两岸关系走向的关键因素。

---

① 李树榕 . 怎样为文化资源分类 [J]. 内蒙古大学艺术学院学报，2014(3):10—14.

从体系、过程与决策三个层次来看，政治资源是政治结构功能发挥的基础[①]。换言之，政治体系要实现其政治功能，必须具备这样一个前提，即政治体系能够拥有丰富的可以进行调配的资源。这是因为"政治资源具有有效性、稀缺性和配置性特点，人们要获取政治资源必须付出代价或成本，只有权威的政治体系能够对政治资源进行分配。"[②] 那么，政治资源的基本内涵是什么？大陆在两岸关系的较量中拥有怎样的政治资源？本书将两岸交换性政治资源定义为大陆在两岸政治认同中所拥有的，引导、控制直至决定两岸关系政治走向的实体性和规范性因素的总和。由于台湾问题不仅是国共内战的遗留问题，也是国际社会的焦点问题，因此，这些实体性和规范性因素分布于国内和国际两个空间，分别形成国内政治资源和国际政治资源。

国内政治资源主要体现为政权的合法性、制度的优越性、政治产品的有效性和政治分配的权威性。

合法性是政治体系使社会成员产生信仰和归属感的能力和属性。1949 年国共内战的结局决定了中华人民共和国政府取代中华民国政府成为代表中国的唯一合法政权。此后 30 年间，中国政府通过经济革命、社会结构革命、意识形态革命等途径获得不同程度的政治合法性资源[③]。改革开放后，中国政府在致力于巩固意识形态所赋予的合法性的同时，着手建立新的合法性资源。通过建设"政绩合法性资源"和建立"民主法治合法性资源"，中国政府的合法性获得了重要支撑和发展动力，得到了社会成员普遍认同。胡佛和朱云汉两位教授共同主持的第二波"亚洲民主动态"调查（ABSII）数据显示，大陆受访者（2008 年）对政权的认可度远高于台湾受访者（2006 年）。其中，对机构的信任度，大陆为 61%，台湾为 21%。对领导人的满意度，大陆为 51%，台湾为 22%。

优越性是政治体系获取社会成员认同和支持的吸引力和工具，通常表现为制度的先进性。社会主义制度优越性的最本质体现是"生产力的巨大增长和高度发展"[④]。社会主义制度的优越性在经济坐标（前述）和政治坐标两个维度中都有充分体现。从政治维度看，经过 30 多年的改革开放，建立了中国特色的社

---

① ［美］加布里埃尔·A. 阿尔蒙德、小 G. 宾厄姆·鲍威尔. 比较政治学——体系、过程和政策［M］. 曹沛霖等译. 上海译文出版社，1987:338—343.

② 臧乃康. 区域公共治理一体化中政治资源配置的理论借鉴与回应路径［J］. 社会科学，2010(12):58.

③ 林尚立. 当代中国政治形态研究［M］. 天津人民出版社，2000:141—142.

④ 中共中央马克思恩格斯列宁斯大林著作编译局编. 马克思恩格斯选集（第 1 卷）［M］. 北京：人民出版社,1972.

会主义制度体系。中国特色的社会主义制度以科学发展为主题，以改革开放为动力，以民主、公平、正义为价值，由人民代表大会制度、政治协商制度、群众自治制度、政党政治制度和社会主义市场经济制度五大基本制度构成①。该制度不仅具有集中力量办大事的优越性（集中不等于集权），而且注重民主与效率的统一，不断充实社会主义制度的民主价值内涵，形成了选举民主、协商民主、直接民主、党内民主和经济民主等丰富的实践形式。由此，中国特色的社会主义经历了被否定、被怀疑、再到被比较的艰难过程后，不再是中国人的自我标榜，而是全球学者和政治家们争相探讨的课题。根据第二波"亚洲民主动态"调查（ABSII）数据，对体制的信任度，大陆为73%，台湾为61%。

有效性是指政治体系满足其成员需求的程度，具体体现为政治产品的质与量。从政治产品包括的体系、过程和政策三个层次和方面的内容来看，中国政府提供了安全、可靠、高效的产品。在体系层次上，中国政府根据社会经济发展的实际情况和政治实践积累的经验教训，不断完善政治体系，确保政治体系稳定、良好地运行。在过程层次上，中国政府在发展经济增强政绩基础的同时，推进政治民主建设，提高社会公平度，使社会绝大多数人对体系具有较高的认同度和支持度。在政策层面上，中国政府致力于提供优秀的政策方针，以确保社会大众拥有良好的秩序、平等的福利、可靠的安全和自由的生活。

国际政治资源包括外交关系资源、国际制度资源和战略武器资源等规范性和实体性资源。

自中华人民共和国成立之日起，与世界各国在平等的基础上建立新型外交关系便是中国政府矢志不渝的目标。在和平共处五项原则指导下，至70年代中期，中国基本实现这一目标，与世界上大多数国家建立了正常的外交关系。改革开放后，中国政府本着维护和平、反对武力，相互尊重、主权平等，自主选择、求同存异，互利合作、共同发展的原则，坚持新型外交关系的拓展和深化。至新世纪，中国建立起全方位的对外关系格局。在这一格局中，中国同周边国家的双边关系全面发展，营造了良好的周边地缘依托。中国也与所有大国建立起各种层次的伙伴关系，构建了大国关系稳定框架。中国加强与发展中国家的关系、推动多边外交、增强外交软实力等努力也取得了一系列新成果。截至2015年，联合国191个成员中有165个国家与中国建交，所有与中国建交国家在两岸关系上皆承认一个中国原则。外交关系成为大陆在两岸关系互动中可以

---

① 包心鉴.论中国特色社会主义制度[J].新视野，2011(6):4—6.

随时调配的资源。

　　国际制度资源是指国际社会为了约束国家和非国家行为主体而设置的规则、机构、设施的系统体系。它不仅是国际政治资源的重要组成部分，而且是开发与利用国际政治资源的重要平台和工具。在全球化背景下，国家之间、地区之间的合作和相互依赖程度不断加深，国际制度在国际经济、政治、文化、社会等领域的功能和作用日益彰显。国际制度包括规范体系（又称国际机制）和组织体系（即国际组织）两大基本要素，一国拥有规范资源的强弱和组织资源的多少是衡量一国国际制度资源的重要指标。参与国际规则的制定，推动国际秩序向公正合理方向发展，是维护国家利益的重要手段。长期以来，少数发达国家掌控国际规则的制定和修正权，对中国大陆在战略上进行围堵、在发展上进行牵制、在责任上进行施压，使中国大陆成为国际规则的被动接受者。全球化发展给人类社会带来深刻变革，全球性问题凸显、全球市民社会兴起、国家主权弱化等现象使全球治理的需求不断增长，全球治理问题应运而生。在全球治理改革迫在眉睫、美欧等传统治理主体力不从心的情况下，中国积极投身全球治理。从 2014 年北京 APEC 会议、2015 年联合国系列峰会，到 2016 年的 G20 杭州峰会和利马 APEC 会议，中国成为全球经济治理的担当。对国际组织的影响和掌控，也是大国力量的组成部分和大国地位的重要标志。中国是以联合国为中心的国际组织体系的重要成员，也是东亚区域性组织的积极参与者，更是上海合作组织、亚投行等国际组织的主导者。为了提升国家影响力，中国越来越重视和主动寻求在国际组织话语权的提升。两岸的国际地位和国际影响力不可同日而语，台湾所谓的"国际生存空间"必须在一个中国的架构内才有可能有所拓展。

　　战略武器是国之重器，它包括核武、远程攻击轰炸机、核攻击潜艇等，具有强大的摧毁力。是否拥有核战略武器是衡量大国地位的重要指标，也是大国军事威慑的重要手段。中国是核俱乐部成员之一，中国军事力量的发展备受西方国家关注。自 2000 年起，美国国防部每年都要向国会递交《中华人民共和国军事力量报告》(*Military Power of the People's Republic of China*)，对中国大陆军事力量做年度分析与评估。2010 年起，报告更名为《涉及中华人民共和国的军事与安全发展报告》(*Military and Security Developments Involving People's Republic of China*)。报告通常分保密和非保密两个版本，重点关注中国的军事战略和军事技术发展方向。报告由美国国防部组织下属情报机构撰写，这些机构是美国情报界实力最强、资金最雄厚、技术最先进的部门，涉及国家安全局、国家侦察办公室、国家地理空间情报局、国防情报局以及各军种的众多情报机构。因此，理论上，它们所做的评估比较接近真实情况。虽然，事实证明有关中国大陆的军力报告受政治、军事因素的影响往往充满偏见，但是，美国对中国大陆军事力量的高度关注本身就说明了大陆的军事实力及其影响力。台湾问题的出路始终有和平统一和武力统一两种可能，军事能力既是和平统一的保障，也是武力解决的基础。

第二节　两岸交换性经济资源的实践分析

两岸交换性经济资源的实践主要表现为经贸交流。它涉及两岸贸易（货物贸易和服务贸易）、两岸投资、两岸经济制度化合作、两岸产业合作以及两岸经贸促进交流活动等[①]多方面内容，其中，两岸贸易和台商投资是主要内容。两岸交换性经济资源的实践目的在于促使两岸形成经济共同利益，进而形成两岸经济一体化关系。

一、两岸经贸合作概况

1979 年以来，大陆方面采取了一系列推动两岸经济关系发展的措施。台湾当局也被迫调整对大陆经贸政策，于 1987 年以后逐步放宽了对两岸经贸往来的限制。30 多年来，两岸经济关系在曲折中不断前进。两岸经贸互动的历程大致可以划分成五个阶段，即：

第一阶段，试探起步时期（1979—1986 年）。期间，两岸经贸交流以台湾地区对大陆的转口贸易为主，以转口投资为辅，额度小，项目单一，处于不稳定状态。1979 年，两岸贸易额只有 0.77 亿美元。

第二阶段，平稳增长时期（1987—2001 年）。以台湾当局宣布自 1987 年 11 月起允许台胞经第三地转赴大陆探亲为重大契机，两岸经贸关系迅速发展。双方以贸易为主，并以贸易带动投资。在 1991 年，大陆市场只占台湾出口 9.1%，对外投资的 9.52%。但短短十年间，大陆已成为台湾第一大出口地区，占台湾出口比率 19.6%。

第三阶段，"政冷经热"时期（2002—2007 年）。加入 WTO 为两岸经贸关系的进一步密切注入了新的活力，两岸贸易额以每年递增超过 100 亿美元的速

---

① 两岸经贸促进交流活动以论坛、峰会最有影响力，如两岸经贸文化论坛、紫金峰会等。

度上升。在 WTO 框架下，两岸贸易实现两个"千亿"的突破：一是台商到大陆协议投资金额突破 1000 亿美元，二是两岸贸易总额突破 1000 亿美元。

第四阶段，正常化时期 (2008—2015 年)。2008 年两岸关系步入和平发展新阶段后，两岸经贸关系取得突破性进展。2008 年两岸实现"三通"，2010 年两会签署 ECFA 协议，两岸经济迈向正常化、制度化和自由化的合作进程。两会经贸合作规模不断扩大，合作领域不断拓宽，合作形式不断创新，合作内容不断丰富，合作水平不断提高，有效地促进了双方经济发展从功能性互动发展为制度性互动，经济互补互利局面基本形成 [1]。

第五阶段，顿挫时期（2016—　）。蔡英文上台后，为了实行"经济去中国化"战略，提出"新南向政策"。"新南向政策"对两岸经贸关系造成一定冲击。首先，两岸经贸关系机制化协商停顿。其次，两岸经济关系发展的不确定性升高。再次，两岸产业合作的竞争等不利因素被放大。2016 年两岸贸易额继续下降，为 1796 亿美元。

二、两岸经贸交流的主要特点

30 年来，大陆按照"先易后难、先经后政、把握节奏、循序渐进"的思路，采取各项惠台政策措施，推动两岸经贸合作由"间接、单向"发展为"直接、双向"，签署了《海峡两岸经济合作框架协议》，开启了两岸经贸制度化合作的新阶段。纵观两岸经贸发展历程，其主要特点表现为以下几方面。

1. 两岸贸易以大陆对台贸易为主，大陆是台湾最大的贸易顺差来源地

近十年来，两岸贸易规模稳步向上攀升（参见表 5.1）。从 2007 年的 1244.8 亿美元提高至 2014 年的高点 1983.1 亿美元，其中，大陆向台湾出口 462.8 亿美元，从台湾进口 1520.3 亿美元，台湾与大陆贸易依存度达到 40%，大陆是台湾最大的贸易伙伴和贸易顺差来源地 [2]。期间，2009 年受金融危机冲击，两岸贸易额同比下降了 17.8%，2015 年受全球贸易衰退影响，两岸贸易额同比下降了 4.9%。即便如此，两岸贸易表现要好于同期大陆整体对外贸易，也好于全球对外贸易。2016 年台湾是大陆第七大贸易伙伴和第六大进口来源地。

---

[1]　范斯聪 . 两岸经贸交流与合作 : 问题、现状及对策 [J]. 海峡科技与产业，2012(6):47—51.; 胡庆东 . 合则两利、通则双赢——两岸经贸发展互动历程 [J]. 网络财富，2009(19):167—169.

[2]　台湾对大陆的贸易和出口依赖度 30 多年来总体水平不断提升。按大陆海关数据计算，2014 年已经分别达到 33.7% 和 48.4%，接近 80 年代台湾对美国的 38.4% 和 48.8% 的贸易和出口依赖度最高值。

表 5.1　2007—2016 年两岸贸易情况一览表

年份	两岸贸易总额		大陆对台出口额		大陆自台进口额		贸易差额
	金额 /亿美元	同比 /%	金额 /亿美元	同比 /%	金额 /亿美元	同比 /%	
2007 年	1244.8	15.4	234.6	13.1	1010.2	16.0	−775.6
2008 年	1292.2	3.8	258.8	10.3	1033.4	2.3	−774.6
2009 年	1062.3	−17.8	205.1	−20.8	857.2	−17.0	−652.1
2010 年	1453.7	36.9	296.8	44.8	1156.9	35.0	−860.1
2011 年	1600.3	10.1	351.1	18.3	1249.2	7.9	−898.1
2012 年	1689.6	5.6	367.8	4.8	1321.8	5.8	−954.0
2013 年	1972.8	16.7	406.4	10.5	1566.4	18.5	−1160.0
2014 年	1983.1	0.6	462.8	13.9	1520.3	−2.8	−1057.5
2015 年	1885.6	−4.9	449.0	−3.0	1436.6	−5.5	−987.6
2016 年	1796.0	−4.5	403.7	−10.1	1392.3	−2.8	−988.6
合计	15980.4		3436.1		12544.3		−9108.2

资料来源：根据中国商务部港澳司统计资料整理制作。

2. 两岸投资以台商投资大陆为主，大陆是台湾最大的岛外投资目的地

据商务部统计（投资者注册地口径），截至 2016 年底，大陆累计批准台资项目 98815 个，实际使用台资 646.5 亿美元。按实际使用外资统计，台资占大陆累计实际吸收境外投资总额的 3.7%。从近十年投资情况看（参见表 5.2），新增台资项目数和实际使用台资金额有增有降。2011—2013 年起伏较大，2011 年大陆批准台商投资项目数 2639 个，比上年下降 14.1%(2010 年批准 3072 个)，实际使用台资金额 21.8 亿美元，下降 11.8%。2012 年台商投资项目数为 2229 个，下降 15.5%，实际使用金额 28.5 亿美元，同比上升 30.4%。2013 年台商投资项目数创新低，为 2017 个，实际使用金额 20.9 亿美元，下降 26.7%。2014、2015 和 2016 年投资数量出现增长，但实际利用金额出现较大幅度下降。2015 年大陆共批准台商投资项目 2962 个，同比增长 27.8%，实际使用台资金额 15.4 亿美元，同比下降 23.9%，占我利用外资总额的 1.2%。2016 年，大陆有关方面共批准台商投资项目 3517 个，同比上升 18.7%，实际使用金额 19.6 亿美元，同比上升 27.7%①。主要原因是服务业成为台商投资热点，制造业领域投资则逐步减少。相较制造业而言，服务业单个项目投资金额规模较小，虽然数量增长快，但总金额下降。

表 5.2　2007—2016 年两岸投资情况一览表

年份	大陆批准台商投资项目数		实际使用台资金额	
	个数	同比 / %	金额 / 亿美元	同比 / %
2007 年	3299	−12.1	17.7	−20.4
2008 年	2360	−28.5	19.0	7.0
2009 年	2555	8.3	18.8	−1.0
2010 年	3072	20.2	24.8	31.7
2011 年	2639	−14.1	21.8	−11.8
2012 年	2229	−15.5	28.5	30.4
2013 年	2017	−9.5	20.9	−26.7
2014 年	2318	14.9	20.2	−3.3
2015 年	2962	27.8	15.4	−23.8
2016 年	3517	18.7	16.6	27.7
合计	26968	—	203.4	—

资料来源：根据中国商务部港澳司统计资料整理制作。

目前，台湾为大陆第九大投资来源地，大陆仍是台湾最大的岛外投资目的地。台湾对大陆投资占其全部对外投资的比重，于 2014 年达到峰值 57.4%。与香港对内地投资约占其对外总投资的 40%、新加坡对中国大陆投资约占其对外总投资的 30%、韩国对中国大陆投资约占其对外总投资的 20% 的情况相比，台湾在大陆的投资比重相对较高。

与此同时，陆资赴台投资在两岸投资中占比很小。据台湾 "经济部投审会" 的统计，自 2009 年 6 月 30 日台湾开放陆资投资起计算，截至 2016 年底，陆资投资金额（美元）分别为 2009 年的 0.37486 亿、2010 年的 0.94345 亿、2011 年的 0.51625 亿、2012 年的 3.31583 亿、2013 年的 3.49479 亿、2014 年的 3.34631

① 若涵盖通过英属维尔京、开曼群岛、萨摩亚、毛里求斯和巴巴多斯等自由港的第三地转投资，大陆实际使用台资金额 36.2 亿美元，同比下降 18.1%。

亿、2015 年的 2.44067 亿和 2016 年的 2.47628 亿，总计 13.56213 亿美元①。

3. 两岸产业合作渐趋深化，经济合作难度加大

自 80 年代末台商赴大陆投资以来，先后发生了三次较有代表性的产业转移。一是 80 年代末以纺织、服装、鞋子等为代表的劳动密集型产业。投资主体多为中小型企业，投资项目分散，单个项目规模较小。二是 90 年代中期开始的以石化、建材等为代表的资本密集型产业。这一时期，投资项目的产业行业逐渐集中，单体项目投资规模扩大，投资领域也由最初的以劳动密集型产品生产加工业为主转向以资本技术密集型产品生产加工为主，电子电器、机械制造、化工食品等行业成为投资重点。三是 21 世纪初以信息、电子为代表的技术密集型产业的大举西移。2000 年后台资投资大陆逐步转向高新技术产业，将高新技术产品生产的劳动密集型生产阶段环节和部分产品部件生产转移到大陆。随着台湾产业向大陆的转移，两岸产业合作也经历了一个从简单到复杂、从低端到高端的升级过程。截至 2014 年 11 月，电子零组件制造业、计算机电子产品及光学制品制造业、电力设备制造业三大产业已分列台资赴大陆投资合作的前三位。

随着台资企业在大陆的投资产业呈现由低级到高级的发展变化，两岸的产业合作难度也在加大。一是随着大陆经济的高速增长和台湾经济持续低迷，两岸要素禀赋的互补性在减弱。80 年代，低劳动力成本、低物价等因素促使大量的台商到大陆投资办厂。如今，两岸劳动力成本、物价水平以及汇率等都发生了巨大的变化，大陆的低成本优势在减弱。二是产业升级加大了合作的复杂性。两岸产业合作早期，由于要素禀赋的巨大差异，简单的要素结合就能产生巨大的经济效益。这一时期，台商投资规模不大，生产方式简单，甚至直接把岛内的机器设备搬到大陆生产就能获得不菲收益。而今天，产业合作已逐渐从制鞋、纺织等劳动密集型产业升级到石化、建材、机械制造等资本密集型产业，乃至电子、信息等高科技产业，台湾仍想维持多年前的合作模式已不太现实。目前大陆经济保持中高速发展，产业门类齐全、配套基础设施完善、资金充裕、科研人才队伍壮大，研发及创新能力提升，竞争力日趋增强，双方经济实力快速变化，使新形势下两岸经济合作的难度变大。

4. 两岸经贸问题政治化倾向明显，双向投资严重失衡

随着两岸经济合作逐步深化，政治因素对经济合作的掣肘也越发明显。岛内始终存在加深两岸经贸关系不利于台湾政治安全的争议。在"台独"势力的

① 资料来源：台湾"经济部投审会".http://www.moeaic.gov.tw/business_category.view?lang=ch&seq=1.

渲染下，ECFA 协议被解读为严重冲击台湾的农业和制造业，从而诱发了"反服贸运动"。即使在两岸关系和平发展时期，两岸在经济一体化"可行途径"的具体方案上一直没有明确共识。诸如，台湾对参与跨太平洋伙伴协议（TPP）、区域全面经济伙伴协议（RCEP）等区域经济整合议题充满兴趣，但两岸没有找到可行途径。自两岸经济关系制度化建设取得阶段性成果后，本可以为台湾参与区域经济整合提供极为有利的条件。但是，《海峡两岸经济合作框架协议》（ECFA）的后续谈判困难重重。《海峡两岸服务贸易协议》虽然签署，也因岛内"立法"部门不予通过而迟迟无法生效。《海峡两岸货物贸易协议》的商谈更因2016 年岛内政局发生重大变化处于停滞状态。

受政治因素影响，两岸经济合作长期呈现单向、失衡状况。相对于台商对大陆投资总额累计超过 1000 亿美元，大陆企业对台投资到目前只有十多亿美元。之所以有如此大的悬殊，固然有台湾对大陆企业开放晚、经济发展水平差异等因素，但更重要的原因是"陆资入岛"有太多或明或暗的障碍。台湾方面对于大陆企业赴台投资，不是积极鼓励，而是实行严格的管制：对陆资认定标准严格；实施"正面表列"管理，即只有列出的开放项目，才允许投资，但与开放项目相配套的原材料进口、人员进入等方面又受到严格限制；开放的领域与行业非常有限；对大型投资项目采取更严格的"专案审查"办法等。在大陆企业"走出去"赴海外投资势头强劲形势下，对台投资却步履维艰，使得台湾难以抓住大陆大举对外投资的历史机遇，分享大陆经济快速增长带来的红利。两岸的经济合作应该是一个相互交流互动的过程，资本的单向流动不仅不符合经济全球化和区域经济一体化的发展趋势，而且也制约了两岸经济合作的进一步发展。

三、两岸经济整合的效应评估

1. 两岸经贸合作的正面效应

经济交流既是两岸关系的先导，也是两岸关系的基础。通过发展两岸经贸关系，两岸形成了相互依存的经济共生界面。90 年代以来，以战略崛起和全面开放为标志，中国大陆逐渐成为世界增长最快的市场、世界最大的新兴市场，在全球经济格局中占有举足轻重的地位。随着实力的壮大，大陆从经济全球化、贸易自由化的最大受益者，正在转变为经济一体化和贸易自由化的有力推动者，东亚区域经济一体化的最大动力就来源于中国的不断推进。两岸经贸交流数十年，其发展速度之快、变化之急剧，举世罕见。两岸实现"三通"，尤其是 2010 年两会签署 ECFA 协议后，为两岸扩大经济交流与合作提供了制度性保障，两岸的贸易、投资、人员往来在短短几年间表现活跃，两岸经济相互依存，利益高度交织，已经形成互利共赢的局面。

相互依赖是一个既"古老"而又"现代"的概念。中国成语中"城门失火殃及池鱼""唇亡齿寒"等说的就是相互依赖关系。对于相互依存关系的利弊探讨，罗伯特·基欧汉（Robert O.keohane）和约瑟夫·奈（Joseph S.Nye）的《权力与相互依赖》一书可谓理论的巅峰[①]。他们在书中提出的脆弱性与敏感性两个概念，使得相互依存从过去主要描述双边关系的紧密程度发展为描述这种紧密程度是否对等的理论，并使得非对称相互依赖关系是一种常态的观念得到普遍认同。在新制度主义的理论论述中，不对称的相互依赖会产生两种类型的相互依赖关系：即敏感性相互依赖和脆弱性相互依赖。敏感性指的是在试图改变局面而做出变化之前受外部强加代价影响的程度；脆弱性可以定义为行为体因外部事件强加的代价而遭受损失的程度。结合相互依赖理论的其他代表人物，包括卡尔·多伊奇（Karl Deutsch）、理查德·库珀（Richard Cooper）、迈尔克·多伊尔（Michael Doyle）、安德鲁·莫劳夫齐克（Andrew Moravcsik）等的观点，本书认为经济相互依赖有助于改善两岸关系，是大陆反"独"促统的重要杠杆。其主要原因在于：

一是"机会成本"。经济相互依赖产生了"机会成本"，从而使得两岸倾向于通过和平方式解决争端[②]。

二是"调整成本"。同样地，经济相互依赖产生了"调整成本"问题[③]，这将加大双方经济关系恶化的代价。

三是信息沟通畅通。正如迈克尔·哈沃德所言："人们相互之间进行战争，并不是因为他们天生是好斗好战的动物，而是因为他们能够进行理性的思考"[④]。而经济相互依赖增加了两岸的联系，使得两岸的信息交流更为通畅，避免了相互的误解。因此，只要能够最大程度地消除误解，实现两岸意图的准确传达，

---

① ［美］罗伯特·基欧汉，约瑟夫·奈.权力与相互依赖[M].门洪华译.北京：北京大学出版社,2012.

② Richard, Rosecrance, The Rise of the Trading States：Commerce and Conquest in the Modern World [M], (NewYork: Basic Books, 1986), pp. 13—14.

③ Richard, Rosecrance, *The Rise of the Trading* States：Commerce and Conquest in the Modern World [M], (NewYork: Basic Books, 1986), pp. 24—25.

④ Michael Howard, The causes of Wars and Other Essays[M], (London:Temple Smith, 1983), p. 15.

就可以大大降低直到避免冲突发生 [①]。

四是利益集团牵制。经济相互依赖将改变岛内的经济和政治生态，从而形成特定的政经利益集团，并制约执政当局的行为。

五是经济合作机制的保障。由于两岸经济关系的全面发展，经济合作机制也将进一步完善，而合作机制将保护经济相互依赖的安全效应能够得到更好的发挥 [②]。

2. 两岸经贸合作面临的问题

第一，政治分歧干扰经济合作。

蔡英文在就职演说中就发出了两岸经贸政策转向的信号，即要"告别以往过度依赖单一市场现象"。这包含两层意思，一方面要"告别"对大陆经济的过度依赖，建立新的两岸经济关系。另一方面要优先发展与其他国家和地区的经贸关系。因此，蔡英文上台后，一方面极力主张加入美国主导的 TPP，希望能够融入美日主导的西方经济体系；另一方面就是大力推进"新南向政策"，以抵御大陆经济对于台湾经济的吸引力。TPP 因特朗普上台发生变局，但台湾当局寻求与美日更紧密的双边经贸关系的策略不会因此改变。"新南向政策"虽然是新瓶装旧酒，但是也有一些新的特点。一是南向的范围由过去的东南亚扩展到南亚。将南亚的印度六国纳入对外经济合作区域。二是采取的方式由过去单一的经济手段转为经济与人文并重。计划利用在台湾的东盟学生、东盟新娘及移民二代的资源，加强人文交流，打通与东盟及南亚国家关系的任督二脉。三是战略意图有所扩大。不再满足于市场多元化及双边关系的实质性提升，而是想追随和配合美国的亚太再平衡战略，并以此加强台湾与美日的战略合作关系。蔡英文当局在经济上"疏中、远中、脱中"的政策对于两岸经贸关系的冲击已经显现。2016 年两岸经济制度化协商基本停摆，两岸金融会议也未能在年底如期举行，两岸的贸易和投资也开始减缓。

第二，生产要素对两岸经济合作的驱动力开始减弱。

由于两岸经济发展阶段不同，资源禀赋迥异，过去 30 多年的经济合作中，

---

① 卡尔·多伊奇认为，跨国经济的形成和发展有助于增强人们之间的联系，身份认同与共识使人们能够更好地理解彼此的意图，降低冲突的风险。参见：Karl Deutsch, Political Community and the North Atlantic Area[M], (Princeton: Princeton University Press, 1957).

② 基欧汉认为，国际机制可以改善国家的行为，因为它具有汇集各国政府的行为预期、提供信息沟通渠道、减少交易成本、改变国家行为体的政策偏好等功能。参见：Robert Keohane, After Hegemony: Cooperation and Discord in the World Political Economy[M], (Princeton: Princeton University Press, 2005).

优势互补成为推动两岸经济交流和合作的主要动力。大陆以丰富的土地资源和廉价的劳动力，与台湾的资金和技术优势相结合，相得益彰，创造了两岸互利互赢的格局，使得两岸互为重要的贸易和投资市场。但是，随着大陆经济结构与经济发展方式的转型，劳动力、土地、资源、环境等传统要素供求关系日益趋紧，以往台资利用的这些要素优势正在丧失。在大陆劳动力、土地等生产成本不断升高的情况下，部分大陆台商制造业转向东南亚甚至北美投资。台湾对越南等东盟6国的出口比重由2008年的约15%迅速上升至2013年的19%左右。

第三，经贸关系中的局部性竞争有加剧之势。

台商投资大陆主要有两个目的，一是扩大销售市场，二是降低生产成本。随着台商赴大陆投资快速发展，制造业在两岸之间的分工与合作也日益紧密。台商到大陆投资初期以水平型分工为主，即把低附加值产品转移到大陆生产，以提升台湾在国际产业供应链上的竞争力。根据台湾"经济部统计处于"2000年所做的"制造业对外投资实况调查"，台商赴大陆投资以水平分工为主，约占60%，其中又以生产相同产品居多。采取垂直分工的厂商多以台湾上游（生产零组件与半成品）、大陆下游（装配制造成品）的方式进行。近十多年来，随着大陆经济的快速发展，两岸产业的竞合关系发生剧烈变化。台湾产业的优势逐渐流失，发展空间受到压缩。两岸在商品市场、资本、人才、技术等生产要素的竞争可谓大势所趋。在传统互补优势减弱，新的互补优势未有效发挥前，两岸局部领域日趋升高的竞争性，对两岸经济合作带来的政经消极影响不容低估。

3. 两岸经济整合的前景

第一，市场导向具有主导性作用，大陆市场对于台商仍然具有吸引力。

岛内有观点认为，"两岸经贸救不了台湾经济"。其根据就是两岸经贸关系虽然有了长足的发展，甚至建立了正常化、制度化的渠道，但是，台湾经济依然低迷。这类观点显然偏于极端，不符合两岸经贸关系的发展事实。台湾经济不振是多种因素所致，既与全球经济气候不佳有关，也因岛内产业结构严重失衡所致。相反，两岸经贸关系是台湾经济复苏的重要支撑。据汇丰银行2013年的研究，大陆GDP每增长一个百分点，台湾出口就会增加3.8%。由此不难推想，蔡英文当局想摆脱大陆去拓展国际经济空间，那只是一厢情愿的不现实的想法。抢占市场，追逐利润是商人的天性，是市场经济规律。大陆经济的磁吸效应仍然存在，就连最初坚决抵制投资大陆的台积电也在南京投资了12英寸芯片厂。另外，30年来，台商在大陆的布局已经形成比较完整的产业链投资生态，即使部分台商因为面临企业转型和营销成本的不断提高而选择离开，毕竟绝大多数台商仍然活跃在大陆市场。总之，两岸经贸的依存关系不是一句"马政府倾中"可以解释的，其实质是内在的经济驱动力。大陆正在加速推进"一带一路"、"中国制造2025"等战略，为经济发展注入新活力。因此，两岸经济存在广阔的合作机会。

第二，政策导向的负面效应短期比较明显，但经济关系是两岸关系的"防波堤"。

30年来，两岸关系的发展遵循"政经分离""经济先行"的思路进行。其预期的发展逻辑是通过经济整合，形成两岸命运共同体，进而通过政治谈判解决台湾问题。由于两岸经贸关系的飞速发展并未扭转台湾民众国家认同日益异化的局面，因而，有观点认为"两岸经贸改变不了台湾人的国家认同"，政治问题不可能通过经济手段来解决。加之蔡英文上台后，实行"由世界走向中国"（两岸经贸政策不再拥有优先地位）的消极的两岸经贸政策，对两岸经贸关系频频踩刹车，导致两岸经贸关系出现起伏波动，也让两岸经贸关系的发展前景充满悲观。本书认为，两岸经济关系一直以来是两岸关系中最活跃的因素。它既是两岸交往的主要内容，也是两岸关系的晴雨表。两岸开放交流以来，经贸往来的重要作用有目共睹。它促使两岸经济成为"连体婴"，并由此化解两岸误解，增进两岸互信，推动两岸关系出现前所未有的和平发展新局面。目前，虽然岛内政治生态发生重大变化，并由此使得两岸经贸关系出现停滞和倒退现象，未来也不排除两岸关系还会经历更严峻的考验。但是，只要两岸关系还没有恶化到兵戎相见的地步，两岸经济合作架构依然是两岸最成熟的一个合作基础，经贸是两岸关系曲折中前进的"防波堤"。

第三，两岸经济实力消长有利于大陆，大陆将掌握两岸经济一体化的主动权。

自2008年金融危机以来，台湾经济主要依靠两岸经济关系稳住经济下滑势头。蔡英文上台后，虽然想竭力摆脱大陆经济的影响，寄希望于加入TPP和实行"新南向政策"，但是，两项策略的政治意义要高于其经济意义。至2016年底，蔡英文当局也没有拿出一份让企业界满意的方案，TPP计划更是出人意料地搁浅了。诸多不利因素叠加的后果就是台湾经济雪上加霜，出现低增长（1.4%）、低工资和低利率等三低现象。与此同时，大陆经济虽然也面临产业转型升级、贸易保护主义抬头、世界经济复苏缓慢等不利因素的影响，但是仍然取得了GDP6.7%的高增长。随着两岸经济差距的缩小，大陆对两岸关系议题的掌控能力随之提升。可以预想，当蔡英文当局拒不承认"九二共识"，单方面破坏两岸政治互信基础，或积极充当美日棋子，增添大陆周边安全的不稳定因素，或依仗美日支持在岛内加紧推行"文化台独"，大陆就会根据情形出台各种反制措施。在大陆反制台湾的工具箱中，经济牌是一张既有杀伤力，又符合 21 世纪世界潮流的一张牌。

第三节　两岸交换性文化资源的实践分析

交换性文化资源的实践是指通过两岸文化交流，为两岸打造国家统一的社会基础。"从某种角度来说，文化的交流更为重要，两岸关系未来能否产生实质性的更大突破，关键在文化平台上的沟通、交流与融合。"[①] 两岸文化交流的实践涉及领域广泛，参与主体多元，内容十分庞杂，相关的统计资料十分匮乏。本书根据国台办和台湾陆委会的相关统计分类，将两岸文教交流分成四大类，即学术类（学术、教育、科技、体育）、艺文类（文化资产、表演艺术、视觉艺术、综合文学）、传播类（新闻、出版、广电）和民俗宗教类。

一、两岸文化交流概述

两岸文化交流是一个循序渐进，不断深入的发展过程。自 1979 年元旦全国人大常委会发表《告台湾同胞书》，呼吁两岸"进行学术、文化、体育、工艺观摩"以来，两岸文化交流经历了艰难起步、短暂蜜月、步履维艰、日趋活跃等曲折发展过程。

第一阶段：破冰时期（1979—1987 年）。大陆历来十分重视两岸文化交流，从《告台湾同胞书》到"叶九条"，都有积极推进两岸文化交流方面的措辞。在"一国两制、和平统一"的对台方针的指导下，大陆方面有关部门针对台湾文艺工作者来京会演，台胞运动员回国进行体育比赛、观摩、训练和参观，台湾青年团体前来参加全国青联和学联代表大会，台湾青年回内地参加高考等事项，制定了一系列有利于缓和两岸关系的政策和法规。面对大陆务实而充满诚意的政策措施，台湾当局由最初的断然拒绝，进而弹性回应，最终不得不妥协，于1987 年开放台胞赴大陆探亲。

第二阶段：短暂的蜜月期（1988—1994 年）。这一阶段，两岸出于各自的

---

① 吴伯雄.永定客家台湾缘·序言.

战略考虑都有意向加大文化交流力度。中共第三代领导集体认为，"中国的传统文化对我们每个中国人的影响很大"，"我们是同一个根，我们没有理由分裂和对立，没有理由不统一起来。"① 而李登辉继任"总统"后，也调整其大陆政策，意图用台湾的所谓民主理念去影响、演变大陆。为此，台湾也采取了一系列有利于两岸文化交流的新举措。计有：准许台湾地区的影艺人员赴大陆从事商业性演出或者参加大陆主办的活动；准许学术人员或民间社团参加大陆主办的辅导性会议；设立"大陆新闻处"；准许大陆出版物、电影、电视等在台湾展演；通过"国家统一纲领"；成立"中华文化复兴运动总会"，等等。在此背景下，台湾当局于 1990 年成立海基会，大陆方面于 1991 年 12 月成立海协会，两会成为两岸最重要的沟通平台，取得了"九二共识"等重要成果。

第三阶段：曲折中前进期（1995—2005 年）。1995 年，由于李登辉当局大力推行"务实外交"，谋求双重承认，台海形势趋于紧张。2000 年陈水扁上台后，大肆推行"文化台独"政策，两岸围绕一个中国原则的斗争加剧。受此影响，台湾当局对于两岸文化交流也转向消极，常常设置各种条件阻挠两岸文化交流的开展。对此，大陆方面坚持原则，坚定目标，积极主动地推动两岸文化交流向前发展。1995 年，江泽民总书记发表了促进当前两岸关系和平统一的八项主张，并明确指出："中华各族儿女共同创造的五千年灿烂文化，始终是维系全体中国人的精神纽带。"2002 年，十六大报告再次明确了要"同台湾同胞一道，加强两岸人员往来和经济文化等领域的交流，坚决反对台湾分裂势力"② 的立场。几经曲折，两岸文化交流于 2005 年出现了新的转机。1 月，台商春节包机正式启动。3 月，国民党副主席江丙坤一行成功访问大陆。随后，应胡锦涛总书记的邀请，国民党主席连战、亲民党主席宋楚瑜分别访问大陆。这标志着两岸关系由僵持对抗转向灵活对话，文化交流也随之频繁起来。

第四阶段：活跃繁荣期（2006—2016 年）。随着两岸经贸合作的广泛和深入，两岸文化交流成为下一个重点目标。2008 年，胡锦涛总书记在关于推动两岸关系和平发展的六点意见中指出："两岸同胞要共同继承和弘扬中华文化优秀传统，开展各种形式的文化交流，使中华文化薪火相传、发扬光大，以增强民族意识、凝聚共同意志，形成共谋中华民族伟大复兴的精神力量。"马英九执政后，也大力推进两岸文化教育等方面的交流。截至 2010 年底，文教方面通过了五项与大陆交往有关的法规（参见附录二）。还采取了包括开放大陆媒体记者来

① 人民日报海外版 .1990-03-20.

② 人民日报 .2002-11-08.

台驻点采访，大陆地区影片、广播电视节目及出版品等在台发行、映演或播送，以及开放大陆地区大专学术专业用书在台公开销售等措施。马英九执政期间，两岸除了在文化教育方面开展广泛的交流与合作外，体育交流也取得重大进展。2009年7月在台湾高雄市举行的第八届世界运动会以及9月在台北举办的第21届听障奥运会，大陆代表团首度参加，成为两岸交流中的重大突破。

二、两岸文化交流的主要特点

两岸文化交流虽然起步较早，但是，一直举步维艰。真正意义上的两岸文化交流，是在2008年两岸关系进入和平发展新时期后，才得以全面、迅速地开展。经过八年的努力，目前两岸文化交流呈现出参与主体的多元性、内容的广泛性与形式的多样性等特点。

1. 两岸文化交流主体多元化，涵盖社会精英到基层民众各个层面

两岸文化交流的文化性特征决定了两岸社会精英在文化交流中扮演特殊角色。这些社会精英涉及文学、音乐、教育、书法、绘画、摄影、影视、新闻、出版、宗教、体育、工商、政党等众多领域和阶层。台湾流行音乐是两岸文化交流中的先锋队。自1984年台湾歌手奚秀兰登上春晚舞台，演唱了歌曲《阿里山姑娘》之后，越来越多的台湾音乐人，尤其是知名的通俗歌手纷纷来大陆献艺。自1992年6月，台湾"教育部"开放大陆文艺团体赴台后，大陆舞蹈家杨丽萍、中央芭蕾舞团、上海交响乐团、中国京剧院等艺术团体先后入台表演，超一流的艺术水准得到台湾民众的追捧。此后，随着交流领域的拓展，教育工作者、科技工作者、新闻工作者、体育人士、宗教人士、工商人士、社会知名人士等各界社会精英成为两岸文化交流的使者。从2005年国共两党恢复党际交流起，两岸政治精英也加入推动两岸文化交流的队伍。主要体现为国共两党领导人在多种场合的会见交流（参见附录三），以及大陆地方省部级纷纷组团访台（参见附录四）。

2008年两岸进入和平发展新时期后，为了扩大文化交流的影响，开始加大民间文化交流力度，两岸民间互动持续热络。以"扩大民间交流、加强两岸合作、促进共同发展"为主题的海峡论坛，就是专为两岸普通民众而打造的交流平台。从2009年5月举办首届海峡论坛以来，至2016年6月已成功举办了八届论坛。海峡论坛活动通常包括开幕式和论坛大会、海峡两岸经贸交易会、海峡文化艺术周、两岸民间交流嘉年华等四大板块。其重要特色就是突出民间、面向基层。参加首届海峡论坛的8000多名台湾人士，来自社会各界，民间色彩

浓厚，基层特征明显。第二届海峡论坛则专门邀请了闽南族群、客家族群、少数民族、行业代表及民间社团人士，使得更多的台湾基层民众和妈祖、保生大帝、陈靖姑、开漳圣王、延平郡王等民俗信众参与到文化交流活动中。第四届海峡论坛又首次举办了两岸乡镇交流对接系列活动，广泛邀请台湾基层农会、渔会、农田水利会、乡镇市民代表会、基层司法调解委员会、社区发展协会和乡镇公所的代表参加。海峡论坛大大扩展了两岸文化交流的层次与规模，国台办等部门也通过这一两岸基层民众的盛会，出台了一系列对台惠民举措，实现了政策输出。

马英九执政期间，两岸文化交流规模扩大，人员往来数量大幅增长。2008—2015 年，大陆居民赴台人数达 18436936 人次，台湾居民赴大陆人数达 36325570 人次（参见附录五）。

2. 两岸文化交流内容不断拓展，具有突出的广泛性

30 年来，两岸文化交流从无到有，从小至大，从点到面，在广度和深度上都有了相当的进展。

在两岸文化交流的初始阶段，台湾流行音乐、台胞大陆探亲、两岸影视交流是主要议题。80 年代，台湾校园歌曲《外婆的澎湖湾》《三月里的小雨》等风靡大陆，广为传唱。邓丽君、刘文正成为流行音乐的时代偶像。1987 年 11 月，两岸打破长达 38 年之久的隔绝状态后，掀起台胞来大陆探亲、旅游、经商和从事其他各种交流活动的热潮。

进入 90 年代后，两岸文化交流的范围较前扩大，内容更加丰富。文艺领域，增加了舞蹈、书法、绘画、摄影等交流项目。学术领域，由过去单纯的两岸关系研讨主题，拓展到法律、中医、经济税收等多领域的研讨交流。教育领域，从幼儿、初等到高等教育各个层面都建立了联系。科技领域，交流频率和交流层次都有所提高，并从学术研讨迈向实质合作的新阶段。新闻领域，90 年代初期，掀起两岸记者分赴大陆和台湾进行采访报道的第一波高潮。仅 1993 年一年内，共有 400 余位台湾记者到大陆采访，大陆记者赴台采访者达 80 余人。尤其是两岸记者共同采访汪辜会谈，盛况空前。体育领域，台湾体育代表团不仅于 1990 年派出 417 人组成的代表团参加了第十一届亚洲运动会，而且于 1992 年以后，逐渐参加全国性运动会。1993 年台湾来大陆的体育人士达 2103 人次，大陆赴台访问人数也增加了 10 倍，达到 19 批 161 人次，此后，往来两岸的运动员不断增加①。

两岸和平发展新时期，文化交流获得快速发展，内容更加广泛，议题更加务实。这一时期，两岸的文化交流涉及学术、教育、民俗、宗教、影视、戏曲、体育、妇女、工会、青年、新闻、出版、文创、医药、少数民族、乡里长、宗亲、妈祖信众等众多领域和行业。包括学术研讨、招收（交换）学生、旅游合作、宗教活动、文化沟通、海上直航、产业对接、县市协作、中医药研究、影视共赏、武术竞技、书法切磋、工会交流、青年互动、妇女联谊、宗亲恳谈等几十个议题。其中，民间艺术、地方文化等集中赴台展演（参见附录六），两岸科技合作、文创产业合作也取得了实质性进展。

3. 两岸文化交流双向互动实现重大突破，双向交流基本常态化。

两岸文化交流由台湾单方面主导的局面并未持续多久就被打破。1990 年小提琴协奏曲《梁祝》的演奏者俞丽拿教授与其子李坚在台北联袂演出，开创了两岸艺术双向交流的先河。1991 年，因台湾海峡发生的一起渔民纠纷案（"闽狮渔"事件），新华社记者范丽青、中新社记者郭伟峰被台湾当局准许入台采访，从而打开了大陆记者赴台采访的大门。1992 年，台湾当局开始允许大陆学者赴台湾参观访问，同年，大陆科技界专家谈家桢、张存浩、吴阶平、卢良恕等应吴大猷邀请赴台访问。1992 年，大陆围棋手聂卫平应邀到台北进行表演赛，标志两岸运动员正式实现了双向交流。1993 年，两岸合作拍摄了第一部电影《泪洒台北》。1996 年，大陆中小学校长陆续赴岛交流访问。不过，在台湾开放大陆居民、陆生赴台之前，两岸文化交流"来多去少"的单向性局面没有从根本上突破。

长期以来，与台生、台客每年畅通无阻地往来于两岸不同，大陆居民和陆生由于台湾单方面阻挠，始终处于禁止状态。虽然两岸文化交流涉及各个领域、各个阶层、各个部门、各个地域、各个民族，形式多样，难以统一计量。但是，从往来人员规模和影响来看，旅游和教育往来具有指标性意义。大陆方面自 1979 年起，就开放了台湾居民赴大陆观光旅游。但是，台湾方面始终没有实施"对等条件"，只是出台过一个允许持中国护照，在境外留学（或工作）的大陆人士前往台湾观光的政策。直到 2008 年签署《海峡两岸关于大陆居民赴台湾旅游协议》，终于打破了这种单向局面。同样地，大陆方面自 1985 年开始招收台湾学生，从 1985 年到 2000 年的 15 年间，大陆高校招收的台湾本科学生为2895 人，研究生 864 人。至 2009 年共有 187 所高校招收台湾学生，在读台湾

---

① 张亚.1978 年以来海峡两岸文化交流的历史进程和思考.[D].中共中央党校硕士论文，2005:16.

学生共 6755 人，其中博士研究生 1570 人，硕士研究生 1861 人，本科生 3324 人。而台湾当局一直采取不承认大陆学历和不招收大陆学生的政策。但是，岛内高校与大陆合作的意愿十分强烈，截至 2008 年 10 月底，台湾共有 103 所高校与大陆高校签署了校际合作协定，占台湾全部 157 所高校的三分之二以上。在此背景下，台湾"教育部"自 2011 年起开放私立大学招收陆生，2014 年起公立大学也可招收。起初台湾只承认大陆 41 所"985"院校的学历，2013 年逐步放宽陆生招生政策，采认"211 工程"院校学历，陆校增加至 111 所，并首度开放"二技"招生。2014 年又扩大采认包括北京电影学校在内的 18 所音乐、艺术、电影院校，合计认可的大陆高校名单达 129 所。2015 年总共 115 所台湾学校录取 2024 人，连同之前的硕博士、技校招生人数，共有 3238 人被台湾高校录取（参见表 5.3）。随着大陆居民、陆生的登台，两岸文化交流的不平衡状况得到了较大幅度的扭转。

表 5.3　2011—2016 年台湾地区招收大陆学生情况一览表

单位：人

年份	博士		硕士		学士		专科	
	计划数	录取数	计划数	录取数	计划数	录取数	计划数	录取数
2011 年	82	28	571	205	1488	742	—	—
2012 年	67	30	508	282	1566	679	—	—
2013 年	227	103	891	528	1732	1234	955	93
2014 年	304	173	1408	676	1988	1804	1000	81
2015 年	341	229	1225	866	2134	2024	1000	119
2016 年	362	251	1202	806	2136	1693	1500	209
总计	1383	814	5805	3363	11044	8176	4455	502

资料来源：台湾"大学院校招收大陆地区学生联合招生委员会"网站。

三、两岸文化整合的效应评估

1. 两岸文化交流的正面效应

如前所述，海峡两岸的文化交流在两岸旅游、文艺演出、文化产业、学术交流与论坛、跨海婚姻、跨海求学等重要领域都取得了重要突破。由此产生的一个重要结果就是两岸社会关系的联系纽带不断得到充实。这有利于两岸民众加深了解，增进互信，也有利于淡化"文教台独"的负面影响。

首先，游客是两岸文化交流的"排头兵"，可以为两岸关系和平发展积蓄正能量。

两岸同胞全方位的双向直接交流，有利于消除误会，增强台胞对中华文化的认同感。据不完全统计，1987 年至 2016 年，台胞来大陆累计超过 8714 万人次，大陆居民赴台累计超过 2358 万人次，合计两岸人员往来突破 1 亿人次。其中，旅游成为两岸人员往来的主渠道。自两岸开放交流以来，大陆是台湾同胞理想的旅游目的地。2008 年两岸步入和平发展轨道后，吸引了更多的台胞赴大陆旅游。旅游人数也从 2008 年的 188744 人次增长至 2015 年的 3403920 人，总人数翻了将近一倍。这源于两岸具有"亲缘、地缘、神缘、业缘、物缘"等五缘关系，或者说两岸文化的同根性极大地促进了两岸旅游业发展，并且形成了极富两岸文化元素的探亲旅游、宗教旅游、谒祖旅游、寻根旅游等特色旅游。通过寻根祭祖，台湾同胞加深了对"故乡"和"祖居地"的认知和感情，更多的人开始认可自己是"中国人"。通过游山玩水，台湾同胞亲身体验了祖国大陆的美好江山和物质进步，之前对大陆的各种偏见开始动摇。通过宗教朝拜，台湾同胞直观地了解到大陆人民的世俗生活，感受了中华传统文化的博大精深，以及两岸文化的渊源关系。根据《联合报》的调查，曾经到过大陆的台湾民众 50% 对大陆人民留下好印象，38% 对大陆印象不错，比没去过大陆者分别高出 17 个与 9 个百分点[①]。可以肯定，没有比较，没有体验，是不会产生这些改变的。对于不了解大陆的台湾民众来说，没有什么比来大陆走一趟更能体会大陆的真实面貌。大陆居民赴台观光则进一步扩大了两岸民众的交流规模和层次。大陆居民赴台旅游人数由 2008 年的 32.9 万人次增至 2015 年的 415 万人次，累计超过 1300 万人次，占台湾入境游市场的比例也由 8.6% 迅速上升到 40%。大陆居民赴台成为台湾民众了解大陆的又一个窗口，并且因为具有拉动台湾经济增长的作用而得到台湾民意的普遍肯定[②]。

其次，台商是两岸社会文化交流的重要成员，也是遏制"台独"的重要力量。

从 1983 年第一家台资企业厦门三德兴公司算起，台商活跃在大陆的经济舞台已经三十多年了。在大陆经商的台商超过了 100 多万人，如果再加上眷属，

---

① 王建民．台湾民心变化之忧 [J]．世界知识，2010(24):16—18．

② 2010 年大陆 31 个省区市赴台团体旅游市场全面开放，全年赴台旅游人数达 122.81 万人次，同比增加 102%，为台湾带去收入达 20.6 亿美元，对台湾经济成长率贡献达 0.28%。参见：唐家婕：《马英九:2011 年将开放陆客自由行》，ntemational.caixin.com/2011-02-16。

正向 200 万发展 ①。台商不仅为大陆经济发展做出了重要贡献，也为两岸社会文化生活的交流提供了重要平台。这主要表现为：台资企业在大陆雇用员工超过 1000 万人，直接拉近了两岸人民的感情和心理距离；台商普遍热衷于慈善事业，给大陆的教育、医疗、扶贫等捐助了巨额款项。仅郭台铭一人，给山西的慈善捐款就超过了 10 亿元人民币；台商是两岸各种文化论坛和晚会的积极参与者和推动者。"两岸经贸文化论坛""海峡论坛""郑成功文化节""闽台对渡文化节""海峡两岸客家文化节""海峡两岸客家高峰论坛""紫金峰会""海峡两岸民间艺术节""两岸文化联谊行""两岸城市艺术节"等，台商都会以各种方式参与其中。台商这一群体也是支持两岸关系和平发展的重要力量。据两岸资深媒体人观察，台商的统"独"立场以中性为主流，整体上挺蓝者多于挺绿者。台商中公开挺"独"者为极个别现象，相反却有一部分"铁杆统派"。台商求稳定、求发展的心态对于岛内执政当局具有制约和影响。2012 年台湾"总统选举"的最后时刻，台商回乡投票，扮演了关键少数的角色。

再次，台生（陆生）经历两岸文化差异的洗礼，将成为两岸文化交流中的传播者。

两岸关系和平发展时期，两岸教育交流取得重大突破，台生和陆生成为继台商之后推动两岸关系向前发展的又一个重要群体。广义的台生和陆生包括学位生和研修生两大类。截至 2012 年 1 月，到大陆就读的台湾学生累计已经达到 3 万多人。截至 2015 年 10 月，正在大陆高校就读的台湾学生总数为 10536 人，比 2014 年增加 562 人。陆生学位生赴台起步较晚，但增长趋势明显。每年的报名人数和录取人员都一路攀升。报名人数从 2013 年的 2711 人增加到 2015 年的 4512 人，录取人数从 2011 年的 975 人提升至 2015 年的 3238 人。由于研修生不受"三限六不"的政策管制，这一群体的数量更为可观。据台湾教育部门统计，2015 年顶峰时期为 34114 人（参见表 5.4）。

表 5.4　2008—2016 年大陆在台研修生数量统计表

年度	2008年	2009年	2010年	2011年	2012年	2013年	2014年	2015年	2016年	合计
人数	1321	2888	5316	11227	15590	21233	27030	34114	32648	151367

资料来源：台湾"教育部国际及两岸教育司"《台湾教育年报》。

---

① 台商子弟学校是大陆专门为台湾籍高中以下学生所设立的私立学校，需持有台湾户籍才可入学。大陆目前共有 3 所台商子弟学校，当中以创立 16 年的东莞台校历史最为悠久。

台生、陆生的相互往来，对两岸文化交流的意义十分明显。

第一，两岸学生搭起另一座两岸沟通的桥梁。台生在没有和大陆发生交集之前，往往带有台湾社会普遍的思考逻辑，习惯性地给大陆打上劣质、落后、低水准、不自由等符号。这些偏见和陈见在随后的学习交流中不知不觉消逝了。从台湾海基会近年举办的"台生就学及就业座谈暨春节茶会"所传递的信息来看，台生对大陆有了更多了解和理解，眼界变得开阔了。甚至有台生认为，对大陆的各种误解，是台湾人自己心中所高筑的围墙！他们愿意扮演使者的角色，把他们的观察认识传递给台湾。台湾《远见》杂志调查显示，在陆学习的台生有 53.4% 对大陆印象变好，而且有 82.5% 会推荐亲友到大陆就读[①]。陆生赴台学习，也有利于他们拓展眼界，丰富知识，提高专业水平，特别是增加了两岸青年人之间的相互交流与理解的机会。第二，两岸学生交流潜移默化地影响两岸社会、经济与文教风貌。从 2005 年 8 月开始，台生到大陆就读，就与陆生享受同学费、同住宿等同等待遇。就读的渠道也越来越多样，可以参加港澳台联考，可以凭借台湾的学科能力测验（简称学测）成绩申请免试入学，还可通过大学学历申请试读，或者参加大陆某所高校的单独招生等。2013 年，大陆方面承诺将所有在大陆高校全日制就学的台湾学生纳入各地城镇居民基本医疗保险试点范围，以便更好地保障这些台生的医疗需要。陆生入台时间虽短，但影响力立竿见影。一方面，陆生在台湾境外学生中的比例迅速攀升至首位。至 2014 年大陆学生成为台湾第一大岛外学生来源，研修生、学位生共计 33288 人，占全部岛外生（92685）的 35.9%，占比再创新高，远超过第 2 名的马来西亚 1.3 万人和第 3 名的香港地区 6000 人。两岸学生除了专业学习，参加校园社团活动，还喜欢利用时间游山玩水，体会当地风情。他们在互联网、报纸杂志诉说所见的美丽风光、风俗习惯，也不客气地批评指出耳闻目睹的各种缺失。特别是陆生以异乡人的角度近距离观察台湾，写下了一篇篇文笔干练、论点犀利的文章，颇受台湾民众欢迎，甚至在台掀起了一股大陆学生的出书热潮。第三，两岸学生相互学习、共同成长，他们将成为反"独"促统的有生力量。两岸青年学生在人生观、价值观形成的重要阶段，选择到陌生的彼岸开始大学、研究生或研修生生活，这将对他们的人生，及至两岸关系产生持续的影响。正如马英九所言，这些青年学生一起讨论、一起运动、一起演奏、一起欢笑，他们有热情、有创意；但他们没有仇恨，没有包袱；他们能在人生较早的阶段建立友谊。未

---

① 《远见》，2010 年 3 月号。

来他们都是两岸各行各业的优秀人才，他们熟悉、理解、习惯、包容对岸的生活方式和文化价值，是推动两岸关系和平发展的一支生力军。

最后，跨海婚姻稳定增长，两岸姻亲成为两岸民间交流的重要使者。

两岸的婚姻交流自 1987 年大批台湾退役老兵返乡探亲拉开帷幕。但在很长一段时间里比较常见的是大陆女生嫁到台湾。随着近些年来大陆经济快速发展，物质水平迅速提高，开始盛行台湾女生往大陆嫁，尤其以大 S 和刘若英分别嫁到大陆最为轰动。两岸婚姻的数量始终处于上升通道。据台湾"内政部"的统计，1988、1989 年，两岸通婚只有 100 对、200 对，而到了 1999 年，一年就达到 19307 对。10 年间，两岸通婚数量增长了 100 多倍。截至 2016 年 10 月，陆配人数 296375（参见附录七），加上台配，跨海婚姻已经超过 32 万对。"千古人间事，都在姻缘中。"台湾著名词作家庄奴道出了跨海婚恋的意涵。有媒体将"跨海婚姻"称作"三通"之外的"第四通"，也道出了"跨海婚姻"在两岸关系中的特殊作用。"跨海婚姻"的经营和维护是不同文化、不同观念的包容和融合过程，他们在守护家庭的同时无疑已成为一股助推两岸融合的特殊力量。

2. 两岸文化交流存在的主要问题

两岸文化交流虽然取得了长足的进步，在增进两岸人民的了解与互信方面发挥了重要的功能。但是，要实现两岸同胞心灵契合的目标还有相当长的距离。主要问题在于：

第一，两岸文化交流的物质化。

所谓的文化资源是同时具有意识形态属性和经济属性的客观存在对象，它们在一定的条件下可以转化为文化资本，并给人类带来经济效益和社会效益。[①]一直以来，在两岸文化交流中，我们偏重于开发文化资源的经济属性，由此带来一种急功近利的倾向。一是强调"文化搭台，经济唱戏"。不少地方的"招商引资"长期存在这种不正常现象，文化交流只是经贸往来的附属品。二是将文化产业置于优先发展的地位。两岸的演艺市场如火如荼，越来越多的台湾艺人到大陆演出。出版、传媒、旅游、动漫等产业的合作水平也不断提高。但是，在市场化、数字化大潮中，如何提高文化产品的人文内涵与艺术品位，如何摈弃通俗流行文化的种种弊端，显然是人们值得深入思考的问题。三是文化交流的投入不足。文化交流投入大，见效慢。出于利益考虑，两岸对于推动纯粹性及公益性文化交流的动力不足，所投入的人力、物力、财力、精力与经贸交流

---

① 胡郑丽 . 文化资源学 [M]. 北京 : 光明日报出版社，2016:10—15.

相比相去甚远。文化交流的物质化倾向是两岸文化意识、共同价值的交流相对滞后的原因之一。

第二，两岸文化交流的泛政治化。

两岸文化交流从一开始就肩负着构建两岸文化共同体，并进一步谋求两岸政治认同的目的，因此，两岸文化交流也难免随着两岸政治关系波动起伏。一是两岸政治关系走向决定文化交流的走向。陈水扁执政时期，两岸文化交流处于低潮，就与陈水扁当局"去中国"的两岸政策有关。例如，2002—2007年，大陆在台研修生数量一直在低位徘徊，分别为2002年的348人、2003年的169人、2004年的204人、2005年的214人、2006年的448人和2007年的823人，在台湾境外学生中所占比重低于东南亚各国。马英九时期，两岸文化交流处于井喷状态，陆生、大陆居民、陆商纷纷入岛交流，这与国民党当局认同中华文化有关。2016年岛内政党轮替后，两岸政治关系急转直下，两岸文化交流随即出现明显回落。二是将两岸文化交流扣上政治帽子。受两会签署ECFA协议的鼓舞，大陆学者和相关单位抛出了签署两会文化交流协议的议题，却始终无法引起岛内学者的共鸣。原因在于，文化资源具有意识形态属性，台湾当局常常利用"文化"做政治文章，将两岸文化交流的制度化视为深水区，是比经贸协议更复杂的准政治议题。苏贞昌就将"陆生、陆客、陆商"入岛描述成"入岛、入户、入脑"。2014年"反服贸运动"后，岛内基本上没有人再去触碰文化协议之类的议题，以免被扣上"中共同路人"的帽子。

第三，两岸文化交流的浅层化。

文化交流的力量体现在一个"化"字上，要以文化人、以文化物、以文化事。也就是说，两岸文化交流的终极目标是两岸传承、弘扬和创新中华文化，以形成新的中华文化认同，构建两岸文化共同体。以此目标来衡量两岸文化交流的成效显然有巨大差距。一般情况下，文化交流可以划分为生活方式、规章制度和精神价值三个层面。目前，两岸文化交流仍然属于围绕生活方式展开的浅层次交流。一是交流主体以民间为主。两岸人员往来数量最多的是旅客、高校学生、专家学者、民间表演艺人和团体等。二是交流时间以短期为主。两岸文化交流涉及文学、艺术、教育、宗教、民族等诸多领域，除了跨海婚姻和学历生，其他交流短则几天，长则几个月。三是组织形式以表演、研讨会为主。包括演唱会、节日晚会、广场表演、嘉年华、研讨会、名家讲坛、艺术竞赛、踩街表演，等等。两岸文化交流对于增进感情、拉近两岸的生活方式，具有潜移默化的作用。但是，期待目前层次的两岸文化交流来化解两岸的制度隔阂，进而形成共同体的观念，也是为时尚早。

3. 两岸文化融合的前景

第一，两岸文化交流"投入不足、规模有限、精英独白、冷热不均"的格局仍将持续。

目前，两岸文化交流的基本格局就是"投入不足、规模有限、精英独白、冷热不均"①，这种态势一时难以改变。原因主要有以下几方面：一是两岸的文化交流政策的价值和目标存在很大差距，甚至是南辕北辙。大陆方面认为，两岸文化交流是两岸民众相互了解、消除误解的一个窗口。通过这个窗口，可以传播中华传统文化，展示祖国的锦绣河山，宣传改革开放的成果，开展对台宣传工作。两岸文化交流的最终目的是消除隔阂，增进互信，为两岸关系的政治整合累积社会文化资本。而台湾当局常常将两岸文化交流泛政治化。两蒋时期的"中华文化复兴运动"，是以"中华文化正统"自居，试图以此确立"反攻复国"的意识形态基础。李登辉时期的"戒急用忍"政策目的就是紧缩两岸经贸文化交流，以弱化两岸的文化联系。陈水扁时期的"文教台独"政策更是直截了当地割裂两岸的文化联系。二是两岸文化性质的差异是两岸进一步交流的主要障碍。由于两岸长期隔绝对峙、台湾当局持续反共宣传，以及两岸所选择的现代化的道路不同，导致两岸政治、经济、社会制度截然不同，两岸在文化价值观念方面存在明显差异。这种差异涉及文化中的核心利益，具有相对稳定性，在很长时间内具有不可通约性。缩小价值差距、形成新的文化共识需要一个长时间的累积过程。三是"台独"对台湾文化的反向建构销蚀两岸文化交流的正面效应。岛内外"台独"势力为了降低两岸文化交流对于台湾民众文化认同、国家认同的影响，主要采取两手策略。一方面，诋毁中华传统文化，积极建构"台独文化"；另一方面，排斥两岸文化交流，利用执政资源优势干扰两岸文教交流。

第二，"务实推动、常态发展、稳定深化、局部突破"是未来两岸关系着力的方向。

文化交流具有推动文化沟通、文化包容、文化融合的独特功能，它是与经贸并重的联结两岸的桥梁。同时，文化交流既不像经贸交流那么重利，也不像政治接触那么敏感。因此，只要两岸双方积极努力，两岸文化交流会出现新的气象。一是大陆将一如既往地支持两岸文化交流。未来的两岸关系能否持续、

---

① 彭维学.两岸文教交流合作的现状与前景[J].时事报告：大学生版，2012(2)42—49.

长远地发展，能否产生实质性的重大突破，文化沟通与融合是关键所在。文化交流可以让台湾同胞接触中华文化，自觉意识到两岸文化的同根性，进而增强两岸的中华文化认同。大陆对于两岸文化交流将实行更有针对性的政策措施。二是两岸文化往来的基本趋势难以逆转。两岸文化交流虽然存在规模有限、品质不高、动力不足等问题，但是经过30多年的经营已经实现了从单向到双向，从偶发到常态，从民间到政党的转变，形成基本平衡的格局。政治因素虽然对文化交流具有很强的制约性，但是它难以改变两岸业已形成的交往格局，即使在陈水扁时期出现两岸政治高度紧张的局面下，两岸文艺界的交流也不因两岸政治关系的调整而萎靡。三是两岸文化产业合作深入发展具有强劲的驱动力。文化产业的发展是两岸文化交流的自然需求和必然结果[①]，具有相对的独立性。两岸在出版业、广电业、旅游业、动漫业、文创业等诸多产业存在深化合作的空间。四是青年一代将为两岸文化交流增添新的活力。两岸青年学生交流属于上层结构的教育文化范畴，它所发挥的功效，无论在持续时间上，还是在塑造价值上，更胜于其他形式的人口移动。因此，加强两岸青年交流是未来两岸文化交流的重点。大陆将通过提高定位、开拓平台、创新形式等多种途径，加强两岸青少年交流，让青年一代在两岸文化交流中担当重任。

总之，传统中华文化的根在大陆，优势也在大陆。在两岸经贸交流遭遇天花板，政治交流无法破冰的情况下，两岸文化交流可望继续深耕，并成为经济关系和政治关系发展的"酵母"。

第四节　两岸交换性政治资源的实践分析

台湾问题是一个难解的政治问题，它涉及高度敏感、高度复杂的两岸政治定位、台湾"国际空间"、台海安全（包括结束两岸敌对状态、建构两岸军事互信机制、签署和平协议）等议题，因此，两岸间的政治对话迟迟无法开展。不过，随着两岸交往的日益频繁与密切，各种涉及两岸社会治安、民众权益的安全问题不断涌现，这迫使两岸双方不得不在政治敏感度较低的领域展开事务性合作。因此，本书认为，两岸广义的政治接触与协商早已展开，范畴局限于低度政治属性的议题，本书称之为"事务性合作"。

---

① 胡惠林、李保宗主编. 两岸文化产业合作发展报告 (2014)[M]. 社会科学文献出版社，2014.

一、两岸事务性合作概述

两岸事务性交流与合作在 1987 年台湾当局开放老兵返乡探亲之前处于空白状态。但是，从 80 年代后期开始，随着两岸军事对峙的紧张状态有所缓解，福建沿海的一些人出于各种原因，或是寻找亲人，或是图谋职业，或是经营小额贸易，在蛇头的组织下，以私渡的形式到台湾。两岸之间出现的海上私渡和走私毒品（枪支、香烟）等零星犯罪事件，破坏了两岸的社会治安和民众的合法权益。但是，由于意识形态束缚，两岸没有采取打击犯罪的联合行动，通常由台湾警方单独执法。当时，台湾当局视私渡为"非法"，常常采取海上拦截与原船遣返的强制措施，把他们押送回大陆。由于害怕私渡者返流，台湾方面采取粗暴的做法，把私渡客拘禁于船舱，并钉上船板，这样往往会造成窒息死亡，造成非人道执法的恶劣影响。特别严重的是 1990 年的"7·22"事件和"8·13"事件，两次事件造成 42 人死亡，在海内外产生强烈的反响。如何以人道安全的方式妥善解决两岸私渡客遣返问题，引起国家领导和台湾当局的关注。在当时的历史条件下，双方认为以红十字会组织负责双方沟通遣返是明智的选择。于是经过两岸红十字组织多次联络、沟通，并经过相关领导的批准，双方在金门举行商谈。经过两天磋商，最终达成"金门协议"，该协议就遣返的原则、对象和遣返程序等方面做了明确的规定[①]。

"金门协议"是 1949 年以来，海峡两岸分别授权民间团体签订的第一个书面协议，具有里程碑意义。"金门协议"签署之后，两岸事务性合作有所进展。1991 年 11 月，海基会与国台办进行"两岸共同防御犯罪程序性问题会谈"。1993 年 4 月，汪辜会谈签署的共同协议中，将"有关共同打击海上走私、抢劫等犯罪活动问题"与"两岸司法机关之相互协助"列入协商议题。不过，在李登辉、陈水扁主政时期，由于"台独"分裂活动的影响，两岸事务性合作进展缓慢，甚至一度出现停滞。合作成果乏善可陈，仅于 1998 年就"涉及人民权益的个案积极相互协助"达成共识，开启了两岸缉查跨境犯罪及司法互助个案协助模式。2005 年 11 月，中国疾病控制中心与台湾"疾病管制局"直接建立了传染病讯息沟通机制。

但是，随着两岸经贸往来、社会交流日趋频繁，不可避免地衍生出大量非传统安全威胁问题，如疾病传播、食品安全、跨境犯罪等。因此，两岸不得不考虑加强在非传统安全领域的务实合作，以确保两岸人民的健康和生命财产。

---

① 依照"金门协议"的规定，本着"人道、安全、便利"的原则，我红十字会与台湾红十字组织一直保持着联系，实施海峡两岸私渡人员和刑事嫌疑犯或刑事犯的海上双向遣返作业。

2008 年国民党重新执政后，两岸关系进入 1949 年以来最为稳定的时期，形成了开展事务性合作的良好环境，两岸事务性合作进入快速发展时期。双方在司法互助、海上救援、食品安全合作、公共卫生安全合作和生态安全合作等政治性色彩较低的议题上取得了丰硕成果。

二、两岸事务性合作的主要特点

两岸事务性合作具有一定的政治色彩，合作领域、合作程度是由两岸关系的特殊性和敏感性所决定的。两岸事务性合作具有以下特点：

第一，两岸事务性合作具有半官方色彩。从两岸事务性合作的主要模式，即金门模式、澳门模式和两会模式看，都是通过官方授权特定民间组织的形式进行合作，因而具有一定的政治性质。

1990 年的金门会谈是世界罕见的特殊商谈。会谈所在地是台湾的军事重地，会谈人员没有办理任何通行手续，最后签订的"协议"，双方只有个人署名，既无单位名称，也未加盖公章，也没有经过什么"会"通过批准，就马上生效。但是，会谈双方的组成人员具有官方背景。参加商谈的大陆方代表有五人，包括红十字总会秘书长韩长林、国台办副局长乐美真、红十字总会台湾事务部副部长张希林、福建省红十字会副会长计克良和福州市红十字会副会长方庆云。台方代表有陈长文（"行政院"法律顾问、"国防部"法律总顾问、国民党中央党部法律顾问）、常松茂（台湾红十字组织副秘书长）、徐祖安（台湾红十字组织国际组主任）和邓定秩（"国防部参谋本部作战处长室中将执行官"，以台湾红十字组织成员名义参加）。会谈达成的遣返工具由军用"登陆艇"改装而来。会谈时，原来拟使用"渔轮"和"客轮"进行遣返作业，因考虑到安全性改用"登陆艇"接运，同时为了淡化"登陆艇"的军用色彩，将退役的军艇加以改装，通过卸掉武器，涂上白漆，打上红十字标志，打造成专用遣返接运工具。金门模式正式开启了两岸事务性合作进程。

所谓"澳门模式"是两岸"行业对行业、团体对团体、民间对民间"进行沟通的特殊模式。2005 年 1 月 15 日，以中国民航协会海峡两岸航空运输交流委员会副理事长浦照洲为首的大陆代表团，与以时任台北市航空运输商业同业公会理事长乐大信为首的台湾代表团，在澳门凯悦酒店，经过两个小时协商，达成了 2005 年春节包机以"双向、对飞、多点、不落地"的方式展开的协议，打破了 56 年海峡两岸没有直接通航的僵局。此后，两岸客货运包机直航、大陆居民赴台观光、两岸金融监理协商等议题也借鉴了这种沟通方式。台湾方面将这种沟通方式称作"澳门模式"，并给予高度评价，认为它是一套独特的协商模式，其要件是"政府授权、民间名义、官员主谈、公权力落实"。大陆从未对"澳门模式"做出过明确论述，弹性对待此模式的具体内涵。同时，坚持"澳门模式"是两岸关系中的特例，不可能成为惯例。笔者认为，"澳门模式"是在"两会"无法正常沟通的特殊时期，两岸官员以民间方式进行沟通的另一种模式。从 2005 年春节包机等协商的实际情况来看，两岸官员确实不参与谈判，包括国台办、海协会与台湾陆委会、海基会。但是，两岸民间业者均在当局的授权下直接会谈，相关业务主管部门官员则以相应民间身份参与。同时，双方达成共识后，虽然不签署任何文件，只形成备忘录，但是，需要经过彼此确认后，再各自带回内部有关单位批准，再据此执行。"澳门模式"是回避政治争议的合理途径，为有效地解决事务性议题打开通道。

"两会模式"是指海协会与台湾海基会经过两岸各自授权的机制化的协商形式。在两岸现行的政治关系格局下，通过海协会与海基会接触的形式，就两岸交往中衍生的具体问题进行商谈是切实可行的。自从 90 年代初成立以来，两岸两会的接触、对话与谈判成为两岸关系发展的晴雨表，是两岸关系改善与发展的重要象征与标志。因为海协会和海基会虽在名义上仍属民间机构，但双方均已获得有关方面授权，因此，由双方签署的协议也就具有法律上的权威性，可以得到两岸相关民意机构的认可和支持。1992 年海协会与海基会在事务性商谈中达成共识，各自以口头方式表述"海峡两岸均坚持一个中国之原则"，即"九二共识"，至此，"九二共识"成为发展两岸关系的政治基础。2008 年，海协会与海基会重启中断近 10 年的两会协商，经过近 8 年的努力，两会达成了 23 个契约性文件，即两会协议（参见附录八）。

第二，两岸事务性合作具有"议题"性质。海上犯罪、海上救援、食品安全问题、疾病传播问题、生态安全问题等都具有两岸性特点，任何一方都无法独善其身，只有相互合作，才能降低威胁，确保自身的利益。同时，各个领域的合作都以议题合作的方式开展，没有实现常态化合作。

两岸事务性合作始于最具民意基础的司法合作。两岸跨境犯罪的形式计有洗钱、偷渡、走私、贩毒、网络犯罪等，对两岸民众生命和财产安全造成威胁，因此，两岸民众对于两岸联手打击犯罪都持正面肯定态度。自 1990 年签署"金门协议"起，海峡两岸的司法安全合作主要针对跨两岸犯罪问题的处理，并取得了显著成绩（参见图 5.1）。

图 5.1 两岸打击电信欺诈犯罪成效

资料来源：根据台湾地区警方资料制作。

据台湾"法务部"统计，截至 2016 年 10 月底，两岸司法机关在 2009 年 4 月签署的《海峡两岸共同打击犯罪及司法互助协议》架构下，双方相互提出的司法文书送达、调查取证、协缉遣返等请求案件已达 8.9 万余件。大陆方面依据协议，向台湾方面通报台湾人在大陆人身自由遭受限制案件计 4346 件、非病死及可疑非病死案件计 618 件，其中涉及的刑事案件主要类型有诈骗、走私、危险驾驶、毒品（含贩毒、吸毒）及交通肇事等。大陆应台方要求，遣返通缉犯总计 463 名。特别值得一提的是，2011 和 2012 年两岸警方联手，并与多国执法合作，先后破获了"3·10""4·26"特大电信诈骗案，捣毁诈骗窝点数百处，抓获两岸犯罪嫌疑人近千名，在两岸引起巨大反响。

两岸食品安全合作自 2008 年以来快速发展，这与这一时期两岸食品安全事件频频发生有关。自 2000 年以来，两岸食品工业迅速发展，食品相互销售的现象大为增加，与此同时，两岸都出现了一系列的食品安全事件（参见附录九），食品安全问题逐渐成为影响两岸关系的重要变量。在 2008 年"三聚氰胺"奶粉事件的冲击下，经大陆主管部门同意，台湾卫生主管机构组织成立由专家组成的调查小组赴大陆了解实际情况，这是两岸在食品安全议题上的首次实质性合作。2008 年 11 月，双方签署《海峡两岸食品安全协议》。此后，两岸在食品安全领域的合作不断深化，成效显著。2009 年两会签署了《海峡两岸标准计量检验认证合作协议》和《海峡两岸农产品检疫检验合作协议》，双方进一步加强了信息通报、个案处理、建立协查机制等工作。

第三，两岸事务性合作深受政治因素的影响。从两岸事务性合作的实践经验看，政治因素仍然是影响两岸合作的关键。两岸的公共卫生安全合作以及两岸灾害安全合作以 2008 年为分界线，有截然不同的表现，这与岛内政治生态有关。

2003 年 SARS 危机后，两岸民间要求推动公共卫生安全领域合作的意愿十分强烈，但受制于两岸关系主客观环境的影响，两岸的合作仍然非常缺乏。2008 年政党轮替后，两岸在"九二共识"的政治基础上开展合作，双边关系取得了重大进展，两岸公共卫生安全领域的合作就此起步。2010 年 12 月 21 日两会签署《海峡两岸医药卫生合作协议》，为两岸公共卫生安全危机管理开展制度化合作提供了可能性。根据这份协议，两岸双方将就传染病的检疫与防疫、资讯交换与通报、重大传染病疫情处置、疫苗研发及其他事项进行交流与合作。此后，两岸在传染病通报等方面建立了联系渠道，这为两岸落实《海峡两岸医药卫生合作协议》奠定了良好的基础。目前两岸相关的对口单位可以开展对口操作，特别是两岸专家可以通过上述合作交换有效数据，研发疫苗等。

同样地，2008 年以后，两岸灾害安全合作的广度和深度均有突破。海峡两岸一衣带水，同属自然灾害多发地区，台风、水灾、地震等给两岸造成巨大财产损失和精神创伤。但在 2008 年之前，两岸在灾害安全领域的合作局限于气象学术交流和制度化协商，以至于 1999 年台湾发生百年不遇的"9·21 大地震"后，大陆除了红十字会捐助外，难以提供其他形式的帮助。2002 年，台湾气象部门在原先使用的日本卫星失效的情况下，向"交通部"报备后，才接受大陆"风云二号"地球同步气象卫星的讯号，作为台湾地区天气预报的参考资料。2008 年以来，两岸在灾害安全合作问题上态度积极。一是加快了气象合作步伐。2009 年，闽台两地进行了两岸首次汛期气象联合加密观测试验，同年，共同举办了"海峡两岸自然灾害防治交流合作研讨会"，并签署了多个自然防治交流合作协议。2010 年，两岸在金门、马祖、澎湖等地建立地震观测台，并由闽台签署了《组建台湾海峡地震观测网合作协议书》。二是应急处置的合作更加和谐。两岸在应对"汶川地震""八八风灾"等极端气候灾害事件时，能够共享信息，相互支持。三是制度化协商成果累累。2011 年签署了《海峡两岸核电安全合作协议》，2014 年签署了《海峡两岸气象合作协议》和《海峡两岸地震监测合作协议》。

两岸的海上安全问题十分突出，包括海难（搁浅、沉船、碰撞、失火、迷航、爆炸）、海洋污染（原油、化学品）、海上犯罪问题（恐怖主义、抢劫、走私）等。由于海事安全合作牵涉到军舰等军事装备的介入，具有一定的政治敏感性，因此，两岸海事安全合作主要涉及海上救援和海上执法等事务性问题，尤其是合作应对海难。两岸"三通"后，海上直航在助力两岸经贸关系的同时，也使两岸常常面临无法预测的各种海上风险。为应对海上突发事件，两岸建立了两种沟通管道：一是中国海上搜救中心和台湾"中华搜救协会"联合搜救机制，这是目前两岸最主要的合作方式。二是大陆个别省级海上搜救中心（福建）和台湾"中华搜救协会"之间建立起来的应急事件联系机制。2008年以来，两岸海上救援行动屡屡取得成效（参见附录十）。

三、两岸事务性合作的基本评估

1. 两岸事务性合作的正面效应

两岸事务性合作维护了两岸人民的利益，符合两岸民意，是两岸低政治性议题合作的有益探索。自金门模式以来，两岸事务性合作的范围从无到有，合作主体由低层级公务人员上升到各自授权的两会，合作平台从"论坛"到"两会"再到"高层会晤"，事务性合作成为两岸政治性协商的试验区。两岸事务性准官方合作的重要驱动力来自两岸民意。应付非传统安全的威胁，符合两岸人民的期待和情感[①]。从台湾陆委会近十年所做的"民众对当前两岸关系之看法"例行性民意调查结果来看，台湾主流民意主张维持现状，支持两岸制度化协商，认为大陆方面对台湾人民是友善的，两岸交流的步伐适应现实需要。根据2014年3月陆委会委托台湾政治大学选举中心所进行的调查数据显示：72.7%的民众支持两岸制度化协商处理两岸间交流问题；77.6%的民众满意两岸两会第十次高层会谈签署《海峡两岸气象合作协议》，55%的民众对于签署《海峡两岸地震监测合作协议》表示满意。对于两岸两会商定下次协商议题，调查显示，约有六至七成民众表示支持，包括"环境保护合作"（74.8%）、"飞航安全及适航标准合作"（73.6%）、ECFA后续的"货物贸易协议"与"争端解决协议"（57.1%），以及"避免双重课税及加强税务合作"（63.4%）和"两岸两会互设办事机构"（65.8%）等议题。对目前两岸交流的速度，认为"刚刚好"的民众有44.8%，认为"太快"及"太慢"的比例分别为31.3%及14.2%。根据2015

---

① 例如，《海峡两岸共同打击犯罪及司法互助协议》生效后，攸关两岸民众的财产权与诉讼权益的司法案件才能按程序进行。透过本协议执行的强化，已经有效遏止过去诈骗集团嚣张的气焰，这是一般民众都有的明显感受。特别是2015年5月，两岸海事部分联合执法在"两马"附近水域共同围堵查处一艘试图逃逸的约5000吨级非法自吸砂船，开启了两岸海事执法合作的里程碑。

年 5 月陆委会委托"全国公信力民意调查"所做的调查数据显示：49.1% 的受访者认为"两岸逐步建立解决交流延伸问题的规范与机制"对处理两岸事务有帮助，8.9% 认为非常有帮助，合计 58%。41.6% 的受访者对"两岸签署的协议为两岸人民交流往来带来便利（例如直航、观光），保障台湾民众人身安全与维护社会秩序（例如共同打击犯罪、食品安全、智慧财产权、核电安全、地震及气象合作），也增加许多商机（例如大陆居民来台观光、两岸经贸合作）"的提问表示肯定，8.2% 表示非常满意，合计满意度 49.8%。由此可见，台湾多数民意对于两岸联手处理和应对非传统安全领域的威胁持正面支持的态度。

2. 两岸事务性合作存在的主要问题

第一，议题模式缺乏稳定性。

两岸事务性合作以议题模式为主。起步于"金门模式"的两岸司法互助与共同打击犯罪领域的合作成果最为显著（参见表 5.5），已经进入机制化、制度化合作的新阶段。其他各领域的合作基本处于个案处理阶段。个案处理模式往往事项单一，功能单一，形式不稳。如"澳门模式"即是在陈水扁时期，两岸官方授权两岸民间行业组织解决两岸交流中迫切的台胞通行问题的一个个案，所以春节包机完成后，两岸协商依旧处于停顿状态。

表 5.5　2009—2016.10 大陆遣返通缉犯人数统计表

单位：人

年度	2009 年	2010 年	2011 年	2012 年	2013 年	2014 年	2015 年	2016 年	合计
人数	11	68	78	99	72	55	63	17	463

资料来源：根据台湾"法务部"统计数据制作。

第二，两会模式的权威性不足。

目前，"两会协商"是两岸事务性合作中最富有成效的一种交往模式。因为海协会和海基会在决策交流过程中都是依托双方的官方机构展开协商的，其协商的政治基础决定了其所达成的共识与签署的协议具有较强的权威性。但是，"两会模式"下产生的协议的权威性经常受到政治因素的影响与挑战。主要表现为：其一，协议大都为基本框架。受两岸政治关系的束缚，两会所签署的协议大都为基本框架，侧重于原则性规定，可操作性不足。其二，协议需要立法机构认可。受岛内政党轮替的影响，由国共两党代表公权力授权两会签署的协议，到民进党执政时期就被冷冻或延迟后续协商。

3. 两岸事务性合作的发展趋势

两岸事务性合作属于政治范畴的合作，深受两岸政治关系的影响与制约。2016 年蔡英文上台后，两岸关系急转直下，进入冷和平的僵局状态。目前，由于两岸缺乏"九二共识"这一政治基础，两会交流机制已经中止。台湾当局正计划裁撤 ECFA 协商小组，两会之前达成的相关协议的具体协商也被速冻。因此，可以预见，在民进党执政时期，两岸的官方交流将处于停摆状态。至于涉及两岸民生和安全的低政治性议题合作不会因此而中断，民间方式、行业方式将担此重任。

总之，两岸交换性资源的开发与利用是中国政府引导台湾民众国家认同正向变迁的有效手段。目前，两岸经济整合的程度较高，形成了你中有我、我中有你的共生界面。大陆方面在继续保持经济增长，追求国家经济利益的前提下，将会越来越关注国家的主权独立、领土完整和国家安全等政治利益。两岸文化整合还处于培养台湾民众对于两岸同根同源、同属中华文化的理解和认同，实现两岸文化间连接的初级阶段，尚未涉及两岸民众生活方式、价值观念及社会心理等层面的转换。两岸政治整合更是处在酝酿阶段，仅限于议题式、两会式的半官方接触，两岸政治性共同利益的培植必定是一条漫长、坎坷、荆棘之路。整体而言，两岸交换性认同资源整合的有效性不足，单纯的两岸经贸关系和浅层次的文教交流，仍难达成两岸文化统合和政治整合的目标。因此，必须树立系统性整合思维，进一步优化资源配置，最大程度地发挥各种资源的功能，争取取得 1+1 > 2 的效果。

第六章　建设两岸政治认同中的重叠共识

西方科学哲学的"范式理论"告诉我们，不同的理论范式之间存在不可通约性。但是这一理论的创始者托马斯·库恩晚年也认为，不可通约性并不意味着不可比较性，多元分化的价值观在一定的时空范围之内存在着局部的可交流性。当蕴含多元价值观的种种完备性学说完成了各自的革新与彼此的融合，价值多元与社会整合这一对反比例变量就会达到一个最佳的平衡点。由此我们可以设想：目前两岸政治认同的最大困境在于两岸政治价值观在深层内涵上具有不可通约性，但是实现两岸价值观的彼此尊重和相互包容，维系双方都能够接受的某种限度的社会整合，进而推动两岸价值性认同差距的逐渐缩小，不仅是可能的，而且是现实的，符合今后一段时期两岸关系"小步慢走"的新常态。那么，如何缩小两岸价值性认同差距？罗尔斯的重叠共识观念就成为两岸价值观互动交流和更新融合的可行路径。在两岸关系发展中追求重叠共识，表现为在传统政治文化与现代政治文化中探寻两岸政治文化的集体记忆，在大陆政治实践和台湾政治实践中构建两岸政治实践的共同规范。

第一节　政治哲学视野下的重叠共识

重叠共识 (overlapping consensus) 观念是由美国政治哲学家罗尔斯 (John Rawls) 首先阐述的，也是他在学术生涯的后期论述政治性的正义观念时经常提及的概念。面对六七十年代以来美国社会发展内外环境的剧烈变化对秩序和价值的冲击，人们开始质疑《正义论》中道德相对同质、社会安定有序的公正社会设想。于是罗尔斯开始修订关于正义的规定，重叠共识成为他在《重叠共识理念》《政治的领域与重叠共识》等重要论文及著作中反复提及的核心理念①。罗尔斯的关注点并不仅仅在于带有普适性色彩的分配正义理论，而是现代民主

---

① ［美］约翰·罗尔斯.罗尔斯论文全集 [M].陈肖生等译.长春：吉林出版集团有限责任公司，2013:476,536.

社会里不可避免的、广泛存在的多元主义事实与稳定性（或者社会整合）之间越来越严重的对抗，以及如何调和多元价值（表现为宗教的、哲学的以及道德的种种完备性学说）之间的冲突。罗尔斯认为，既然政治性的正义观念规定了社会共同体的基本结构，因此，只有政治性的正义观念才是种种完备性学说达成重叠共识的核心，于是当一个社会共同体出现认同危机的时候，也只有立足于政治性的正义观念才能谋求建立凝聚价值共识的共同体。

一、重叠共识的基本内涵

任何社会，不论它的主流意识形态是自由主义、保守主义还是社会主义，都必须实现某种限度的社会整合，否则共同体就难以为继。价值认同是政治认同的核心，实现共同体的整合与安定需要各方就某些核心问题达成基本的价值共识。在前现代社会，本体论哲学占据统治地位，因此传统的政治实践囿于与其时代哲学相对应的一元价值论。即使有时也存在多样化的价值选择，其中必然存在一种居于主导地位的真理性选择，例如，苏格拉底以生命的代价来引导雅典民众对善、美德的理解。传统社会依靠其所信仰的一元价值论，维系着政治主体对共同体的认同。对于不同的价值观，传统社会的政治实践倾向于使用强力压迫，强制性地实现多数的认同，例如，中世纪天主教为维系其广泛认同的信仰不惜对异教观念进行镇压。但是到了现代社会，人们常常陷入这样一个困境，即共同体的价值认同与不可避免的多元主义事实之间出现紧张、冲突和对抗。约翰·格雷认为，我们已经无法逃避这样一种社会状态，"有许多种善的生活，其中的一些无法进行价值上的比较。在各种善的生活之间没有谁更好也没有谁更坏，它们并不具备同样的价值，而是不可通约的；它们各有其价值。"①而且，现代民主社会不同于传统社会政治实践的重要一点在于，现代政体不可能再通过简单强制的办法实现一元价值。既然一定程度的社会整合是现代社会之所必需，那么将影响稳定的冲突因素控制在合理的范围之内也就显得特别重要，即在多元价值之间达成共识。由此可见，今天我们在两岸政治认同中呼吁价值共识，罗尔斯关于现代民主社会多元价值冲突中达成重叠共识的理论具有一定的借鉴性。

既然现代社会多元价值观之间存在不可通约性，那么如何实现作为社会普遍现象的多元价值观之间的相互交融？罗尔斯认为，达成基本的价值共识只能

---

① ［英］约翰·格雷. 自由主义的两张面孔 [M]. 顾爱彬、李瑞华译. 南京：江苏人民出版社 .2002:37.

基于社会正义观念，因为正义观念历来都是人类社会的核心价值问题。更具体的来说，人类群体自愿组成一个共同体的先决条件包括正义、合作、效率以及稳固四个社会基本问题，其中后三个问题都与某种正义观有着千丝万缕的联系。其实罗尔斯在学术早期就已经觉察到：自古希腊到现代社会，各流派关于社会正义的论争迭起，不同的视角之下人们有着对正义的不同阐释。他认为人们关于正义的某种共同感受是维系合作的集体财富，"但严格的一致仍然不是必需的，因为某种程度的重叠一致就容许互惠的条件得到满足。"① 人们对于正义的这种并非严格、而只是某种程度相似的观念或者感受，实际上就是重叠共识的雏形。于是，罗尔斯开始了他所强调的"普遍的社会正义"观念的鸿篇巨制，企图构建一种"公开的正义观"（人们都公开接受的统一正义标准）以实现社会的良好组织与有效管理。他认为，这就是人们关于正义标准的重叠共识。然而理论与现实的反差是，二十世纪中后期的美国社会并不完全呈现安定有序、公平正义、自由民主的景象，相反充斥着动荡与冲突、怨恨与抗议、不安与失望。构建"公开的正义观"的企图在现实中总是碰壁。

从社会交换理论的视角看，复杂社会网络的交换中介机制是共享价值观。在现实的社会交换系统中，最普遍的共同价值观就是各方都能够接受的平等或公平观念。罗尔斯反复强调的一种普遍的正义观，就是属于这种主导价值观，它能够使多样价值观之间保持必要的张力，并对各种冲突起抑制作用。罗尔斯认识到，现代民主社会不可避免存在种种合理的完备性学说，普遍的正义观必须以承认这一理性多元主义的事实为前提；只有能够统合那些相互冲突的种种完备性学说关于正义的阐释的某种正义理念，才是真正的重叠共识。"任何人也不应期待在可预见的将来，某一种合乎理性的完备性学说——无论是哲学的、宗教的抑或道德的学说——将会得到全体公民或几乎所有公民的认可。"② 他在学术早期的关于正义理论的巨著，至多也只是共存于现代民主社会构架下的种种完备性学说之一，不可能是实现了关于正义的价值共识。它所建构的具有普世主义和道德色彩的正义社会，只是其道德理想的体现，并不具备现实基础。面对价值冲突对共同体的撕裂，罗尔斯认为，任何一种完备性学说都不可能简单拿来，成为"兼顾社会多元活力和安定有序"的重叠共识；只有基于建构主义方法的政治性正义原则才是完备性学说之间重叠共识的核心。如果要推进价

① ［美］约翰·罗尔斯.正义论[M].何怀宏、何包钢、廖申白译.北京：中国社会科学出版社，2010:389.

② ［美］约翰·罗尔斯.政治自由主义[M].万俊人译.南京：译林出版社，2000:4.

值认同以实现某种最低程度的社会整合，只能基于政治建构主义达到这样一种重叠共识，即"政治正义观念就能作为各种合乎理性的完备性学说之重叠共识的核心。"①

罗尔斯在论证了社会基本制度的正义原则之后，面对现代民主社会理性多元主义的事实，同时也面对各种完备性学说都无法独立确保统一秩序的事实，他引入了重叠共识的观念，希望它能够成为各完备性学说都能够共同认可的政治观念。重叠共识理念与政治性的正义观念相辅相成，而"社会的统一建立在对该政治观念的共识之基础上"。②具体地说，它包括三个层次的基本内涵。首先，重叠共识理念最基本的层面是，应该有一种容忍合理分歧的共同态度。不同于哈贝马斯等共识论者，罗尔斯认为现实生活中分歧的产生更多是由于种种复杂因素的制约而导致的、拥有理性判断能力的主体难以达成一致意见，因此这种大多由于"判断的负担"而非人为偏见等因素产生的分歧是合理的。达成共识的前提是要有承认和尊重理性多元主义既定事实的态度，在此基础上各学说才能通过交流融合实现对某一政治观念的共同认可。其次，重叠共识理念的核心层面是指在互相尊重和包容合理分歧的前提之下，不同的价值观基于公平的社会合作的目的，能够自愿构建并共同遵守的公共规范。重叠共识理念的核心是政治正义观念，罗尔斯特别强调它应具有有别于它本身以外各种完备性学说的独立性。现代民主社会中，理性多元学说的广泛存在是政治文化的核心特征，而现实中的政治文化又往往是某一特殊地区或者特定民族的政治文化传统。为了防止某一特殊政治文化对普遍正义观念的入侵，政治正义观念需要从伦理角度争取理性多元学说的支持，并在道德上为自身获得理性多元学说认可的"可认可性"进行辩护。因此，重叠共识理念就包括为了实现合作而共同认可并遵守的行为规范，即使这些行为规范背后隐藏的价值观之间具有不可调和的地方。第三，重叠共识理念的更高层面是达成相互理解。目前持有不同观点和立场的人们，努力寻求未来的彼此理解乃至视域融合。这是重叠共识的最高境界。这不仅是一个理论问题，而且是一个实践问题。重要的不是在政治哲学中坐而论道，而是在政治文化中寻找重叠共识，尤其是在政治实践中努力构建重叠共识，即将把寻找重叠共识政治实践建立在实践主体的合理商谈和自觉责任的基础上。

基本内涵的分析彰显重叠共识理念是现代民主社会秩序与稳定的路径选择，

① ［美］约翰·罗尔斯.政治自由主义 [M].万俊人译.南京：译林出版社，2000:103.

② ［美］约翰·罗尔斯.政治自由主义 [M].万俊人译.南京：译林出版社，2000:123.

它不仅不是乌托邦，反而是一种更具现实可能性的务实取向。下面是罗尔斯从深度和广度上进行的分析。从深度上来看，"重叠共识的下限是根本性的理念，公平正义正是在这些根本性理念内制定出来的。"①这些根本性的理念就是政治正义观背后的道德基础。正如前面所述，政治正义观念应该从道德视角为自身的可认可性进行辩护，说明政治正义观念并不完全同道德规范绝缘。政治正义观"在要求独立于关于良善生活的广包学说的时候，它并不是完全摆脱一切道德前提的，而只是要求独立于关于良善生活的具体的观念。"②也就是说，政治正义观的道德基础是最为抽象、带有根本性理念特征的道德理想，统合着各种具体层面的善的观念，因而重叠共识能够在根本性的理念程度上深入到各完备性学说中去，进而保证各完备性学说相处的稳定性。从广度上来看，作为重叠共识的核心的政治正义观，必须是独立的社会基本结构观念，它仅仅适用于现实社会中的政治领域，支配着社会政治结构的基本框架，而并非企图构建一种普遍有效的正义观并用于关照整个人类生活。当相互冲突的种种完备性学说彼此经常爆发出谁是谁非的争论的时候，重叠共识理念本身尽可能保持独立与中立，而仅仅在关于社会政治基本结构方面提供一种政治正义观念，从而确保自己不陷入种种完备性学说关于真理观念的判断，也成功回避了将各完备性学说之间的真理论战引向政治领域的麻烦，更重要的是避免了各完备性学说凌驾于政治正义观之上的不良图谋。这种不良图谋是一直存在的，尤其是现代民主社会的多元化特征，更加助长了各种非政治的完备性学说宰制国家权力的趋向，并且往往成为冲突的根源。罗尔斯强调，政治价值优先于非政治价值的安排，只有促成各完备性学说达成在政治正义层面的共识，才能保证重叠共识的稳定性，祛除非政治完备性学说的不良图谋。通过重叠共识理念深度与广度的分析，罗尔斯说明了达成重叠共识的现实可能性，以及重叠共识旨在"走出分歧"而非"认知真理"的务实取向。在现实社会中的这种务实取向，可以引导我们依靠公共理性首先结成某种临时性协议，进而经过宪法共识阶段凭借立法手段保证一定程度和范围的基本正义，进而为达成全面的重叠共识构筑坚实根基。

根据以上分析，任何政治共同体的维系都需要就某些核心问题达成基本的价值共识，而在现代民主社会当不同地域、族群信奉的价值观之间存在不可通约性时，以政治正义观为核心的重叠共识理念能够容纳理性多元价值观之间的

---

① ［美］约翰·罗尔斯.政治自由主义[M].万俊人译.南京：译林出版社.2011:138.

② 顾肃.多元社会的重叠共识、正当与善——晚期罗尔斯政治哲学的核心理念评述[J].复旦大学学报（社会科学版），2011(2):55—62.

角逐，不可通约性才有可能通过比较和交流而不致继续走向断裂。只有本着为"走出分歧"而非为"认知真理"的务实取向，相互冲突的多元价值观之间才具有相互交融的现实可能性。也就是说，重叠共识的重点是"求同"，即寻求共同支持的正义观。同时也强调"存异"，即承认理性分歧的事实，尊重对何谓善恶的不同观点，主张开放而真诚的协商，宽容不同的结论①。

二、重叠共识的主要功能

任何统治都企图唤起人们对它的合法性的支持，维持其社会政治秩序。"对追随者来说，重叠共识理念的唯一功用就是确保稳定秩序。"②这个概括非常精当。现代多元社会中作为重叠共识的核心内容的政治性正义观念。种种完备性学说并存的多元主义事实，往往造成某一个共同体中不同人群关于其社会政治制度共享的公共基础出现紊乱而无法调和的争议，而重叠共识能够提供种种对立学说都认为正当并且相互援引的辩护基础，促进社会的稳定统一。

正义是社会制度的首要价值，关于正义的公共理解始终是确保社会政治秩序稳定统一的合法性基础。社会正义是稳定秩序的合法性基础，只有公开明确了什么是正义，并按其原则划分社会成员之间的基本权益，稳定统一的秩序才有可能实现，共同体才不至于陷入分裂和动荡。近代以前，为当时社会政治制度合法性进行辩护的公共基础是基于个体的德性修养，亚里士多德提出了"正义就是得到其所应得的"经典论述，但是个体"应得"的标准则是基于各自德性的不同而有所差别。柏拉图也认为，统治者、维护者和生产者因为德性的不同而占据不同的社会地位。因此，古代社会一般依据不同德性的划分保持了不同阶层之间的和谐有序。近代以来，私人利益的分配逐渐成为不同阶层或群体解决纷争时所最终诉诸的基础。罗尔斯将其称为霍布斯式的路线。在他假定的自然状态下，基于恐惧和贪欲，自利的人们必须服从现实政权才能在稳定的秩序中生存。这种路线也造成种种负面倾向，最严重的影响就是放任政治权力的无限膨胀和对异己的压制欲望。虽然历史上不乏这种现象，即在一定情势之下只有这样的假定才能避免社会继续走向严重的分裂，但是这种建立在利己主义基础之上的临时协议或者政治共识是极不稳定的。不论是基于德性修养还是私

---

① Garthoff, Jon "The Idea of an Overlapping Consensus Revisited," *The Journal of Value Inquiry,* Vol.46, No. 2, 2012, pp. 183.

② Zoffoli Enrico, "The Place of Comprehensive Doctrines in Political Liberalism: On Some Common Misgivings about the Subject and Function of the Overlapping Consensus," *Res Publica*, Vol. 18, No.4, 2012, pp. 351—366.

利考虑，都是从个体的特殊视角来看待正义，不同群体之间完全有可能产生对正义的相互冲突的多样化理解。从全社会的整体角度探讨社会合作体系中的价值分配问题，显然更应该将正义视为现代民主社会的主要问题。当正义定义了自由平等的社会成员在公平的合作体系中结成并遵守的公平条款之时，稳定秩序和社会统一就成为可能（罗尔斯务实地认为，重叠共识理念有合乎理性、中立、非完备性等基本特点，所有的正义、自由平等等概念都是相对的）。

重叠共识能够促进多元价值观之间达成关于正义的一种公共理解，这使得这一理论在今天仍然有着明显的现实意义。现如今，理性多元主义的事实造成了人们关于正义理解的深刻分歧，宗教的、道德的、哲学的种种完备性学说均从各自角度出发对社会正义进行阐述，而这其中又没有任何一种学说能够提出一个为其他立场自觉接受、普遍认可的正义观念以主导社会价值的分配。罗尔斯早期有关于组织良好的社会的论述，这一理想社会是全体社会成员在无知之幕下理性协商的结果。从整个社会利益分配的角度正当对待每一位成员无疑是正义的，但在现实政治生活却不同于自然状态，其中自由平等的个体往往有自身特殊的利益或者偏好，如何将社会正义的理想之光照进现实，或者说如何让不同群体都能够自觉认可他的正义原则，则是一个很大的难题。罗尔斯承认，现实社会离组织良好的理想社会还有很大距离，根本原因就在于我们仍然没有认清并构建起关于社会正义的共享的公共基础。他进而提出一种实践的、可操作的思维方式，即"现代民主社会的历史和社会条件，要求我们以某种方式看待规制此社会的政治制度的正义观。"[①] 具体来说，这种正义观应该是来源于并且又应用于现代社会基本结构，它仅仅适用于这一结构因而不可能是任何一种完备性学说在现代社会实际应用的理论推导遗产，因此只能是"根据那些被看作是隐含在民主社会的公共政治文化中的根本性的直觉理念来界定的"。[②] 就是说不论各自的特殊利益、价值偏好或者信仰情感是多么的难以调和，人们都可以就政治性的正义议题展开讨论，人们普遍怀有的正义感是政治性正义观的道德基础，它为讨论提供了"认为是正当的"辩护理由。

罗尔斯把公开的规范体系视为多元价值理解正义的现实基础，政治性正义观念的达成依靠的是多元价值对共同规范的自觉支持；重叠共识理念即致力于

---

① ［美］罗尔斯．罗尔斯论文全集 [M]．陈肖生等译．长春：吉林出版集团有限责任公司，2013:478.

② ［美］罗尔斯．罗尔斯论文全集 [M]．陈肖生等译．长春：吉林出版集团有限责任公司，2013:483.

构建现代民主社会中多元价值共同认可的规范体系；全社会就某些基本问题达成最低限度的共识是稳定秩序的前提；现代民主社会既要达成基本的共识以防止社会分裂，又不能像传统社会那样通过借助国家权力来保证某种价值观念的垄断地位，只能寄希望于共同的行为规范的构建，持续包容多元的价值观念，从而获得它们的支持。政治性正义观念内容仅仅是基于社会基本结构而不是依据其他任何整全学说来界定的，而社会基本结构是社会各方面制度的总和，以及政治、经济等诸多社会制度为形成统一社会合作体系而相互达成的协调规范，因此，社会基本结构其实就表现为种种公开的规范体系，它能够为介入其中的社会成员提供"一个决定相互期望的共同基础"。从社会整体角度来说，规范是有利于合作共同体及其中的全体社员的。社会基本结构的生命力在于普遍性和强制性，而种种学说背后隐匿的多元价值观念仅仅符合特定群体或者特殊情势下的利益，"只有在一个具体的历史的生活形式之中，或在一个个体的生活形式之中，才可能进行合理的讨论。"① 现代多元社会不存在何为正义何为非正义的一致标准，或者多元价值无法达成一个统一的评判标准，那么安排权利义务分配的共同基础，就必须尽可能地独立于种种学说涉及的多样化标准之外。尽管现实中存在的种种制度总是具有缺陷，但公开的规范体系作为理想假设是能够满足这一条件的。罗尔斯称这种规范体系能够通过回避的方法，既不肯定也不否定多元学说中蕴含的价值观念，让它们从各自视角出发，采纳或者构建公开的、共同的行为规范。

因此，重叠共识意味着信仰不同价值观的不同群体，在社会合作体系中可以共享统一的、公开的规范体系，基于相互冲突的价值观对社会公共规范表达支持和认可，这种公开的规范体系成为关于正义相互理解和辩护的现实基础。政治性正义观念作为重叠共识的核心，它来源于且应用于社会基本结构，自然也包含于共同的行为规范之中，那么整个社会基本结构可以被描述为一个公开的规范体系。当不同个体、群体共存于一个社会基本结构，共同依照公开规则规范的引导来行事，那么，在现代民主社会中，正义与否的标准就体现在公开的规则规范认定其言行是否具有相应的权利。这种公开的规范体系在现代民主社会就体现为程序正义。罗尔斯将程序正义又细分为完善的、不完善的和纯粹的程序正义三个子类别，在分析和权衡各自优缺点之后，他认为纯粹的程序正义既不像完善的程序正义那样对于何为正义有一个独立的评判标准，又不同于

---

① 童世骏.关于"重叠共识"的"重叠共识" [J]. 中国社会科学，2008(6):55—65.

不完善的程序正义那样缺乏保障正义结果实现的程序，它的独特优势在于它不再坚守正义与否的统一评判标准，却同时存在公正程序以确保不同群体的普遍遵守。这样一来就避免了完善的程序正义可能招致的压迫和冲突，也避免了不完善的程序正义的无力感。当不同群体普遍接受和一致遵守的公正程序取代了他们对于正义的理解分歧，纯粹的程序正义就实现了多元价值对共同规范的自觉支持。当然，要求不同群体普遍接受的公正程序在制度设计时会不可避免的前置某种价值观念，但是程序正义作为社会基本结构和人们行为规范的重要体现，它更加侧重的是彰显特定社会之下人们的良知或常理，而非局限于某种价值观念或学说框架之内。

如果说重叠共识理念的唯一功能是确保稳定秩序，那么这一功能体现在以下两个方面。其一，重叠共识理念为现代民主社会中多元价值观之间的相互交融提供了新的视角。实现相互冲突的价值观之间的相互交融显然是确保社会稳定的前提，但是价值观念的交融和统一是不可能一蹴而就的。重叠共识理念一开始就承认各种价值观、完备性学说之间在具体观念、内容之上的冲突，并将这种非一致性称之为"合理分歧"。因此，它首先寻求的不是就具体内容的统一，而是促进不同价值观群体形成彼此容忍合理分歧的共同态度。然后，它还将认知差距的持续缩小作为达成共识的重要内容。它认为，持续消除不同价值群体彼此之间的认知偏见，不断致力于认知差距的缩小，才有利于价值共识的逐步达成。最后，即使不同的价值群体在现实选择中仍旧存在不小的分歧，它还不断促进达成这样一种统一意见和共识，即不同群体在未来发展目标、共同憧憬的美好前景之上存在一致性。其二，重叠共识理念为多元价值的社会秩序的稳定提供解决路径。在现实社会的政治生活中，重叠共识主要体现为程序正义。它促进社会共同体在多样性基础上形成统一意见，所以，重叠共识的价值功能还在于，它为促进社会共同体在价值多元化基础上形成统一意见提出程序正义方案，为协调行动和稳定秩序设计现实路径。尤其是那些处于不同政治体制、社会历史文化环境之下的不同价值观群体，如何和谐稳定的共存于同一个共同体，只有凭借发现最大公约数才有可能凝聚社会共识。通过中立、公正的程序性规则，为不同价值观群体之间的沟通和交流构建理想的对话环境，为相互冲突的价值观念构建达成共识的具体途径，然后循此形成具有某种程度强制性的相互沟通和一致行动的运作机制，不断增强达成权宜之计的分歧各方之间的相互理解，最终达成实现彼此共同成长的重叠共识。

总之，重叠共识理念的主要功用就是确保稳定秩序。辩护必须从某些共识开始，而现存任何整全性学说都不能担当起公共的可接受的基础。要确保社会政治秩序的稳定统一，现代民主社会之中相互冲突的多元价值观之间必须形成一种关于正义的公共理解。凭借多元价值对共同规范的自觉支持，体现为程序正义的公开的规范体系成为多元价值理解正义的现实基础，如此一来重叠共识理念促成了多元价值观之间的相互交融，也为促进社会共同体形成统一意见和协调行动、稳定秩序提供了可操作性方案。

第二节　政治文化视角下的两岸重叠共识

如果说重叠共识是一种社会意识，那么，"合理多元主义"作为一种社会文化现象是"社会意识"和"社会存在"的一种混合，或称两者之间的一个中介。因此，我们在探讨政治哲学视野下产生重叠共识的可能性后，将进一步分析两岸在政治文化领域可能达成的重叠共识。两岸政治文化的构成元素有很大的差异，但是，它们都有中华传统文化基因，也同时吸收了现代文明的优秀成果。通过挖掘传统政治文化和现代政治文化中包含的重叠共识，逐步形成共同的价值观，在两岸文化交流与整合中，共同建构面向中华民族复兴的两岸新文化。

一、传统政治文化包含的重叠共识

文化认同是民族认同和国家认同的中介，从文化的角度探寻两岸民众可能达成的重叠共识符合认同规律。政治文化是特定民族在特定时期形成的政治态度、政治情感和政治信仰，"是由本民族的历史和现在社会经济、政治活动进程所形成。"[①] 因此，政治文化是一种特殊的意识形态，它在政治体系中具有重要的作用，是社会政治秩序得以持续和持久的基础。政治文化对政治秩序的影响取决于两个方面：一是政治文化的性质。主要体现为同质性（民众的政治态度高度统一，有积极和消极之分）、异质性（民众的政治价值取向具有很大的差异性和分散性）、滞后性（作为意识形态生成缓慢，落后于政治发展）、超前性（其反映的政治价值取向超越了现行体系蕴藏的价值）等，这些性质深刻影响着政治的稳定。二是政治文化类型与政治结构的协调程度。按照阿尔蒙德的划分，政治文化主要有三种类型，即蒙昧型政治文化（民众既不向政府表示自己的愿望和要求，也不关心政府的政策和法令）、服从型政治文化（民众尊重并执行政

---

① ［美］加布里埃尔·A.阿尔蒙德、小 G.宾厄姆·鲍威尔.比较政治学——体系、过程和政策 [M].曹沛霖等译.东方出版社，2007:26.

府所做的权威性决策，但缺乏参与政治、向政府表达利益要求的意识）和参与型政治文化（它与现代民主政治相适应，使公民抱有不过分的参与热情，对合法的权威亦有充分的尊重）。政治文化类型与政治结构的失调会导致政治的不稳定。

文化是一个民族的基因，没有任何一个民族可以抛弃其文化传统而重新开始。所谓传统"是某一集团或某一民族，代代相传的生活方式和观念。因为是代代相传，所以，从时间上看，有其统绪性；因为是某集团的，所以从空间上看，有其统一性。"① 自19世纪中叶特别是"五四"新文化运动以来，中国已经经历了几次对传统文化的省察和反思。"五四"时期，中国知识分子强调要"重新估定一切价值"②，宣称"伦理的觉悟，为吾人最后觉悟之最后觉悟"。③ "五四"新文化运动不但彻底冲击了传统的价值系统，而且也引进了许多新的价值，如民主、科学、自由、人权等。然而，旧的瓦解了，新的价值体系并没有很快建立起来。新中国成立后，我们延续"五四"新文化运动精神，将中国近代的落后挨打、积弱积贫的原因归结为传统文化，将传统文化等同于落后、腐朽和保守，对传统文化加大批判力度。至60年代，终于趋向极端，爆发了十年"文化大革命"。这场运动对中国传统文化造成空前浩劫。在"打到孔家店""横扫一切牛鬼蛇神"、"彻底批判封、资、修""破四旧、立四新"等口号下，传统文化被不问青红皂白地全盘否定了。然而，这场运动除了让我们的民族文化遭到前所未有的摧残和破坏之外，并没有改变中国贫穷落后的面貌。"文化大革命"的惨痛教训让我们重新审视传统文化及其现代价值。进入90年代，大陆方面做出了弘扬民族文化以振奋民族精神的政治选择。大陆知识分子开始积极投入中国传统文化的研究，并形成了新儒学等一批具有相当水平和质量的研究成果，涌现了蒋庆、李泽厚、张岱年、方克立等一批新儒学代表人物。中共十八大以来，进一步明确了如何科学评价中国传统文化和如何正确对待中国传统文化两大问题。习近平总书记在系列重要讲话中形象地把中华优秀传统文化比喻为我们民族的"根"和"魂"④。强调"中国共产党人不是历史虚无主义者，也不是文化虚无主义者"，"中国共产党人始终是中国优秀传统文化的忠实继承者和弘扬者"⑤。

---

① 徐复观.论传统 [A].徐复观文录（二）[M].台北 : 环宇出版社，1971:100—113.

② 胡适.新思潮的意义 [A].胡适文存（一集）[M].黄山书社，1996:528.

③ 陈独秀.吾人最后之觉悟 [A].独秀文存 [M].安徽人民出版社，1987:41.

④ 习近平关于实现中华民族伟大复兴的中国梦论述摘编 [M].北京 : 中央文献出版社，2013:33.

⑤ 习近平在纪念孔子诞辰 2565 周年国际学术研讨会暨国际儒学联合会第五届会员大会开幕会上的讲话.新华社，2014-09-24.

在强调必须"认真汲取中华优秀传统文化的思想精华和道德精髓"的同时，明确指出"要处理好继承和创造性发展的关系，重点做好创造性转化和创新性发展"[①]。至此，传统文化成为大陆主流政治文化之一。

台湾政治文化属于中国政治文化体系内的区域性政治亚文化。台湾民进党等分裂势力常常强调台湾文化属于多元文化统合而成的新型文化，即"台湾主体性文化"，把中华文化只是当作一种文化元素而已。而且为了弱化中华文化在台湾的地位，不断强化中华文化的落后性。不过，"台独"势力鼓吹的各种论调都无法否认中华文化对台湾社会生活的浸染和影响，中华传统政治文化是台湾政治文化的底色[②]。中华文化在台湾亚文化的形成过程中产生了重要影响，并长期占据主导地位。其中，中原政治文化思想和国民党政治文化思想对台湾亚文化的形成产生了重要影响。

中原文化与台湾文化之间具有同根同脉、同源同流的密切关系。在大陆移民的迁徙过程中，中原政治文化思想也在台湾生根发芽。主要表现为：两岸根缘相连（台湾同胞的族属是炎黄子孙，其"根"在河洛。其家谱、宗祠、世系、家训、郡望、堂号、堂联、字辈等追根溯源都在大陆）；两岸语言相近（台湾同胞中大多数人所讲的闽南语或客家话源自河洛话）；两岸文化民俗相通（台湾的岁时令节、喜庆婚丧、传统信仰、祭天敬祖等风俗习惯与大陆没有多少差异）；两岸神缘相系（两岸的民族信仰基本相象，崇祀的对象为中华历史上的先圣先贤、民族英雄、清官廉吏、神医药圣等），等等。大陆传统文化中尊祖敬宗、报本反始、寻根问祖等族姓与民族文化认同理念在台湾代代相传，中国百姓文化广泛根植于台湾移民社会。

国民党威权统治时期，中国近代城市文化很快确立了在台湾的强势地位。中国近代城市文化是随着大陆沿海城市社会发展而形成的近代文化，其中包含相当成分的西方文化，但主要保留了中国士大夫的文化成分。在20世纪30年代的新生活运动中，国民党即开始宣扬儒家文化，创造精英文化。国民党统治台湾前二十年，积极宣扬中华传统文化，并以此作为演绎"中华民国是正统中国"的逻辑起点。大陆发生"文化大革命"后，台湾于1967年7月成立了中华文化复兴会。此后相当长时间，台湾都以中华文化正统自居。国民党带去的中

---

① 把培育和弘扬社会主义核心价值观作为凝魂聚气强基固本的基础工程 [N]. 人民日报，2014-02-26.

② 台湾作家李敖 2005 年访问大陆时写下了《台湾无处不中国》一诗，诗云："妄想海峡两地隔，妄想台独自快活。我且当头来棒喝，台湾无处不中国。"这首诗很好地说明了海峡两岸传统文化本为一体，中华文化自古以来一直是维系两岸人民最重要的精神纽带。

国官方文化与台湾原有的中国常民文化相融合，在与当年的"皇民文化"的冲突中很快占据强势地位，形成台湾的主流文化。随着 60 年代台湾经济的快速起飞，台湾经济结构、社会结构发生重大变迁，以美国文化为代表的西方文化开始全面渗透台湾社会，自由民主价值观在台湾民众的政治文化结构中的比重日益增加。

由此可见，台湾文化是典型的多元文化综合体。借用考古学文化层次的观念，台湾文化是由少数民族文化、中国常民文化、日本近代文化（局限于有特权的"皇民"阶层）、中国近代城市文化以及西方文化等多层文化叠压而成。但是，文化作为一个有机整体，通常有一个文化运作的中轴，它是文化体得以吸收多元的文化营养而不断壮大的生命源泉。台湾文化的基础是中国文化，无论在明郑、清代以及日据时期，它的主体性文化就是中华文化。迈入现代化的台湾，其文化中轴仍然是中华文化，台湾崛起成为"亚洲四小龙"之首与儒家文化深切相关即是明证。

两岸政治文化中都有中国传统政治文化的基因，因此，传统政治文化构成了两岸关系发展的"先见"，也是两岸构筑共识的土壤。传统政治文化在近代以来的质疑和反思中，其糟粕和精华已经有了明确的切割。中华民族传统政治文化植根于自给自足的小农经济或者自然经济生产方式之中。重农抑商的自然经济生产方式和经济形态决定了中国传统政治文化是小农经济和自然经济、传统宗族社会结构以及儒家学说为主体的伦理规范三位一体的文化结构。由于形成环境的影响，传统文化中存在权力崇拜、个人崇拜、等级观念、专制主义等封建落后的东西。但是，中华文化是世界上唯一的连续发展的文明体系，它具有自身内在的发展逻辑和强大的生命力。就政治文化而言，中国传统政治文化历来是一种"文化中轴的政治文化"，[①] 表现为政治文化本身与家庭生活、社会生活、道德生活和伦理生活有着千丝万缕的联系。因此，中国政治文化比较发达，社会对政治文化的认同度较高，政治文化的功效比较突出。这也意味着寻找两岸传统政治文化的重叠共识具有稳定两岸关系的重要价值。

两岸传统政治文化的主要源头是儒家文化，因此，以儒家文化为主的中国传统文化是两岸寻求共识的重要土壤。其中，天下为公、大同世界的理想追求，以民为本、舍己为人的价值观，贵和执中、和而不同的哲学理念等是推动中华民族不断向前发展的内在动力，也是联结两岸中华儿女的心理纽带。

---

① 王沪宁. 转变中的中国政治文化结构 [J]. 复旦学报 (社会科学版), 1988(3):55—64.

天下大同的社会理想犹如政治文明的灯塔从来都是炎黄子孙对未来社会的美好憧憬，自然也构成了两岸民众对民族和国家发展前景共同的殷切希望。"大同"作为一种社会理想，是被压迫民众基于原始共产主义生活的认知而衍生的观念，它经过政治家的重新解释而形成的未来社会制度完善化的理性设计。一般来说，儒、释、道等各派思想体系，以及古代中国受压迫最深农民群体都发展出了各具特色大同理念，比如佛家的"极乐世界"、道家的"小国寡民"、农民起义军的"等贵贱、均贫富"的平均主义，等等。

但是，儒家作为古代中国正统思想，其系统化的大同思想兼具理论性和实践性。《礼记》就开始比较详细阐述了何谓大同，即"大道之行也，天下为公，选贤与能，讲信修睦，故人不独亲其亲，不独子其子，使老有所终，壮有所用，幼有所长，矜寡孤独废疾者皆有所养，男有分，女有归。货恶其弃于地也，不必藏于己，力恶其不出于身也，不必为己。是故谋闭而不兴，盗窃乱贼而不作，故外户而不闭，是谓大同。"正是中国人自古向往的大同理想引领着一代又一代有为的封建帝王和贤人圣士，励精图治，奋发图强，创造了一个又一个中华盛世。从汉武到开元、从永乐到康乾，中华民族屹立于世界民族之林。近代列强打开中国的大门后，"大同梦"破灭了，但大同思想却没有终结。从太平天国到戊戌变法，再到辛亥革命，许多仁人志士都用大同思想建构自己的理想。戊戌变法前后，康有为写下了脍炙人口的著作——《大同书》，希望通过它拯救中国亦拯救世界，并对大同进行了解读[①]。孙中山在阐述其三民主义政治纲领时，也直言不讳把他的政治纲领与大同思想联系起来，说这"就是孔子所希望的大同世界"。[②] 天下大同思想所蕴含的和谐共处、和而不同、民族独立等价值取向有利于缓解两岸的政治对立和观念冲突，能够成为两岸民众的重叠共识。

民本思想是儒家传统政治文化的重要结晶。常有人批评中国传统文化只强调群体而忽视个人，其实这是一种误解。中国传统文化不是不讲个人发展，而是强调个人与群体相统一，强调个人要在群体的发展中求发展。民本思想是封建统治阶级为维护统治秩序而提出的重民、贵民、安民、恤民、爱民等一系列意识的总结与概括。孔子的"仁者爱人"思想推广到政治领域，就是"仁政"，

---

① 康有为认为，"天下为公，一切皆本公理而已。公者，人人如一之谓，无贵贱之分，无贫富之等，无人种之殊，无男女之异。分等殊异，此狭隘之小道也。平等公同，此广大之大道也。无所谓君，无所谓国，人人皆教养于公产，而不恃私产，一内外为一，无所防虞，故外户不闭，不知兵革，此太平之道、大同之世。"康有为 . 礼运注 [A]. 康有为全集 (5)[C]. 北京：中国人民大学出版社，2007:555.

② 孙中山 . 孙中山全集（第 9 卷）[M]. 北京：中华书局，1981:394.

也就是统治者应该以民为本，仁民爱民。孟子的"民为贵，社稷次之，君为轻"思想是儒家"民本"思想最经典的表述。此后，中国传统文化以民为本的思想代代相承。《淮南子·泰族训》曰："国主之有民也，犹城之有基，木之有根。根深则本固，基美则上宁。五帝三王之道，天下之纲纪，治之仪表也。"《礼记·大学》也宣扬"民之所好好之，民之所恶恶之，此之谓民之父母。唐朝李世民从政治实践中总结道，"为君之道，必先存百姓，若损百姓以奉其身，犹割股以啖腹，腹饱而毙。"①并警示当权者"水能载舟，亦能覆舟"。至近代，孙中山创立三民主义，民生成为核心内涵，"我们三民主义的意思，就是民有、民治、民享。就是说国家是人民所共有，政治是人民所共管，利益是人民所共享。照这样的说法，人民对于国家，不只是共产，一切事权都是要共的，这才是真正的民生主义。"由是观之，中国传统文化中的民本思想一脉相承，其本质在于民众是安邦定国之根本。两岸应该发扬并超越传统的民本思想，达成符合现代社会发展需要的人本理念的重叠共识。这一共识的要点在于两岸执政当局要以人民安居乐业为根本目的，推行符合两岸民众共同利益的方针政策。

如果说大同理念与民本意识侧重于政治发展的价值取向，那么伦常意识则强调通过道德伦理规范，从深层次影响人际交往关系以及社会秩序建构手段的正当性。伦常意识是中国传统社会日常生活中普遍存在的伦理道德观念，它要求以忠、孝、悌、忍、善的言行准则来分别处理君臣、父子、夫妇、兄弟、朋友五种人伦关系，长幼尊卑不可改变，是为常道，即伦常。正是因为伦常意识存在于传统社会人与人日常交往之中，它稀松平常却又深入人心，所以才可以普遍适用于中华文化的辐射区域。缇萦救父的故事为后人乐道也说明伦常意识的重要性甚至可以跨越国家律法，"中国纯粹建筑在这一种道德的结合上，国家的特性便是客观的家庭孝敬。"②正如黑格尔所言，中国传统社会共同体的维系依靠的是伦理道德，重心在于倚仗人伦情感衍生的相应行为准则来处理复杂社会关系。五伦关系中各种身份的个体最重要的是"安分守己"，即安于自己的伦分，并根据这些伦分履行自己的义务。而要做到"安分守己"，首先要准确定位个体在人伦关系网中的"名分"，即所谓"名不正则言不顺"，"正名"也成为儒家特别在乎的一件事。两岸关系的症结也在于何如定位，即双方各自的名分是什么以及相应承担的责任和义务又是什么。中庸和谐体现了中华民族宽容仁厚的精神，它要求合理地对待人与人之间、民族之间和思想文化之间的协调关系，

① （唐）吴兢.君道 [A].贞观政要（卷一）[M].明成化九年内府刊本.

② ［德］黑格尔.历史哲学 [M].王造时译.上海：上海书店出版社.1990:232.

从而使人们可以在大千世界找到自己的合理位置，进而产生认同感、归属感和自豪感。因此，和谐精神也是两岸处理政治定位时应该遵循的共识。

总之，中华传统优秀文化是两岸政治文化的源泉。"地无分南北，人无分老幼，善良、正直、勤奋、诚信、包容、进取这一些传统的核心价值，不但洋溢在台湾人的生活言行，也早已深植在台湾人的本性里。这是台湾一切进步力量的泉源，也是'台湾精神'的真谛。"①另外，在今天的文化语境中，中国传统文化需要重新阐释和创新挖掘，让它成为生动、活跃的"现在时"，以满足今天人民的精神生活需要。传统文化资源的现代转换是文化资源得以不断发展的动力，也是两岸在传统政治文化领域构建共识的必要条件。

二、现代政治文化包含的重叠共识

如果说中国传统政治文化中的"民本意识"等属于"先见"，那么两岸吸收借鉴的"公平正义"等现代政治文化内容属"后知"。我们以往偏重于挖掘传统政治文化在发展两岸关系中的功能，着眼于厘清中国传统政治文化在两岸不同的发展轨迹中产生了哪些偏见和误解，对两岸政治认同造成了怎样的影响，认为充分发掘中国传统文化在两岸民众中的历史记忆，是实现两岸政治认同的文化纽带和精神力量。这样的视角比较突出两岸现实政治体系、发展道路的差异和不可通约，从而不同程度地忽视了现代政治文化在两岸关系发展中可能发挥的重要作用。

由于历史原因两岸政治体系长期处于相对隔绝的状态，因而发展出中国传统政治文化系统下的政治亚文化。但是，两岸先后进入了现代化发展进程，培育和践行现代政治文化是现代化进程中社会治理的必然选择。

台湾政治文化的变迁主要体现在 20 世纪 80 年代从传统威权政治文化转变为现代民主政治文化。对于这场政治转型存在多种解释，计有经济发展带动社会变迁说，党外反对运动人士努力说，国民党派系斗争说，蒋经国过世前的一念之仁说以及美国影响说，等等。从台湾现代政治文化的形成与结构来看，它形成于东西方两大意识形态阵营严重对抗的时代，作为西方阵营的成员，西方政治文化对台湾政治文化有着特别显著的影响。"美国迫使国民党当局实行所谓政治民主化，一方面是为了改善美国自二战以来支持独裁政权的不良印象，另一方面也是把台湾改造成一个所谓的'西方式民主的橱窗'，试图以此影响和

①　马英九 2008 年就职演说。

推动中国大陆的‘和平演变’。"①80 年代末以来，台湾历经解除"党禁、报禁"、解除"戒严"、"国会全面改选"和"总统直接民选"，尤其是经过两次政党轮替，台湾实现了政治民主化转型。客观地说，台湾民主政治实践对于华人社会有十分重要的意义。

"民主的灯塔"既是西方国家对台湾社会民主转型的肯定，也是台湾社会自我标榜的标签。在台湾拒统的各种理由中，"大陆专制、不民主"成为其所谓的合法性理由。这些观点显然是不客观的，不符合改革开放后的政治发展现状。改革开放以来，中国共产党在积极推进经济体制改革的同时，也在努力推进政治体制改革。1978 年十一届三中全会打破了"两个凡是"和个人专断，大大发展了党内民主。1987 年十三大报告专门论述了政治体制改革问题，从党政分开和依法治国等七个方面着手进行政治体制改革。此后，历经十四大（1992 年）、十五大（1997 年）、十六大（2002 年）、十七大（2007 年）、十八大（2012 年），都提出要积极推进政治体制改革，并在党内民主、党际民主和人民民主方面进行了积极探索。尤其是党的十八大对党内民主的探索具有突破性进展②，为我国人民民主的建设提供了借鉴和经验。

中国特色的社会主义制度不同于台湾的代议制民主制度，但是，两者都是社会现代化的产物，在治理现代社会方面存在许多相通的理念和共识。

首先，公平正义是两岸现代政治文化建设的共同目标。

公平正义是人类社会共同的向往和追求。不论是古希腊社会的美德正义论，还是古罗马时代的自然正义论，抑或是中世纪的神学正义论，千百年来关于公正的讨论已经演化成为人类社会进步的关键符号。尤其是经过近代以来西方社会自由、平等、民主、法治等政治文化的张扬，公平正义已经成为衡量社会进步的重要尺度。现代社会探讨公平正义必须从现实社会环境出发。现实社会环境有两个重要特征，一是自然资源相对匮乏，人与自然的矛盾在加剧。二是经济发展水平不能满足所有人的需求，导致人与人之间存在利益冲突。公平正义理论试图解决这种因为匮乏而引发的社会矛盾。它把正义理解为一种制度性标准，即正义是对社会的基本政治、经济和社会机构进行基本评价的标准③。正如罗尔斯所言，"正义是社会制度的首要价值，正像真理是思想体系的首要价值一

---

①　徐博东、李振广.台湾政治制度转型对两岸关系的影响 [J].台湾研究，2005(5):23—27.

②　十八大对于党代会代表选举、中央委员的差额选举、政治局委员的预选、党代会常任制与代表提案制、高级领导干部任期制等五个方面进行了规范。

③　[美]乔治·恩德勒等主编.经济伦理学大辞典 [M].王淼洋等译.上海：上海人民出版社，2001:164.

样。"① 这里所谓的制度正义包含形式正义和实体正义两层含义。形式正义又称程序正义，是指对法律和制度的公正和一贯的执行，即严格按照法律和制度规定办事。实体正义则是指法律和制度本身必须符合人的正义价值理想和诉求。前者强调手段和方式，后者侧重内容与目的。实现公平正义的原则有二：一是平等自由原则。即平等地分配基本的权利和义务。二是不平等的自由原则。它包括差别原则和机会平等原则两个下设原则。其中，机会平等原则又优于差别原则。不平等的自由原则要求制度设计时保护那些社会地位和经济利益方面处于不利地位的人，即让弱势群体拥有更多的机会。

两岸在现代化进程中都面临同样的公平正义问题，所差异的只是时间序列上的先后。台湾社会的现代化进程早于祖国大陆，它更早面临公平正义问题。在经济成长和政治转型的基础上，台湾社会在合理的分配、环境的保护、弱势群体的权利、社会保障的覆盖率等议题上建立了比较完善的处理机制，积累了宝贵的经验。台湾地区的社会保障行政制度由社会保险、社会福利和社会救助三部分组成，其中，社会保险是核心。台湾的社会保险制度比较完备，主要包括健康保险、失业保险、职业灾害与老年给付等。台湾地区的社会救助涵盖生活救助、急难救助、灾害救助、医疗补助、低收入民慰问和游民收容等。台湾地区也非常重视针对儿童、老人、妇女等不同类型展开社会福利服务。多年来台湾地区保持了适度的社会保障水平，并一直将社会保障支出的目的定位为减少贫穷、协助合法居民获得基本需求，进而达到重新分配所得的功能。

公平正义也是大陆方面一贯坚持的政治主张和价值追求。改革开放以来，大陆经济发展取得了举世瞩目的成就，随之也出现了一系列社会问题。包括社会收入差距拉大、贫富悬殊，部分制度存在不合理、不公正的弊病，司法不公正问题突出，等等。对此，十七大报告明确指出"实现社会公平正义是中国共产党人的一贯主张。是发展中国特色社会主义的重大任务"，② "合理的收入分配制度是社会公平的重要体现"，③ "初次分配和再分配都要处理好效率和公平的关系，再分配更加注重公平"。④ 这意味着实现社会公平正义已经继"发展是硬道

---

① [美] 约翰·罗尔斯. 正义论 [M]. 何怀宏等译. 北京：中国社会科学出版社，1988:1.

② 胡锦涛. 高举中国特色社会主义伟大旗帜 为夺取全面建设小康社会新胜利而奋斗 [M]. 北京：人民出版社，2007:17.

③ 胡锦涛. 高举中国特色社会主义伟大旗帜 为夺取全面建设小康社会新胜利而奋斗 [M]. 北京：人民出版社，2007:38.

④ 胡锦涛. 高举中国特色社会主义伟大旗帜 为夺取全面建设小康社会新胜利而奋斗 [M]. 北京：人民出版社，2007:39.

理"之后，成为社会主流的集体意识。中共也将公平正义纳入社会主义核心价值体系。而"制度是社会公平正义的根本保证"，一定的公平正义必须通过具体的制度来体现。从公平正义价值出发，大陆设计了一系列确保公平正义实现的基本制度。它包括以公有制为主体、多种所有制经济共同发展的基本经济制度，人民当家做主的民主政治制度，注重程序正义的法律司法制度，兼顾效率和公平的收入分配制度以及相应的公共财政和社会体制等。中共尤其重视经济平等在公平正义体系中的作用，认为经济是整个社会结构中最深厚的基础，经济平等是社会正义的基础。

其次，合理分歧是两岸关系形成共生界面的合法性环境。

思考两岸政治文化认同问题，不能不考虑全球化这一时代背景。全球化背景下价值观念具有多样化和复杂化的特点。这是一个多元价值并存的时代，各种价值之间无法进行排序。不同的价值主体有不同的价值追求，有自己独特的价值选择。在价值选择和价值追求的过程中，因主体追求的利益不同，价值冲突也就在所难免。也就是说，全球化时代承认价值多元论是一个不可避免的事实。正如英国哲学家伯林所言，"人类的目标是多样的，它们并不都是可以公度的，而且它们相互间往往处于永久的敌对状态。假定所有的价值能够用一个尺度来衡量，以致稍加检视便可决定何者为最高，在我看来这违背了我们的人是自由主体的知识，把道德的决定看作是原则上由计算尺就可以完成的事情。"[①]面对价值多元主义事实，如何确保社会秩序的稳定？罗尔斯给出了"合理分歧"（reasonable disagreement）的答案。它包含三个重要内涵：首先，持不同观点的人们都愿意以合理的态度彼此相待[②]。其次，不同价值的人们认可和遵守同样的规范。再次，目前立场不同的人们努力寻求通过和平共处、平等交往而形成或加深彼此理解。那么，"合理分歧"为何能够成立？对于这个问题，罗尔斯用"判断的负担"（burdens of judgment）来作说明[③]。"合理分歧"这一思想对于两岸统一之前的关系发展具有启示意义，它是两岸关系形成共生界面的合法性来源。

两岸由于历史原因走上了不同的政治发展道路。台湾经过近 30 年的民主化

---

① ［英］以赛亚·伯林.自由论[M].胡传胜译.南京：译林出版社,2003:245.

② "合理"作为修饰词对"分歧"做了必要的限定，它表明我们不需要援引恶意、荒唐、无知或自私来解释分歧。换言之，并非所有的分歧都值得重视，只有合理而真诚的分歧才是正当权威必须予以容纳的。

③ 所谓判断的负担，是指做判断时会碰到的不可克服的困难。这些困难主要来自两方面，一是人类生活包括各种价值，当我们做选择时，很难去决定如何加以权衡或给出优先次序；二是在现代世界中，决定我们如何评判价值的整体经验，是极为复杂的，而且也因人而异。因此，真诚的分歧完全可能，并且可以预料。

政治实践后，多数民众认同现有的西方式民主政治体制，并以此为标准来衡量和评价大陆方面的政治体制。由于国民党长期进行反共教育，使得岛内反共的思想根深蒂固，就连新党也曾将反共与反"独"一起列入其党纲。在他们的语境下，"共产政权"是"铁幕下没有民主自由人权的国家"，两岸的政治制度、生活方式和价值观念不可调和，两岸统一会让他们失去已有的生活方式。两岸的制度之争反映了台湾民众对于大陆的社会主义制度存在严重误解和偏见。中国特色的社会主义制度既不是传统封建制度的延续，也不是西方资本主义制度的复制，是十几亿中国人经过几代人奋斗、探索、选择的结果。它的优越性在于：它总体上符合中国的基本国情，它有利于维护祖国最广大人民的利益，它从根本上推动了经济社会发展。新中国成立以来，特别是改革开放 30 多年的伟大实践，已经对此给出了最有说服力的答案。相对于资本主义制度几百年发展史，中国特色社会主义制度时间还不长，但是，中国特色社会主义制度已经显示出强大生命力和优越性，它能最大限度地凝聚社会共识、激发国民的民族认同感、归属感、安全感和自豪感，等。

因此，两岸虽然在政治制度、社会生活方式和价值观念等方面存在巨大差异，但是，在"合理分歧"视域下，两岸可以形成共生界面。首先，合理对待两岸之间的社会制度和意识形态差异，使两种制度的对立并不成为国家统一的障碍。对此，我们需要明确这样的观念，即制度从来就没有哪一个是最好的，制度应该是选择性的。我们尊重台湾现有制度和台湾民众的选择，并不强求一致，以最大的诚意提出用"一国两制"的方式解决台湾问题。同样地，台湾民众也要理解大陆走社会主义道路的正当性，要尊重大陆现有的制度。其次，共同遵循中庸适度的原则，维持两岸交往和竞争的正常秩序。两岸博弈的游戏规则必须遵循一定的度，互信、互谅、互助、互利是基本规则。面对一时难以解决的结构性矛盾，两岸通过"搁置争议"和"先经后政"方式，使两岸关系由军事对峙走向了和平交流。在经贸交流过程中，两岸秉持"相互理解、相向而行"原则，通过"合理求利"（指尊重双方求利的平等权利和机会，与此相对的不合理求利是指"无法满足互惠性的标准"），实现了两岸经贸交流的制度化。再者，善意沟通，实事求是地寻求充分体现两岸关系特殊性的政治定位。两岸关系不可能一直拖延，协商解决无疑是双赢的方式。在商谈中要充分考虑对方的实际情况，多从善意的角度理解对方的想法，消除不必要的疑虑。一切有利于两岸关系和平发展的愿望、建议都应该被尊重、采纳。

再次，公共理性是两岸关系沟通、协调和统一的调和性力量。

公共理性是启蒙思想家所构建的以理性为核心的现代性观念。罗尔斯在《政治自由主义》一书中比较系统地提出了公共理性理论。他认为"公共理性是一个民主国家的基本特征。它是公民的理性，是那些共享平等公民身份的人的理性。他们的理性目标是公共善，此乃政治正义观念对社会之基本制度结构的要求所在，也是这些制度所服务的目标和目的所在。"①在《公共理性观念新探》一书中，他对公共理性做了进一步的解释，"所谓公共理性就是指各种政治主体（包括公民、各类社团和政府组织等）以公正的理念，自由而平等的身份，在政治社会这样一个持久存在的合作体系之中，对公共事务进行充分合作，以产生公共的、可以预期的共治效果的能力。"②罗尔斯的"公共理性"观念为具有不同思想观念、不同利益的个人与群体所组成的多元社会，通过"重叠共识"保证社会的正义与稳定提供了依据。公共理性在两岸关系发展中的核心功能在于，促使两岸社会公众抛弃非此即彼的零和博弈思维，树立合作共赢的观念，推动政府组织对两岸关系事务进行充分合作，以产生可以预期的两岸关系结果。

从逻辑上看，公共理性源自市场经济的发展。在市场经济时代，经济主体多元化、价值观念差异化、利益诉求多样化等日益明显。多元价值、观念的碰撞对市场经济的稳定运行构成潜在威胁，因此，市场经济需要培育与之相适应的公共理性精神。市场经济中的公共理性精神体现在对经济自由、经济民主及其市场经济秩序的自觉意识与追求。两岸的市场经济起步有先后，社会结构有差异，公共领域在社会结构中的发育程度也不尽相同。台湾的社会结构中"市民社会"相对发达，表现为民众的政治参与意识较强，民间组织种类繁多，公共生活领域比较广泛。大陆的市场经济起步较晚，市民社会还不够发达，社会治理中的公共理性正在培育之中。因此，有观点质疑这一源于西方的价值理念无法在两岸不同的社会结构背景下直接适用。不过，本书倾向于公共理性是一种道德原则和政治原则，在两岸关系中存在相互沟通的可能性。因为，两岸社会公民意识的培育都需要以公共理性这一政治价值进行规范与引导。

我国培育公民意识的工程与改革开放基本同步进行。早在《中共中央关于社会主义精神文明建设指导方针的决议》中就强调："要在全体人民中坚持不懈地普及法律常识，增强社会主义的公民意识，使人们懂得公民的基本权利和义

---

① [美]约翰·罗尔斯.政治自由主义[M].万俊人译，南京：译林出版社.2000:225—226.

② Rawls John, "The Idea of Public Reason Revisited", *The University of Chicago Law Review*, Vol. 64, No. 3 (Summer, 1997), pp. 765—807.

务，懂得与自己工作和生活直接有关的法律和纪律，养成守法遵纪的好习惯。"
这一决议内容为我国加强社会主义公民意识建设提供了目标和方向。此后，我
国又先后颁布了《中学思想政治课改革实验教学大纲》（1986）、《中国普通高等
学校德育大纲》（1995）和《中共中央关于公民道德建设实施纲要》（2001）等
重要文件，对公民意识的内涵、结构、培育方法和现实意义做了进一步规范和
阐述。结合十八大报告提炼的社会主义核心价值观，我们可以清晰地理解社会
主义公民意识的内容和结构，它主要包括主体意识、权利意识和责任意识。从
应然视角而言，两岸的公民意识精神是相通的。主体意识强调平等、理性和包
容，权利意识强调人权、监督与参与，责任意识强调守法与协商。从实然角度
看，两岸的公共理性建设都有调整和发展的空间。大陆主要存在公民意识不足
的问题，这是社会转型期通常会出现的问题，随着大陆市场经济的完善、民主
法治的健全和社会结构的转型，大陆的公民意识也必然与应然相接近。台湾主
要存在公民意识泛滥的问题，其极端表现为民粹化。民粹化不仅影响岛内的政
治生态，而且影响两岸关系的发展。

总之，构建两岸共同的政治文化需要分两步走。首先是"求同存异"。即
"和而不同"，在求"同"重"和"的基础上保留差异。"一国两制"构想就是
"求同存异"思想指导下处理两岸关系的新方法，其目的是实现新的"和"。其
次是"聚同化异"。即"中庸之道"，力求在事物的对立中寻找内在的相通之处，
并以适当的方式缩小或消除这些差异，将"求同存异"发展为"聚同化异"的
新境界。

第三节　政治实践范畴内重叠共识的建设

重叠共识不仅是一个理论问题，而且是一个实践问题。在两岸关系发展进
程中，不仅仅要从政治哲学或者政治文化的视角下发现两岸之间可能存在的重
叠共识观念，更应该在政治实践的范畴内不断寻找和切实构建两岸共同认可的
社会价值规范。在两岸近30的互动交流中，两岸各自的政治实践都以维护两岸
和平，增进人民福祉，保护公民权利作为执政的目标，这些政治实践成为两岸
在民生、民族以及民主三大领域产生重叠共识的重要来源。

一、民生共识：繁荣发展是两岸的共同心愿

"民生"一词最早出现在《左传·宣公十二年》，所谓"民生在勤，勤则不

匮"。在中国传统社会中，民生一般是指百姓的衣、食、住、行。随着时代的变化，民生的内涵也在与时俱进。至近代，孙中山给"民生"注入了新的内涵。他认为："民生就是人民的生活——社会的生存，国民的生计，群众的生命。"[①]并将它上升到"主义"、国家大政方针以及历史观这样一个前所未有的高度。按照孙中山先生的阐述，"民生就是政治的中心，就是经济的中心和种种历史活动的中心。"[②]"民生是社会一切活动的原动力。"[③]民生主义是"三民主义"中最具光辉的思想，对现代化进程中的两岸中国人的民生思想的形成有着重要影响。

孙中山先生对民生的界定立足于广义的角度，概念涵盖经济、社会、政治和文化等多个层面。本书所指的民生共识着眼于狭义概念，主要是指民众的基本生存和生活状态，以及民众的基本发展机会、基本发展能力和基本权益的保护状况，等等。根据狭义的民生定义，民生问题大致可以分为三类：一是生存问题。即社会要保证每一个社会成员能够有尊严地生存下去。这是民众生活的底线，具体内容包括：社会救济；最低生活保障；义务教育；基础性公共卫生；基础性住房保障；基础性社会保障等。二是发展机会问题。即社会在满足了社会成员基本生存问题之后，要提供起码的发展平台和发展前景。具体内容包括促进充分就业；提供职业培训；保护基本权益（如劳动权、财产权、社会事务参与权）；创造公平合理的竞争环境等。三是社会福利问题。即社会应当为全体社会成员提供使生活质量得以全面提升的福利。这包括教育（公立学校免费）、医疗（医疗保险）、住房（住房补贴）、全面保护社会成员的权利等。

解决中国民生问题是中国政府矢志不渝的目标追求。1979年实行改革开放的重要出发点就是要让百姓先富起来。中国共产党在探索"什么是社会主义""怎样建设社会主义"的问题时，吸取了改革开放之前重政治、轻经济的深刻教训。1987年，邓小平在会见捷克斯洛伐克总理什特劳加尔时说："我们过去固守成规、关起门来搞建设，导致的结果不好……很长时间处于缓慢发展和停滞的状态，人民的生活还是贫困……这才迫使我们重新考虑问题。"[④]从这里我们清晰地看到，解决民生问题是中国特色社会主义实践的出发点，也看到了经济发展与发展民生之间的关系。为了解决中国的经济发展和社会发展的不平衡问题，即社会事业发展的滞后问题，党的十七大报告明确提出："必须在经济发

---

① 孙中山选集 [M]. 北京：人民出版社，1981:802.

② 孙中山选集 [M]. 北京：人民出版社，1981:825.

③ 孙中山选集 [M]. 北京：人民出版社，1981:835.

④ 邓小平文选（第2卷）[M]. 北京：人民出版社，1994:223—224.

展的基础上，更加注重社会建设，着力保障和改善民生，推进社会体制改革，扩大公共服务，完善社会管理，促进社会公平正义，努力使全体人民学有所教、劳有所得、病有所医、老有所养、住有所居，推动建设和谐社会。"①十七大把社会建设摆到了突出位置，这是我党首次在报告中单列篇章来阐述民生问题。党的十八大在这个问题上再次强调，"要多谋民生之利，多解民生之忧，解决好人民最关心最直接最现实的利益问题。"具体政策内容包括：推动实现更高质量的就业；努力办好人民满意的教育；千方百计增加居民收入；统筹推进城乡居民社会保障体系建设；加强和创新社会管理等。十八大确立了提高民生质量的两大目标，即"两个翻一番"（即实现国内生产总值和城乡居民人均收入比 2010年翻一番）和"两个同步"（即努力实现居民收入增长和经济发展同步，劳动报酬增长和劳动生产率同步）。《十八大报告》确立的民生目标层次更高，个人收入在国民收入中的分配比例和劳动报酬在初次分配中的比重都将有很大的提高。十八大以来，中国政府面对改革开放中显露的就业难、教育不公平、社会保障不到位、医疗负担过重、生态环境恶化、食品安全和药品安全等民生问题，先后出台了相应的改革方案。

大陆在改革开放的实践中，也积累了解决民生问题的宝贵经验，形成了解决民生问题的基本原则。一是公平正义原则。它符合时代的要求，主要体现为实质公正、内容公正和制度公正三个方面。共同富裕是实质公正的具体体现。按劳分配的经济公正原则和避免两极分化的社会调节原则是内容公正的最好诠释。制度公正主要通过完善社会主义市场经济体系加以实现。二是统筹兼顾原则。中国是一个拥有 13 亿人口的发展中国家，这决定了中国不仅民生需求量大，而且民生问题十分繁多、复杂。中国的地区之间、城乡之间、行业之间等存在错综复杂、相互交织的利益矛盾，这加大了利益关系的调节难度。中国政府从国情出发，通过"统筹"（统一筹划）的方式来调节各种利益关系。即"统筹城乡发展，统筹区域发展，统筹经济社会发展，统筹人与自然和谐发展统筹国内发展与对外开放"。②逐渐形成了从宏观到中观、从中央到地方的，跨领域、跨地域、跨行业、跨群体的综合的政策体系，在短短几十所时间里大大改善了各种不平衡状况。三是循序渐进原则。中国的民生落后问题是多种因素长期积

---

① 胡锦涛.高举中国特色社会主义伟大旗帜 为夺取全面建设小康社会新胜利而奋斗——在中国共产党第十七次全国代表大会上的报告 [M].北京：人民出版社，2007:36.

② 辅导读本编写组.中共中央关于构建社会主义和谐社会若干重大问题的决定 [M].北京：人民出版社.2006.

累的结果。单就历史因素而言，长期实行的计划经济体制导致两个不利局面：其一，"高积累"政策客观上影响了人民生活的改善。其二，"剪刀差"政策导致农民收入低、农村经济社会发展落后。改变这种局面不是一朝一夕的事情，需要脚踏实地、一步一个台阶地向前发展，分阶段解决民生问题。在社会转型初期，政府的第一要务是发展经济，解决广大人民群众的温饱问题，因而，公共资源大多优先用于经济和产业领域，社会与公共事业方面（救灾、扶贫、公共卫生、环境保护、食品安全等）的比重相对较少。随着生产力的快速发展和财政支付能力的不断提高，资源分配开始更多地向民生事业转移。

发展经济、保障民生也是台湾当局，不分蓝绿，都努力追求的施政目标。陈水扁上台之初，也曾想扮演一个发展民生的"支持者"和"服务者"，承诺"举凡与人民生活息息相关的治安改善、社会福利、环保生态、国土规划、垃圾处理、河川整治、交通整顿、小区营造等问题，政府都必须提出一套解决方案，并透过公权力彻底加以落实"。[①] 国民党重新上台后，把"带领台湾勇敢地迎接全球化带来的挑战"和"维护弱势群体的基本保障与发展的机会"[②] 作为马英九当局最紧迫的任务。从 2012 年和 2016 年台湾地区领导人的选举文宣看，参选各方都不约而同地打起"民生牌"。国民党利用执政优势，提出了促进经济复苏、稳定两岸经贸、扩大税收财源等政策主张，并在开征"奢侈税"、大陆居民入台观光、调整税制、"老农津贴"等问题上赢得了很多民意。民进党则批评国民党执政期间贫富差距扩大，中产阶级贫穷化，造成"一个台湾、两个世界"。它主打的高失业率、贫富差距扩大、军公教调薪、租税改革、工作贫穷、无薪假等民生议题，也锁定了相当的选票。为了摆脱被边缘化的尴尬处境，亲民党也提出"台湾真正的问题，不在统独，也不在蓝绿，而在民生"。如果说 2012 年选举的主导因素还在于两岸统"独"议题，那么，2016 年选举的主导因素中民生议题已经与统"独"议题平分秋色。

民生议题成为选举主轴的原因在于台湾的贫富差距扩大和财富分配不均现象在加剧。台湾社会面临就业难、买房难、创业难、成家难、养家难等窘境。"青贫族"是台湾民生问题的一个缩影。2013 年，台湾整体失业率下降至 4.18%，创下自 2009 年以来的新低，而 20—24 岁的青年失业率，却创下历史次高 13.75%[③]。长期失业变化趋势已经变成年轻化、高学历化、初次寻职

---

① 2000 年陈水扁就职演说。

② 2008 年马英九就职演说。

③ 王英 . 关于"反服贸运动"对两岸关系影响的思考 [J]. 台湾研究，2015(5):30—37.

化。薪资低、高失业率对年轻世代组建家庭、养育小孩及赡养父母等都造成了困扰。青年学生的不满和恐惧在社会贫富差距仍然持续恶化的背景下被放大，成为他们参与社会运动的助推器。"反服贸运动""白衫军运动"及"反核四运动"中，大学生都冲在第一线，成为台湾社会运动的"先锋队"。近年来，民生问题持续成为台湾民众关注的焦点，但台湾当局应对乏术，引发民怨。中信文教基金会与《联合报》公布的 2016 年度台湾代表字是"苦"字当头，随后的"变""闷""弯""狂""滞"等年度代表性汉字，均充分体现了民进党上台后"两岸冻、经济闷、人民苦"的台湾社会真实状况，也是民生问题的集中反映。

不过，台湾在成为"亚洲四小龙"之一的腾飞过程中，创造过"均富增长"（growth with equity）的奇迹。它是世界上唯一能够在经历飞速经济增长的同时又在缩小收入差距方面取得重大进展的地区。1953 年，台湾地区的基尼系数（衡量收入分配状况）高达 0.558。1964 年，实施出口导向发展战略后，台湾的基尼系数降为 0.328。随后逐年下降，至 1976—1987 年，台湾基尼系数一直稳定在 0.290 左右的低水平。台湾收入分配均衡化的成功经验在于：一是进行土地改革；二是大力发展经济；三是重视教育机会均等；四是推崇藏富于民的经济发展理念。

从两岸的民生实践看，民生问题关系到最广大民众的切身利益，关注民生、重视民生、保障民生、改善民生是执政当局的职责和义务。民生问题，吃饭第一，这是一个通俗易懂的道理，它说明了发展民生的重要性。因此，发展经济，保障民生是两岸的共同利益。

中国政府不仅关心大陆同胞的切身利益，也同样关心台湾同胞的切身利益。习近平总书记在会见国民党主席洪秀柱时提出，"同台湾同胞分享大陆发展机遇，我们将研究出台相关政策措施，为台湾同胞在大陆学习、就业、创业、生活提供更多便利。"[①] 两岸共同繁荣发展是两岸最大的民意。

二、民族共识：和平共处是两岸的共同利益

国家统一是中华民族重要的核心价值，它早已内化为中华民族的政治习性，深入每一个中国人的骨髓，构成民族的政治基因。因此，两岸关系不管如何定位，只有维护国家主权领土完整才符合中华民族的最高利益。

台湾问题的主要症结在于两岸政治定位。孔子曰"必也，正名乎"，意思是

---

① 习近平总书记会见中国国民党主席洪秀柱 [N]. 光明日报 .2016-11-02.

名分至关重要。两岸双方有了正确的名义才可能理顺相互关系，确立彼此的权利、责任与义务，为双方交往与关系提升设定基本的规范与准则，预留良性互动、持续发展空间。所谓"政治定位"，主要是指在政治上我们如何看待对方，或是把对方看成什么，同时由此延伸出双方在政治上的关系。

两岸政治定位涉及三方面的内涵。首先，需要就两岸关系的本质做出回答，是国内关系、特殊的国内关系？还是"特殊的国际关系"？甚至就是"国际关系"？探讨两岸政治定位无法回避这一两岸关系的本质问题。其次，需要就两岸双方的身份、地位做出回答。从根本上回答"你是谁、我是谁，你我是什么关系"？从根本上确定"你是什么、我是什么，我们作为整体又是什么"等问题。再次，需要确定两岸双方彼此承担何种责任、权利与义务。为此，两岸双方需要特别关注两岸在国际场合"面对面""背靠背"（即面对第三方）情况下的两岸政治互动的方式与途径，需要特别关注两岸共同的军事安全需要，应对共同威胁，确保台海两岸和平与安全。

两岸政治定位被称作是"人类历史上仅见的奇特、复杂、精细而又重大无比的政经工程"。两岸关系从军事对抗到和平发展，历经60多年岁月，该问题仍然悬而未决。

六十多年来，台湾方面对于两岸政治定位经历了四个时期。一是两蒋时期的"一个中国"定位。二是李登辉早期的"分裂分治"定位。三是李、扁合流时期的"台独"定位。四是马英九时期的"宪法定位"。回顾台湾方面对于两岸政治定位的历史，不难发现，台湾方面采取四种方式进行两岸定位。一是"同一性定位"，两蒋时期，两岸采取贬损式方法进行各自定位，两岸双方只从各自的意志出发，以肯定自己、否定对方的方法定位双方的关系。但两岸高层均视两岸为同一个国家，只有一个中国。两岸只有相互取代的问题，没有"两个中国""一中一台"的问题。二是"一二式定位"，即援引现代主权观的理论，区分主权与治权，把治权从主权中离析出来。主张两岸"主权重叠"，但"治权分立""互不隶属"，包括"一国两府""一国两区""一国两对等政治实体"等都是源自这样的理论。三是"一二三式定位"，即在"一二式定位"的基础上，将主权离析出主权、治权及管辖权，进一步淡化主权、治权内涵，强调作为一个政府的管辖权，包括属地管辖、属人管辖、普遍性管辖及保护性管辖。四是"二二式"定位，就是李、扁鼓吹的"两国论""一边一国论"。目前看来，引起两岸冲突紧张的"二二式定位"，不符合两岸和平发展的趋势与两岸共同利益与需要，必将遭到历史唾弃。唯有"一二式定位"提供了模糊空间，或许能成为破解两岸政治难题的密钥与创意"魔方"。

新中国成立以来,中央一直高度重视台湾问题。因为台湾问题事关国家的核心利益,关系到国家领土和主权完整,关系到两岸同胞民族情感,所以,中共和中国政府把解决台湾问题作为自己一项神圣的历史使命。60多年来,中央的对台政策审时度势,不断发展。从解放台湾到统一祖国,从统一时间表到统一分两步走,从和平统一到和平发展,中央对台政策呈现以下鲜明特征:

一是刚柔并举。一方面,展开强大的舆论攻势,对"台独"势力予以批驳。大陆方面一直对"台独"分裂势力密切关注,对其任何分裂祖国的动向均予以有力的还击。官方舆论对于李登辉的"一国两府论""两国论"都进行了严厉谴责,称其言论是赤裸裸的"台独"言论,是对一个中国原则的公然挑衅,严重破坏了两岸的和平与稳定。另一方面,行使中央政府的权力,压缩"台独"活动的空间。为了震慑"台独"分裂势力,中国政府始终坚持对台不承诺放弃使用武力。2005年正式通过《反分裂国家法》,提供了对台使用武力的法理基础。这意味着当出现事实上分裂中国("既定性台独")、发生导致分裂的事变("进行性台独")或者统一台湾无望("排拒性台独")这三种情况下,国家将采取非和平方式及其他必要措施,捍卫国家主权和领土完整。

二是张弛有度。一方面,在内政范畴内保持具有弹性的一个中国原则。中央的对台政策一贯秉承一个中国原则,但在对台的具体工作中又保持着适度的弹性。鉴于两岸政治定位问题十分复杂和敏感,事务性交流相对急迫且容易达成共识,两岸于1992年在事务性商谈中达成"海峡两岸均坚持一个中国原则"的"九二共识",搁置了双方在"一个中国"含义认知上的分歧。此后,两岸关系本着"先经济后政治"的原则由浅入深逐步发展起来。2008年5月,"九二共识"成为两岸恢复制度性协商的基础。另一方面,在国际外交领域保持刚性的"一中原则"。在国际事务中,中国政府虽然根据台湾的对外政策立场相应调整在台湾"国际活动空间"问题上的态度,但是中国政府始终坚持一个中国原则是发展对外关系的前提,坚决反对将台湾问题国际化,反对台湾以任何借口加入联合国。

三是理性大度。两岸开放交流近30多年来,中央对台政策的最大特色就是充分照顾台湾民众的利益,采取对台让利政策。早在1988年颁布的《关于鼓励台湾同胞投资的规定》不仅保障了台商的合法权益,而且予以他们对大陆投资较大的优惠与便利。1994年通过的《中华人民共和国台湾同胞投资保护法》以法律的形式,对台胞投资、收益和保护其他合法权益加以明确。至2010

年签署的《海峡两岸经济合作框架协议》及其一系列后续协定都充分理解台湾经济和社会的现状，主动让利，体现了大陆方面最大的诚意和善意。2018 年 2 月 28 日，由中央统一领导和规划出台的《关于促进两岸经济文化交流合作的若干措施》（简称"31 条惠台措施"），宗旨在于落实台企、台胞关切的同等待遇。2019 年 11 月 4 日，推出《关于进一步促进两岸经济文化交流合作的若干措施》（简称"26 条措施"），进一步加大了为台湾同胞提供同等待遇的力度。

四是与时俱进。"一国两制"方针是中央和中国政府新时期对台政策的指导性纲领，标志着对台战略的重大转型。和平共处、和平统一是"一国两制"的精神要义。"和平"是"统一"的前提，"统一"是"和平"的目的。这不仅体现了中央对台政策的开明性，也与时代主题和平与发展紧密联系在一起，这是与时俱进的产物。随着岛内政局的演变和两岸关系的进展，"一国两制"的构想也在与时俱进地不断发展。江泽民时期，将两岸"国共和谈"改为"两岸和平统一谈判"，并提出了"分阶段解决台湾问题"的新思路。

目前，两岸双方对于两岸政治定位问题关心的重点各有不同。台湾方面关心的核心问题有三个方面：首先，台湾不能落入所谓被"矮化"、被"吞并"、被"统一"的陷阱，也不能失去所谓的台湾"主体性"。其次，大陆方面应"正视中华民国依然存在的事实"，否则就无法探讨下去。再次，如何定性台湾当局，视之为"国家"、"政治实体"、政权机构？还是政治法人、政治团体或政治组织？是"中央政府"、地方政府？或者独特的地方政府、类似港澳的"特别行政区"？台湾方面特别需要大陆方面给予台湾当局一个"合情合理"政治空间。而大陆方面关切的核心问题就是希望台湾方面坚持一个中国原则，就一个中国框架表达更为清晰、明确的立场，承诺"共同承担义务，维护中国的主权和领土完整"。

马英九执政期间，基于"中华民国宪法""宪法增修条文"及"两岸关系条例"，先后就两岸政治关系形成一系列论述，可以概括为六个基本支柱。一是依据"中华民国宪法"与"宪法增修条文"，两岸为"一个中华民国，两个地区"，即台湾地区与大陆地区，马也曾称两岸关系就是"中华民国"之下的"自由地区与大陆地区"。2012 年 3 月"胡吴会"上，吴伯雄提出"一国两区"两岸定位，遭到民进党的猛烈攻击，马英九便改为"一个中华民国，两个地区"。二是"中华民国领土主权涵盖台湾与大陆，目前政府的统治权仅及于台、澎、金、马"。三是两岸"互不承认主权，互不否认治权"。马曾表示"中国大陆还是我们'宪法'上的国土，我们不可能承认在我们国土上还有另一个国家"。四是

"三不"，即"在中华民国宪法架构下，主张不统、不独、不武"；"无论在国内与国外，都不会推动'两个中国'、'一中一台'或'台湾独立'"。五是两岸非"国与国"的关系，两岸不是国际关系，而是特殊关系。六是两岸互设办事机构非驻外机构，不同于"驻外使领馆"，不挂旗、不办签证业务。

马英九对于两岸政治定位论述，具有两大特征。一是一个中国原则与"一国"内涵。马坚持两岸同属"中华民国"，两岸"非国与国关系""不是国际关系"。二是两岸既非"特殊的国与国关系"，也非"纯粹的国内关系"，也"非中央政府与地方政府关系"，而是"特殊关系"。两岸政治定位要充分体现两岸关系的特殊性。马所言"特殊关系"为未来两岸双方探讨两岸政治定位提供了包容的空间与丰富的想象，这种特殊性成为两岸政治定位的创意"魔方"。如果台湾方面感受到了可能拥有足够的诠释空间，两岸双方较有可能在政治定位上达成共识，形成清晰的共同认知。

与此同时，2008年以来，大陆逐渐形成了一个中国框架的阐述。一个中国框架是两岸关系和平发展思想的重要组成部分，拓宽了两岸双方对于两岸政治定位的思路，成为探讨两岸"合情合理"政治定位的可行架构，值得两岸双方认真研究。"一中框架"具有五大特点：1. 原则性。"一中框架"与一个中国原则的核心主张完全一致，都强调"大陆和台湾同属一个中国"，同样具有原则的坚定性。但比一个中国原则柔性，而比"九二共识"更具体明确。2. 包容性。"一中框架"不拒绝一切富有创意、符合"大陆和台湾同属一个中国"内涵的主张、观点，完全可以充分、有效的吸纳两岸双方特别是台湾各方提出的有关台湾现行规定、现行体制中符合"两岸同属一中"的内涵，以此完善、丰富"一中框架"。3. 可行性。"一中框架"比"一中原则"更能与台湾的现行规定、体制、现有论述求同并连接。"一中框架"内涵之一就是两岸"不是国与国的关系"，这与马英九有关两岸关系的定位极其一致。吴伯雄在与习近平总书记的会谈中，对大陆积极呼应，表明两岸执政高层已就"一中框架"找到了交集，形成了较为清晰的共同认知与明确的连结点。4. 未来性。除了基本的原则外，一个中国框架的具体内涵、详细表述有待两岸双方共同探讨、共同建构。如果说一个中国原则的内涵相对稳定的话，那么一个中国框架的内涵还处在不断发展、演变及深化的过程中，富有未来性，充满了想象与无限可能。探讨"国家尚未统一特殊情况下的两岸政治关系"就是要为两岸的未来寻找可行通道，值得两岸有识之士高度期待。5. 两岸特色。由于体现了"大陆和台湾同属一个中国"的内涵，由于面向两岸双方的包容性、开放性架构，也由于两岸双方特别是台湾各方的意见被充分的吸纳、尊重，是两岸双方共同建构的一套定位论述，因此一个中国框架比两岸任何一方的各自定位或片面定位，都更能充分体现两岸双方的智慧，更富有两岸特色。

总之，坚持"九二共识"与"反对台独"是国共两党一致的立场[①]，也是台湾大多数民众的心愿[②]。民进党拒不承认"九二共识"，所提出的"巩固主权"完全是个假议题。两岸各自的法律、体制都主张一个中国原则，都用一个中国架构来定位两岸关系，而非国与国的关系。两岸和平统一符合中华民族最大多数人的利益，中国政府有耐心、有诚意争取两岸和平发展、和平共处。同时，中国政府拥有维护和平的坚定信心和强大决心。由于实力的壮大，中国政府可以透过强制威慑有效地对台传达反对"台独"的能力和意图，迫使"台独"势力审慎思考"台湾独立"的成本。

三、民主共识：公民权利是两岸的精神价值

民主是人类社会共同的价值追求，民主化是当今世界政治发展的总趋势。民主发源于希腊城邦雅典的民主政治实践，并从此成为西方社会两千多年政治文明永恒的主题。民主在希腊语中意思是指人民和统治，合在一起的意思就是由人民管理国家事务。近代英语关于民主的表述即来源于希腊文。但是，雅典民主原型在近现代西方发生了重大转变，原先直接参与诉求表达并按照一定程序规则达成共识的民主理想逐渐为代议制民主所代替。代议制民主克服了直接民主的时空局限，并基于决策成本角度，通过宪政形式限制公权力对公民权利的侵害，从而实现人民主权。20世纪80年代兴起的协商民主则进一步提出，在多元复杂的现代社会，通过选票简单聚合个体偏好，并没有广泛代表民意，甚至会操纵民意，理性共识的达成应该依靠公民间自由平等协商之后的偏好转换。代议制民主和协商民主两种形式相辅相成，归根结底都是探索人民主权的价值目标如何实现，公民权利如何得到有效保障。

民主化是现代化的产物，两岸的民主化进程都是社会经济发展转型的结果。台湾民主化的动因之一就是台湾经济起飞。从20世纪60年代开始实行的出口导向发展模式使台湾创造了经济奇迹，成为"亚洲四小龙"之首。随着台湾社

---

①　"九二共识"是一个抽象的政治原则，两岸关系若要朝向"和平统一"的方向前进，就无法回避宪制构建问题。对此，两岸同胞需要澄清误区，寻找妥贴的理论方案，甚至进行创造性的制度设计。

②　2017年台湾海基会按例举行"台商春节联欢会"，百万台商强烈呼吁当局"维护两岸和平稳定，带动经济发展"。

会由传统农业社会转型为现代工业社会，台湾民众的经济地位和文化教育水平有了显著提升。1986 年，台湾开始实施"九年国民教育制度"，初中入学率接近 100%，高等教育也步入大众教育阶段，社会整体教育水平得到了提升。台湾的人均收入也由 1950 年的 100 美元提高到 1987 年的 4991 美元。与此同时，台湾社会阶层结构也发生重大变化，中产阶级占到总人口的 20%—30%。崛起的中产阶级不满威权统治下政治、经济、社会资源分配不公的状况，要求分享政治权利的愿望越来越强烈，他们成为推动台湾民主化的新兴力量。自 1979 年改革开放以来，中国将建设社会主义市场经济和发展社会主义民主政治，作为国家经济社会发展的两大根本目标。在确立发展社会主义市场经济的同时，提出了"没有民主就没有社会主义"的重要论断。随着中国特色社会主义市场经济的发展，国内生产总值持续高速增长，民间财富也迅速扩张。人均 GDP 由 1978 年的 381.8 元提高至 2015 年的 5.2 万元（约合 8016 美元）。为了保障人权、确保公民受教育机会和权利、提高民族素质，新中国自成立之日起就将扫除文盲作为重大战略部署。至 2000 年，我国共扫除文盲 2.03 亿，成人文盲率由 1949 年的 80% 以上降到了 15% 以下，青壮年文盲降低到 5% 以下。自 1977 年恢复高考，1986 年颁布第一部义务教育法以来，中国的义务教育硕果累累。至 2001 年中国实现了基本普及九年义务教育和基本扫除青壮年文盲的战略目标。至 2011 年中国全面完成普及九年义务教育和扫除青壮年文盲的战略任务。实现了从一个文盲大国、人口大国向教育大国、人力资源大国的历史性跨越，为迈向教育强国、人力资源强国奠定了坚实基础。随着改革的深入，我国的社会结构和社会阶层也发生了很大的变化。社会结构呈现金字塔型，不同阶层的贫富和经济地位的差异正在扩大。改革开放前，中国的社会基尼系数长期在 0.2 左右，改革开放后经过 30 年的高速发展，2009 年的社会基尼系数上升至 0.49。在此背景下，基于市场经济发展而产生的开放意识、竞争意识、平等意识、法治意识、自主意识等价值取向逐渐成为人们普遍的诉求，加强社会主义民主建设成为社会主义市场经济发展的必然选择。诚如列宁所言，"任何民主，和任何政治上层建筑一样……归根结底是为生产服务，并且归根到底是由该社会的生产关系决定的。"[①]

民主化是对现代善治的形式和内容进行符合于自己文化的新的建构[②]，不同国家和地区都可以为普遍价值贡献自己的智慧。文化多元化是当今世界客观存

---

① 列宁全集 (第 40 卷)[M]. 北京 : 人民出版社，1986:276.

② 李鹏程 . 对民主概念的文化合理性的哲学考察 [J]. 哲学研究，2004(6):59.

在的事实，由此产生了文化价值的普遍性与特殊性的纠结与争议，并形成"一元"与"多元"、"共识"与"冲突"、"统一"与"分歧"等多种有张力的概念。从历史发展进程看，19 世纪中叶至 20 世纪 60 年代，文化价值的"普遍说"(universalism) 压倒"差异说"(particularism)，成为文化主流思潮。从 19 世纪的孔德、斯宾塞，到 20 世纪中叶的西方社会科学家，或多或少都假定西方现代的价值具有"普遍性"。这与这一时期西方自然科学的重大进展、西方市场经济的空前繁荣以及由此展开的帝国主义扩展的巨大成功密切相关。"普遍说"认为西方国家的市场经济发展模式是人类发展的普遍规律，自由民主政体是市场经济的必然产物。人类社会的发展逃脱不了这一历史规律的制约，落后国家和地区想要摆脱贫穷落后的面貌，必须模仿西方的现代化模式。这种现代化理论于 20 世纪 60 年代开始在台湾风行，台湾的经济、政治发展模式几乎完全仿效西方。然而，民主并不能从一个国家（地区）传递到另一个国家（地区），每个国家（地区）必须根据自身社会生活的需要、问题和条件，选择现代化的模式。如果按照西方民主理论，中国这样的非西方社会，长期处于"未发展"状态，只要它一旦"起飞"，总会曲曲折折地走上与现代西方大同小异的道路。然而，现代化并不是西方化，更不是美国化。现代化没有固定的模式，既有西方模式，又有东亚模式，还有中国模式。中国特色的社会主义经济与政治实践打破了文化特殊性问题长期受到西方主流文化冷落的局面。西方的新自由主义者率先放弃了以西方为坐标的普遍价值论，开始承认不同文明、不同族群都有保持他们文化"殊异"的权利[①]。在权利理论上，西方主流文化本身已经明显分裂为"个体论"和"社群论"两派，前者主张公民社会应该以个人为本位，后者则主张以社群为本位。在美国，由于普世文化价值现已证明不能完全消解非主流的族群意识，因而"多文化论"(multiculturalism) 思潮开始崛起，它使得美国史的研究重心也从"共识"转移到"冲突说"。纵观世界，泰国、菲律宾等一些国家在自由民主的政治制度下，社会依旧动荡不安。由此可见，自由民主的政治制度不是万能的良药，以西方文化为坐标的普世价值观正在世界范围内发生动摇[②]。

---

① 西方新自由主义并未放弃在大大小小的各种"殊异"文化之间寻求"普遍性"的共同价值。不过，这种共同价值不再是西方所独有的，而是来自各不同文化之间的最大公约数。例如，罗尔斯 (John Rawls) 的"重叠共识"。

② 关于东西文化的种种争论已从社会实践中取得初步的答案。文化多元化绝对离不开一个"容"字，"有容乃大"。西方式民主常常质疑中国人没有"人权"意识，岂知，早在中国汉代就有了"天地之性人为贵"的思想，并写在了汉代禁止买卖奴婢的诏书上。西方式民主引以为豪的"人

两岸民主政治的实践条件和发展模式各不相同，台湾的西方式民主政治具有明显的局限性。台湾于 1996 年因首次实行"总统"选举被西方社会称作"华人民主政治的试验场"。从此，民主政治成为台湾骄傲的资本，更是台湾政治人物大肆吹捧的政治符号。他们将 1996 年李登辉代表国民党获选被视为台湾民主政治的 1.0 版。2000 年政党首次进行轮替，民进党的陈水扁当选被称作民主政治的 2.0 版。2008 年代表国民党参选的马英九获胜，形成政党再度轮替，民主政治升级为 3.0 版。2016 年蔡英文为民进党重新夺回执政权，则被誉为"台湾民主政治的 4.0 版本"。客观而论，根据"政党轮替"已经成为一种常态性的政治演变，以及马英九和蔡英文时期先后出现执政党的"立法院"席位超过半数，即"完全执政"这两项指标，可以判断台湾的民主政治发展已经进入巩固阶段。而且，台湾在营造有利于民主发展的环境、努力提高政治体系的各种能力以及扩大民众的政治参与等方面积累了一些经验。但是，台湾的民主制度远非台湾人所炫耀的那么理想。评价一个民主制度的优劣仅仅看它做了什么是不够的，还需要看它起到了什么效果。优质民主是需要条件的，它包括有共识、有规则和有绩效。台湾民主的先天不足导致其民主政治品质不高。一是台湾的"宪政体制"的权力制衡缺失。西方民主实行的"三权分立"原则在台湾实施时都打了折扣。台湾没有至高无上的"宪法法院"，"总统"动辄"修宪""释宪"，"宪法"成为其操弄政治的工具。因此，围绕着"宪法"争议，台湾社会被分裂成统、"独"两大阵营，并进而影响非政治性社会共识的达成。二是台湾的"政党政治"并不成熟。一方面，台湾的"政党政治"极化现象十分严重，政治理念尖锐对立，常常无视民主政治的游戏规则。另一方面，台湾的政党组织残留着帮会政治的某些特性，它代表特定族群利益，不能代表全体民众的利益。由此造成的结果是，台湾的政党政治冲突不断，在野党和执政党的合作十分困难，选举产生的裂痕难以弥和，对社会整体秩序稳定造成冲击。三是台湾政坛充斥着所谓的民主斗士，缺少成熟的政治家。台湾政坛上的政治人物风起云涌，但很多又是昙花一现。因为很多的政治人物热衷于煽动民意，专注于党内斗争、党际斗争，而缺乏推动社会经济发展的能力，导致台湾社会近二十年的社会发展停顿甚至倒退，台湾在与韩国的竞争中明显处于劣势，就是例证。因此，民众也常常用选票表达其不满情绪。总之，台湾民主起伏很大、反复无常，使得它的正面效应不断流失，民主政治的品质不断遭到质疑。台湾未来的发展方向

权"保护法律化也是不断进化的结果。众所周知，希腊、罗马时代的"人权"是属于自由公民的，大批的奴隶都没取得"人"的身份。西欧农奴和美国奴隶的完全解放也是直到 19 世纪才完成的。

是巩固民主和提升民主品质。

中国的民主模式是在尊重与肯定传统文化的基础上，借鉴与吸纳了世界优秀政治文明成果，而形成的别具一格的民主形式。中国民主政治模式的基本架构是党的领导、人民当家做主和依法治国的有机统一。即党的领导是人民当家做主和依法治国的根本保证，人民当家做主是社会主义民主政治的本质要求，依法治国是党领导人民治理国家的基本方略。[1] 其中，人民民主是核心内容。所谓人民民主"就是大多数人享有的民主，即广大劳动人民在经济生活、文化生活，尤其是政治生活中拥有广泛而真实的民主权利"。[2] 也可以理解为"在中国的社会主义制度下，有事好商量，众人的事由众人商量，找到全社会意愿和要求的最大公约数，是人民民主的真谛。"[3] 实现人民民主需要制度保证，我国已经建立了包括人民代表大会制度、中国共产党领导的多党合作和政治协商制度、民族区域自治制度和基层群众自治制度等制度体系。中国式民主在实践中具有促进经济增长 [4]、保护人民权益、维护社会秩序稳定等积极作用。它不仅增强了我国人民对于社会主义制度的自信，而且也为社会主义国家发展民主提供了新的参考，也为其他发展中国家探索现代化和民主化提供了有益的启示和借鉴。

六十多年来，两岸人民生活在不同的政治制度下，各自的政治体验和政治认知完全不同。两蒋时期台湾当局对大陆的妖魔化，李陈时期台湾的"去中国化"，政治转型后台湾被美国誉为"亚洲民主样板"，这些历史经历导致台湾民众在价值观念上难以认同大陆的社会主义价值观。尤其是"台独"分裂势力将台湾与中国对立的"去中国化"加剧了台湾民众对"中国"认知的错乱。虽然马英九时期两岸关系迈入和平发展轨道，但是，实用主义至上的马英九并未对民进党时期推行的"文化台独"进行拨乱反正，也一直将两岸政治协商视为执政雷区。因此，马英九时期，两岸关系发展中政经背离的现象十分突出。在台湾，不论蓝绿，都不认可大陆实行的以协商民主为特征的社会主义民主，都以大陆是否民主化作为两岸政治谈判的条件。

---

① 江泽民 . 江泽民文选 (第三卷)[M]. 北京 : 人民出版社，2006:553.

② 刘世华 . 中国民主政治模式研究 [M]. 北京 : 人民出版社，2014:61.

③ 习近平 . 在庆祝中国人民政治协商会议成立 65 周年大会上的讲话 [M]. 北京 : 人民出版社，2014:12.

④ 一个基本事实是，中国在 30 多年中既保持了高速经济发展又保持了相对政治稳定。目前，中国仍然是世界经济增长的第一引擎。世界银行预测，2016 年，全球经济增速为 2.4% 左右，按 2010 年美元不变价计算，2016 年中国经济增长对世界经济增长的贡献率达到 33.2%，仍居首位。

对此，我们主张在民主政治领域两岸要对话不要独尊①。两岸虽然选择了不同的民主发展道路，但是两岸民主政治的发展逻辑和核心价值有相通之处。两者都是沿着经济民主—社会民主—政治民主这一轨迹在向前发展。人民当家做主是两岸共同追求的价值目标。所以，从保障公民经济权利向保障公民社会权利和政治权利过渡，有序推进公民基本权利的实现，能够成为两岸民主政治建设的共同规范。

总之，两岸在政治文化实践中已经达成"求同存异""民生为先""讲信修睦""两岸和平"等共识。如果两岸之间的经济与文化能够进一步融合，两岸社会的共生关系将更加紧密，从而为两岸政治整合储备更多有利的条件。

---

① 不同文化之间如何协同发展？李大钊的思考具有启示意义。他曾以新旧文化的关系为例对此做过说明，"宇宙的进化，全仗新旧二种思潮，互相挽进，互相推演，仿佛像两个轮子运着一辆车一样；又像一个鸟仗着两翼，向天空飞翔一般。我确信这两种思潮，都是人群进化必要的，缺一不可。我确信这两种思潮，都应知道须和他反对的一方面并存同进，不可妄想灭尽反对的势力，以求独自横行的道理。"参见：李大钊. 新旧思潮之激战 [J]. 每周评论，1919.(12).

第七章 两岸政治认同的动力、错乱与危机消解

两岸政治认同究竟是利益认同还是价值认同？政治认同的形成是多种因素合力作用的结果，并且随着影响因素的变化而不断变迁。台湾民众的政治认同选择是多元的、复杂的，有些选择是相悖的，有些则是互容的。前文分析表明，台湾民众在事关台湾前途、经济利益的抉择中理性主义发挥着重要作用，能够尽可能争取最大公约数。但是，在"台独""民粹"等政治符号的诱导下，台湾民众的政治认同一直在理智与情感间徘徊，并出现国家认同断裂的危机。因此，探索两岸政治认同的基本规律及其未来走向，寻找化解两岸政治认同困境的治本之道是新时期发展两岸关系的关键课题。

第一节 理性自利：两岸政治认同形成的基本动力

台湾民众作为"理性人"，是经济理性与政治理性的有机结合。经济理性原则为追求群体利益最大化，政治理性原则为追求社会安全最大化[①]。理性驱动模式在台湾民众的政治认同选择中仍然具有解释力。

一、两岸政治互动遵循"搁置争议"原则

两岸政治的差异性和台湾特殊的历史经历，导致台湾政治上趋向于分裂主义行动。但是两岸交往中的资源劣势束缚住了台湾的手脚，政治安全成为现阶段最满意的选择。

众所周知，两岸的政治认知差异是两岸关系的主要矛盾。双方在两岸关系的许多重大问题上存在结构性矛盾，诸如，一个中国原则、台湾的政治定位、台海的和平与安全、台湾的"国际空间"等。其中，台湾的政治定位是两岸关系的核心症结。两岸军事对峙时期的"正统"之争和目前的统"独"之争，核

[①] 陈永国. 理性人：政治理性与经济理性的有机结合 [J]. 党政论坛，2011(5):38-40.

心在于对台湾的政治定位存在巨大差异。所谓的"政治定位"在台湾学者的视野中是"在政治上我们如何看待对方，或是把对方看成什么，同时由此延伸出双方在政治上的关系。"[1] 而大陆学者的解释是"指两岸政权或政治团体依据自身利益或相关利益判断，对自己、对岸及第三方看待两岸政治地位的动态表述。这一动态表述充分反映了政治定位当时主体表述者的利益。"[2] 由此可见，两岸的政治定位是一个涉及我是谁，你是谁，我们之间是一个什么关系的根本性问题。大陆方面始终坚持两岸同属一个中国的原则，将两岸关系定位为主权统一、治权分裂的政治关系。不承认"中华民国"，也不承认"中华民国是台湾"之类的定位。台湾方面不同的政治团体对台湾政治定位与目标追求既有差异，也有共性。泛蓝阵营坚持"中华民国宪法"体制，反对"台独"，不过，泛蓝阵营对台湾的这一定位更多的只是一种象征意义，其实质是"中华民国"在地化，与民进党追求的"中华民国是台湾"有相似之处，这也是国民党被批评具有"独台"倾向的主要原因之一。泛绿阵营将两岸关系定位为"特殊的国与国关系"，追求"台湾独立"。

如何化解两岸南辕北辙的政治立场，进而推动两岸关系的发展？同一性和斗争性是矛盾的两个基本属性，因此，理论上矛盾的解决方式也有两种思路。通常情况下斗争性方式有三种情况：或是矛盾的一方克服另一方，或是矛盾双方"同归于尽"，或是矛盾双方达到对立面的"融合"[3]。这种以斗争性的变化(质变)带动同一性的转化的矛盾解决方式最为普遍，但两岸关系的特殊性以及时代背景决定了两岸的政治定位既无法取代，也无法融合，两败俱伤更是非理性选择。而同一性方式是在承认差别、对立的基础上，寻找扩大矛盾双方的共同点，并通过以同克异、扩同缩异、长同消异等方式，超越旧的矛盾统一体，形成一个新的矛盾统一体。这种强调同一性的矛盾解决方式并不追求直接消灭矛盾本身，而是追求矛盾性质从以抗性向非对抗性转化，为最终解决矛盾创造条件。两岸政治关系的现实是政治定位在两岸统一前无法彻底解决，政治对抗将贯穿于统一前两岸关系的始终，因此，统一前的过渡阶段采取搁置争议、求同存异的政治合作方式是上策[4]，这可以为政治关系的最终解决营造宽松良好的

---

[1] 杨开煌.两岸政治定位的分析 [C].两岸政治定位探索 [M].台北：两岸统合学会出版，2010:392.

[2] 朱松岭.论两岸政治定位 [J].中国评论，2014(1).

[3] 李秀林.辩证唯物主义和历史唯物主义原理 [M].北京：中国人民大学出版社，2004:165—166.

[4] 所谓求同，就是寻求共同利益、追求共同目标的一致性。若按照利益和目标的大小，有求大同和求小同之分。对于台湾民众而言，求祖国统一可谓大同，赞成大陆的社会主义制度可谓小

环境，是最为理性、务实的选择。中央在对台政策方面已经充分展现了理性、务实、宽容的特征。在本书的结论部分，笔者认为，台湾方面在两岸政治互动中的务实行为也同样值得一提。

一是泛蓝阵营明确两岸关系不是国际关系。

反对"台独"是中央对台政策的底线，法理"台独"是台海危机升级的导火索，因此，如何确定两岸关系的性质是台湾当局必须面对的难题。以国民党为代表的泛蓝政治团体对于两岸关系的定位经历了三次历史性的调整。一是两蒋时期的"一个中国"定位。台湾以"正统"自居，在国际社会反对"两个中国"、反对"双重代表权"。二是李登辉时期的"分裂分治"定位。国民党当局将两岸定位为"一国两区两个政治实体""一国两府"等，期间还出现"以一个中国为指向的阶段性两个中国""两国论"等主张，在国际社会谋求"双重承认""平行代表权"。三是马英九时期的"宪法定位"。国民党重新执政后，根据"中华民国宪法宪法增修条文"及"两岸关系条例"，明确提出了"两岸是特殊关系，但不是国与国关系""两岸互不承认主权，互不否认治权"等论述，在国际社会实行"休兵外交"。至此，泛蓝政治团体明确了台湾是"中华民国"的一部分，而不是"台湾等于中华民国"的立场①。反"台独"立场与大陆对台湾的政治定位具有一定的共性，这是双方关系得以改善的重要政治基础②。

二是泛蓝阵营承认"九二共识"。

"九二共识"是两岸为了促进事务性交流于1992年达成的共识，是两岸两会复谈的关键。它以"海峡两岸均坚持一个中国原则"为表述，搁置了双方在"一个中国"含义认知上的分歧。作为特定历史条件和认知差异下的战略性模糊处理方式，"九二共识"在两岸关系发展中具有重要意义。"九二共识"的内在逻辑包含"台湾是中国的一部分"和"台湾是中国什么样的一部分"两大内涵，它在坚持一个中国原则的同时主动回避了谁代表中国的问题。这是两岸关系发

同。若按照利益和目标的时间长短，有求长同和求短同之分。若按照利益、目标所处的领域，有求经济、政治、文化、军事等方面的同之分。

①　国民党当局在1996年12月召集的"国家发展会议"上曾经提出五种两岸政治定位观点，包括"国内关系""国际关系""国内关系中的特别关系""国际关系中的特别关系"及"准国际关系"五大类。

②　台海局势是否和平稳定与"台独"活动密切相关。1979—1992年，台海两岸军事对抗但并没有军事冲突的危险，根源在于两岸执政党都反对"台湾独立"，且都无意短期实现统一。1993—2007年台海局势跌宕起伏，其不稳定性源于台湾当局搞"台独"，触及了大陆的容忍底线。2008年起，台海局势转危为安，原因在于马英九当局不使用"台独"语言表达其争取"国家主权"地位的政策。

展现实的需要，有利于两岸事务性协商谈判。正是在"九二共识"的基础上，两岸于 2008 年建立了初级互信并恢复了制度性协商，两岸关系进入了和平发展新阶段。也正是以"九二共识"作为互信基础，海协会和台湾海基会之间的事务性商谈得以进行，并陆续签署了 23 项经济性、功能性协议。2012 年"大选"，国民党和民进党在两岸关系议题上分别以"九二共识"和"台湾共识"相竞争。国民党胜选表示民众选择维持现状的"九二共识"，就连平时中立的企业家如郑崇华、王雪红等都站出来，表达"九二共识"对台湾的重要。目前，由于蔡英文不承认"九二共识"，只模糊承认"九二事实"，两岸关系的政治基础受到冲击。但是"九二共识"仍有重要的政治价值，是两岸关系弹性处理的起点。

三是马英九当局推行"休兵外交"。

台湾的"国际空间"问题是两岸关系中高度复杂、高度敏感的问题。复杂性在于它既涉及一个中国框架下的两岸政治定位以及台湾的国际法地位，也牵涉到两岸关系及中国的主权、领土完整和统一。敏感性在于它国际能见度高，是目前两岸政治角逐的重要指标，处理过程稍有不慎就会触及双方的政治底线。自 20 世纪 90 年代台湾实行"务实外交"以来，两岸围绕这一问题展开了激烈较量。特别是陈水扁时期的"烽火外交"的挑衅行为不断冲撞一个中国的底线，将双方在这一领域的斗争引向白热化。中国政府不得不在众多国际场合进行"反台独"斗争，台海局势因此高度紧张，两岸关系严重倒退，台湾的外部环境也随之严峻。在台湾的国际处境孤立的背景下，马英九当局推行"休兵外交"，中止了国际场合的"台独"挑衅。此举极大地改善了台湾的国际活动环境，对外实质关系取得进展。一方面，台湾的"断交"压力减轻，"邦交国"数量得以冻结。另一方面，台湾通过与大陆沟通、协商，在参加 APEC 会议、参与世界卫生大会等问题上取得进展 [①]。

四是泛绿阵营推行"务实台独"战略。

以民进党为代表的泛绿政治团体始终追求"台独"政治定位，即"两岸互不隶属、台湾主权独立"。但是，面对"台独"即是"战争"的压力以及岛内选民维持现状的主流民意，泛绿阵营不得不调整策略，实行隐性"台独"或称渐进"台独"。陈水扁时期，大力推行"去中国化"与"台湾正名"活动，但是并未抛弃"中华民国"这个名号，而是以"中华民国"为暂时的庇护所，致力

---

① 马英九提出了以"中华台北"的名称加入国际组织的政策。目前，台湾以"中华台北"名称参加奥林匹克委员会，以"台澎金马"名称参加世界贸易组织。未来不能排除台湾以"中华台北"名称加入世界主要国际组织的可能性。

于"中华民国台湾化"。陈水扁第二任期内，泛绿阵营构建完善了其"台湾前途四阶段论"，即"1912年中华民国在中国大陆成立；1949年中华民国到台湾；前总统李登辉时代是中华民国在台湾；2000年政党轮替后，中华民国是台湾"。蔡英文上台后，虽然不承认"九二共识"，而且加紧了"文化台独"的步伐[①]，但也没有胆量公开抛弃"中华民国"。在两岸关系上她先后抛出了五种说法，即"宪政说"（肯定"中华民国宪政体制"）、"会谈史实说"（承认1992年两会会谈的历史事实与双方求同存异的共同认知）、"宪法说"（表示将依照"中华民国宪法"和"两岸人民关系条例"来处理两岸事务）、"新四不说"（是指所谓的"善意不变，承诺不变，不会走回对抗的老路，但也不会在压力下屈服"。）和"三新说"（是指"新情势、新问卷、新模式"的两岸关系互动主张）。以上五种论述虽然与"九二共识"存在很大的差距，但是，台湾当局在两岸政治互动中谨慎、务实的一面值得我们重视。

二、两岸经济交往遵循"先易后难"的原则[②]

经济上，由于台湾经济的发展阶段决定其发展特征以自由主义为主，协调与合作是其主要思维，加之两岸不对称的经济依存关系、大陆迅速崛起后形成的经济虹吸现象以及台湾在两岸博弈中讨价还价能力的下降等因素，导致台湾在经济领域更加务实，追求经济利益成为蓝绿最容易达成的共识。台湾当局的两岸经贸政策基本维持在"政经分离""循序渐进""多元并存"的轨道上。

首先，实行政经分离原则。

现实主义的矛盾解决思路是，矛盾的解决必须根据时空、条件的变化，逐步解决条件已经成熟的局部矛盾，累积最终解决矛盾的基础。就解决问题的条件而言，两岸的政治分歧是结构性矛盾，短期内无法打破僵局，而两岸经济合作不仅必要而且可能，因此，先经后政是化解两岸僵局的一步双赢的好棋。一是经济全球化时代，参与区域经济一体化是台湾经济发展的必由之路。在经济全球化时代，各国、各地区都把发展双边、多边关系的重点放在经济领域，想方设法进行互利合作，实现双赢。台湾经济是两头在外的岛屿型经济，对外依

---

① 宣布废止"课纲微调"，禁止大陆及港澳学生借阅台湾"国史馆"资料，撤除台北故宫博物院南院十二兽首陈列，撤除台湾抗战纪念碑，凡此种种，与陈水扁时期的"文化台独"一脉相承。

② 先易后难是两岸关系的基本原则。依据《反分裂国家法》第七条的规定，"国家统一"是一个阶段性的过程。两岸关系需要分三步走，方能完成终局性统一。初级阶段为平等协商和谈判阶段，采取先经后政模式。中级阶段为走向最终统一的过渡阶段，重点建构两岸关系和平稳定发展的架构。高级阶段为最终完成统一的阶段，组成相当松散的复合制的国家结构形式。

赖程度高，参与东亚经济一体化进程是台湾实现产业结构调整、避免经济边缘化的必然选择。二是两岸经济联系日益紧密，台湾对大陆的经济依赖日益加深。1987 年台湾开放民众大陆探亲，从而打破了两岸隔绝状态。台商赴大陆投资热情空前高涨，规模不断扩大。1980 年台湾对大陆的进出口额只有 0.76 亿美元和 2.35 亿美元①。至 2019 年进出口值达到 550.8 亿美元和 1730 亿美元，分别增长了大约 725 倍和 736 倍。由于两岸具有语言、文化、区位、发展阶段等方面的天然禀赋与合作优势，台湾对大陆的潜在经济依赖度远高于包括美国在内的任何经济体，大陆成为台湾经济走出困境的有力支撑，台湾不可回避地要争取搭上大陆这趟经济高速列车。三是两岸经济发展阶段的差距逐步缩小，大陆市场的虹吸效应显著。20 世纪 80 年代，台湾雄踞"亚洲四小龙"之首，以高经济增长、高人均 GDP 以及高幸福指数傲视大陆。进入 90 年代，台湾经济发展趋缓，而大陆经济发展步入快车道，两岸经济实力此消彼长。2010 年中国超越日本成为世界第二大经济体，大陆的市场吸引力日益增强，岛内企业纷纷顶住压力、冲破阻拦，前来大陆寻求发展机遇。四是大陆方面积极推动经济交流与合作，坚持互惠让利原则。对于两岸经贸关系，始终持鼓励、推动和规范的立场，并先后颁布了《台湾同胞投资保护法》《台湾海峡两岸间航运管理办法》和《关于台湾海峡两岸间货物运输代理业管理办法》等一系列法律法规。从两会签署的 23 项协议来看，均体现了大陆对台湾让利的善意（参见附录八）。有鉴于此，台湾当局对于两岸经济交往可能产生的政治影响虽然顾虑重重，但是在实际操作过程中，仍然通过采取政经分离的原则逐步加大开放力度。2008 年实行两岸"三通"，改变两岸单向交流局面，2010 年签署 ECFA，走出两岸经济关系制度化的第一步。目前，政经分离是岛内各方的基本共识。民进党的有识之士也呼吁，处理两岸问题，要政经分离②。

其次，实行循序渐进原则。

两岸经济一体化是两岸经济发展的必然要求，但是，两岸经济关系直接受到两岸政治关系的束缚，需要"市场机制"与"制度机制"的双轮驱动。若单纯由市场机制主导，两岸经济关系最终将停留在单向、间接、民间的状态。只有建立制度性合作机制，两岸才能形成平等合作、互补互利的合理状态，并谋

---

① 转引自：林祖嘉.1986 年以来两岸贸易与投资的互动与发展 [M].台北：天下文化出版公司，2006:3.

② 面对 2012 年败选，前台南县县长苏焕智认为，"我们不是没希望，只是没把问题看清楚。"并指出，两岸问题关键在经济，但民进党却把政治、经济绑在一起，划地自限，拿不出一盘足以和国民党对决的两岸经济大菜，终而败选。参见：中评社台北 2012 年 2 月 15 日电。

求各自利益最大化。然而，两岸经贸关系的制度性安排很难一蹴而就，两岸的基本共识是秉持由易到难、由急到缓、由简单到复杂的思路，分层次、分步骤、分阶段有序进行。初级阶段：恢复正常的经贸关系。所谓正常的经贸关系是指两岸实行全面、直接、双向"三通"，这是一体化的基本条件。该阶段主要开展两岸功能性经济合作，以单方开放、局部试点和民间、半官方的合作形式为主[1]。该阶段需要有针对性地解决两岸在经贸交流中所遇到的问题及矛盾，比如，中小台商融资问题、两岸服务业（尤其是金融业）合作问题、两岸贸易争端解决机制问题等。过渡阶段：建立常态化的双向沟通协商机制。该阶段以加快实现两岸投资贸易自由化为总目标，以双向互动、官民给合为主要合作方式。通过建立常态化的沟通协商平台，洽商经济合作事宜，诸如，就货物贸易协议（协商内容包括关税减让或消除模式、原产地规则、海关程序、非关税措施、技术性贸易壁垒等）、服务贸易协议（协商目标在于逐步减少或消除双方之间涵盖众多部门的服务贸易限制性措施，继续扩展服务贸易的广度与深度，增进双方在服务贸易领域的合作）、投资保障协议（努力方向包括如何形成互利共识及排除障碍，致力于提高投资规定的透明度，逐步减少双方投资限制，促进投资便利化等）、争端解决程序等展开磋商，并推动互设经贸办事处。高级阶段：签订政府间有关协议。至此，两岸建立全面正常化的经贸关系，合作模式由民间为主转为官方为主，合作动力由"纯市场推动"转变为"市场驱动＋制度化平台推动"。

ECFA 即为两岸经济合作制度化的重要机制。根据 ECFA 协议第五章第十一条"机构安排"的规定，两岸由共同成立的经济合作委员会负责处理与两岸经济合作框架协议的相关事宜。这是两岸 60 年来首个带有官方色彩的联合委员会，是推动两岸经济关系制度化的重要进展。

三、理性自利模式的解释力与不足

台湾民众的国家认同到底是理性抉择、还是感性选择的结果？两岸学术界、

---

① 由于两岸政治公权力部门一直没有直接沟通和协商机制，两岸双方有"互动"而无"合作"。两岸经济关系形成了"官方授权、委托或默许、民间代理"式的特殊制度安排，计有三种互动模式：半官方互动模式，又称"澳门模式"，是在 2005 年处理两岸"春节包机"问题时形成，两岸旅游及货运包机等问题也采取同样的方式达成。它是由两岸双方授权、以民间的名义举行，并由官员来主谈，然后各自执行的模式。民间互动模式，它是两岸经贸互动中最积极的角色。主要通过企业、工商团体、地方民意机构和岛内主要在野党来达成。政党互动模式，主要是在中共的推动下，台湾国民党、亲民党、新党等泛蓝政治团体保持与大陆的交流、互动，构建了"两岸经贸论坛"等合作平台。

包括岛内学术界自身都存在较大的分歧。本书通过对台湾民众国家认同困境中出现的三个关键议题的分析以及两岸经贸交往中的行动分析，认为理性选择模式在台湾民众的国家认同问题上具有解释力。

第一，台湾民众的国家认同具有明确的目标追求。如果将台湾民众的统"独"立场简化为"偏向统一""偏向独立"和"偏向现状"三个类别，则其政治愿望分别为主张两岸统一、追求"独立国家"身份和两岸"不统、不独、不战"。目前"维持现状"成为主流目标，尤其是青年群体也以维持现状为两岸关系的基本态度。虽然台湾年轻世代的台湾认同比例超过70%，但如果在"立刻统一""立刻独立"和"维持现状"中选择，一半以上的人愿意维持现状。

第二，"利益"考量在经济交往中占据优先地位。虽然出于政治考虑岛内对于大陆经贸政策存在巨大争议，但政策表现仍然具有强烈的现实主义取向。台湾当局在"中国磁吸"与"中国威胁"、"戒急用忍"与两岸"三通"、"经济共荣"与"经济掏空"等彷徨中选择加大开放交流，实现全面"三通"，并已经迈出两岸经济关系制度化的第一步。这充分说明"利益"因素在两岸经贸交往中发挥着主导性的作用。

第三，国家认同中的理性主义转向是清晰存在的。台湾民众是有弹性的务实主义者，在"现实利益"考虑下，民众虽然称自己是台湾人，但到中国访问、办活动、做生意，又宣称自己是中国人，这被半数以上民众视为"可谅解"的行为。从两岸交流是否会给自己及家庭带来利益的角度出发，台湾民众的国家认同有流动倾向，如台商群体以及受惠于两岸经贸交流的群体越来越多选择"我是中国人"和"偏向统一"。但即使是"偏向独立"者，他们中间大部分仍受利益导向，希望有条件就"独"，没有条件就不"独"，"独"不是最重要的目标，和平和安定才是首要目标。

第四，政经分离是岛内各种政治势力的基本共识。虽然政治对经济的束缚在两岸经贸关系中十分突出，但是两岸经贸交流是台湾经济发展的重要支撑，因而政经分离是岛内蓝绿难得的共识。民进党上台在一定时期内可能会给两岸经贸关系的发展造成一定程度的冲击，但是，两岸经济关系的发展逻辑依然存在。在"台独"导致台湾经济衰退，"台独"引发两岸对立升高的情况下，台湾民众的主流民意是清晰的，即要和平不要战争，要发展不要动乱，要发展经济不要经济衰退，要缓和两岸关系不要两岸对立。

第五，台湾民众的国家认同受外部条件的制约。按照西蒙的有限理性理论，认知和环境是影响或决定民众理性选择行为的两个基本要素。同样地，台湾岛内对"民族—国家"这种国家构建的质疑也受到岛内外各种现实条件的制约。一方面，国际社会对台湾经济成就和政治转型的肯定加深了民众的台湾认同。另一方面，大陆武力反"独"的威慑和国际社会对两岸关系的认知制约了"台独意识"的急速发展。因此，虽然"台湾认同"在泛绿阵营的推动下不断上升，但是，民众偏向"独立"认同的比例并非等比例增长，或者说，"台湾认同"不等于"台湾独立认同"。

与此同时，台湾经济上依赖大陆、政治上却渐行渐远的两岸关系现实又使人不得不思考理性选择模式的局限性。显然，经济整合并不必然带来政治整合。已有的研究表明，二十多年来台湾民众中国认同日益趋弱的现象与两岸共同经济利益的持续强化几乎同步进行，这说明两岸的共同利益与共同命运意识出现了明显反差。两岸关系中"经济合作"与"政治疏离"共存的背离现象充分说明，台湾民众国家认同的形成，除了理性自利因素外，还有其他的因素在起作用。本书适时引进了感性选择模式加以分析。

第二节　政治符号：台湾民众两岸政治认同错乱的诱导因素

"利己"虽然是人类生存和社会发展的最有力手段，但它并非唯一的手段。人都是有情感、有信仰的社会人，因此，有些情况下个体完全可能会采取遵循感性需求的引导而不顾及后果的行动，即所谓的价值合理性行动。在台湾民众的国家认同问题上，台湾学者吴乃德在 2005 年的研究中就提出了感情认同强于理性自利的观点[1]。根据前文所述，在本书研究的时间阶段以及可预期的未来，台湾民众的国家认同将在一系列政治符号的诱导作用下不断异化。

一、民主符号：建构台湾认同的政治图腾

民主是台湾建构所谓的自我认同与优越感，凸显两岸差异的最重要的旗号。蒋经国是台湾民主化和现代化的推动者。20 世纪 80 年代，蒋经国为了缓解外部"第三次民主化浪潮"冲击和内部"本土化运动"的压力，经过长期的酝酿和权衡，开始实施多党制、普选制和分权制衡等民主制度，台湾步入民主政治转型时期。台湾的政治转型比较平稳，没有出现严重的暴力流血事件，转型所付出的社会成本较低。台湾的政治运作基本遵循民主政治规则、程序和结果，

---

① 吴乃德.面包与爱情：初探台湾民众民族认同的变动 [J].台湾政治学刊，2005(2):5—39.

政治秩序得以持续。台湾的政治生态被西方国家称作华人社会开放、自由的典范。虽然对于台湾民主政治的发展进程尚有不同的看法^①，但是，一般认为台湾已经形成西方式竞争性政党政治。

在台湾政治转型过程中，出现了民主化与本土化共生互动的特殊现象，即本土化催生民主化，民主化加剧本土化。台湾的一些政治势力刻意利用这种形势，试图对台湾民众的国家认同施加影响。

一是以民主化为契机宣扬"台独意识"。部分政治势力利用台湾民众的"悲情意识"和"出头天"意识，操弄所谓的"本土"对抗"外来"、"台湾"对抗"中国"等议题，人为制造二元认同结构，并逐渐将"台湾意识"打造成一个具有政治内涵的符号。经过"台独"分裂势力二十年的"本土化""去中国化"运作，"台湾优先""台湾精神""台湾主体"等思想根植台湾民众，成为"台独意识"的温床。因此，"台湾意识"的核心在于"认同"问题^②，"台湾意识"光谱中的"台独意识"以否定"台湾人是中国人"为立论基础，否认台湾文化属于中国文化。他们争辩台湾民众虽然移民自大陆，但是经过几百年的历史变迁，已经发展出了一个与中华民族分庭抗礼的"台湾民族"。

二是以民主为借口抗拒两岸和平统一。早在李登辉时期就炮制了"国家统一纲领"，把中国大陆实现自由化、民主化作为统一的前提条件。陈水扁上台后更是大打"民主牌"：一方面攻击大陆"专制""不民主"，构筑"民主心墙"。另一方面，以"民主样板"为资本寻找国际保护，以增强抗拒统一的实力。马英九执政后，仍然认为"两岸的核心价值观与生活方式不同，阻碍了两岸的统一"，宣称"大陆民主化是中国统一的关键"，"统一没有时间表，应视大陆地区民主化来决定和平统一进程"等等。蔡英文的两岸政策更是强调基于"民主原则和普遍民意"。2016 年 7 月，蔡英文在接受《华盛顿邮报》的专访时说，希望大陆"能够充分认知台湾是一个民主社会"，台湾的执政者"必须要依循民意"。蔡英文声称不同世代、不同族群的一致意见就是民主，并以"更趋向台独的年轻一代"的代表自居。

在民主化带动下，"中华民国体制"与"台湾主体性"日趋融合，由此引发"台湾主体意识"不断增强，国家认同发生重大变化。

---

① 按照亨廷顿提出的标准，测量民主巩固程度的一个标准是两次政权易手的检验标准。通过这种测验，如果在转型时期内第一次选举中掌权的政党或集团在此后的选举中失去权力，并把权力移交给选举中的获胜者，而且，如果这些选举中的获胜者又和平地把权力移交给后一次选举中的获胜者，那么，这样的民主政权就可以被看作已得到巩固。

② 黄俊杰."台湾意识与台湾文化"[M]. 台北：台湾大学出版中心，2007:147.

二、民粹符号：操纵台湾民意的政治工具

在台湾民主政治发展的同时，出现了民主意识被极端发展的民粹主义现象。所谓民粹主义是指通过强调平民价值和理想，以二元对立的思维方式反对精英、消解权威的行为和思想①。台湾自 20 世纪 80 年代以来，各种轰轰烈烈的社会运动都"诉诸群众集体情绪"，并利用民粹成功催化了威权体制。然而，民粹主义在政治转型后出现劣质化倾向，尤其是 2000 年政党轮替后它成为制造民意、操纵民意的政治图腾。伴随着台湾经济复苏缓慢、失业率高攀、贫富差距扩大、政治文化意识对立等问题，台湾社会的群体对立和社会矛盾呈激趋势化，整个社会弥漫着极度的失败主义、虚无主义、悲观及焦虑情绪。而这种情绪混乱、思想混乱，为民粹主义滋生和发展提供了温床。

台湾政治民粹化的主要表现是：执政当局的行政首长惯以"人民的声音""受全国人民托付"等空洞的口号来合理化其一切作为。在野党在政党竞争中不尊重民主程序，不接受民主游戏规则，失去政权后并不俯首认输，动辄以激烈的手段来实现自己的政治目的。各级民意代表也经常将选举支持解释成"民意基础雄厚"，从而颐指气使。更为严重的是，台湾社会对此民粹行为越来越不以为非，反以为是。每当出现街头抗争行动，台湾媒体鲜少谴责之声，台湾当局一味退却忍让，致使民粹主义者得寸进尺，变本加厉。在岛内，民粹政治直接影响民众对现存政治体系（"中华民国"）的认同。

一方面，民粹主义泛滥严重削弱了国民党当局的治理能力。民粹主义与政府制度、政客、资本有着强烈的天然对立情绪，通常表现为对政治人物不信任，对政治体制失望。马英九期间，反权威、反体制成为台湾社会运动新常态。如，"反服贸运动"将大众与精英对立，并对当局和现行体制持怀疑态度，这严重冲击、降低了"马政府"的权威及公信力。"反服贸运动"的诉求中包括"倒马、反国民党"等指向。马英九作为当时的台湾地区领导人首当其冲成为箭靶。2014 年"三二三事件"之后，参与者把主要矛头转向统御失能的"总统"马英九，有人给他贴上"倾中卖台"的标签，有人以批判马英九为乐，称其是死鸭子嘴硬。此外，江宜桦的"行政院长"系统也备受指责。反对者批判当局签署服贸协议是"可耻的非民主卖台行径"，将国民党当局定位为"由大财团、大企业、少数执政者所组成的跨海峡政商统治集团"，宣称当局"随时可以抛弃台湾"，"就像吸血鬼一样，吸干一个国家青年的血汗，就开始找寻其他国家青春

---

① 民粹主义不管是一种政治思潮，还是一种社会运动，或是一种政治策略，它的核心元素是不变的，即强调平民的价值。

的肉体"。因此,学生们倒挂"中华民国国旗",甚至有人直接打出"反中台独"口号,将"反服贸"引向"反中"。在民粹化的情绪裹挟下,没有人在意马当局编制的 900 多亿新台币的预算补偿该怎么用,反过来认为正是编 900 亿补偿证明"服贸肯定有害"。由于网络的自主性、开放性和虚拟性特点,网络表达呈现出"无政府状态",加之青年学生的身心状况不稳定和不成熟,进一步放大了网络表达的民粹化特征。"反服贸运动"的结果是,马英九在岛内政坛提前"跛脚",马英九处理运动的方式、方法给社会留下了统御失能的印象,令国民党政权的民意支持率直线下降,2014 年举行的"九合一"选举民众就用选票对执政党投下了不信任票。

另一方面,"民粹主义"陷阱降低经济发展效率,引发社会动荡。"反服贸运动"的组织者非常懂得如何利用社会积累的民怨民愤做文章。针对青年学生对现状不满、对未来茫然又不知所以然的焦虑心理,他们对社会展开带有强烈的理想主义色彩的批判,在公平正义的旗号下制造话题,吸引青年学生的注意力。对于当今台湾社会面临的各种经济、社会问题,他们一概将它归咎于执政当局无能。例如"黑岛青"组织就批评台湾当局的经济政策是"失控的发展主义"。对于台湾的未来,他们的解读也不同于官方的思维方式,他们否认经济是最核心的价值与诉求,他们将台湾社会的未来价值取向确定为追求"小确幸"(微小而确定的幸福)。在他们的激情煽动下,青年学生情绪极端化,价值追求保守化。学生们对于两岸政策、ECFA 协议、服贸协议乃至当局的各项政策的评判标准都试图剥离经济发展因素的考量。殊不知,这只是一个精致的"民粹主义"陷阱。从政治与经济的互动关系看,经济发展与政治稳定具有直接的相关性,两者互为条件、互为前提。在排除政治体制束缚经济发展的情况下,政治稳定是经济发展的保障,经济发展是社会长治久安的基础,这就是所谓的"国泰民安"。也就是说,如果没有经济增长提供财源,公平正义只不过是口号而已。如果没有稳定与繁荣的经济状态,青年学生孜孜以求的"小确幸"将失去根基。至于台湾目前面临的经济困境是全球化时代的一个共性问题,即许多传统产业和弱势群体成为全球化的受害者。因此,片面强调公平,不讲究效率和竞争的道德主义的思维方式,将使台湾经济陷入效率低下的窘境。同时,民粹主义也会加剧社会动荡。从世界范围内民主政治的实践来看,以人民的名义公开反对政府权威的招数并非解决问题的灵丹妙药。席卷整个阿拉伯世界的阿拉伯之春运动、泰国的反英拉运动、乌克兰的反亚努科维奇运动等都陷入了政局持续动荡的泥潭。

由于民粹主义不断挑战执政当局的权威和现行政治体制，导致民众对现存的政治体制的认同感下降，并按照反对国民党威权统治—反对外来政权—反对"中华民国"—反对中国—"台湾独立"的路径不断异化。

三、统"独"符号：撕裂台湾社会的政治标签

统"独"立场本质上涉及每个台湾民众的身份认同问题。长期以来，统"独"争议一直是台湾政治运作中的主要社会分歧，正如陈水扁声称的那样，台湾没有左右路线，只有统"独"问题。就政党而言，统"独"是台湾政党形成的最重要标识，所谓蓝绿划分其实就是以统"独"光谱来区隔的。在统"独"光谱上，新党—亲民党—国民党—民进党—"台湾团结联盟"—"建国党"—"时代力量"，依序排列，呈现从统到"独"的色彩分布。统"独"之争始终占据台湾政党政治的主导议题地位，各政党的纲领都有明确的统"独"宣示，大大小小的选举必然围绕统"独"议题转开攻防。在台湾特殊的政治生态环境下，统"独"旗帜拥有意识形态宣传和政治斗争的功能，呈现出工具性、策略性特征。一是统"独"是各政党吸引选民支持的武器。台湾选民的政党认同偏好基本固化，一般情况下，外省族群是泛蓝政党的拥趸，本省族群是民进党的群众基础。总之，"统独议题在1990年代相当程度影响政治精英的政治辩论和选民的政治讨论，也相当程度地决定了选民的政党认同与投票对象。"[1] 二是统"独"是"独派"势力抹黑对手的法宝。作为政党意识形态区分的统独标签在台湾政党恶斗的政治生态下，动辄被简单地归置于"爱台湾"或"卖台湾"的二元区分的框架内加以审视。凡是主张现阶段两岸关系坚持"不统不独不武"策略的政党和政治人物都被扣上统派、"倾中卖台"的帽子，且难以根除。三是统"独"也是"独派"势力的护身符。陈水扁任期内从起初提出"四不一没有"保证转而走上"公投修宪"的激进"台独"之路，根源在于摆脱执政危机的企图，"台独"理念是其信手拈来的护身符。

在统"独"意识形态的影响下，台湾政治转型后出现典型的极化（polarization）政治现象，即政治生态中的两极分化与对立现象。其政治主体从政治派别、社会团体、传媒组织、社会族群甚至民众个体都被披上二元对立的政治色彩，非蓝即绿。更为严重的是，今天在台湾分蓝分绿，已经变成只有立场颜色、不管是非对错。许多政策或法律，即使对人民有利且社会本来都认同的，往往只

---

① 盛杏湲、陈义彦.政治分歧与政党竞争：2001年"立委"选举的分析[J].选举研究，2002.10(1)：7—40.

因蓝绿对立就寸步难行。台湾的媒体也壁垒分明，往往"只有党派、没有是非"。

就连台湾部分学者一直称颂的"反服贸运动"，实质上也没有跳出蓝绿争斗的框架。"反服贸运动"是以青年学生为主体的社会运动，运动具有一定的自主性，"超越蓝绿，超越统独"是这场运动最初的定位。但是，"反服贸运动"仍然无法摆脱政党政治的桎梏。"反服贸运动"虽然不是民进党一手策划、组织和发动的，但与民进党的煽动、策应和支持分不开。一是学生运动的核心人物都与绿营有着密切联系。他们或是民进党青年军成员（林飞帆），或是青年后援会骨干（陈为廷），或是民进党外围组织创始成员（黄郁芬），或是民进党党工（魏扬）。一些绿营人物的"政二代"也直接参与了这场运动（王云祥、赖品妤）。二是这场运动的指导思想具有分裂主义倾向。"反服贸"旗帜下汇集了多种势力，其中确有反对台湾当局程序不公者或反对服贸协议具体条款者，也有从意识形态出发反对自由贸易者和借反服贸彰显"台湾主体性"者。如以林飞帆、陈为廷为代表的学运带头人，是一群有着分裂主义政治诉求的年轻人，都曾经在网络上宣布支持"台独"。运动中抛出的民间版"两岸协议监督条例"，则直接塞进了"两国论"的政治诉求，这与民进党的政治主张如出一辙。三是民进党与"反服贸运动"有着千丝万缕的联系。一个公认的事实是，青年学生反对服贸协议与民进党渲染的所谓"协议不良影响"有关。民进党表面上宣称不反对两岸服贸协议，但是从民进党的发言机器到对外文宣，到处充斥着"攻占""侵台""残害民主"的字眼，反对态度不言而喻。当台湾相关业者对这个协议可能产生的负面影响有所担心时，民进党就乘势大肆渲染，制造"虚拟恐惧"，以便乱中牟利。与此同时，民进党鼓动亲绿学者，编造解读服贸协议的"懒人包"，以专业人士解读的方式进一步误导民众对服贸协议的理解。更有甚者，民进党还暗中支持和公开声援学运领袖林飞帆、陈为廷、魏扬等人发动反服贸的"太阳花学运"活动，将服贸协议带入"逐条讨论、逐条审查""先立法、后审查"的困境中。"占领"行动中，绿营大佬苏贞昌曾经登上学生宣传车高呼"林佳龙冻蒜"，公开支持学生在"立法院"安营扎寨。在"三二三"驱离之夜，蔡英文、苏贞昌、谢长廷、游锡堃等"四大天王"集体到场参加静坐，力挺示威人群。民进党还在现场设立"守护学生指挥所"。总之，"反服贸运动"并非一场"纯学运"，而是沾染上明显的绿色政治色彩。

统"独"争议持续发酵撕裂了台湾社会，导致民众国家认同的混乱。部分民众受"反共、仇共"宣传，对大陆方面政治体制形成"专制独裁"的刻板印象，追求"民主自由体制"。部分民众受李登辉、陈水扁大肆推行"离散中国"

的教育，对"统一倾向"有"抵触心理"，回避国家认同问题而主张维持现状。

四、"左右"符号：激化社会矛盾的政治手法

台湾工业化形塑了一个规模庞大、成分复杂、边界模糊的中产阶级，它成为台湾社会的主体。由于经济快速发展，贫富差距缩小，阶级流动顺畅，工业化时期社会没有浓厚的阶级意识。但是，随着经济停滞、贫富差距扩大，中产阶级出现分化，阶层意识加速形成，成为选举期间各政党开展社会动员的新空间。

近年来，随着两岸经贸交流不断扩大，岛内一直比较弱势的"左右之争"出现激化趋势。根据政治经济学原理，经贸往来往往有得有失，在一部分厂商"获利"的同时，另一部分厂商可能会"受损"，也就会出现"赢家"或"输家"①，并由此可能产生行业之间甚至是阶层之间的矛盾。随着两岸经贸关系的发展，岛内出现不同的利益群体，并导致不同的政党支持立场和两岸关系态度，形成所谓的"经贸政治版图"。产业上，两岸经贸交流一直被批评者质疑为图利特定利益集团，主要是大型工商业财团，并将国民党定性为大型工商业利益集团的代言人。地域上，台湾北部是高科技产业和金融服务业集中的地区，被认定为两岸经贸交流获利者，倾向于支持扩大经贸交流的泛蓝阵营。台湾南部以传统工业尤其是重化工业为主，也是台湾的农林牧渔区，自认是台湾产业外移的受害者，于是投入泛绿阵营的怀抱。族群上，据台湾学者 2013 年的调查研究报告，从两岸服贸交流中获益较大的是具有高学历（专科以上）以及外省人背景的族群，外省人与非外省人的受惠差异比为 1.35：1，即外省族群比其他族群在服贸协议框架下的交流中多了 35% 的受惠机会。至于在两岸服贸交流中较易受损的人群有两类，包括已届退休的 50 岁到 64 岁之间的民众群以及非外省人背景这两者②。由此，台湾的政治版图除了以往的统"独"划分，又出现了所谓"输者圈"和"赢者圈"的经贸划分，"左右之争"又开始浮出水面，成为影响两岸关系的重要变量。

在极化政治背景下，经贸政治版图的出现对两岸经贸关系正常化和制度化形成压力和挑战。

首先，它将导致台湾民众的两岸经贸议题的偏好越来越趋向偏激，这大大

---

① D. Michael Shafer, Winners and Losers: How Sectors Shape the Developmental Prospects of States.Ithaca[M], (N. Y.: Cornell University Press, 1994)，pp. 22—48.

② 张茂桂．两岸红利谁获益？如何矛盾？ [N]．自由时报，2014-06-23．

压缩了理性选择空间。在相当长的时间内，美国大选中选民的议题偏好被认为是总体温和，且对差异的容忍程度在上升①。与此相较，台湾民众的议题偏好总体偏激，且对抗色彩浓厚。服贸协议原本是一项经济协定，协议本身充分体现了有利于台湾的开放原则，是台湾收到的"大红包"②。可是由于人为操作和歪曲，服贸协议被扣上了让"台湾没有未来"的大帽子。"小黄全都变小红"③"洗头兼洗脑"④"今日香港、明日台湾""国共合谋、掏空台湾"等污名化言论将服贸争议上升到政治对抗层面，实际上封杀了对协议进行理性探讨的空间。

其次，它将导致台湾有关两岸经贸协议的审议越来越多地陷入僵局，这势必延缓两岸经贸的制度化进程。极化政治状态下，不同政党的两岸经贸政策往往南辕北辙且极难妥协，"立法院"空转常态化。服贸协议就是在蓝绿争斗中在"立法院"搁浅的。民进党执政后，蔡英文当局执政后，加紧推行"去中国化"经济路线，抛出一系列阻碍两岸经贸关系的政策。一是制订"两岸协议监督条例"。蔡当局以"安全、就业、技术的风险"为由，抛出"两岸协议监督条例"。该条例强调两岸商签协议不管是谈判前、签署前、签署后，都要受其监督。条例将台湾"立法院"在两岸协商过程中置于"绝对主导"地位。该条例已经几经多个版本、不同阵营的屡次争议，迟迟没有通过。但是蔡当局却据此进一步加大对陆资入岛的审查，屡次以"对等""安全"为由驳回大陆企业对台投资案，大陆紫光集团入股台湾力成、矽品、南茂等 3 家 IC 封测公司投资案、爱奇艺对台投资案均先后被拒。二是提出"新经济发展模式"。蔡当局以"创新、分配、就业"为理念，提出了以"5＋2 产业"创新（即绿色能源、亚太硅谷物联网、生物技术、智能机械、军工产业、循环经济和新农业等"5＋2 产业"创新推动方案）为核心的"新经济发展模式"，力图实现产业转型升级。在具体方案设计中强调与欧美产业对接，避谈两岸产业合作。三是推动"新南向政策"。在对外经贸战略上，蔡英文当局刻意弱化两岸经贸关系，优先推动"新南向政策"，即从经贸合作、人才交流、资源共享和区域联结四个方面着手，加强与东

---

① Morris P. Fiorina, Samuel J. Abrams and Jeremy C. Pope, Culture War? The Myth of a Polarized America[M], (New York: Pearson, 2004).; Evans, John H. "Have Americans Attitudes Become More Polarized? An Update," *Social Science Quarterly*, Vol.84, 2003, pp. 71–90.

② 张平沼. 服贸协议是大红包 [N]. 中央社 .2013-07-29.; 服贸有利台湾 不用多虑 [N]. 苹果日报 .2013-07-29.

③ "小黄全都变小红"是此次反对运动宣传动员的口号之一，成为对经济冲击担忧的代名词。所谓"小黄"是指代台湾的出租车，以此形象地宣示陆资对台湾中小业者的冲击。

④ 所谓"洗头兼洗脑"是指大陆利用经贸往来加强对岛内的政治意识形态渗透。诸如此类还有"开放大陆的翻译会影响言论自由"等让人哭笑不得的观点。

盟、南亚、澳大利亚、新西兰等国家和地区的合作。四是通过"公民投票法修正草案"。民进党主导"立法院"后，便于2016年5月13日通过了"公民投票法修正草案"。规定自蔡英文上任后开始，所有两岸相关协议必须先经过"立法院"3/4"立委"投票同意，再举行"全民公投"，全台湾有效选举人超过半数（目前900万）投票赞成，才能正式通过。这个"公投"门槛超过了"修宪独立"的门槛，充分显示了蔡当局封杀两岸政治、经济、文化交流的图谋。受蔡当局两岸经贸政策的冲击，两岸经贸关系制度化进程严重受阻，已经签订的服贸、货贸、"三通"等协议也面临考验。这无疑会削弱两岸政治认同的基础。

五、感性选择模式的解释力与不足

从2000年"不问政策，只问蓝绿"，到2004年"肚子扁扁，荷包扁扁，也要支持阿扁！"，我们可以看到意识形态信仰被好斗的狂热者，忠实的支持者以及消极的顺从者奉为圭臬，导致民众国家认同中的非理性因素持续发酵。

第一，感性认同客观存在。正如韦伯所言"政治作为一种职业"是出于义务与道德的要求，并非全为自利。历史经验告诉我们，许多人曾经为民族的整体利益而牺牲，为民族利益赴汤蹈火。"台独"势力将分裂运动包装成民族独立运动，具有很强的煽动性和蛊惑性。陈水扁第一任期的"政绩"并不能令人满意，但是，有不少人认为"阿扁做得再差也是咱自己人，要给他时间"。2008年国民党重新执政后，两岸之间已签署23项协议，充分体现了大陆"让利、互利"的诚意，两岸之间人员交流甚至官员往来络绎不绝，但是这方面的量变并没有带来政治认同共识的递增，甚至相反。为什么在台湾的统一力量会被边缘化？为什么分裂意识会在台湾内部日益增长？这与台湾的政治心理文化有关，这也是最复杂的隐态文化，是一种感性认同。目前，"台独"理论已经被公式化，"国民党政府＝独裁＝外省人＝中国意识＝中国民族主义和台湾人民＝民主＝台湾人＝台湾意识＝本土意识＝台湾民族主义"在台湾社会有很大的认知度。

第二，感性认同处于阶段性主导地位。政治认同的过程是一个从感性到理性、从本能到情感的变化过程，感性认同存在于政治认同的一定发展阶段。由于"台独"势力借助民主、民粹、统"独"、左右等政治意识形态符号，煽动历史悲情，挑起省籍矛盾，促使族群对立，台湾民众的两岸政治认同，尤其是国家认同逐渐偏离一个中国轨道。这说明在台湾民众国家认同形成过程中，在理性选择与感性选择的博弈过程中，感性认同暂时处于上风。而且就岛内政治生态而言，这种驱动力量的对比状况还有进一步失衡的危险。原因在于蓝绿力量对比失衡。在蓝绿政治力量的缠斗中，蓝营逐渐失去优势处于被动。相较国民党和民进党，无论在文宣能力、动员能力，还是在意志能力上，民进党都略胜一筹。针对服贸协议民进党精心设置了"逐条审议"的"劫材"，将服贸协议操弄成政治选举的工具。国民党理论上拥有"府、会"两大资源，却在对抗中节节败退，陷入被动局面。2016 年国民党在台湾地区领导人选举中败北，掌握"府、会"资源的民进党于 7 月通过"政党及其附随组织不当取得财产处理条例"，国民党面临全面瓦解的危机。

第三，感性认同有进一步强化的趋势。这与台湾青年世代的国家认同偏"独"有关。"反服贸运动"反映出国家认同的困境在年轻世代身上有加剧的危机。此次"反服贸运动"的主体是青年学生，新媒体技术为他们的政治参与如虎添翼，使得"反中""恐中"等情绪迅速在年轻世代中发酵、扩散，他们将"反中"作为面对问题的廉价解药。目前，台湾青年学生所追求的"小确幸"已经不是单纯的生活态度，开始具有政治化倾向，它的潜台词是两岸交往干扰了他们"小确幸"的生活现状，因而对两岸关系的交流和发展有一定的排斥心理。青年人在政治参与被充分肯定、参与目的得以实现的刺激下，政治参与的热情不断高涨。而其身心发展特点、社会政治环境以及参与方式等决定了青年世代的政治参与常常具有非理性特点[1]。

第四，感性认同稳定发展是有条件的。感性认同带有更多的非理性成分，往往带有不稳定性。考察感性认同的力量能否持续起作用要考虑以下因素：一是两岸关系的制约因素，诸如，"台湾独立"之后是否可以和中国大陆维持和平关系？两岸在政治、经济和社会的发展是否大致相当？等等。很显然，"台独就是战争"的红线将制约"急独"的发展，两岸综合实力的此消彼长也将缩小"台独"的空间。二是民众对"台独"理念的信仰程度，包括这一态度指涉一个还是多个目标？对态度目标接受或排斥的理由是否充足？对态度目标的评价是好是坏？态度目标与其他环境中的人、事和物有多少联结？或它在信仰体系中的位置高度[2] 又是多少？等等。Michael Hechter 认为，当认同必须付出较高的代价时，认同常常被抛弃。例如，中世纪许多犹太人面临宗教审判的危险时纷纷改信天主教。虽然台湾有"主体意识"，但是要台湾民众为此抛头颅、洒热血

---

① 王英. 台湾青年学生非理性网络政治参与的影响分析——以"反服贸运动"为例 [J]. 江海学刊，2015(6):186—192.

② Howard J. Ehrlich. The Social Psychology of Prejudice[M], (New York: Wiley,1973), pp. 3—29.

又太奢侈。特别是台湾中产阶级已经成为台湾的中坚力量，他们具有开明、温和理性的价值观，很少人愿意为统"独"意识方式走极端。

总之，台湾民众为什么会有如此复杂的国家认同选择？这本身是一个错综复杂的问题，难于简单地回答和解析。这里既有历史性的积淀因素，也有现实性考量因素，既有社会性的普遍因素，也有个体性的特殊因素。本书分析了台湾民众国家认同中的理性模式和感性模式，而且也初步探析在现阶段，感性模式暂居主导地位。由于作用因素的多样和复杂，台湾民众的国家认同也就很难在短期内有大的改变，只能潜移默化地加以影响。这也给两岸政策的选择空间和政策选项带来了基础性的民意制约。

第三节　台湾民众两岸政治认同的危机与消解

在两岸经贸关系快速发展、文化交流持续热络、人员交往日益密切的两岸关系发展新阶段，两岸认同和互信却没有实现同步增长，相反出现民族认同与国家认同分离、文化认同与民族认同分离、利益认同与制度认同分离等异化现象，导致两岸政治认同面临断裂危机。两岸政治认同问题不仅是两岸间的难题，也是一个时代的难题。如何化解两岸政治认同的困境？按照政治学研究路径，国家间冲突或国家内部敌对派别之间冲突的出路有两种：和平或战争。与此相对应，争取台湾民众的国家认同也有引导认同和威慑认同两种解决思路，两者相互配合、互为补充，方能有效解决两岸政治认同问题。

一、两岸政治认同的严重异化

两岸政治认同的内涵十分复杂，有些概念相互交错，剪不断理还乱，但这不影响两岸学者将国家认同视为两岸政治认同的核心。国家认同大致可以分为"族群认同""文化认同"和"制度认同"三大标的。从这个意义出发，台湾民众的政治认同危机主要表现为民族认同与国家认同分离、文化认同与民族认同分离、利益认同与制度认同分离，两岸政治认同渐行渐远。

1. 民族认同与国家认同分离

民族认同是社会成员对自己民族归属的自觉认知，它包含对人们之间作为一个民族关系的认同，和对一个民族的表现形式——文化的认同。国家认同实质上是一个民族确认自己的国族身份，将自己的民族自觉归属于地理、政治范畴的国家，形成捍卫国家主权和民族利益的主体意识[①]。由此可见，民族认同侧重于文化归属，国家认同强调政治归属。在我国学术界，主流观点认为民族认同与国家认同蕴藏着一定的冲突，但是两者更是有机统一体，民族认同是基础，国家认同是目标。在多民族国家，促进民族认同和国家认同和谐统一的双赢途径是形成国族认同。在中国，国族认同就是对中华民族的认同，中华民族是将民族认同转化为国家认同的基础。在两岸政治认同谱系中，国家认同特指对"中国"的认同，民族认同专指对"中华民族"的认同，中华民族的概念与中国人的概念为一体两面。

从台湾的历史发展脉络看，在台湾这块土地上，要回答"我是谁"从来不是个容易的问题。由于特殊的历史背景和地缘政治关系，台湾民众的国族认同一直在"是中国人"与"不是中国人"之间摇摆，国家认同在"中华民国"、"台湾国"、中华人民共和国等不同对象间纠缠。但是，20世纪90年代之前，"台湾人是中国人"根本不是个问题。"龙的传人"在80年代还是台湾青年郎朗上口的民歌，"三民主义统一中国"还是台湾当局的两岸政策定位，"China"和"Chinese"是两岸共有且为双方争夺的概念。这里的"中国"被视为唯一合法代表中国的"中华民国"，"中华民国"是包含海峡两岸的"大中国"，"中华民国人"当然就是"中国人"。在1989年《联合报》对台湾居民的国家认同感的调查报告中，超过半数的受访者认为自己是"中国人"（52%），26%将自己视为"既是中国人也是台湾人"，两者相加近八成，认为自己"仅是台湾人"的受访者只有16%。

但是，这种认同在李登辉的操弄下短短几年间出现了逆转，台湾民众原本的"中国人"选项受到"台湾人"选项的排斥。1997年"台湾人认同"上升至34%，增加了一倍，中国人认同不足两成。民进党上台后，加大塑造"台湾主体意识"的力度，"台湾意识"进一步崛起（四成以上），中国意识逐渐衰弱（不足一成）。远见杂志民调中心2008年10月的调查问卷中设计了"您觉得自己是不是属于台湾人（或中华民族一分子、亚洲人、华人、中国人）？"的系列问题，可重复选择。结果显示，认同自己是"台湾人"的高达95.9%，而认为自己属于"中华民族"的亦有75.4%，但是认为自己是"中国人"的只有46.6%，甚至低于认同"亚洲人"的73.5%与"华人"的67.3%。这说明台湾民众的中国人认同出现严重分裂局面。2008年以后，这个趋势越来越严峻了。目

---

① 贺金瑞、燕继荣.论从民族认同到国家认同[J].中央民族大学学报（哲学社会科学），2008(3):5—12.

前岛内的民族认同和国家认同的内涵与外延已经发生了巨大变化。

首先，"台湾认同"不断攀升，逐渐沉淀成重要的社会共识。对于"台湾人"这一概念有不同的解读。有人把"台湾人"限制为"本省人"；有人认为只要出生、成长在台湾，不论省籍、观念为何，均是台湾人；还有人认为，凡是认同台湾的人士都是台湾人……不一而足。虽然"台湾人"认同不能与分裂主义思想画等号，但是"台湾人"这一概念已经成为台湾民众身份认同的"最大公约数"，而且与"台独"存在紧密的契合关系。"台独基本教义派"只承认自己是"台湾人"，拒绝"中华民国国民"身份。2008 年以来，出于政党竞争的需要，台湾蓝绿政党的社会动员论述都强调"台湾主体性"的国家认同。在这种情形下，即使是马英九在其八年执政期间，对身份认同的表述方式也仅是"我是中华民族的一分子、我是中华民国国民、我是台湾人"，而不称"我是中国人"。台湾《联合报》2016 年 3 月的民调数据显示，自认是"台湾人"的比率上升到73%，创 20 年来的新高；自觉是"中国人"的比率则持续探底，仅剩11%；另有 10% 受访者认为自己既是"台湾人"也是"中国人"。从世代差异看，各世代中以 20 到 29 岁年轻族群自认是台湾人的比率最高，达85%。

其次，"中国人认同"被异化，炎黄子孙的标签正在褪色。从民调数据看，台湾民众的"中国人"认同急速下降，尤其是 30 岁以下年轻世代的认同度低到只剩下个位数。为什么大多数台湾人接受在文化上同为"中华民族"，却不愿意接受带有"中国人"的定位？两蒋时代，台湾人以"正统中国人"自居，也往往自觉自称为中国人。现在，台湾人通常不自觉地称自己为"中国人"，而且意义也与从前大不相同，更多是指血缘上的"汉人""汉民族""汉族"的意思。原因在于，经过"台独"势力经年累月的政治化操作，"中国人 = 中华人民共和国公民，台湾人 = 中华民国的国民"。不少台湾民众因担心自称是"中国人"会被视为"中共的同路人"，转而更多选择"台湾人"，导致"新台湾人"认同不断上升。

再次，"中国"概念被污名化，国家认同发生错乱。身份认同直接影响国家认同选择，当中国渐渐被特指为对岸，是中华人民共和国的简称时，台湾民众的国家认同就出现严重分歧。现在大部分台湾民众都已接受"中国"一词的异化，对于"中国 = 中国大陆 + 台湾"或是"中国 = PRC + ROC"的说法反而感到陌生。在他们的认知中，"中国 = 中华人民共和国，中华民国 = 台湾"。"Made in China"是"黑心货""便宜倾销"的代名词，"中国货"等同"黑心货"等同"一中市场"，"一中原则""九二共识"等同"爱中国、卖台湾"。从台湾指标民调 2016 年 3 月的调查结果看，对于"两岸同属一中"如果是指同属中华人民共和国，9.2% 民众表示能接受，81.6% 表示不能接受。至于"两岸同属一中"如果同属"中华民国"，有 28.8% 民众表示接受，60.0% 不能接受。以上两者经交叉分析，愈年轻者愈不能够接受两岸同属一中的说法。对于大陆表示蔡英文必须接受"九二共识、两岸同属一中"，才可能维持目前两岸官方或经济交流，37.6% 的受访者认为"不应该"接受"九二共识"，33.4% 认为蔡英文"应该"接受"九二共识"，未明确表态 28.9%，

2. 文化认同与民族认同分离

"文化认同"所回答的是"我们是谁？"，按照亨廷顿的理论，人们通常以对他们来说最有意义的事物来回答"我们是谁"，即用祖先、宗教、语言、历史、价值、习俗和体制来界定自己，并以某种象征物作为标志来表示自己的文化认同。"文化认同"的核心是对一个民族的基本价值的认同，价值认同体现的是社会成员在价值理想、价值取向和价值标准等方面的一致性和统一性，是民族国家统一的精神力量。从这个维度出发，"没有文化认同，就没有国族认同"，文化认同是民族认同的基础，两者具有不可分割性。在多民族国家，根据文化认同与民族认同（国族）重叠面的大小，可以判断国家认同的强弱。文化认同与民族认同之间的交叠重合部分大，则国家认同强。文化认同与民族认同之间的交叠重合部分小，则国家认同弱。

台湾是祖国的宝岛，两岸人民同文同种同缘，台湾的文化符号、文化理念、思维模式、行为规范等无不打着中华文化的烙印。台湾的人口结构中，汉族占 97%，认同自己为炎黄子孙；通行繁体汉字，官方语言是大陆普通话，民间语言为大陆的闽南话和客家话；主要的宗教信仰为发源于大陆的佛、释、道和妈祖、关公等神明崇拜；主要的风俗习惯与大陆无异，如认同春节、元宵、清明、端午、中秋等传统节庆为自己民族的风俗，重视饮水思源、敬老爱幼、上慈下孝、尊师重教、勤俭持家等传统美德；价值基础包含中华传统文化中提及的"和而不同""天下大同""自强不息""以民为本""正道直行"等价值理念。因此，20 世纪 90 年代以前，台湾民众对中华民族怀有强烈的认同感。日据时期，殖民统治者欲强制砍断台湾人民的中华文化认同，反而激发了台湾人民的中华民族主义意识。两蒋时代，虽然省籍矛盾日益尖锐，但是台湾社会的文化认同始终维持着中华民族意识至上论，甚至由于两岸中华文化演绎的轨迹不同，台湾一度以"中华文化正统者"自居。

然而，解严后伴随着自主性政治社会力量的兴起，台湾出现了"文化主体

性"论述，台湾民众在政治、文化与身份的认同上日益错乱。这极大地影响了台湾同胞的观念、思维方式与情感倾向。目前，台湾社会的文化认同出现三种形态相互竞争的局面。即新党标榜的中华民族主义（内涵大体上为两蒋时代官方理论之继承）、马英九倡导的"新中原主义"（强调立足台湾、心怀大陆，并自许为中华文化的领航者）以及民进党追求的"台湾民族主义"（否认台湾文化属于中华文化的范畴，鼓吹"台湾人是新兴民族""台湾文化是新兴文化"）。随着新党在 2016 年"立委"选举中的惨败，主权中国意义上的中华民族主义在台湾的认同空间被进一步压缩，中华民族认同感呈现指数递减。台湾的文化认同危机主要表现在以下几方面：

首先，重新检视两岸文化关系以推翻中华文化的主导地位。台湾文化主流来自中国，这是不可动摇的历史事实。由于"台独"势力无法将台湾文化与中华文化做切割，就一边承认中华文化与台湾文化具有历史渊源关系，一边想方设法弱化中华文化的影响。其一，不断强调台湾是多元文化。宣称台湾的社会文化变迁具有特殊性，既拥有四百年前大陆移民带来的闽客文化、《马关条约》后日本植入的日本文化，又拥有六十年前国民党移入的外省文化和美国驻军输入的西方文化，加之真实体现的少数民族文化，已经形成多元文化融合体。其二，步步推进"去中国化"。从李登辉时代的"戒急用忍""两国论"，到陈水扁时期的"四不一没有""制宪正名""终统"与"废统"，再到蔡英文的"从世界走向中国""和而不同"与"和而求同"，其背后的逻辑是一致的，就是"去中国化""脱中国化"。其三，混淆中国意识与"台湾意识"的位阶层次。宣称全球化时代没有什么代表性的文化，台湾有它独特性的"台湾文化"。就像上海有自己独特的"上海文化"，闽南有独特的"闽南文化"一样。

其次，刻意划分"文化中国"与"政治中国"以弱化"中国认同"。"中国"一词的内涵十分丰富[①]，可以进行历史、地理、文化、血缘、政治、经济、甚至族群意义上的解读。它可以指历史上"华夏民族"居住的"中原"，地理上的"大陆"，也可以指文化上的"唐山"，血缘上的"祖国"，但它更指政治上的中华人民共和国（或"中华民国"）。"当代中国是以中华民族为根基建立起的民族国家"[②]，中国人认同是两岸统一的基础。目前，台湾社会的中国人认同受到了严重挑战，中华民族认同已经不等同于中国人认同。在"台独"势力的论述中，两岸是"异己关系"，"中华民国"已经是一个"华人国家"，而不再是个"中国

---

①　胡阿祥.何谓历史，何谓中国［J］.新世纪图书馆，2012(8):10—13.

②　何成洲.跨学科视野下的文化身份认同［M］.北京：北京大学出版社，2011.

人的国家"。因此,"中国人/台湾人认同"不再是一个有层级的、可包涵的概念,并且成为"爱台"还是"卖台"的标识。由此导致的现状是,台湾民众对于中国大陆既有向心力又有离心力。在文化领域,他们常常认同他们祖先的精神原乡,但在政治领域他们对大陆政权是疏离的、排斥的。

再次,极力渲染台湾文化的特殊性以建构"台湾民族"认同。在台湾社会内部,围绕文化认同的争论不仅是个社会问题,更是一个尖锐的政治问题。因为"台独"主张的兴起,台湾的文化认同直接关系到国家认同,从而也成为两岸纠纷的潜在根源。在构建台湾文化主体性的过程中有两种倾向,一种是强调"台湾意识"的优先性,另一种是倡导"台湾民族主义"。前者比较温和,它认为台湾文化是以中华文化为基底,融合不同色彩的南岛文化,又吸收了外来的西班牙、荷兰、日本殖民文化,形成了独特的多元文化共同体,因此,主张以"命运一体、风雨同舟"的精神凝聚"大家都是台湾人"的共识[1]。后者比较激进,它宣称台湾在地理上身为岛屿具有独立性格,"原住民"在很长的历史时期内基本上生活在与大陆文化隔绝的状态,维持着自己的生活方式和生活习惯以及由此衍生的所有文化传统习俗,包括语言等等,因此主张效仿西方各国建立民族国家的经验,建设一个"台湾民族独立建国"的文化基础[2]。这两种流派虽然在台湾文化与大陆文化的关系上有分歧,但是对于台湾文化的"主体性"有共识。他们认为台湾的文化传统在"低次元的传统"(或称风俗习惯)和"高次元的传统"(或称民族精神)方面已经具备台湾特色[3]。在台湾人民的生活和生产中形成了诸多台湾习俗,如台湾的海洋信仰、海洋信物传承、海洋文化节会等种种活动,以及在海洋活动中的各种习俗和禁忌(包括海上航行、海上求神避险、海洋灾难善后等习俗和禁忌)。在台湾人民代代相传的生活方式和观念中形成了不同于大陆文化的精神气质,它具有包容(多元族群、多元文化)、进取(爱拼才会赢、能拼又会赢)、冒险(好勇重义、冒险犯难)、创新(崇尚流动、不守规矩)、重商(商品意识、开放意识)等海洋文化精神特色,并成为指导台湾人民日常生活的原理与信念。总而言之,这样的"台湾文化"论调,充满了特殊性、优越性、自主性理论色彩,它们的泛滥为"台独"培育了土壤。

---

① 该观点承认台湾文化是中华文化的一部分(新中华文化或中华文化在地化),但是政治上是否必须与大陆统一则暂时存而不论。

② 该观点认为台湾文化是自外于中华文化的海洋文化(新命运共同体),政治上以寻求"独立建国"为终极理想。

③ 徐复观.传统与文化[A],徐复观文录(一)[M].台北:环宇出版社,1971:57—61.

3. 利益认同与制度认同分离

政治认同的逻辑次序是从利益认同到制度认同再到价值认同，利益认同是起点，制度认同是中介。利益认同或称绩效认同，是指人们对执政党和政府通过政治活动取得的经济、政治、文化和社会利益的肯定和认同，它表明国家的政治产品满足社会需要的程度。制度认同是个体基于对特定的政治、经济、社会制度有所肯定而产生的一种政治感情上的归属感，是公民从内心产生的一种对制度的高度信任。它表现为人们对国家基本制度的认可，对社会发展道路的拥护，对国家方针政策的支持。两岸关系的特殊性导致台湾民众的政治认同具有利益认同与制度认同相分离的特点，并从"政体意义上不认同大陆"向"主权意义上不认同中国"转变。

一方面，台湾以"先经后政"为原则充分享受大陆崛起与两岸和平的红利。台湾为出口导向型经济，外贸对 GDP 的贡献超过六成，必须与足够规模的市场依赖共生。20 世纪 90 年代之前，台湾经济的高速增长高度依赖美日欧市场，尤其是北美市场。随着我国改革开放和经济快速发展，全球消费市场格局发生了重大转变，大陆市场的规模、潜力对台湾资本产生了虹吸效应，大陆成为台湾最主要的经济动能来源。自 90 年代起，台湾历届当局都试图采取分散投资的两岸经贸政策，但都无法奏效。在此背景下，政经分离成为岛内蓝绿共识。政治松绑为经贸发展提供了广阔的平台，台商纷纷西进投资大陆，并创造了台商经济的辉煌奇迹，实现了台湾经济由传统制造业向高科技产业的转型。特别是2008 年以来，两岸实行全面"三通"、大陆游客赴台观光以及 ECFA 协议签署等，表明两岸关系有突破性进展，开创了和平发展的新局面。两岸在经济、文化、社会、人员往来上出现前所未有的紧密联系，两岸经济关系成为金融危机背景下台湾经济的重要支撑。2015 年大陆赴台旅客突破 400 万人次，占台湾入境旅游总人数 40%。大陆游客在台人均日消费达 7770 元新台币，首次超过日本游客在台消费水平，居第一位。台湾由此取得约 2300 亿元的外汇收入，占台湾入境旅游外汇总收入的 50%，创造产值近 3000 亿元，约占台湾 GDP 的 2%。台湾现在有 34 万大陆配偶。目前，大陆是台湾最大的投资地区、最大的贸易伙伴、最大的贸易出超来源。根据商务部统计，台湾上市公司 2015 年的大陆转投资收益达到 2137 亿元新台币，占上市公司全球收益的 39%，这还不包括资产价格上涨带来的潜在收益。

另一方面，台湾以生活方式不同为由强化两岸的制度差异与对立。台湾社会认为，自 1895 年以来，两岸的历史发展、政治制度以及当前所处的社会发展阶段与面临的主要矛盾等各不相同，双方存在巨大的文化差异。台湾一直强调自己已经形成有别于大陆的生活方式。所谓"生活方式"正是"文化"(culture)和"文明"(civilization)的另外一种表述。从生活方式所呈现的"三层文化体形态"①，即底部的器物维生层、中间的社会制度层以及顶端的观念思想层来观察，台湾民众对于中间的社会制度层特别自豪，认为台湾文化之所以具备源源不断的活力，除了其多元文化的共生因素，动力在于市场经济的完善和民主宪政的形成。一是台湾具有完善的市场经济文化，更有创新性和竞争力。海洋文化是一种商业文化，代表人类文明更高的发展阶段与发展水平，其外延涵盖当代的科技发明、商业流通与社会进步，价值取向上具有商业性和慕利性。台湾60多年来经历了从传统社会到现代社会的变迁，完成了工业化、现代化过程，进入后工业化时期，经济成就和经济体制是台湾民众骄傲的资本。二是台湾形成民主宪政文化，更文明和更进步。海洋文化又是一种城市文化、市民文化，代表人类文明更高的文化素质与精神境界，其内涵包含近代的民主理念、平民意识与自由思想，价值取向上追求民主、平等和自由。20世纪中叶以后，留学生的大量游学欧美以及其后的民主发展，西方意识形态中以自由、民主、人权和宪政等为主体内容的所谓"普世价值"也随之强势植入台湾社会，成为台湾民众的主流价值观。通过政治转型，台湾有了定期选举、舆论监督、司法独立、依法行政、决策透明及公民社会和压力团体的运作等比较健全的民主制度，民主的原则、理想、价值与实践是台湾民众优越感的源泉。马英九在其就职演说中明言"台湾是全球唯一在中华文化土壤中，顺利完成二次政党轮替的民主范例，是全球华人寄予厚望的政治实验"。简言之，台湾社会对于大陆的社会主义制度和中共执政体制大都不赞成、不信任、不接受。对于大陆方面开出的人类政治历史上前所未有的政治和解大餐"一国两制"方针也不领情，将它解读为大陆"以强凌弱""吞并台湾"。年轻一代更是对于大陆方面主导的"统一进程"充满"恐惧心理"，害怕某种形式的"统一"后，台湾就可能丢失掉得之不易的所谓"民主体制"和"自由生活"。

在此背景下，台湾当局试图将"先经后政"固定为"只经不政"。长期以来，台湾当局将两岸交往限定于低政治领域的合作，对于高政治领域的对话和协商或顾忌或保守或排斥。一是蓝营对于政治谈判充满顾忌，不敢贸然闯入政治议题谈判。概括地说，泛蓝阵营的政党和政党领袖对于两岸政治关系的发展

---

① Haggett, P., Geography: A Modern Synthesis [M], (New York: Harper & Row, 1979), pp. 246.

还是持正面、积极的态度的，从连战、宋楚瑜到郁慕明都强调过两岸签署和平协议的重要性。但是，蓝营受到岛内政治生态的束缚，常常突出政治谈判可能招致的风险和困难，将政治协商视为"禁区"。当两岸关系进入和平发展新时期，面对开启两岸政治性对话的呼声，作为执政党的国民党始终强调时机不成熟，并设置各种条件。国民党所谓的"积极创造条件"大致要完成"三项准备"，即，"ECFA, MOU 完成签署""国内达成共识"和"国际社会（指美、日）接受"。国民党的"百般顾虑"使得启动两岸政治谈判变得步履维艰。二是绿营对于政治谈判极力排斥，想方设法阻挠两岸关系进入"深水区"。属于泛绿的民进党、"台联党"及其主要政治人物凡是涉及两岸问题的态度，保持一以贯之的"逢中必反"的立场。"政治协商"是泛绿攻击国民党的两岸议题的软肋，他们极力抵制两岸在"九二共识"基础上开启政治谈判，并把任何想签订和平协议的宣示都戴上"卖台"的帽子。泛绿为两岸深水区的作业设定了一个前提条件，那就是要先解决"谁与谁"谈的问题①。其实质是将双方相互承认作为谈判条件，这等同于封杀了谈判的可能性。绿营的如意算盘是由"先经后政"走向"政经分离"再形成"只经不政"的定局②。随着蔡英文推行"南向政策"和谋求摆脱对大陆经济依赖，两岸关系将陷入"只经不政"的僵局。而在大陆没有人会接受"永远的政经分离"。

在此背景下，潜藏于文化中的两岸核心价值观的差异和隔阂越来越大③。两岸价值观的冲突既表现为观念、思想的差异，又反映在交往实践中的价值追求行为和选择偏好，表现为台湾民众对中华传统文化的认同感趋弱，而对"台湾主体性"文化的认同感趋强。

二、两岸政治认同危机的化解

在台湾民众的两岸政治认同日趋异化的现阶段，如何破解政治认同的"死结"？中国解决台湾问题的基本框架是"和平统一，一国两制，不承诺放弃对台武力"，即"和平促统，武力遏独"两手策略。和平路径以"和平共处""相

---

① 台湾学者杨开煌认为，"谁与谁"谈的问题是一个伪命题。它在本质上混淆了政治问题与法律问题的性质。在政治协商层面是可以从不确定身份开始去谈，谈出结果再以明确的身份去进行有法律效果的行动。

② 台湾的一些中间人士也认为"提和平协议是画蛇添足，根本没必要"。参见：施明德：台湾共识无法取代九二共识 [N]. 香港：中评网, 2012-03-11.

③ 价值观一般分为核心价值观和外围价值观。核心价值观通常是与人的理想、信念相关联的，它属于深层次的价值观。而外围价值观通常是指那些与人的直接利益相关联的，它属于浅层次的价值观。本书意指核心价值观。

互合作"为理念，谋求通过经济、政治、文化等领域的协商、谈判与合作来减少冲突、创造和平，以实现共同利益。战争路径以军事安全为核心，强调武力威慑是和平的基础，通过"以武制武"来防止利益的流失和确保和平状态的维持。两种解决路径分别产生引导认同和强制认同两种不同的结果。

所谓强制认同是指以军事、经济和科技等方面的强大优势把台湾民众强行纳入认同一个中国的轨道。众所周知，实现两岸的终极统一是中国不可动摇的国家意志。本书认为，中国政府虽然拥有以国家暴力机器进行政治整合的法理基础，但是中国政府并不愿意用武力方式解决台湾问题。这固然有国内外的诸多因素，但关键因素有二：一是对于和平解决台湾问题抱有极大的耐心和信心。两岸同胞是手足兄弟，和平统一是大陆的一贯追求，"只要和平统一还有一线希望，我们就会进行百倍努力"①。中国的发展壮大和国际影响力的持续增强，决定着两岸关系互动的主导权将始终以大陆为主。二是暂时不具备对台采取军事行动的法理条件。《反分裂国家法》规定"非和平方式及其他必要措施"的采取必须是在三种特定的情形下：即"台独"分裂势力以任何名义、任何方式造成台湾从中国分裂出去的事实，或者发生将会导致台湾从中国分裂出去的重大事变，或者和平统一的可能性完全丧失。这意味着，"非和平方式"是一种保留选项，是迫不得已的最后选择。因此，引导认同是我们破题的首选。

所谓引导认同是指以政治、经济、文化等各种手段和措施引导台湾民众以"一个中国"为核心的国家认同、民族认同和文化认同，从而引导台湾民众两岸政治认同的正向变迁。如何引导认同？建构互利共赢的共生界面仍然是具有可操作性的选项。共生理论的哲学核心是"双赢"和"共存"，其所包含的系统、合作、互惠、共存、平等、进化等基本理念对于两岸关系具有良好的兼容性和适用性。

1. 两岸共生关系的"双赢"与"共识"基础

共生关系以"共赢"和"共识"为基本条件。"共赢"是指一体化的收益组合符合帕累托最优，它反映的是共同体形成的必要性。"共识"是指对一体化的预期收益、利益分享模式、运行规则等取得一致认可，它反映的是共同体形成的可行性。两岸具有"共赢"与"共识"基础：

第一，两岸具有共生实体——中华民族。两岸在血缘、宗教、风俗习惯、语言文字、思维方式等方面具有高度一致性。尽管"台独"宣称台湾已经形成

---

① 胡锦涛在看望参加政协会议的民革台盟台联委员时的讲话 [N]. 人民日报，2005-03-05.

了独特的海洋文化，但事实上台湾较好地传承了中国传统的儒、释、道文化，所谓的"台湾文化"是中华文化多元统一的文化共同体中的一个重要成员而已。试想，如果删除那令台湾民族主义者厌恶的"那一小块"的中华文化（从姓氏、语言到习俗），那么，如何描述台湾文化的形态？

第二，两岸经济具有差异性和互补性。差异化和互补性是共生体系形成的必要条件之一。两岸具有资源禀赋的互补性，这是两岸产业合作的动力所在。经济上的互补性，源自经济的差异性。海峡两岸存在经济发展阶段、经济增长速度以及资源配置效率等方面的差异性，从而产生两岸分工协作的可能性。发挥两岸在资金、资源、技术、人才、劳动力、市场、管理等方面的分工合作的可能性，将有利于两岸经济的共同发展。

第三，两岸都有互惠共生的内在要求。需求是共生关系得以进化的推动力量。两岸在经贸往来、文化交流、宗教信仰、打击毒品走私、外来移民等领域都需要相互合作。尤其是发展两岸经贸关系符合双方的现实需求和长远利益。台湾对大陆的投资是大陆外部资金的重要来源，而两岸经济往来更是"为台湾经济注入强心剂"，为台湾进一步融入东亚区域的经济合作中提供了良好机遇。台湾舆论普遍对两岸经贸持正面评价，认为两岸经贸制度化"创造就业、提高薪资、农民受益"，大陆因素在台湾经济振兴规划中占据前所未有的重要地位。

第四，和平是两岸双方最大的共识。和平始终是两岸关系各方最大的公约数、最大的共识。国共军事对峙时期，两岸维持了威慑和平。开放交流后两岸步入了和平发展轨道。自 2007 年中共十七大政治报告正式发出签署和平协议的倡议后，大陆方面始终坚持两岸关系和平发展道路。在台湾，"和平"也是超越统"独"、高于统"独"的"普世价值"，具有深厚的民意基础。所以，两岸虽然在军事上一直互以对方为假想敌，但主观上各方又都以"不战"为底线。

2. 两岸共生界面的有效性不足

自 2008 年马英九执政以来，两岸关系取得重大进展。两岸"三通"、签署 ECFA、"外交休兵"、习马会等一系列重大成果昭示了两岸命运共同体的潜力。然而，两岸关系的发展受到诸多因素制约，导致两岸共生界面的有效性不足，阻碍了两岸共生能量的进一步生成。

第一，共生界面单一。两岸经济交流与合作是两岸关系的重心，也是两岸共生界面中最有活力的因素。经过 30 年的经贸往来，两岸经济的依存关系日益紧密，尤其是两岸经济框架协议的签署标志着两岸经济关系由功能性步入制度化轨道，两岸经济共生界面已经清晰；两岸社会领域的交流是两岸关系的重要突破口，是两岸建立生活共同体的重要途径。30 年来，两岸人员往来十分密切，规模庞大，形式多样。除了经贸、文化交流，还有探亲、定居、通婚、旅游等多种形式。两岸政党、工会、青年、妇女等社会团体组织的互动也明显增多。入岛交流深化更是两岸社会交流不断突破的重要指标。不过，两岸社会交流还缺乏有效机制和平台。两岸文化交流明显滞后于两岸经贸交流，大多数领域目前还远没有实现常态化、更谈不上制度化。两岸文化的差异性和文化交流的政治色彩是文化交流制度化最大障碍；至于政治、军事、安全领域是两岸关系中暂且搁置的难题，除了国共曾经达成过"九二共识"之外，两岸立场南辕北辙，几乎没有交集。由此可见，两岸目前的共生界面主要为经济界面，社会共生和文化共生界面尚在建构中，共生界面单一是影响界面功能的重要因素。

第二，共生界面不稳定。共生系统不是一蹴而就的，而是不断演化而成的。从行为方式看，计有寄生关系、偏利关系、不对称互惠共生关系、对称互惠关系四种模式。与此相对应有四种组织模式，即点共生——间歇共生——连续共生——一体共生。对称互惠共生条件下的一体化共生是共生关系的高级形式。从两岸关系的基本状态看，两岸共生系统的组织化程度很低，两岸共生能量分配不对称。两岸开放交流以来，两岸共生关系随共生环境的变化而变化。而共生界面是共生环境形成的内在基础，共生环境则是共生界面的外在表现，共生界面的稳定性是共生单元间稳定性和共生效率的保证。两岸共生界面的不稳定性既体现在它不断向互惠互利一体化界面的进化，也体现在它进化的缓慢甚至倒退。前者符合共生系统的进化规律，后者主要源于政治障碍。两岸政治僵局导致两岸经贸、文化、社会交往都烙有浓重的政治色彩。经贸关系政治化的结果是台湾当局的大陆经贸政策多次反复，"不对称依赖产生权力"的思想束缚着两岸经贸关系的进一步发展。文化交往的政治功能导致台湾坚持"台湾文化"的主体性、优越性和两岸文化的差异性，为两岸形成新的文化共识构筑壁垒。社会交往同样受到政治力的干扰，呈现出区域性、基层性、短期性、不对称性等特征，加之社会资本力量薄弱，缺乏自主突破能力，随着两岸关系的降温，社会交往必然出现剧烈波动。

第三，共生界面的进化和优化阻力重重。两岸共生界面结构的优化和进化存在较大的阻力，从而产生高昂的共生成本，最终影响共生界面功能的发挥。以下消极因素不容忽视：一是两岸经济发展的差异性将导致两岸经济互动的不确定性。分享收益是利益共同体产生和存在的目的，所以收益状况是影响共赢和共识的最基本因素。在两岸区际经贸合作不断发展的同时，两岸经济体的经济结构、发展水准、开放程度与关税作用等生产要素互补、互动的不平衡、不对称性越发明显，两岸产品在国内市场和国际市场开始面临竞争性问题。预期收益的下降，利益平衡和协调的难度加大，将影响两岸合作意愿。二是两岸政治关系的起伏将加剧两岸经济、社会、文化关系的波动。从两岸经贸发展的历程看，政治因素在两岸经济合作模式发展中起关键作用。1987 年台湾当局废除"戒严令"，两岸经济合作化暗为明。1992 年两岸达成"九二共识"，两岸经济合作出现第一次飞跃，两岸贸易从"小额贸易"发展为转口贸易，两岸产业合作从垂直分工转向水平分工。1996 年李登辉推行"戒急用忍"政策，两岸经济合作一度滞缓。2000 年前后，在工商团体的推动下，台湾当局转而采取"有限开放"政策，促使两岸合作快速增长，合作模式日趋多样化。陈水扁执政时期抛出"一边一国"论，加快推行"台独"路线，两岸经济合作再起波澜。2008年国民党重新执政，松绑两岸政策，推动两岸经济合作制度化，两岸经济合作的组织模式和行为模式均有大幅提升。由此可见，两岸政治关系是否稳定直接影响两岸经济、文化、社会关系能否深化发展。问题在于，2016 年民进党上台执政后，拒不承认"九二共识"，两岸缺乏交流合作的政治共识基础，而岛内承认"九二共识"的政治力量已被严重削弱，共生系统的演化方向堪忧。三是台湾内部复杂的政治经济生态加大了构建合作界面的成本。两岸之间经过四百年的疏离、一百年的隔绝、四十年的对抗，给台湾民众的两岸关系认知造成了很大困惑，也形成了台湾独特的政治经济生态。台湾社会的统"独"分裂、阶层分化加大了两岸沟通成本（增大收益预期所需要支付的成本）和岛内补偿成本（平衡既得利益和控制差距的成本）。台湾内部围绕是否签订 ECFA 所展开的激烈杯葛以及青年学生的"反服贸运动"都是例证。民进党执政后两岸经贸活动自由化和经济一体化进程有搁浅风险。

3. 建构和优化两岸共生界面

良好的共生界面是共生系统实现互利共生、达到共生能量正值的基础。因此，共生界面的构造和优化是未来两岸共生系统建立和进化的直接推动力。那么，如何建立有效的两岸共生界面？从政治、经济、文化、社会等多方面全面入手是最佳选择，但现实操作性不大，因为两岸共生界面有其丰富的程度不同的阶段性内容形态，这些形态需要相应的条件方能形成。众所周知，两岸关系的核心问题是政治议题，它包括对于"中华民国"的政治定位、对于台湾当局的"国际活动空间"、对于要求大陆放弃使用武力以及因制度差异形成的意识形态对抗等焦点问题，围绕上述政治性议题两岸存在结构性矛盾。对此，两岸开放交流后达成的共识是"搁置争议"。"搁置争议"不仅说明存在争议，而且说明目前找不到解决争议的好办法，两者的重叠面很小。同时，岛内出现了形形色色的分离、分裂主张，从"一个中国两个对等政治实体""一个中华民国""特殊的两国关系"到"主权独立的中华民国"和"台湾独立建国"等，与大陆对于台湾的政治定位越来越背道而驰。因此，经贸、文化和社会领域是现有条件下具有实践意义的介入点。

第一，深化两岸经贸合作机制，建构两岸共同性共生关系。全球化时代的文化精神和哲学观念就是"共在"和"共生"。"共生"是人类的一种新的生存选择，昭示了人类最文明、最具现代意味的合作关系和生存与生活方式。共生关系的核心是在交往中如何分配权益，互惠互利是共生关系进化的基本法则，对称性一体化共生关系最具稳定性。有观点认为，两岸政经背离的现象已经说明"以经促统"的效果不明显，大陆应该尽快转变经济手段促统模式。本书认为新自由主义理论对于两岸关系仍然具有解释力，物质利益的驱动机制在两岸关系中仍然扮演关键角色。那么，在两岸经济合作进程受到干扰（既有岛内因素又有国际因素）的不利局面下，如何构建两岸共同性共生界面？一要坚定"以经促统"策略的信心和决心。经济上，大陆"经济引擎"的地位和两岸经济的依存度决定了"以经促政"战略是大陆拓展影响力的主要途径，不能因为"以经促政"的短期效果否定其长期效应。道义上，维护和平稳定的国际环境与发扬和合共生的中华文化传统使得"以经促政"战略能够为两岸最终统一赢得政治和道义上的主动权。民意上，和平策略符合两岸民众和平发展的共同愿望。二要持续提升两岸经贸制度化水平。在两岸服贸协议迟迟不能落实、双方沟通日益滞阻的情况下，拓展功能性合作机制是夯实两岸经济合作制度化基础的可行之道。诸如，拓展对口合作模式（它以两岸相关单位对口链结为特征，包括市对市、县对县、乡对乡、社区对社区、学校对学校、科研单位对科研单位等，通过签订一定的协议展开双向交流）、深化两岸经贸论坛和峰会、引导台湾行业公会设置大陆办事处等。三要协调两岸经济体之经贸竞争态势。随着两岸经济实力对比的消长和经济结构的演变，两岸经济体在相互依存的发展过程中呈现出高度的不对称性和竞争性态势，这种态势在大陆市场和国际市场同时存在。这不仅影响了两岸经济关系的和谐发展，而且波及两岸政治关系方面。因此，需要两岸公权力根据实际情况，以产业合作机制等方式加以预防和解决。

第二，推动签署两岸文化交流协议，构建两岸竞争性共生关系。两岸文化交流既是两岸民众情感沟通和心灵对话的重要平台，也是两岸在中华传统文化基础上形塑新的文化认同的重要纽带。但从两岸交流的实际情况看，文化交流明显滞后于经贸交流，呈现出短期、零散、粗放、无序等特点。这涉及两岸文化交流的一个重要问题，即机制化问题。目前两岸文化交流虽然频繁，但是由于没有建立可以运作的机制，使得两岸文化交流上升为文化合作缺乏制度保障。其根本原因在于，两岸对于文化交流的认知和立场有很大差异。祖国大陆近年来注重文化交流的融合功能，希望通过文化交流增进理解、化解分歧，最终形成对于两岸关系发展前景的一致看法。台湾当局希望将文化交流局限在"纯文化"领域，一些绿营势力甚至将文化交流污名化，把它与"统战"直接挂钩。面对两岸文化交流的瓶颈和障碍，本书认为可以借鉴建构主义的认同理论和欧盟形成的国际经验，推动建立两岸文化交流机制，构建两岸竞争性共生关系。一是树立"价值认异"理念，理解和尊重对方的价值选择。"共生"不等同于"共同"。"共同"意含当事者具有某些相同的价值、规范和目标。而"共生"则是以异质性为前提，正是由于当事者在价值、规范、目标方面有所差异才能够建立起"相互生存"的关系[①]。在全球化时代，价值分化构成价值认同的时代语境，台湾岛内也因此形成了建立在不同价值认识和价值理解基础上的多元文化格局，从而形成复杂敏感的国家认同问题。因此，两岸的价值共识应该包含价值认同和价值认异两种情况。价值认异是指两岸在市场经济、民主政治、多元社会等方面存在客观差异的情况下，相互理解和尊重对方的价值选择，亦即承认对方的价值观念及其合理性。与价值认同最大的区别在于，它追求"和而不同"，即承认和允许多种价值观的存在，互不干涉、和谐共处。二是传承中华优秀传统文化，凝聚中华民族共识。文化是民族的精神家园，是民族薪火相传、生生不息的不竭动力和源泉。中华文化是台湾多元文化的核心，也是两岸的脐带，这个观点无须大道理加以说明，台湾民众的生活形态和台湾当局极力推动"去中国化"运动就说明一切。中华文化所特有的理想信仰、精神追求、价值取向、思维方式和行为方式等是两岸形成基本类同的价值观和历史观的基础。在中华优秀文化传统基础上推动两岸文化交流与合作有利于缩小差距，凝聚共识。三是发展和创新中华文化，增强文化自信。我们承认两岸在制度文化和精神文化领域存在客观差异，台湾在传承中华文化和吸取外来文化两个方面具有一定优势。但是，中华文化是我国的主流文化形态之一，是最深厚的软实力。随着现代生产、生活方式的变迁，仁义礼智信等传统中华文化也与现代社会良性结

---

① ［日］尾关周二.共生的理想 [M].卞崇道译.北京：中央编译出版社，1995.

合，不断推陈出新。40年改革开放的成就以及对公平正义价值的追求使得大陆正在形成独特的话语体系和核心价值。

第三，巩固两岸社会双向互动局面，深化两岸社会互信。理论上，两岸语言、文化具有高度近似性，尤其是文化的载体——生活方式基本相同，加之地缘相近，两岸民众具有交流与互动的便利条件。伴随着互动范围的扩大、往来人员数量和质量的提高，两岸可能造成"边界模糊化"或"边界消失"的现象，这有利于形成两岸社会命运共同体。因此，两岸社会交流是两岸各领域交流交往的突破口，在两岸关系错综复杂的发展历程中占有极其重要的地位。从两岸交流的脉络看，由于政治因素干扰，两岸人员往来越来越复杂化是一个不可逆转的事实，但是，两岸人员往来将更加频密也是大势所趋，这意味着两岸社会交流正常化、制度化也是可以期待的发展逻辑。那么，在民进党利用执政资源优势和政策优势牵制两岸社会交流交往的情形下，如何实现两岸社会交流的正常化和制度化？其一，坚持做好台湾人民工作的方针，分阶段、分步骤推进两岸社会关系正常化。台湾同胞是发展两岸关系，实现祖国和平统一的重要力量，两岸民众交流交往是两岸消除误解、化解敌意、增进情感、建立互信的必由路径。因此，坚持做好台湾人民的工作，是中央长期坚持一以贯之的方针。民进党再次执政后，两岸政治互信和安全互信预料短期内难以重建，在此背景下，巩固、深化两岸社会互信就显得十分重要。只有民间不断交流，各行各业不断沟通，才有可能为两岸关系创造一个更好的共同发展的民意基础，而且这个民意基础反过头来也会冲击到民进党的两岸政策，进而推动两岸社会交往的法规上的正常化，这是两岸社会交往制度化的第一步。其二，维护两岸社会交往成果，巩固"民间先行、政府支持"交往模式。两岸社会交流作为两岸交往的一种形式，它涵盖与两岸经济、文教等交流有关的人员往来以及短期探亲、长期定居、两岸同胞通婚、两岸民众旅游、两岸社会团体组织（政党、工青妇等）互动等领域的交流交往。40年来两岸社会交往成果显著，两岸民众往来的身份、事由、方式等出现了结构性的"质"的变化，两岸同胞通婚形成一定规模，两岸政党交流实现历史性突破，两岸城市交流成为增进两岸民众交流交往的重要方式和平台。仅就认知层面的影响而言，两岸社会交往化解了部分刻板印象，加深了对彼此更直观的感受。它让台湾民众看到了大陆的经济发展，让大陆民众看到了台湾的乱中有序。两岸社会交往的成果来之不易，需要珍惜和维护。两岸社会交往模式的效率取决于制度供给和制度保障，大陆方面在推出免签注制度和电子台胞证等基础上，应继续推出一系列方便两岸民众交流交往的政策措施。其三，着力做好"两岸族"的工作，务实推动两岸各阶层的交流。延长人际信赖关系，是建构两岸社会互信的根本。对此，"两岸族"将发挥融合两岸社会的独特的作用。这里的"两岸族"不仅指代由台商、台干、台生、台眷构成的台湾同胞群体，也包括正在形成的陆生、陆商、陆干、陆眷等大陆同胞群体。一方面，我们需要完善台湾同胞待遇政策措施，为台湾居民在大陆工作、学习、生活提供更多便利。另一方面，要继续推动两岸双向交流，争取更多陆生、陆商、陆干、陆眷等融入台湾社会生活。

附　录

附录一　1991—2008 年有关台湾民众对"一国两制"模式看法的民调情况表

序号	调查时间	赞成接受	不赞成不接受	无意见拒答	调查单位	委托单位	调查对象	样本数
1	1991 年 1月	7.7%	74.1%	18.3%	中华征信所	台湾陆委会	台湾地区民众	1067
2	1991 年 8月	8.0%	53.0%	39.0%	联合报		台湾地区民众	879
3	1992 年 6月	4.4%	68.5%	27.1%	台湾政治大学选举中心		台湾陆委会	
4	1993 年 1月	9.1%	78.9%	12.0%	中华征信所	台湾陆委会	台湾地区民众	1067
5	1993 年 8月	5.2%	80.3%	14.1%	柏克市场调查公司	台湾陆委会	台湾地区民众	1067
6	1993 年 9月	6.1%	68.8%	24.9%	中国时报		台湾地区民众	750
7	1993 年 10月	4.7%	78.8%	16.5%	中华征信所	台湾陆委会	台湾地区民众	1067
8	1993 年 10月	3.3%	91.7%	5.1%	柏克市场调查公司	台湾陆委会	国民党"十四全"党代表	516
9	1994 年 2月	4.1%	73.8%	22.2%	台湾政治大学选举中心	台湾陆委会	台湾地区民众	1600
10	1995 年 3月	7.8%	84.5%	7.7%	中华征信所	台湾陆委会	台湾地区民众	1067
11	1995 年 7月	3.5%	77.7%	18.7%	台湾政治大学选举中心	台湾陆委会	台湾地区民众	1621

序号	调查时间	赞成接受	不赞成不接受	无意见拒答	调查单位	委托单位	调查对象	样本数
12	1996 年 3 月	3.9%	71.5%	24.6%	民进党		台湾地区民众	1125
13	1996 年 12 月	14.0%	54.0%	32.0%	联合报		台湾地区民众	1189
14	1997 年 2 月	6.2%	74.5%	19.3%	台湾政治大学选举中心	台湾陆委会	台湾地区民众	1610
15	1997 年 5 月	12.9%	60.9%	26.2%	世新传播学院民调中心	韩国瑜"立委"办公室	台湾地区民众	1084
16	1997 年 7 月	21.0%	62.0%	17.0%	联合报		台湾地区民众	949
17	1998 年 4 月	8.5%	81.2%	10.3%	柏克市场调查公司	台湾陆委会	台湾地区民众	1067
18	1998 年 5 月	9.9%	76.7%	13.4%	中山大学民意调查研究中心	台湾陆委会	台湾地区民众	1122
19	1998 年 7 月	19.0%	59.0%	21.0%	联合报		台湾地区民众	938
20	1998 年 9 月	6.3%	73.0%	20.7%	中正政治系民调组	台湾陆委会	台湾地区民众	1078
21	1998 年 10 月	8.7%	76.4%	14.9%	中正政治系民调组	台湾陆委会	台湾地区民众	1107
22	1999 年 3 月	9.1%	72.9%	18.0%	中正政治系民调组	台湾陆委会	台湾地区民众	1067
23	1999 年 4 月	17.6%	64.9%		联合报		台湾地区民众	1189
24	1999 年 5 月	4.0%	77.5%	18.5%	台湾政治大学选举研究中心	台湾陆委会	台湾地区民众	3343
25	1999 年 6 月	16.6%	67.6%	15.8%	空中大学公共行政学系		台湾地区民众	1024
26	1999 年 7 月	25.4%	54.1%	20.5%	联合报		台湾地区民众	995

序号	调查时间	赞成接受	不赞成不接受	无意见拒答	调查单位	委托单位	调查对象	样本数
27	1999年8月	10.4%	87.2%	2.3%	中华征信所	台湾陆委会	台湾地区民众	1067
28	1999年9月	20.4%	58.1%	21.5%	联合报		台湾地区民众	1065
29	1999年10月	8.5%	75.0%	16.5%	中正大学民意调查研究中心	台湾陆委会	台湾地区民众	1119
30	1999年12月	13.0%	59.0%	28.0%	中国时报		台湾地区民众	811
31	2000年2月	9.8%	78.8%	11.4%	柏克市场调查公司	台湾陆委会	台湾地区民众	1067
32	2000年4月	9.3%	74.3%	16.4%	台湾政治大学选举研究中心	台湾陆委会	台湾地区民众	1085
33	2000年5月	12.2%	83.7%	4.1%	中华征信所	台湾陆委会	台湾地区民众	1067
34	2001年3月	16.1%	73.9%	10.0%	中山大学民意调查研究中心	台湾陆委会	台湾地区民众	1077
35	2001年4月	17.8%	59.8%	22.4%	台湾政治大学选举研究中心	中国国民党文化传播委员会	台湾地区民众	1080
36	2001年6月	31.0%	46.0%		TVBS民意调查中心		台湾地区民众	940
37	2001年6月	10.6%	75.2%		台湾政治大学选举研究中心	"外交部"	台湾地区民众	1069
38	2001年6月	29.0%	57.0%	14.0%	联合报民意调查中心		台湾地区民众	746
39	2001年6月	33.0%	51.0%		联合报民意调查中心		台湾地区民众	1035

序号	调查时间	赞成接受	不赞成不接受	无意见拒答	调查单位	委托单位	调查对象	样本数
40	2001 年 7 月	13.3%	70.4%		中正大学民意调查研究中心	台湾陆委会	台湾地区民众	1100
41	2001 年 7 月	47.5%	39.4%	13.1%	民意调查基金会		台湾地区民众	1000
42	2001 年 8 月	27.8%	56.9%	15.3%	劲报与中天电视民调中心		台湾地区民众	1046
43	2001 年 10 月	32.5%	61.1%		open 杂志		台湾地区民众	
44	2001 年 10 月	20.0%	60.0%	20.0%	劲报与中天新闻民调中心		台湾地区民众	705
45	2001 年 10 月	28.0%	54.9%	17.1%	盖洛普民调公司	三立电视台	台湾地区民众	1120
46	2001 年 11 月	8.6%	72.1%	19.3%	台湾政治大学选举研究中心	"外交部"	台湾地区民众	1076
47	2002 年 2 月	9.4%	70.7%	20.0%	台湾政治大学选举研究中心	台湾陆委会	台湾地区民众	1081
48	2002 年 3 月	37.2%	37.5%		大专教师协会	大专教师协会	台湾地区民众	1083
49	2002 年 3 月	10.4%	69.9%	19.6%	台湾政治大学选举研究中心	台湾陆委会	台湾地区民众	1091
50	2002 年 3 月	32.6%	44.1%	23.3%	国民党中央委员会政策研究部		台湾地区民众	1067
51	2002 年 3 月	10.8%	70.2%	19.0%	台湾政治大学选举研究中心	台湾陆委会	台湾地区民众	1091

序号	调查时间	赞成接受	不赞成不接受	无意见拒答	调查单位	委托单位	调查对象	样本数
52	2002 年 3 月	24.0%	57.0%		联合报民意调查中心		台湾地区民众	855
53	2002 年 3 月	9.1%	72.5%	18.4%	e 社会信息管理有限公司	台湾陆委会	台湾地区民众	1076
54	2003 年 1 月	35.0%	52.0%	13.0%	TVBS 民意调查中心		台湾地区民众	1023
55	2003 年 5 月	10.3%	72.6%	17.0%	台湾政治大学选举研究中心	台湾陆委会	台湾地区民众	1082
56	2003 年 8 月	8.3%	74.9%	16.7%	台湾政治大学选举研究中心	台湾陆委会	台湾地区民众	1149
57	2003 年 10 月	17.0%	71.4%		联合报系民意调查中心		台湾地区民众	1171
58	2003 年 11 月	7.4%	71.4%	21.2%	台湾政治大学选举研究中心	台湾陆委会	台湾地区民众	1100
59	2004 年 3 月	11.8%	80.7%	7.5%	柏克市场研究顾问有限公司	"国策研究院"	台湾地区民众	1067
60	2004 年 4 月	8.3%	80.8%	10.8%	台湾政治大学选举研究中心	台湾陆委会	台湾地区民众	1083
61	2004 年 7 月	9.4%	73.6%	17.0%	台湾政治大学选举研究中心	台湾陆委会	台湾地区民众	1153
62	2004 年 9 月	12.7%	81.4%	5.9%	柏克市场研究顾问有限公司	台湾陆委会	台湾地区民众	1067
63	2004 年 12 月	12.9%	75.4%	11.7%	柏克市场研究顾问有限公司	台湾陆委会	台湾地区民众	1067

序号	调查时间	赞成接受	不赞成不接受	无意见拒答	调查单位	委托单位	调查对象	样本数
64	2005 年 5 月	10.9%	70.8%	18.3%	台湾政治大学选举研究中心	台湾陆委会	台湾地区民众	1084
65	2005 年 8 月	11.4%	72.6%	16.0%	台湾政治大学选举研究中心	台湾陆委会	台湾地区民众	1096
66	2005 年 11 月	10.4%	78.3%	11.3%	台湾政治大学选举研究中心	台湾陆委会	台湾地区民众	1102
67	2006 年 3 月	10.0%	75.4%	14.6%	台湾政治大学选举研究中心	台湾陆委会	台湾地区 20 岁以上民众	1088
68	2006 年 3 月	13.3%	76.3%	10.4%	台湾政治大学选举研究中心	台湾陆委会	台湾地区 20 岁以上民众	1068
69	2006 年 9 月	14.6%	73.0%	12.4%	台湾政治大学选举研究中心	台湾陆委会	台湾地区 20 岁以上民众	1073
70	2007 年 12 月	12.8%	72.2	14.9%	台湾政治大学选举研究中心	台湾陆委会	台湾地区 20 岁以上民众	1072
71	2007 年 4 月	21%	53%	26%	TVBS 民调中心		台湾地区 20 岁以上民众	953
72	2007 年 6 月	23%	55%	21%	TVBS 民调中心		台湾地区 20 岁以上民众	953
73	2007 年 8 月	14.8%	67.8%	17.4%	台湾政治大学选举研究中心	台湾陆委会	台湾地区 20 岁以上民众	1095
74	2007 年 12 月	17.6%	71.2%	11.2%	柏克市场研究顾问有限公司	台湾陆委会	台闽地区 20 岁至 60 岁民众	1067

序号	调查时间	赞成接受	不赞成不接受	无意见拒答	调查单位	委托单位	调查对象	样本数
75	2008 年 3 月	13.2%	81.7%	5.1%		征信所股份有限公司		
76	2008 年 3 月	7.9%	88.3%	3.8%	民进党民调中心		台湾地区 20 岁以上民众	
77	2008 年 8 月	8.1%	81.8%	10.1%	台湾政治大学选举研究中心	台湾陆委会	台湾地区 20 岁以上民众	1094

注：1. 数据来源：台湾陆委会、邵宗海."一国两制"在台湾存在发展空间的探讨——对 1991—2008 年台湾社会"一国两制"民调的解读 [J]. 台湾研究集刊，2014（4）：22—23。

2. 台湾陆委会在 2008 年之后所委托的民调中，不再有"一国两制"的问题出现。

3.12、13、15、71 四项调查的提问是"可行 / 不可行"。

附录二　台湾出台的涉及大陆的文教相关规定一览表

时间	台湾出台的涉及大陆的文教相关规定
1991-03-19	"参加国际会议及活动人员应注意事项"
1996-08-13	"台湾地区对大陆地区捐赠奖助学金审查要点"
1997-10-22	"大陆地区学历检核及采认办法"
2008-10-24	"各级学校与大陆地区学校缔结联盟或为书面约定之合作行为审查要点"
2009-06-09	"行政院大陆委员会补助大陆地区台商学校作业要点"
2010-01-15	"大陆地区台商学校设立及辅导办法"
2010-03-24	"大陆地区出版品电影片录像节目广播电视节目进入台湾地区或在台湾地区发行销售制作播映展览观摩许可办法"
2010-08-02	"大陆地区古物运入台湾地区公开陈列展览许可办法"
2012-03-26	"大陆地区主创人员及技术人员来台参与合拍电视戏剧节目审核处理原则"
2012-05-15	"大陆地区出版品电影片录像节目广播电视节目进入台湾地区或在台湾地区发行销售制作播映展览观摩许可办法"
2013-04-30	"大陆地区学历采认办法"

时间	台湾出台的涉及大陆的文教相关规定
2013-12-26	"政府机关（构）接受大陆地区新闻人员采访注意事项"
2013-12-31	"大陆地区新闻人员进入台湾地区采访注意事项"
2015-12-09	"大陆地区电影主创人员来台参与国产电影片制作审核处理原则"
2015-12-29	"大陆地区人民来台就读专科以上学校办法"
2016-07-11	"大陆地区教育专业人士及学生来台从事教育活动审查要点"
2016-08-15	"各级学校与大陆地区学校缔结联盟或为书面约定之合作行为审查要点"
2016-10-06	"大陆地区台商学校设立及辅导办法"

附录三　2005—2016 年大陆与蓝营政党互动情况一览表

时间	地点	简称	主要内容	备注
2005-03-28	江苏、广东	江丙坤访陆	国台办与国民党参访团取得 12 项初步成果	缅怀之旅
2005-04-29	北京	首次胡连会	达成《两岸和平发展共同愿景》	破冰之旅
2005-07-17	北京/台北	胡马互电	胡锦涛贺马英九当选国民党主席，马复电致谢	
2006-04-16	北京	第二次胡连会	胡锦涛提出促进两岸关系和平发展 4 点建议	寻亲之旅
2007-04-07	北京/台北	胡吴互电	胡锦涛贺吴伯雄当选国民党主席，吴复电致谢	
2007-04-28	北京	第三次胡连会	胡锦涛希望两党互办论坛取得丰硕成果	
2008-04-12	海南博鳌	胡萧会见	胡锦涛提出 "4 个继续"	融冰之旅
2008-04-29	北京	第四次胡连会	胡锦涛提出 "建立互信、搁置争议、求同存异、共创双赢" 的 16 字方针	
2008-05-28	北京	首次胡吴会	胡锦涛希望两党应共同把握好和用好难得的历史机遇，吴伯雄希望两岸善意互动	雨过天晴之旅

时间	地点	简称	主要内容	备注
2008-06-13	北京	胡江会见	胡锦涛希望两会平等协商善意沟通积累共识务实进取,江丙坤称两会协议为两岸交流写历史新页	
2008-08-08	北京	胡锦涛会见连战、吴伯雄、宋楚瑜	胡锦涛欢迎连、吴、宋参加奥运会开幕式,感谢帮助汶川赈灾,希望保持和平发展好势头,开创新局	
2008-11-21	利马	第五次胡连会	胡锦涛表示愿同台胞携手共度国际金融危机难关	
2009-05-26	北京	第二次胡吴会	胡锦涛就在新的起点上继续推动两岸关系向前发展提出了6点意见	双赢之旅
2010-04-30	上海	胡首次同见连、吴、宋、郁	连战传达台方正在准备商签 ECFA 的工作、吴伯雄建议开放陆客台湾自由行	搭桥之旅
2013-06-13	北京	习吴会见	习近平提出发展两岸关系的4点意见	
2013-07-20	北京 / 台北	习马互电	习近平贺马英九再度当选国民党主席,马复电致谢	
2013-10-06	印度尼西亚	习萧会见	坚持走两岸关系和平发展道路,倡导"两岸一家亲"的理念,共同促进中华民族伟大复兴	出席 APEC 第 21 次领导人非正式会议
2014-02-18	北京	习连会见	中国梦与台湾的前途息息相关,中国梦是两岸同胞共同的梦,需要大家一起来圆梦	
2014-04-10	海南	李萧会见	两岸关系和平发展的大好局面来之不易,两岸都要倍加珍惜	博鳌亚洲论坛 2014 年年会
2014-05-07	北京	习宋会见	两岸关系和平发展是两岸同胞顺应历史潮流做出的共同选择	率团来访
2014-11-09	北京	习萧会见	珍惜两岸关系和平发展成果的最好方式是继续推动两岸关系向前发展	出席 APEC 工商领导人峰会
2015-01-17	北京 / 台北	习朱互电	习近平贺朱立伦当选国民党主席,朱复电致谢	

时间	地点	简称	主要内容	备注
2015-05-04	北京	习朱会见	对国共两党携手建设两岸命运共同体的 5 点主张	
2015-11-07	新加坡	习马会	就进一步推进两岸关系和平发展交换意见。共同实现中华民族伟大复兴提出 4 点意见。	
2016-03-24	海南	李萧会见	我们的对台大政方针是明确的、一贯的，不会因台湾政局的变化而改变。	博鳌亚洲论坛 2016 年年会
2016-03-26	北京 / 台北	习洪互电	习近平贺洪秀柱当选国民党主席，洪复电致谢	
2016-11-01	北京	习洪会	就两岸关系发展提出 6 点意见	

附录四　大陆省部级正职官员率团访台一览表

时间	省份	领队	职务	活动主题	邀请单位
2009.5.21—5.27	广西	马飙	自治区主席	2009 桂台经贸合作论坛	台北市进出口公会
2009.11.9—11.14	江苏	梁保华	省委书记	2009 台湾江苏周	国民党中央委员会
2009.12.14—21	河南	徐光春	人大主任	中原文化宝岛行	国民党中央委员会
2010.4.6—9	上海	韩正	市长	2010 双城论坛	台北市政府
2010.4.19—26	湖北	罗清泉	省委书记	2010 台湾湖北周	国民党中央委员会
2010.5.5—10	福建	黄小晶	省长	两岸合作与发展—闽台先行先试论坛	中国国民党国政研究基金会
2010.5.23—28	四川	刘奇葆	省委书记	天府四川宝岛行	国民党中央委员会
2010.6.9—16	浙江	吕祖善	省长	2010 浙江—台湾经贸与文化合作交流活动	台湾工业总会
2010.7.1—5	广西	郭声琨	自治区书记	2010 年桂台经贸文化合作论坛	国民党中央委员会

时间	省份	领队	职务	活动主题	邀请单位
2010.8.16—22	广东	黄华华	省长	2010 台湾广东周	台湾外贸协会
2010.9.13—18	陕西	赵正永	代省长	2010 台湾陕西周	台湾外贸协会
2011.2.15—21	辽宁	陈政高	省长	关东风情宝岛行	台湾工业总会
2011.4.18—25	安徽	王三运	省长	铭传亲缘宝岛行	台湾外贸协会
2011.4.23—30	广西	马飚	自治区主席	交流合作花莲行	台湾工业总会
2011.5.21—27	四川	蒋巨峰	省长	2010 台湾四川活动周	台北世贸中心
2011.5.26—6.1	浙江	赵洪祝	省委书记	浙江文化宝岛行	国民党中央委员会
2011.6.16—23	河南	郭庚茂	省长	中原经济区合作之旅一走进台湾	台北世贸中心
2011.7.11—16	山东	姜大明	省长	鲁台经贸文化论坛	台北世贸中心
2012.2.16—21	北京	郭金龙	市长	2012 年北京文化周	中国国民党国政研究基金会
2012.3.24—29	福建	苏树林	省长	平潭综合实验区座谈会	台北世贸中心
2012.4.1—7	四川	陶武先	政协主席	三星堆金沙遗迹秘宝展	台湾新光三越文教基金会
2012.5.7—14	湖北	王国生	省长	2012 台湾湖北周	台湾工业总会
2012.6.11—17	湖南	徐守盛	省长	第八届湘台经贸交流合作会	台湾工业总会
2012.7.8—13	天津	黄兴国	市长	会朋友、走亲戚、敬妈祖、谈合作	台湾工业总会
2012.7.24—29	广西	陈际瓦	政协主席	2012 桂台经贸文化合作论坛	台湾工业总会
2012.8.20—25	江西	鹿心社	省长	台湾江西活动周	台湾工业总会
2013.4.22—26	广西	彭清华	自治区书记	2013 桂台经贸文化合作论坛	国民党中央委员会
2013.5.13—19	贵州	陈敏尔	省长	多彩贵州推介会	台湾工业总会
2013.5.27—6.2	湖北	李鸿忠	省委书记	荆楚风两岸情——2013湖北宝岛文化交流之旅	国民党中央委员会
2013.9.17—23	云南	秦光荣	省委书记	七彩云南宝岛行	国民党中央委员会

时间	省份	领队	职务	活动主题	邀请单位
2013.10.28—11.1	山东	郭树清	省长	2013 台湾山东周	台湾贸易中心
2013.11.25—30	内蒙古	巴特尔	自治区主席	草原情·宝岛行	台湾贸易中心
2014.4.28—5.2	贵州	赵克志	省委书记	黔台经贸交流论坛	国民党中央委员会
2014.5.6—12	安徽	张宝顺	省委书记	皖台经贸文化论坛	国民党中央委员会
2014.5.26—30	江苏	李学勇	省长	2014 台湾江苏周	台湾工业总会
2014.6.10—16	河南	谢伏瞻	省长	中原情一家亲	台湾工业总会
2014.7.7—11	福建	尤权	省委书记	走亲访友、合作交流、共同发展	国民党中央委员会
2014.7.21—26	江西	强卫	省委书记	两岸（江西）经贸文化合作交流活动周	国民党中央委员会
2014.9.17—22	湖南	杜家毫	省长	湖南·两岸中小企业论坛	台湾工业总会

附录五　1987—2016 年两岸人员往来与交流统计一览表

单位：人次；%

年份	台胞来大陆	增长率	大陆居民赴台	增长率	赴台交流项目	增长率	赴台交流人数	增长率
1987 年	46679	—	—	—	—	—	—	—
1988 年	446000	863.8	8545	—	—	—	—	—
1989 年	551800	20.4	—	—	13	—	13	—
1990 年	890500	66.8	—	—	13	—	13	—
1991 年	946632	4.8	9005	—	18	38.5	27	107.7
1992 年	1317770	39.2	10904	21.1	155	761.1	920	3307
1993 年	1526969	15.9	14615	34	507	227.1	3309	259.7
1994 年	1390215	−9	17583	20.3	563	11	3396	2.6
1995 年	1532309	10.2	42180	139.9	787	39.8	5210	53.4

年份	台胞来大陆	增长率	大陆居民赴台	增长率	赴台交流项目	增长率	赴台交流人数	增长率
1996 年	1733897	13.2	65205	54.6	971	23.4	5592	7.3
1997 年	2117576	22.1	56570	−13.2	1257	29.5	8707	55.7
1998 年	2174602	3.7	78423	38.6	1746	38.9	11462	31.6
1999 年	2584648	18.9	103977	32.6	1816	4	13554	18.3
2000 年	3108643	20.3	102933	−1	1787	−1.6	13623	0.5
2001 年	3440306	10.7	122198	18.7	2915	63.1	24719	81.5
2002 年	3660565	6.4	138981	13.7	4384	50.4	38259	54.8
2003 年	2730891	−25.4	124616	−10.3	2847	−35.1	24480	−36
2004 年	3685250	34.9	144526	14.2	4475	57.18	30728	25.52
2005 年	4109188	11.45	159938	10.58	5902	31.89	33421	8.76
2006 年	4413238	7.4	207650	29.8	7243	22.7	40981	26.4
2007 年	4627881	4.86	229877	10.7	7471	3.15	41766	1.92
2008 年	4367594	−5.6	278712	21.2	8393	12.34	46832	12.13
2009 年	4483865	2.66	935505	235.7	13243	57.79	103300	120.6
2010 年	5140554	14.65	1661877	77.64	19089	44.14	146729	42.04
2011 年	5263014	2.38	1844980	11.02	21715	13.76	143833	−1.97
2012 年	5338095	1.43	2629515	42.52	25842	19.01	159872	11.15
2013 年	5161290	−3.31	2915093	10.86	29139	12.76	175114	9.53
2014 年	3267238	4.0	3987152	38.7	—	—	—	—
2015 年	3403920	—	4184102	—	—	—	—	—
2016 年	3685477	—	3511734	—	—	—	—	—
累计	87146606		23586396	—	162278	—	1075847	

注：1. 资料来源：国务院台湾事务办公室、台湾"交通部观光局"。

2. 2014—2015 年数据为台湾"交通部观光局"公布的旅游人数。2014 年以来的文教交流统计口径变化较大，没有列入。

附录六　2008 年以来大陆省部级团组访台期间
艺文活动一览表

时间	团组名称	主要艺文活动
2009.05	广西团	"刘三姐大型歌舞表演剧团""台湾—广西漓江画派精品展"
2009.11	江苏团	"茉莉寄深情"文艺演出、"江苏工艺精品展"、"魅力江苏图片展"
2009.12	河南团	"河洛风"乐舞表演、"武林风"表演活动
2010.04	上海团	上海交响乐团、昆剧团随团赴台演出
2010.04	湖北团	"辛亥百年颂中山—中山先生在湖北特展""山河呼唤—周韶华艺术展""湖北民间美术展"及"荆风楚韵"文艺演出,
2010.05	四川团	"四川·成都大庙会"活动
2010.06	浙江团	"良渚文化特展"
2010.08	广东团	"孙中山与广东"档案图片展览
2010.09	陕西团	"石墨真宝西安碑林博物馆碑拓特展""黄帝与中华传统文化之发展研讨会"
2011.02	辽宁团	辽宁图片展、辽宁画家宋雨桂国画展、沈阳故宫文物展、辽宁民间文化展示展演
2011.04	安徽团	"画里安徽"展览、黄梅戏专场演出等
2011.05	四川团	"四川·成都大庙会"
2011.05	浙江团	浙版图书展、浙江动漫艺术展、浙江美食文化展、浙江非物质文化遗产展;实现了《富春山居图》的合璧
2012.02	北京团	举办了经典话剧《李白》、昆曲《红楼梦》,相声艺术家"京味文化之旅"演出活动、"北京 798 时间"当代艺术展览等活动
2012.03	福建团	"闽南台中特色庙会"活动
2012.05	湖北团	演出了大型地域风情舞蹈诗《家住长江边》等
2012.06	湖南团	"文采湖南·台湾诚品湖南精品图书展"活动
2013.10	山东团	"永远的孔子"文化展、山东非物质文化遗产展演等
2014.06	河南团	举办了豫剧、仰韶文化展等专场文艺演出活动
2014.07	江西团	江西古代文明历史文物特展、两岸和平祈福法会

附录七　2007—2016 年大陆人士赴台居留情况统计表

单位：人

时间	大陆人士合法居台		大陆配偶结、离婚			
	居留许可人次	定居许可人次	结婚登记数	已设籍离婚数	未设籍离婚数	离婚登记合计数
2007 年	21369	7997	14721	1008	5486	6494
2008 年	20404	8109	12274	1336	5146	6482
2009 年	32561	28189	12796	2574	5098	7672
2010 年	27781	13499	12807	4947	4645	9592
2011 年	19849	9794	12800	3819	4809	8628
2012 年	17178	8763	12093	3211	5111	8322
2013 年	16334	8549	10829	3034	4110	7144
2014 年	17213	7012	10003	2805	3926	6731
2015 年	15581	6460	9322	2673	3681	6354
2016 年 10 月	14857	8212	8673	2716	3376	6092
累计	339347	176505	297730	28123	45388	113373

注：1. 资料来源：根据台湾"内政部移民署"和"户政司"统计资料编制。

2. 居留许可案件含依亲、长期及项目居留。

3. 定居许可人数含陆配定居、项目居留定居及及其他各类来台定居。

4. 大陆地区短期停留入境人次包括社会、健检医美、专业、商务交流及跨国企业来台服务 (2002 年起含观光) 人数 (不含以居留定居事由入境人数)。

附录八　2008 年以来两会协议一览表

时间	地点	协商主体	协议名称
2008.06	北京	海协会与海基会	《海峡两岸包机会谈纪要》
			《海峡两岸关于大陆居民赴台湾旅游协议》
2008.11	台北	海协会与海基会	《海峡两岸空运协议》
			《海峡两岸海运协议》
			《海峡两岸邮政协议》
			《海峡两岸食品安全协议》
2009.04	南京	海协会与海基会	《海峡两岸空运补充协议》
			《海峡两岸金融合作协议》
			《海峡两岸共同打击犯罪及司法互助协议》
2009.12	台中	海协会与海基会	《海峡两岸标准计量检验认证合作协议》
			《海峡两岸农产品检疫检验合作协议》
			《海峡两岸渔船船员劳务合作协议》
2010.06	重庆	海协会与海基会	《两岸经济合作框架协议》
			《两岸知识产权保护合作协议》
2010.12	台北	海协会与海基会	《两岸医药卫生合作协议》
2011.10	天津	海协会与海基会	《海峡两岸核电安全合作协议》
2012.08	台北	海协会与海基会	《海峡两岸投资保护和促进协议》
			《海峡两岸海关合作协议》
2013.06	上海	海协会与海基会	《海峡两岸服务贸易协议》
2014.02	台北	海协会与海基会	《海峡两岸气象合作协议》
			《海峡两岸地震监测合作协议》
2015.08	福州	海协会与海基会	《海峡两岸避免双重课税及加强税务合作协议》
			《海峡两岸民航飞行安全与适航合作协议》

附录九　2006—2015 年两岸重大食品安全事件一览表

中国大陆			台湾地区		
时间	事件名称	问题物质	时间	事件名称	问题物质
2006 年	"红心咸鸭蛋"	苏丹红Ⅳ号	2007 年	"假鳕鱼"	油鱼冒充鳕鱼
2008 年	三鹿"三聚氰胺奶粉"	三聚氰胺	2008 年	"树脂燕窝"	树脂加面粉制作假燕窝
2008 年	新疆人造"新鲜红枣"	糖精钠、甜蜜素	2009 年	"喂猪饲料米充白米"	过期公粮
2010 年	"地沟油"	地沟油	2010 年	"黑心油豆腐"	防腐剂苯甲酸
2011 年	"瘦肉精"	瘦肉精	2011 年	"塑化剂风波"	有毒食品添加剂"起云剂"
2013 年	"毒生姜"	剧毒农药"神农丹"	2013 年	"胖达人"	人工香精
	"镉大米"	镉		"大统"	铜叶绿素
2014 年	"上海福喜食品大量采用过期肉"	过期肉	2014 年	"馊水油"	馊水油

附录十　2005—2014 年两岸海上救援行动一览表

时间	地点	行动主体	行动对象	行动事由	结果
2005.09	金门海域	台湾"海巡署"/大陆东海救助局	晋江籍货轮"建兴号"	触礁搁浅	圆满
2005.10	厦门海域	厦门海上搜救部门	高雄中洲"金吉号"	迷航进水	带回金门
2006.02	马祖海域	台湾"海巡署"	"闽连渔 1028 号"与货轮"恒辉号"	发生碰撞	救起 8 名落水船员
2006.07	桃园外海	大陆东海救助局	塞浦路斯籍"Dollart Gas"化学品运载船	失去动力	将船拖带至高雄港
2007.03	福州闽江口	大陆东海救助局/马祖相关单位	马祖北竿白沙籍"嘉庆号"小货船	沉没	无果
2008.02	金门水头码头附近	金门巡防区救援部门/大陆救援消防船	大陆籍"同安号"客轮	起火燃烧	顺利扑灭
2008.09	温州海域	大陆东海救助局/马祖巡防队	巴拿马籍韩国货轮"HELIOS-3 号"	沉没	寻获相关物品
2008.12	福建平潭海域	大陆渔船	台湾新竹籍"新福茂"号渔船	触礁下沉	救援成功
2009.07	金门海域	金门"巡防队"/厦门市海上搜救中心	福建莆田籍"春航拖 3 号"工作船	失去动力	顺利交接
2009.07	金门料罗湾海域	金门巡防区救援部门/厦门海事局	福建籍"闽狮渔 5193 号"渔船	沉没	无果
2010.01	金门东方北碇海域	金门"海巡队"/厦门海事局	浙江籍"浙洞机 156 号"货船	触礁搁浅	救援成功
2010.05	福建莆田湄洲岛海域	台湾"海巡署"	福建霞浦籍"闽霞渔 3203 号"渔船	碰撞沉没	无果
2010.10	台湾屏东海域	台湾"海巡署"/大陆方面	巴拿马籍"建富星"货轮	沉没	救起 13 名落水船员
2010.11	澎湖西屿海域	台湾"海巡署"/福建省	台湾宜兰头城籍"新春满 11 号"接驳船	沉没	救起全部遇险人员

时间	地点	行动主体	行动对象	行动事由	结果
2010.11	马祖西引岛海域	台湾"海巡署"/大陆搜救单位	新北市万里籍"长顺发号"渔船	起火沉没	无果
2010.11	基隆海域	两岸海上搜救灾中心	苏澳籍"袷协发号"渔船	半沉没	顺利救援
2010.12	台湾屏东海域	台湾"海巡署"/大陆南海救助局	巴拿马籍"宏伟号"货轮	沉没	无果
2011.03	金门料罗湾海域	金门巡防区救援部门/厦门方面	大陆籍"闽龙渔08004号"	沉没	无果
2012.05	闽江口海域	福建省海上搜救中心	台湾籍"金龙轮"客船	进水遇险	无果
2014.09	钓鱼岛海域	两岸公务船	大陆渔民		
2014.11	乌丘屿海域	莆田市海上搜救中心/乌丘屿岛上人员	"闽狮渔03909"渔船	搁浅	成功救援

参考文献

一、专著

（一）中文专著

1.中国大百科全书·政治学 [M].北京：中国大百科全书出版社，1992.

2.［美］阿尔蒙德等.比较政治学：体系、过程和政策 [M].曹沛霖等译，上海：上海译文出版社，1987.

3.［英］安德鲁·甘布尔.政治和命运 [M].胡晓进等译.南京：江苏人民出版社，2003.

4.［英］安德鲁·海伍德.政治学 [M].张立鹏译，北京：中国人民大学出版社，2006.

5.［希腊］柏拉图.理想国 [M].北京：商务印书馆，1986.

6.包宗和、吴玉山.争辩中的两岸关系理论 [M].台北：五南图书出版公司，1999.

7.包宗和、吴玉山.重新检视争辩中的两岸关系理论 [M].台北：五南图书出版公司，2009.

8.［美］彼得·M.布劳.社会生活中的交换与权力 [M].李国武译，北京：商务印书馆，2008.

9.蔡东杰."两岸外交策略与对外关系" [M].台北：台湾高立图书有限公司，2001.

10.陈秉公.思想政治教育学原理 [M].北京：高等教育出版社，2006.

11.陈独秀.吾人最后之觉悟 [A].独秀文存 [M].合肥：安徽人民出版社，1987.

12.陈芳明.殖民地台湾：左翼运动史论 [M].台北：麦田出版社，1998.

13.陈癸森.论台湾 [M].台北：海峡学术出版社，2002.

14.陈宏.海峡风云 [M].北京：中国妇女出版社，2000.

15. 陈佳宏 . 海外"台独"运动史 [M]. 台北 : 前卫出版社，1998

16. 陈孔立 . 走向和平发展的两岸关系 [M]. 北京 : 九州出版社，2010.

17. 陈隆志 . "台湾的独立与建国" [M]. 台北 : 月旦出版社，1993.

18. 戴宝村 . 台湾的海洋历史文化 [M]. 台北 : 玉山社，2011.

19. ［美］戴维·伊斯顿 . 政治生活的系统分析 [M]. 王浦劬译 . 北京 : 华夏出版社，1999.

20. 党朝胜、刘宏 . 民进党大陆政策研究 [M]. 北京：九州出版社，2006.

21. ［美］道格拉斯·C.诺思 . 经济史中的结构与变迁 [M]. 陈郁等译 . 上海 : 上海三联书店，1999.

22. 邓小平文选 [M](第 2 卷). 北京 : 人民出版社，1994.

23. 范希周主编 . 台湾政局与两岸关系 [M]. 北京 : 九州出版社，2004.

24. 方孝谦 . 殖民地台湾的认同摸索 : 从善书到小说的叙事分析，1895—1945[M]. 台北 : 巨流图书股份有限公司，2001.

25. 辅导读本编写组 . 中共中央关于构建社会主义和谐社会若干重大问题的决定 [M]. 北京 : 人民出版社，2006.

26. 高举中国特色社会主义伟大旗帜为夺取全面建设小康社会新胜利而奋斗 [M]. 北京 : 人民出版社，2007.

27. 高长 . 大陆政策与两岸经贸 [M]. 台北 : 五南图书出版公司，2012.

28. ［英］格雷厄姆·沃拉斯 . 政治中的人性 [M]. 朱曾汶译 . 北京 : 商务印书馆，1995.

29. 郭洪纪 . 新国家主义 [M]. 台北 : 扬智文化事业股份有限公司，1996.

30. 何成洲 . 跨学科视野下的文化身份认同 [M]. 北京 : 北京大学出版社，2011.

31. ［德］黑格尔 . 法哲学原理 [M]. 范扬、张企泰译 . 北京 : 商务印书馆，1961.

32. ［德］黑格尔 . 历史哲学 [M]. 王造时译 . 上海 : 上海书店出版社，1990.

33. 洪泉湖等编 . 族群教育与族群关系 [M]. 台北 : 时英出版社，1997.

34. 洪远朋 . 社会利益关系演进论 [M]. 上海 : 复旦大学出版社，2006.

35. 侯立朝 . 台湾"独台台独" [M]. 台北 : 博学出版社，1991.

36. 胡惠林、李保宗主编 . 两岸文化产业合作发展报告 (2014)[M]. 北京 : 社会科学文献出版社，2014.

37. 胡适 . 新思潮的意义 [A]. 胡适文存 (一集)[M]. 合肥 : 黄山书社，1996.

38. 胡郑丽. 文化资源学 [M]. 北京：光明日报出版社，2016.

39. 黄国昌. "中国意识与台湾意识" [M]. 台北：五南图书出版公司，1995.

40. 黄俊杰. "台湾意识与台湾文化" [M]. 台北：台湾大学出版中心，2007.

41. 黄仁伟、刘杰. 国家主权新论 [M]. 北京：时事出版社，2004.

42. 黄昭堂. "台湾民主国"的研究 [M]. 台北：现代学术研究基金会，1993.

43. 黄志呈. 在台湾演变中的中国人认同：从 1992 年至 2012 年之民调资料分析 [M]. 台北：致知学术，2015.

44. ［美］基欧汉·罗伯特、约瑟夫·奈. 权力与相互依赖 [M]. 门洪华译. 北京：北京大学出版社，2002.

45. ［法］吉尔·德拉诺瓦著. 郑文彬等译. 民族与民族主义 [M]. 北京：生活·读书·新知三联书店，2005.

46. 贾亦斌. 论"台独" [M]. 北京：团结出版社，1993.

47. 江宜桦. 自由主义、民族主义与国家认同 [M]. 台北：扬智文化事业股份有限公司，1998.

48. 江宜桦等. 华人世界的现代国家结构 [M]. 台北：商周出版社，2003.

49. 江泽民. 江泽民文选 [M]（第三卷）. 北京：人民出版社，2006.

50. 江振昌. 国际新秩序的探索与中共 [M]. 台北：政治大学国际关系中心，1993.

51. ［美］肯尼思·华尔兹. 国际政治理论 [M]. 信强译，上海：上海人民出版社，2008.

52. ［美］Y·拉彼德，克拉托赫维尔主编. 文化与认同：国际关系回归理论 [M]. 金烨译. 杭州：浙江人民出版社，2003.

53. 李纯青. 望乡 [M]. 台北：人间出版社，1993.

54. 李登辉、中岛岭雄. 亚洲的智略 [M]. 台北：远流出版公司，2000.

55. 李登辉. 慈悲与宽容 [M]. 台北：台湾英文新闻股份有限公司，2002.

56. 李登辉. 台湾的主张 [M]. 台北：远流出版公司，1999.

57. 李非. 海峡两岸经济合作问题研究 [M]. 北京：九州出版社，2000.

58. 李松林. 蒋经国的台湾时代 [M]. 台北：风云时代，1993.

59. 李筱峰. 台湾民主运动四十年 [M]. 台北：自立晚报文化出版部，1987.

60. 李筱峰. 台湾——我的选择！ [M]. 台北：玉山社，1995.

61. 李秀林. 辩证唯物主义和历史唯物主义原理 [M]. 北京：中国人民大学出版社，2004.

62. 李远龙. 认同与互动：防城港的族群关系 [M]. 南宁：广西民族出版社，1999.

63. 梁丽萍. 中国人的宗教心理——宗教认同的理论分析与实证研究 [M]. 北京：社会科学文献出版社，2004.

64. 列宁全集 [M]（第 40 卷）. 北京：人民出版社，1986.

65. 林佳龙、郑永年. 民族主义与两岸关系：哈佛大学东西方学者的对话 [M]. 台北：新自然主义股份有限公司，2001.

66. 林满红. 晚近史学与两岸思维 [M]. 台北：麦田出版社，2002.

67. 林山田. 建造自己的国家 [M] 台北：台大法律系，1996.

68. 林尚立. 当代中国政治形态研究 [M]. 天津：天津人民出版社，2000.

69. 林浊水. 统治神话的终结 [M]. 台北：前卫出版社，1992.

70. 林浊水. 瓦解的帝国 [M]. 台北：前卫出版社，1991.

71. 林祖嘉. 1986 年以来两岸贸易与投资的互动与发展 [M]. 台北：天下文化出版公司，2006.

72. 刘国深. 当代台湾政治分析 [M]. 北京：九州出版社，2002.

73. 刘荣语、贺善侃. 价值、文化、科技 [M]. 上海：东华大学出版社，2004.

74. 刘少杰. 经济社会学的新视野——理性选择与感性选择 [M]. 北京：社会科学文献出版社，2005.

75. 刘世华. 中国民主政治模式研究 [M]. 北京：人民出版社，2014.

76. 卢建荣. 分裂的国家认同 [M]. 台北：麦田出版社，2000.

77. 卢建荣. 分裂的国族认同：1975-1997[M]. 台北：麦田出版社，1999.

78. ［美］露丝·本尼迪克特. 文化模式 [M]. 王炜译，北京：华夏出版社，1987.

79. ［美］罗伯特·达尔. 现代政治分析 [M]. 王沪宁、陈峰译，上海：上海译文出版社，1987.

80. ［美］罗伯特·基欧汉，约瑟夫·奈. 权力与相互依赖 [M]. 门洪华译，北京：北京大学出版社，2012.

81. 罗伯特·杰维斯. 国际政治中的知觉与错误知觉 [M]. 秦亚青译. 北京：世界知识出版社，2003.

82. 马克思. 1844 年经济学哲学手稿 [M]. 北京：人民出版社，1979.

83. 马克思恩格斯全集 [M]（第 1 卷）. 北京：人民出版社，1995.

84. 马克思恩格斯全集 [M]（第 21 卷）. 北京：人民出版社，1956.

85. 马克思恩格斯全集 [M]（第 3 卷）. 北京：人民出版社，1960.

86. 马克思恩格斯选集 [M]（第 1 卷）. 北京：人民出版社，1972.

87. 马起华."台独研究" [M]. 台北：公共秩序研究会，1988.

88. ［美］迈克尔·赫克特. 遏制民族主义 [M]. 韩召颖等译. 北京：中国人民大学出版社，2012.

89. ［美］迈克尔·罗斯金等. 政治科学 [M]. 林震等译. 北京：华夏出版社，2001.

90. ［美］曼纽尔·卡斯特. 认同的力量 [M]. 曹荣湘译. 北京：社会科学文献出版社，2006.

91. 孟樊. 后现代的认同政治 [M]. 台北：扬智文化事业股份有限公司，2001.

92. 南方朔. 帝国主义与"台湾独立"运动 [M]. 台北：四季出版社，1980.

93. 彭明敏. 自由的滋味——彭明敏回忆录 [M]. 台北：彭明敏文教基金会，1994.

94. 彭明敏文教基金会编. 彭明敏看台湾 [M]. 台北：远流出版社，1994.

95. ［美］乔治·恩德勒. 经济伦理学大辞典 [M]. 王淼洋等译. 上海：上海人民出版社，2001.

96. 邱荣举. 二二八事件与台湾政治发展 [M]. 台北：财团法人二二八事件纪念基金会，2002.

97. 群策会编. 两岸交流与国家安全 [M]. 台北：财团法人群策会，2004.

98. ［法］让－马克·夸克. 合法性与政治 [M]. 北京：中央编译出版社，2002.

99. 任卓宣. 台独理论批判 [M]. 台北：阿尔泰，1980.

100. ［日］若林正丈. 分裂国家与民主化 [M]. 台湾：月旦出版社，2000.

101. ［美］塞缪尔·亨廷顿. 变化社会中的政治秩序 [M]. 王冠华等译，上海：世纪出版集团，2008.

102. ［美］塞缪尔·亨廷顿. 第三波：20 世纪后期民主化浪潮 [M]. 刘军宁译. 上海：上海三联书店，1998.

103. ［美］塞缪尔·亨廷顿. 我们是谁？美国国家特性面临的挑战 [M]. 程克雄译. 北京：新华出版社，2005.

104. ［法］塞奇·莫斯科维奇. 群氓的时代 [M]. 许列民等译. 南京：江苏人民出版社，2003.

105. ［美］施密特等. 美国政府与政治 [M]. 梅然译. 北京：北京大学出版社，

2005.

106. 施正锋编 ."民族认同与台湾独立" [M]. 台北 : 前卫出版社，1995.

107. 施正锋 ."台湾人的民族认同" [M]. 台北 : 前卫出版社，2000.

108. 施正锋 . 台湾政治建构 [M]. 台北 : 前卫出版社，1999.

109. 施正锋 . 族群与民族主义——集体认同的政治分析 [M]. 台北 : 前卫出版社，2001.

110. 施正锋编 . 族群政治与政策 [M]. 台北 : 前卫出版社，1997.

111. 石之瑜 . 当代台湾的中国意识 [M]. 台北 : 正中书局，1993.

112. 石之瑜 . 后现代的国家认同 [M]. 台北 : 世界书局，1995.

113. 石之瑜 . 芝麻！开门 : 心理分析引领两岸政策研究进入新境界 [M]. 台北 : 五南图书出版公司，1999.

114. 史明 ."台湾不是中国的一部分 : 台湾社会发展四百年史" [M]. 台北 : 前卫出版社，995.

115. 史明 ."台湾独立的理论与实际" [M]. 高雄 : 南冠出版社，1988.

116. 史明 ."台湾人四百年史" [M]. 台北 : 南天书局，2014.

117. [美] 苏珊·斯特兰奇 . 国际政治经济学导论——国家与市场 [M]. 杨宇光等译 . 北京 : 经济科学出版社，1990.

118. 孙中山全集 [M](第 9 卷). 北京 : 中华书局，1981.

119. 孙中山选集 [M]. 北京 : 人民出版社，1981.

120. 中共中央台湾工作办公室、国务院台湾事务办公室编 . 中国台湾问题（干部读本）[M]. 北京 : 九州出版社，1998.

121. 台湾智库 .ECFA 不能说的秘密？ [M]. 台北 : 财团法人台湾智库，2010.

122. [瑞典] 戈兰·泰尔朋 . 政权的意识形态与意识形态的政权 [M]. 佟心平译，台北 : 远流出版社，1990.

123. 唐桦 . 两岸关系中的交往理性 [M]. 北京 : 九州出版社，2011.

124. 田欣 ."台湾——我唯一的祖国" [M]. 台北 : 前卫出版社，1995.

125. 童振源 . 全球化下的两岸经贸关系 [M]. 台北 : 生智出版社，2003;

126. 王成兵 . 当代认同危机的人学解读 [M]. 北京 : 中国社会科学出版社，2004.

127. 王甫昌 . 当代台湾社会的族群想象 [M]. 台北 . 群学出版社，2003.

128. 王明珂 . 华夏边缘——历史记忆与族群认同 [M]. 台北 : 允晨文化出版公司，1997.

129. 王晓波 .“台湾意识”的历史考察 [M]. 台北 : 海峡学术出版社，2001.

130. 王英 . 当代台湾利益集团研究 [M]. 海口 : 海南人民出版社，2008.

131.［日］尾关周二 . 共生的理想 [M]. 卞崇道译 . 北京 : 中央编译出版社，1995.

132. 文馨莹 . 经济奇迹的背后——台湾美援经验的政经分析（1951—1965）[M]. 台北 : 自立晚报社，1990.

133. 吴国祯 . 在历史面前 [M]. 台北 : 海峡学术出版社，2002.

134 吴介民 . 第三种中国想象 : 中国因素与台湾民主 [M]. 左岸文化出版社，2012.

135.（唐）吴兢 . 君道 [A]. 贞观政要 (卷一)[M]. 明成化九年内府刊本 .

136. 吴密察、若林正丈 . 台湾对话录 [M]. 台北 : 自立晚报文化出版部，1989.

137. 吴密察、张炎宪等 . 建立台湾的国民国家 [M]. 台北 : 前卫出版社，1993.

138. 吴乃德 . 省籍意识、政治支持和国家认同——台湾族群政治理论的初探 [J]. 族群关系与国家认同 [M]. 台北 : 业强出版社，1993.

139. 吴荣义 . 台湾／中国经贸关系的回顾与展望——未来台湾经贸该何去何从 [M]. 台北 : 财团法人台湾智库，2009.

140. 吴文星 . 日据时期台湾社会领导阶层之研究 [M]. 台北 : 正中书局，1992.

141. 吴新兴 . 整合理论与两岸关系之研究 [M]. 台北 : 五南图书出版公司，1995.

142. 吴秀光 . 政府谈判之博弈理论分析 [M]. 台北 : 时英出版社，1998.

143. 吴玉山 . 抗衡或扈从——两岸关系新诠 : 从前苏联看台湾与大陆间的关系 [M]. 台北 : 正中书局，1997.

144. 吴玉山 . 重新检视争辩中的两岸关系理论 [M]. 台湾 : 五南图书出版公司，2009.

145. 吴昱辉编 .“自决与独立”[M]. 高雄 : 新台政论，1987.

146. 吴浊流 . 无花果 [M]. 台北 : 前卫出版社，1988.

147.［美］西摩·马丁·李普赛特 . 政治人——政治的社会基础 [M]. 张绍宗译 . 上海 : 上海人民出版社，1997.

148. 习近平关于实现中华民族伟大复兴的中国梦论述摘编 [M]. 北京 : 中央文献出版社，2013.

149. 夏珍 . 自由自在宋楚瑜 [M]. 台北 : 时报文化出版，1999.

150. 萧阿勤、汪宏伦 . 族群、民族与现代国家：经验与理论的反思 [M]. 台北："中央研究院"社会学研究所，2016.

151. 谢世忠 . 认同的污名——台湾"原住民"的族群变迁 [M]. 台北：自立晚报文化出版社，1987.

152. ［英］休谟 . 人性论 [M]. 关文运译 . 北京：商务印书馆，1980.

153. 徐大同 . 西方政治思想史 [M]. 天津：天津教育出版社，2002.

154. 徐复观 . 传统与文化 [A]，徐复观文录（一）[M]. 台北：环宇出版社，1971.

155. 徐复观 . 论传统 [A]. 徐复观文录（二）[M]. 台北：环宇出版社，1971.

156. 徐宗懋 . 台湾人论 [M]. 台北：时报，1993.

157. 许庆复 . 迈向 21 世纪的台湾 [M]. 台北：正中书局，1994.

158. 许忠信 .ECFA 东西向贸易对台湾之冲击 [M]. 台北：新学林，2010.

159. 薛家骥 . 发展经济学与中国经济的发展 [M]. 南京：南京出版社，1991.

160. 薛军力、徐鲁航 . 台湾人民抗日斗争史 [M]. 北京：燕山出版社，1997.

161. 杨国枢、瞿海源主编 . 变迁中的台湾社会 [M]. 台北："中研院"民族所，1988.

162. 杨开煌 . 两岸政治定位的分析 [C]. 两岸政治定位探索 [M]. 台北：两岸统合学会，2010.

163. 杨宪村 . 民进党执政 [M]. 台湾商周文化事业股份有限公司，1995.

164. 叶荣钟 . 小屋大车集 [M]. 台中：中央书局，1977.

165. 以赛亚·伯林 . 自由论 [M]. 胡传胜译 . 南京：译林出版社，2003.

166. 尹启铭 . 捍卫 ECFA：今天不做，明天会后悔 [M]. 台北：商讯文化，2011.

167. 游胜冠 . 台湾文学本土论的兴起与发展 [M]. 台北：前卫出版社，1996.

168. 游盈隆 . 民意与台湾政治变迁——1990 年代台湾民意与选举政治的解析 [M]. 台北：月旦出版社，1996.

169. 游盈隆编 . 民主的巩固或崩溃：台湾二十一世纪的挑战 [M] 台北：月旦出版社，1997.

170. 俞可平等 . 全球化与国家主权 [M]. 北京：社会科学文献出版社，2004.

171. 袁明、［美］哈里·哈丁主编 . 中美关系史上沉重的一页 [M]. 北京：北京大学出版社，1989.

172. ［英］约翰·格雷 . 自由主义的两张面孔 [M]. 顾爱彬、李瑞华译 . 南京：

江苏人民出版社，2002.

173. ［美］约翰·罗尔斯．罗尔斯论文全集 [M].陈肖生等译．长春：吉林出版集团有限责任公司，2013.

174. ［美］约翰·罗尔斯．正义论 [M].何怀宏、何包钢、廖申白译．北京：中国社会科学出版社，2010.

175. ［美］约翰·罗尔斯．政治自由主义 [M].万俊人译．南京：译林出版社，2000.

176. 在庆祝中国人民政治协商会议成立 65 周年大会上的讲话 [M].北京：人民出版社，2014.

177. ［美］詹姆斯·M.布坎南、戈登·塔洛克．同意的计算——立宪民主的逻辑基础 [M].北京：中国社会科学出版社，2000.

178. ［美］詹姆斯·科尔曼．社会理论的基础 [M].邓方译．北京：社会科学文献出版社，1999.

179. 张德水．激动！台湾的历史：台湾人的自国认识 [M].台北：前卫出版社，1992.

180. 张富美．台湾问题讨论集 [C].台北：前卫出版社，1989.

181. 张浩．认识的另一半——非理性认识论研究 [M].北京：中国社会科学出版社，2010.

182. 张家铭．台商在苏州——全球化与在地化考察 [M].台北：桂冠出版社，2006.

183. 张健．美援与台湾经济发展 [M].台北：台湾海峡评论社，1992.

184. 张京媛．后殖民理论与文化认同．台北：麦田出版社，1995.

185. 张麟征．硬拗 [M].台北：海峡出版社，2001.

186. 张茂桂等．族群关系与国家认同 [M].台北：业强出版社，1993.

187. 张荣丰．台海两岸经贸关系 [M].台北：业强出版社，1997.

188. 张五岳．分裂国家互动模式与统一政策之比较研究 [M].台北：业强出版社，1995.

189. 张亚中．两岸统合论 [M].台北：生智出版社，2000.

190. 张炎宪等．台湾近百年史论文集 [M].台北：财团法人吴三连台湾史料基金会，1996.

191. 张玉良主编．白话庄子 [M].西安：三秦出版社，1990.

192. 中共中央关于构建社会主义和谐社会若干重大问题的决定 [M].北京：

人民出版社，2006.

193. 中华经济研究院台湾 WTO 中心 . 两岸经济合作架构协议之影响评估 [M]. 台北：中华经济研究院，2009.

194. 周晓红 . 西方社会学的历史与体系 (第一卷)[M]. 上海：上海人民出版社，2002.

195. 朱新梅 . 知识与权力：高等教育政治学新论 [M]. 北京：教育科学出版社，2007.

196. 庄锡昌 . 多维视野中的文化理论 [M]. 杭州：浙江人民出版社，1987.

（二）英文专著

1. Albert O. Hirschma. National Power and the Structure of Foreign Trade[M]. Berkeley & LA: University of California Press, 1945.

2. D. Michael Shafer. Winners and Losers: How Sectors Shape the Developmental Prospects of States[M]., New York.: Cornell University Press, 1994.

3. Frederick L. Shiels. Ethnic Separatism and World Politics[M]. Lanham, MD: University Press of America, 1984.

4. Gary S. Becker,. The Economic Approach to Human Behavior[M]. Chicago, IL: University of Chicago Press, 1976.

5. Haggett, P.. Geography: A Modern Synthesis of Geography[M].New York: Harper & Row, 1979.

6. Howard J. EhrlichH. The Social Psychology of Prejudice[M]. New York: Wiley, 1973.

7. Ian Brownlie. Principles of Public International Law[M], 6th ed.. New York: OUP, 2003.

8. Ian Robertson. Sociology [M]. New York:Worth Publishers, Inc., 1987

9. James E. Dougherty and Robert L. Pfaltzgraff Jr. Contending Theories of International Relations: A Comperhensive Survey[M], 5th ed. New York: Pearson, 2000.

10. Karl W. Deutsch. Political Community and the North Atlantic Area[M]. Princeton NJ: Princeton University Press, 1957.

11. Michael Howard.The causes of Wars and Other Essays[M].London: Temple Smith, 1983.

12. Morris P. Fiorina, Samuel J. Abrams and Jeremy C. Pope. Culture War? The

Myth of a Polarized America[M].New York: Pearson, 2004.

13. Richard Jenkins. Social Identity[M]. London: Routledge, 1996.

14. Ralph G. Hawtrey. Economic Aspects of Sovereignty[M]. London: Longmans, Green and Company, 1952.

15. Richard, Rosecrance. The Rise of the Trading State: Commerce and Conquest in the Modern World[M]. New York: Basics Books, 1986.

16. Robert O. Keohane, Joseph S. Nye. Power and Interdependence[M], 3rd ed.. New York: Longman, 2001.

17. Robert V. Keohane. After Hegemony: Cooperation and Discord in the World Political Economy[M]. Princeton: Princeton University Press, 2005.

18. Roger Gould. Insurgent Identities: Class, Community and Protest in Paris from 1848 to the Commune[M]. Chicago: IL: University of Chicago Press, 1995.

二、论文

（一）中文期刊论文

1. 白屯.知识经济与新的资源观 [J]. 大自然探索，1998(4).

2. 包心鉴.论中国特色社会主义制度 [J]. 新视野，2011(6).

3. 包正豪、周应龙.台湾少数民族选民投票参与之研究 [J]. 台湾民主季刊，2015(2).

4. 蔡世峰、郑振清.两岸经济合作对台湾经济增长和波动的影响 (1996—2013 年)——基于广义脉冲响应函数之实证分析 [J]. 台湾研究，2016(2).

5. 蔡洋.从国际组织法角度论台湾不能 "重返国际组织" [J]. 福建法学，1999(4).

6. 蔡政修. "一个中国原则" 与台湾的 "国际空间"：以民进党政府参与联合国的策略为例 (2000—2008)[J]. 全球政治评论 (*Review of Global Politics*)，2013(41).

7. 蔡宗汉、林长志.潜在变量的测量及其影响 :2013 年 TEDS 台湾民众统 "独" 立场的分析 [J]. 选举研究，2015(1).

8. 曾润梅.台湾参与国际组织活动的现状及模式评析 [J]. 台湾研究，2015(4).

9. 陈彬.关于理性选择理论的思考 [J]. 东南学术，2006(1).

10. 陈斌华 鞠海涛.新形势下做好对台工作的根本指引——习近平对台工作

重要思想初探 [J]. 台海研究，2016(4).

11. 陈动. 两岸关系政治定位：回归中国的本意 [J]. 台海研究，2015(3).

12. 陈动. 论国名与国号 [J]. 厦门大学学报，2006(3).

13. 陈动. 也谈主权理论及在台湾问题上的应用——兼与黄嘉树、王英津商榷 [J]. 台湾研究集刊，2003(1).

14. 陈佳宏. 解严前后"台独"运动之汇聚 [J]. 台湾文献，2007(4).

15. 陈孔立. "台湾人"群体对中国大陆的刻板印象 [J]. 台湾研究集刊，2012(3).

16. 陈孔立. 两岸"主权共享论"质疑 [J]. 台湾研究，2012(6).

17. 陈孔立. 两岸认同过程的五个阶段 [J]. 台湾研究集刊，2012 (6).

18. 陈孔立. 两岸文化断裂的历史与现实 [J]. 台湾研究集刊，2016(2).

19. 陈孔立. 两岸文化交流深化的取向 [J]. 台湾研究集刊，2016(4).

20. 陈孔立. 两岸政治定位的瓶颈 [J]. 台湾研究集刊 .2011 (3).

21. 陈孔立. 台湾"去中国化"的文化动向 [J]. 台湾研究集刊，2001(3).

22. 陈孔立. 台湾民众面对"中国大陆崛起"的复杂心态 [J]. 台湾研究集刊，2013(3).

23. 陈宽政、叶天锋. 日据时代以来台湾地区人口年龄组成之变迁：1905—1979[J]. 人口学刊，1983(6).

24. 陈陆辉、耿曙、涂萍兰、黄冠博. 理性自利或感性认同？影响台湾民众两岸经贸立场因素的分析 [J]. 东吴政治学报，2009(2).

25. 陈陆辉、耿曙、王德育. 两岸关系与 2008 年台湾"总统大选"：认同、利益、威胁与选民投票取向 [J]. 选举研究，2009(2).

26. 陈陆辉、周应龙. 台湾民众统"独"立场的持续与变迁 [J]. 东亚研究，2004(2).

27. 陈陆辉. 台湾选民政党认同的持续变迁 [J]. 选举研究，2000(2).

28. 陈陆辉. 政治信任与台湾地区选民投票行为 [J]. 选举研究，2002(2).

29. 陈鹏、翟媛. 台湾居民对大陆游客旅游影响的感知与态度研究 [J]. 台湾研究，2014(4).

30. 陈萍. 试析台湾当局的"务实外交"[J]. 当代亚太，1996(4).

31. 陈榕三. ECFA 时代岛内民意变化分析 [J]. 现代台湾研究，2011(5).

32. 陈树鸿. "台湾意识"——党外民主运动的基础 [J]. 生根，1983(12).

33. 陈先才. 台湾参与联合国专门机构问题研究 [J]. 台湾研究，2011(3).

34. 陈晓晓 . 略论台湾民众对大陆的偏见心理 [J]. 现代台湾研究，2015(4).

35. 陈星 . 简论两岸经济关系与政治关系互动的路径与模式 [J]. 北京联合大学学报 (人文社会科学版)，2014(4).

36. 陈星 . 民进党两岸关系基本认知及对大陆政策的影响 [J]. 现代台湾研究，2014(5).

37. 陈艳云、区小莹 . 论陈水扁时期台湾的"非政府组织外交"[J]. 台湾研究集刊，2013(1).

38. 陈以定 . 台湾当局统"独"政策的国家认同观 [J]. 长春大学学报，2009(1).

39. 陈义彦、陈陆辉 . 模棱两可的态度还是不确定的未来：台湾民众统"独"观的解析 [J]. 中国大陆研究，2003(5).

40. 陈义彦 . 不同族群政治文化的世代分析 [J]. 政治学报，1996(27).

41. 陈映男、耿曙、陈陆辉 . 依违于大我、小我之间：解读台湾民众对两岸经贸交流的心理纠结 [J]. 台湾政治学刊，2016(1).

42. 陈映真 . 向着更宽广的历史视野 [J]. 前进，1984(12).

43. 陈永国 . 理性人：政治理性与经济理性的有机结合 [J]. 党政论坛，2011(5).

44. 陈元 . 从移民的台湾史试解"中国结"与"台湾结"[J]. 前进，1984(14).

45. 程光 . 台湾政治生态的新变化及对两岸关系的影响 [J]. 现代台湾研究，2016(4).

46. 初国华、张昌吉 . 战略三角理论与台湾的三角政治 [J]. 问题与研究，2010(1).

47. 戴晓东 . 浅析族裔民族主义与公民民族主义 [J]. 现代国际关系，2002(12).

48. 单玉丽 ."小三通"在两岸关系中的作用、机遇与前景 [J]. 现代台湾研究，2011(6).

49. 单玉丽 . 以闽台文化融合巩固深化两岸关系和平发展 [J]. 现代台湾研究，2012(5-6).

50. 邓婧、陈先才 . 后殖民遗绪与台湾"主体性"意识建构 [J]. 台湾研究，2016(6).

51. 邓莉娟、马士伟 . 两岸经贸交流合作对台利益分配状态分析 [J]. 台湾研究，2016(5).

52. 邓文、姚丹萍 . 台湾"反服贸"运动是如何成势的——基于资源动员理论的观察 [J]. 台湾研究，2016(6).

53. 邸永君. 加强对"中华国族"的核心认同 [J]. 理论视野，2010(6).

54. 丁钰梅. 阿拉伯语借词与中国穆斯林文化认同 [J]. 中国穆斯林，2009(3).

55. 董玉洪. 两岸政治互信的现状、问题与思考 [J]. 现代台湾研究，2014(5-6).

56. 范斯聪. 两岸经贸交流与合作：问题、现状及对策 [J]. 海峡科技与产业，2012(6).

57. 方胜虎、董秀兰. 试析日本在台湾问题中的消极影响 [J]. 社会科学战线，2011(2).

58. 房乐宪. 欧洲一体化经验对海峡两岸交流与合作的启发意义 [J]. 世界经济与政治论坛，2008(1).

59. 费孝通. 边区民族社会经济发展思考 [J]. 北京大学学报，1993(1).

60. 高德义. 迈向有效的政治参与：台湾少数民族选举制度的批判与改革 [J]. 台湾原住民研究论丛，2014(16).

61. 高伊哥. 台湾历史意识问题 [J]. 台湾年代，1984(3).

62. 耿曙、林琼盛. 全球化背景下的两岸关系与台商角色 [J]. 中国大陆研究，2005(1).

63. 耿曙、林家煌. 登堂未入室：信任结构、协力网络与台商产业群聚的模式 [J]. 社会科学论丛，2008(4).

64. 耿曙、林琼盛. 全球化背景下的两岸关系与台商角色 [J]. 中国大陆研究，2005(1).

65. 耿曙、林瑞华. 制度环境与协会效能：大陆台商协会之个案研究 [J]. 台湾政治学刊，2007(2).

66. 耿曙、刘嘉薇、陈陆辉. 打破维持现状的迷思：台湾民众统"独"抉择中理念与务实的两难 [J]. 台湾政治学刊，2009(2).

67. 耿曙. 经贸交流的政治影响：中共的对台新政策与台湾的两岸研究 [J]. 中国大陆研究教学通讯，2005(71).

68. 顾肃. 多元社会的重叠共识、正当与善——晚期罗尔斯政治哲学的核心理念评述 [J]. 复旦大学学报（社会科学版），2011(2).

69. 关弘昌. "总统"选举来临对大陆政策合作冲突方向的影响：2008 年大选前的检视 [J]. 全球政治评论，2014(46).

70. 郭艳. 台湾"年轻世代"国家认同的现状及成因分析 [J]. 台湾研究，2011(3).

71. 郭震远. 涉台外交政策演变过程及其特点和主要影响因素

(1949—2007)[J]. 国际问题研究，2011(6).

72. 郭志珊、杨传荣. 台湾民众对统一的心态 [J]. 台湾研究集刊，1994(4).

73. 郭中军. 试论"反服贸风波"的民粹主义性质 [J]. 台海研究，2014(4).

74. 韩震. 全球化时代的公民教育与国家认同及文化认同 [J]. 社会科学战线，2010(5).

75. 郝沛然. 马英九执政以来台湾民众统"独"倾向及其背景 [J]. 现代台湾研究，2013(5).

76. 贺金瑞、燕继荣. 论从民族认同到国家认同 [J]. 中央民族大学学报 (哲学社会科学)，2008(3).

77. 洪远朋、郝云. 十七大对马克思主义利益理论的坚持与发展 [J]. 复旦学报 (社会科学版)，2008(3).

78. 胡阿祥. 何谓历史，何谓中国 [J]. 新世纪图书馆，2012(8).

79. 胡本良. 论"台独"话语权对岛内政治生态的影响 [J]. 台湾研究，2014(6).

80. 胡公展. 论"本土化"对台湾社会的政治影响 [J]. 中央社会主义学院学报，1991(5).

81. 胡庆东. 合则两利、通则双赢——两岸经贸发展互动历程 [J]. 网络财富，2009(19).

82. 胡文生、徐博东. 甲午战争以来台湾民众民族国家意识的演变 [J]. 台湾研究，2011(1).

83. 胡文生. 台湾民众"国家认同"问题的由来、历史及现实 [J]. 北京联合大学学报，2006(6).

84. 胡云华. 两岸经贸依赖的局限性及其治理途径解析——基于两岸贸易、投资依赖的量化分析 [J]. 台湾研究集刊，2016(5).

85. 黄继朝. 从"习马会"来看 2005 年以来的两岸高层领导人会晤——一种交往实践的分析模式 [J]. 台湾研究，2016(5).

86. 黄嘉树、刘文科. 台湾民众国家认同变迁中的新闻传播因素分析 [J]. 北京联合大学学报 (人文社会科学版)，2014(4).

87. 黄嘉树、王英津. 主权构成 : 对主权理论的再认识 [J]. 太平洋学报，2002(4).

88. 黄静惠. 台湾文化创意产业政策发展过程的定位问题 (1981-2015)[J]. 国家与社会，2015(17).

89. 黄连德. 洗掉中国热昏症的"科学"粗吧 [J]. 台湾年代，1984(3).

90. 黄小勤. 从认知局限看两岸政治互信 [J]. 台湾研究集刊，2012(3).

91. 黄勇. 论台湾参加政府间国际组织的国际法问题 [J]. 政法论丛，1999(3).

92. 黄长山. 论国家承认和政府承认的性质 [J]. 国际关系学院学报，1999(2).

93. 贾英健. 多样价值观态势与主导价值观的确立 [J]. 山东社会科学，2002(1).

94. 贾英健. 认同的哲学意蕴与价值认同的本质 [J]. 山东师范大学学报（人文社会科学版），2006(1).

95. 江振鹏. 新世纪以来"美国在台协会"与美国对台湾的公共外交 [J]. 台湾研究集刊，2015 (3).

96. 柯朝钦. 台湾客家现代族群想象的三种类型：民族认同、公民权利以及认知框架 [J]. 全球客家研究，2015(5).

97. 孔德永. 和谐社会构建中的制度认同分析 [J]. 求实，2008(5).

98. 孔德永. 农民政治认同的逻辑 [J]. 齐鲁学刊，2006(5).

99. 赖怡忠. 美中台经贸三角结构——对台湾作为以及美中台三边政治互动的影响 [J]. 台湾国际研究季刊，2012(3).

100. 黎宝文. 美国在两岸关系中的第三方影响：一个时间序列的分析途径 [J]. 东吴政治学报，2015(3).

101. 李大钊. 新旧思潮之激战 [J]. 每周评论，1919(12).

102. 李栋明. 光复后台湾人口社会增加之探讨 [J]. 台北文献，1969.

103. 李芬芬、向昌隆. 对台方针策略调整与台湾民众心态——对制定两岸交流方针政策的建议 [J]. 海南师范大学学报（社会科学版），2011(S1).

104. 李鸿阶. 台湾大陆经贸政策变化与深化两岸经济合作研究 [J]. 台湾研究，2014(4).

105. 李家泉. 美国在台湾"反服贸学运"中所扮演的角色 [J]. 现代台湾研究，2014(4).

106. 李理. "去中国化"的台湾中学历史教科书编纂 [J]. 台湾研究集刊，2008(2).

107. 李美枝. 台湾地区族群与国族认同的显性与隐性意识 [J]. 本土心理学研究，2003(20).

108. 李秘. 两岸政治关系初探：政府继承的视角 [J]. 台湾研究集刊，2010(1).

109. 李秘. 台湾选民的政党认同——基于 2004、2008、2012 年三次"总统"

选举的分析 [J]. 台湾研究集刊，2013(2).

110. 李秘 . 习近平 "国家统一思想" 初探 [J]. 台海研究，2016(2).

111. 李鹏 . 以 "当局" 作为两岸商谈政治定位起点之理论探讨 [J]. 台湾研究集刊，2014 (2).

112. 李鹏 . 政策激励与两岸关系 [J]. 中国评论，2002(7).

113. 李鹏 . 制度自信、制度互信与两岸社会制度 "桥接平台" 之建构 [J]. 台湾研究集刊，2014 (6).

114. 李鹏 . 中华文化对维系和巩固两岸命运共同体之意涵 [J]. 现代台湾研究，2012(5-6).

115. 李鹏程 . 对民主概念的文化合理性的哲学考察 [J]. 哲学研究，2004(6).

116. 李树榕 . 怎样为文化资源分类 [J]. 内蒙古大学艺术学院学报，2014(3).

117. 李素华 . 政治认同的辨析 [J]. 当代亚太，2005(12).

118. 李炜 . 台湾参与国际活动问题的再思考 [J]. 台湾研究集刊，2010(1).

119. 李文艺、周丽华 . 台湾社会统 "独" 意识消长成因及发展新态势 [J]. 台湾研究，2011(2).

120. 李义虎 . 关于台湾 "参与联合国" 问题的重点剖析 [J]. 台湾研究，1994(3).

121. 梁世武 . 台湾族群通婚与族群认同之研究 [J]. 问题与研究，2009(3).

122. 廖坤荣 . 台湾民众的两岸认同：基于社会选择理论的分析 [J]. 现代台湾研究，2016(6).

123. 廖文奎 (1905-1952) 台湾民族主义思想初探 [J]. 思与言，1999(37).

124. 廖中武 . 台湾民众 "国家认同" 的困局与解构——对 "一个中国" 内涵的再思考 [J]. 现代台湾研究，2013(5)

125. 廖中武 . 政党轮替后台湾民众 "国家认同" 的变化及原因分析——政治社会化视域下的解读 [J]. 东南学术，2015(6).

126. 林琼盛、耿曙 . 从 "安全" 与 "利益" 的两难中解套：再思两岸关系中的市场力量 [J]. 远景基金会季刊，2005(4).

127. 林红 . "渐进" 及 "有选择的激进"：两岸关系和平发展的路径选择 [J]. 台湾研究集刊 .，2013(4).

128. 林劲 . 关于两岸政治对话问题的若干思考 [J]. 现代台湾研究，2014(5-6).

129. 林劲 . 浅析现阶段台湾的 "国家认同" 危机 [J]. 台湾研究集刊，1993(3).

130. 林明萱、吴重礼 .ECFA 政治扩溢效应的实证初探 [J]. 问题与研究，

2015(2).

131. 林琼珠. 稳定与变动：台湾民众的"台湾人／中国人"认同与统独立场之分析 [J]. 选举研究，2012(1).

132. 林信华. 台湾意识与主体性的社会学基础——台湾界域 (TaiwanMilieu)[J]. "国家发展研究"，2014(2).

133. 林震. 论台湾民主化进程中的国家认同问题 [J]. 台湾研究集刊，2001(2).

134. 林震. 台湾"宪政改革"对一个中国原则的影响 [J]. 现代台湾研究，2008(5).

135. 林浊水、林文杰. 台湾政党转型与民众统"独"意向的变迁 [J]. 中国大陆研究，1999(6).

136. 林宗弘、胡克威. 爱恨 ECFA：两岸贸易与台湾的阶级政治 [J]. 思与言，2011(3).

137. 刘舸. 两岸经济合作的外溢政治、文化和社会效应 [J]. 安徽师范大学学报 (人文社会科学版)，2014(4).

138. 刘国奋. 两岸政治与经济关系互动问题探讨 [J]. 现代台湾研究，2013(4).

139. 刘国深、李炜. 影响台湾地区政治文化变迁的外部因素分析 [J]. 台湾研究集刊，2000(3).

140. 刘国深. 两岸和平发展价值观社会化探析 [J]. 台湾研究集刊，2012 (6).

141. 刘国深. 试论百年来"台湾认同"的异化问题 [J]. 台湾研究集刊，1995(3).

142. 刘国深. 试论和平发展背景下的两岸共同治理 [J]. 台湾研究集刊，2009(4).

143. 刘国深. 台湾政治文化"脱中国化"现象刍议 [J]. 台湾研究集刊，1996(4).

144. 刘红. "九二共识"是两岸和平发展的政治保障 [J]. 现代台湾研究，2013(1).

145. 刘红. 新形势下的"涉台外交" [J]. 国际问题研究，2010(4).

146. 刘佳雁. 大陆方面处理台湾当局政治地位的基本立场——历史的回顾与总结 [J]. 现代台湾研究，2014(5-6).

147. 刘佳雁. 两岸关系和平发展重要思想的形成与内涵 [J]. 现代台湾研究，2013(6).

148. 刘佳雁. 美国对台湾当局地位的基本立场评析 [J]. 现代台湾研究，

2015(5).

149. 刘克辉. 近代以来台湾民众对祖国统一问题认识的心理变迁 [J]. 史学月刊，2004(12).

150. 刘克曼、卢梭. 以文化认同促进台湾民众的民族认同和国家认同 [J]. 广东省社会主义学院学报，2014(4).

151. 刘凌斌. 两岸大交流背景下台湾青年的"国家认同"研究 [J]. 台湾研究，2014(5).

152. 刘凌斌. 两岸政经互动：理论探索与路径选择 [J]. 台湾研究集刊，2013(6).

153. 刘凌斌. 浅析"习马会"的成果、意义与影响 [J]. 现代台湾研究，2015(6).

154. 刘明厚. "硬核"与"保护带"视角下的大陆对台政策解读 [J]. 现代台湾研究，2012(1).

155. 刘强. 岛内"价值台独"论析 [J]. 现代台湾研究，2015(6).

156. 刘强. 岛内"社会台独"动向论析 [J]. 中央社会主义学院学报，2015(6).

157. 刘少杰. 理性选择理论的形式缺失与感性追问 [J]. 学术论坛，2005(3).

158. 刘胜骥. 台湾民众统独态度之变化 [J]. 中国大陆研究，1998(3).

159. 刘文宗. 从国际法论台湾"参与"联合国的非法性 [J]. 台湾研究，1997(1).

160. 刘相平. "九二共识"与大陆对台政策之关系述论——兼论中国共产党对"九二共识"的坚持与实践 [J]. 台湾研究集刊，2015 (1).

161. 刘相平. 大陆的全面改革与两岸关系和平发展 [J]. 台湾研究，2014(1).

162. 刘相平. 两岸认同之基本要素及其达成路径探析 [J].《台湾研究》，2011(1).

163. 刘兴民. 战后台湾中小学历史教育与教科书的演变 [J]. 历史教学，2005(6).

164. 刘义周. 台湾的世代政治 [J]. 政治学报，1993(21).

165. 柳红霞. 遏制中的平衡：两岸统一进程中的美日因素分析及对策 [J]. 社会主义研究，2011(6).

166. 楼庆红. "国家承认"的性质和作用——试析"国家承认"的"构成说"与"宣告说" [J]. 国际关系学院学报，1996(4).

167. 鲁洪柯. 浅析当代台湾青年的"国家认同"问题 [J]. 现代台湾研究，

2015(3).

168. 路阳 . 从 "民族" 塑造到 "国家" 建构——早期 "台湾民族论" 述析 [J]. 现代台湾研究，2011(3).

169. 罗筱霖 . 新变局下台湾民众两岸认同异化及解决路径探讨 [J]. 台海研究，2016(3).

170. 罗致政 . 美国在台海两岸互动所扮演的角色——结构平衡者 [J]. 美欧月刊 . 第一卷第十期，1995

171. 吕元礼 . 克服现代化进程中的政治认同危机 [J]. 特区理论与实践，1996(5).

172. 毛启蒙 . 授权体制与分权形态："一国两制" 台湾模式的基本矛盾与若干问题再探讨 [J]. 台湾研究，2015(4).

173. 倪永杰 . "九合一" 选举牵动台湾政局与两岸关系嬗变 [J]. 台湾研究，2015(1).

174. 潘蛟 . "族群" 及其相关概念在西方的流变 [J]. 广西民族学院学报 (哲学社会科学版)，2003(5).

175. 潘雨、李涛 . 后 ECFA 时期台湾民众认同危机及解决路径问题研究——基于 "和合主义" 理论范式的思考 [J]. 台湾研究，2013(2).

176. 庞建国 . 从经济效益看两岸关系 [J]. 台海研究，2016(3).

177. 裴德海 . 马克思 "需要理论" 的价值向度 [J]. 安徽大学学报 (哲学社会科学版)，2009(1).

178. 彭付芝 . 基于两岸社会融合的两岸文化交流研究 [J]. 现代台湾研究，2012(4).

179. 彭付芝 . 两岸统一路径探讨——构建 "一国两制" 台湾模式 [J]. 现代台湾研究，2013(4).

180. 彭维学 . 两岸文教交流合作的现状与前景 [J]. 时事报告：大学生版，2012(2).

181. 齐鹏飞、杨占国 . "和平统一、一国两制" 的基本国策与两岸关系的突破和发展 [J]. 中国特色社会主义研究，2009(1).

182. 齐鹏飞 . 习近平 "巩固和深化两岸关系和平发展" 新论初探 [J]. 台湾研究，2016(2).

183. 钱雪梅 . 从认同的基本特性看族群认同与国家认同的关系 [J]. 民族研究，2006(6).

184. 丘海雄、张应祥. 理性选择理论述评 [J]. 中山大学学报 (社会科学版)，1998(1).

185. 邱俊荣. 台商回流无助改善台湾经济体质 [J]. 新社会政策，2012(24).

186. 邵宝明. 进一步深化两岸政治互信的思考 [J]. 现代台湾研究，2014(5-6).

187. 邵宝明. 两岸文化交流与社会融合刍议 [J]. 现代台湾研究，2012(4).

188. 邵育群 严安林. 中美"新型大国关系"构建及对两岸关系和平发展影响 [J]. 台湾研究集刊，2015(5).

189. 邵育群. 美国国会与台湾拓展国际空间的图谋——以支持台湾参加世界卫生组织为个案 [J]. 国际观察，2003(3).

190. 沈惠平、邓小冬. 试析部分台湾民众的"恐中"情绪———一种群际情绪理论的视角 [J]. 台湾研究集刊，2015(6).

191. 沈惠平. 认知变迁对大陆涉台政策之影响评析 [J]. 台湾研究集刊，2012(5).

192. 沈惠平. 社会认知与两岸互信的形成 [J]. 台湾研究集刊，2013(1).

193. 沈惠平. 试析部分台湾民众的"反中"情绪——一种怨恨情绪的视角 [J]. 台湾研究集刊，2016 (6).

194. 沈有忠. 从台湾的政治竞争推论《反分裂国家法》下的美中台赛局 [J]. 远景基金会季刊，2006(3).

195. 盛九元. 台湾的"国际空间"问题与两岸关系发展 [J]. 现代台湾研究，2016(2).

196. 盛杏湲、陈义彦. 政治分歧与政党竞争：2001 年"立委"选举的分析 [J]. 选举研究，2002(1).

197. 盛杏湲. 统"独"议题与台湾选民的投票行为：1990 年代的分析 [J]. 选举研究，2002(1).

198. 苏美祥. 经济一体化视角下两岸经济合作制度化的现状与前景 [J]. 台湾研究，2013(4).

199. 苏美祥. 两岸经济关系的政治经济分析——国际政治经济学的角度 [J]. 现代台湾研究，2014(5—6).

200. 孙立祥. "台独"势力的"日本情结"问题 [J]. 日本学论坛，2003(3).

201. 孙立祥. 驳冈崎久彦的"台湾分离论"[J]. 华中师范大学学报 (人文社会科学版)，2011(6).

202. 孙立祥. 战后日本右翼势力与海峡两岸统一 [J]. 中共天津市委党校学报, 2003 (2).

203. 孙立祥. 战后日本右翼势力与"台独"运动 [J]. 东北师大学学报, 2003(4).

204. 孙升亮. 三重结构下的台湾统"独"民意探析 [J]. 台湾研究, 2009(3).

205. 孙显元. 感性认识和理性认识是认识发展的基本阶段 [J]. 哲学研究, 1984(10).

206. 孙云、刘盛. 90 年代以来台湾民众"国家认同"危机的成因分析——一种"斯德哥尔摩现象"的解读 [J]. 台湾研究, 2009(4).

207. 孙云、王秀萍. 新功能主义的"外溢效应"在两岸关系中之检视 [J]. 台湾研究, 2015(1).

208. 孙云、庄皇伟. 以"共同体"视角探析台湾青年认同问题 [J]. 现代台湾研究, 2015(3).

209. 孙云. 从"我群"到"他者":20 世纪 90 年代以来台湾民众认同转变的成因分析 [J]. 台湾研究集刊, 2013(3).

210. 汤晏甄. 两岸关系因素真的影响了 2012 年的台湾"总统"大选吗? [J]. 台湾民主季刊, 2013(3).

211. 唐桦. 两岸青年交流的制度化研究 [J]. 台湾研究集刊, 2015(5).

212. 唐桦. 主观博弈论视角下的两岸政治互信初探 [J]. 台湾研究集刊, 2011(6).

213. 唐俊、王翊. 互惠行为的理性与非理性分析 [J]. 求索, 2013(3).

214. 唐永红. 两岸经济合作的政治效应问题探讨 [J]. 台湾研究, 2014(3).

215. 唐永红、邓利娟. 对两岸经济关系深化发展问题的探讨 [J]. 台湾研究, 2013(3).

216. 陶玉泉. 划分认识阶段的根据问题 [J]. 哲学研究, 1984(6).

217. 童立群. 涉台外交的经验与启示 [J]. 现代台湾研究, 2013(3).

218. 童世骏. 关于"重叠共识"的"重叠共识" [J]. 中国社会科学, 2008(6).

219. 童振源. 两岸经济整合与台湾的国家安全顾虑 [J]. 远景季刊, 2003(3).

220. 童振源. 台湾与"中国"经贸关系:经济与安全的交易 [J]. 远景季刊, 2000(2).

221. 汪曙申. 互信与两岸关系和平发展:制度的分析 [J]. 台湾研究集刊, 2013(5).

222. 王甫昌 . 台湾反对运动的共识动员：一九七九至一九八九年两次挑战高峰的比较 [J]. 台湾政治学刊，1996(1).

223. 王甫昌 . 族群同化与动员：台湾民众政党支持的分析 [J]. "中央研究院"民族学研究所集刊，1994(77).

224. 王高成 . 中共不对称作战战略与台湾安全 [J]. 全球政治评论，2004(6).

225. 王公龙、郭小琴 . "重返亚太"视域下美国台海政策调整的新动向及其影响 [J]. 台海研究，2013(1).

226. 王国臣、曹臻、吴重礼 . 儒家思想的正统观与两岸交流前景："中国印象调查"的实证初探 [J]. 哲学与文化，2015(9).

227. 王浩斌、王飞南 . 感性选择与中国社会现代化 [J]. 石家庄学院学报，2006(5).

228. 王鹤亭 . 两岸民间政治对话的路径与机制——两岸关系知识社群的介入 [J]. 现代台湾研究，2014(4).

229. 王鹤亭 . 再论"一国两制"是实现祖国完全统一的最佳模式 [J]. 台湾研究集刊，2011 (6).

230. 王鸿志 . 台湾青年世代认同问题初探——基于国家认同的社会分化及其演变 [J]. 台湾研究，2016(3).

231. 王沪宁 . 转变中的中国政治文化结构 [J]. 复旦学报 (社会科学版)，1988(3).

232. 王华、邓利娟、范芹 . 两岸经济相互依存的概念与度量方法 [J]. 台湾研究集刊，2013 (2).

233. 王蕙仪 . 台式后殖民理论撕裂族群分化社会 [J]. 远望杂志，2016(331).

234. 王嘉州、李侑洁 . 赴陆交流对台湾学生统一意愿之影响 [J]. 社会科学论丛，2012(2).

235. 王嘉州 . 来台陆生的政治态度与台湾"主权"接受程度 [J]. 台湾政治学刊，2011(2).

236. 王建民 . 试论"台湾主体意识"的形成、特性及与"台湾意识"之异同 [J]. 台湾研究，2013(3).

237. 王建民 . 台湾民心变化之忧 [J]. 世界知识，2010(24).

238. 王剑峰 . 族群性的陷阱与族群冲突 [J]. 思想战线，2004(4).

239. 王猛 . 两岸对外关系对台湾民众国家认同之影响分析 [J]. 现代台湾研究，2011(6).

240. 王敏. 新形势下推动两岸经济一体化的思考 [J]. 现代台湾研究, 2014(4).

241. 王明珂. 台湾与中国的历史记忆与失忆 [J]. 历史月刊（台湾）, 1996(10).

242. 王素弯. 台商回台投资的经济效益 [J]. 经济前瞻, 2012(144).

243. 王拓. 是"现实主义"文学, 不是"乡土文学"[J]. 仙人掌, 1977(2).

244. 王希恩. 民族认同与民族意识 [J]. 民族研究, 1995(6).

245. 王晓虎. 台湾"反课纲"青年的"群体偏执"——基于社会心理学的分析 [J]. 台海研究, 2015(4).

246. 王英. 关于"反服贸运动"对两岸关系影响的思考 [J]. 台湾研究, 2015(5).

247. 王英. 两岸"三通"的可能性评估 [J]. 世界经济与政治论坛, 2003(1).

248. 王英. 台湾的民意调查能反映民意吗？[J]. 唯实, 2013(11).

249. 王英. 台湾青年学生非理性网络政治参与的影响分析——以反服贸运动为例 [J] 江海学刊, 2015(6).

250. 王英津. 邦联制模式与两岸统一之探析 [J]. 台湾研究集刊, 2003(3).

251. 王英津. 大陆涉台"一国两制"宣传及研究中的问题与建议 [J]. 重庆社会主义学院学报, 2012(2).

252. 王英津. 关于"一国两制"台湾模式的新构想 [J]. 台湾研究集刊, 2009(2).

253. 王英津. 论"国家—政府"分析框架下的两岸政治关系定位 [J]. 台湾研究, 2015(6).

254. 王永志、寿建敏. "反服贸风波"对两岸经贸关系影响分析 [J]. 台海研究, 2014(4).

255. 王媛媛. 两岸经济合作框架协议：争议、效益及展望 [J]. 亚太经济, 2010(4).

256. 王贞威. 联合共和国：坦桑尼亚模式与两岸统一模式初探 [J]. 中国评论, 2011(2).

257. 魏镛. 迈向民族内共同体：台海两岸互动模式之建构、发展与检验 [J]. 中国大陆研究, 2002(5).

258. 翁之光、潘林峰. 《海峡两岸服务贸易协议》对两岸服务贸易合作的影响 [J]. 现代台湾研究, 2013(3).

259. 翁之光. 开放"个人游"对两岸关系的影响 [J]. 现代台湾研究, 2011(3).

260. 吴凤娇. "政经互动"思维下两岸经贸关系深化发展的策略研究 [J]. 现

代台湾研究，2014(5-6).

261. 吴凤娇. 新形势下大陆惠台经贸政策的成效分析及策略调整 [J]. 现代台湾研究，2016(1).

262. 吴介民. 经贸跃进，政治僵持？后冷战时代初期两岸关系的基调与变奏 [J]. 台湾政治学刊 (创刊号)，1996.

263. 吴开松、解志苹. 论我国少数民族地区国族认同的构建 [J]. 中南民族大学学报 (人文社会科学版)，2008(3).

264. 吴乃德. 国家认同和政党支持：台湾政党竞争的社会基础 [J]. 中央研究院民族学研究所集刊，1992(74).

265. 吴乃德. 面包与爱情：初探台湾民众民族认同的变动 [J]. 台湾政治学刊，2005(2).

266. 吴乃德. 认同冲突和政治信任：现阶段台湾族群政治的核心难题 [J]. 台湾社会学，2002(4).

267. 吴乃德. 自由主义和族群认同：搜寻台湾民族主义的意识形态基础 [J]. 台湾政治学刊，1996(1).

268. 吴能远. 两岸关系和平发展重要思想初探 [J]. 台湾研究，2014(1).

269. 吴叡人. 福尔摩沙意识形态：试论日本殖民统治下台湾民族运动"民族文化"论述的形成 (1919—1937)[J]. 新史学，2006(2).

270. 吴玉山. 非自愿的枢纽：美国在华盛顿—台北—北京之间的地位 [J]. 政治科学论丛，2000 (7).

271. 吴玉山. 两岸关系中的中国意识与台湾意识 [J]. 中国事务季刊 (新境界文教基金会)，2001(4).

272. 吴玉山. 台湾"总统大选"对于两岸关系产生的影响：选票极大化模式与战略三角途径 [J]. 远景季刊，2000(3).

273. 吴重礼. 台湾政党的持续与变迁：理论与数据的对话 [J]. 台湾政治学刊，2013(2).

274. 肖宝凤. "仿佛在君父的城邦"：论近 20 年来外省作家的历史叙述与家国想象 [J]. 台湾研究集刊，2010(3).

275. 萧怡靖、游清鑫. 检测台湾民众六分类统"独"立场：一个测量改进的提出 [J]. 台湾政治学刊，2012(2).

276. 谢郁、刘佳雁. 台湾当局"去中国化"的实质与危害 [J]. 统一论坛，2002(2).

277. 熊俊莉、肖枫. 现阶段两岸经济相互依存关系探析 [J]. 台湾研究，2015(1).

278. 徐博东、李振广. 台湾政治制度转型对两岸关系的影响 [J]. 台湾研究，2005(5).

279. 徐富珍、陈信木. 蕃薯＋芋头＝台湾土豆？——台湾当前族群认同状况比较分析 [J]. 台湾人口学会 2004 年年会暨"人口、家庭与国民健康政策回顾与展望"研讨会.

280. 徐火炎. 认知动员、文化动员与台湾 2004 年"总统大选"的选民投票行为——选举动员类型的初步探讨 [J]. 台湾民主季刊，2005(4).

281. 徐火炎. 台湾结、中国结与台湾心、中国情：台湾选举中的符号政治 [J]. 选举研究，2004(2).

282. 徐火炎. 台湾选民的国家认同与党派投票行为：1991 至 1993 年间的实证研究成果 [J]. 台湾政治学刊，1996(1).

283. 徐青. 对当前岛内民意特点的观察与思考 [J]. 现代台湾研究，2014(3).

284. 徐晓迪. 从"缺失"到"重构"——浅析台湾民众"国家认同"的发展趋势 [J]. 现代台湾研究，2013(2).

285. 徐永明、陈明通. 搜寻台湾民众统独态度的动力：一个个体动态模型的建立 [J]. 台湾政治学刊，1998(3).

286. 徐永明. "南方政治"的形成？—台湾政党支持的地域差别 (1994—2000)[J]. 社会科学季刊 (中山大学社科院)，2001(4).

287. 徐永明. 政治版图：两个选举行为研究途径的对话 [J]. 问题与研究，2001(2).

288. 许纪霖. 现代中国的民族国家认同 [J]. 世界政治与经济论坛，2005(6).

289. 许咨民. 台闽地区国民三世代不同族群通婚状况调查结果分析 [J]. 中国统计通讯，2002(13).

290. 严安林. 两岸关系和平发展制度化的路径选择 [J]. 台湾研究，2012(6).

291. 严安林. 台湾"太阳花学运"：性质、根源及其影响探析 [J]. 台海研究，2014(2).

292. 严安林. 台湾政党政治发展基本特征与走向及对政局的影响 [J]. 现代台湾研究，2011(3).

293. 严峻. "国家尚未统一特殊情况下两岸政治关系安排"之内涵解析 [J]. 台湾研究集刊，2015 (2).

294. 严泉、陈和丰."统独之争"与台湾地区"两岸人民关系条例"的制定 [J]. 台湾研究，2015(3).

295. 严泉.两岸文化交流合作机制与文化共同体的构建 [J]. 台湾研究，2011(4).

296. 杨冬磊.浅析"台湾人认同"政治文化意涵的历史变迁 [J]. 现代台湾研究，2016(4).

297. 杨芳.台湾陆配政策之检视 [J]. 台湾研究集刊，2016(1).

298. 杨家勤、毛浩然.大陆官方媒体涉台话语模式及其权威属性 [J]. 福建师范大学学报 (哲学社会科学版)，2012(1).

299. 杨立宪、王景舜."对等政治实体论"剖析 [J]. 台湾研究集刊，1992(2).

300. 杨立宪.两岸关系政治定位问题探讨 [J]. 中国评论，2013(11).

301. 杨立宪.两岸携手合作复兴中华文化的思考 [J]. 现代台湾研究，2016(1).

302. 杨立宪.对新时期深化两岸文化交流的若干思考 [J]. 现代台湾研究，2011(4).

303. 杨立宪.新形势下如何处理涉台外交问题探讨 [J]. 北京大学学报 (哲学社会科学版)，2016(6).

304. 姚俊廷.感性选择视阈中的守法可能性及其限度 [J]. 唯实，2009(7).

305. 叶世明.两岸文化交流合作机制化建构研究 [J]. 现代台湾研究，2012(5-6).

306. 叶芸芸整理.戴国辉、陈映真对谈"台湾人意识""台湾民族"的虚相与真相 [J]. 夏潮杂志，1983(3).

307. 游清鑫.台湾政治民主化之巩固：前景与隐忧 [J]. 政治学报，1996(27).

308. 于小英.党的十六大以来两岸关系和平发展思想的提出与创新 [J]. 中央社会主义学院学报，2011(5).

309. 余克礼.政治对话与协商是开创两岸关系发展新前景的根本途径 [J]. 中国评论，2013(11).

310. 余伟.宪政秩序论略 [J]. 武汉大学学报 (哲学社会科学版)，1998(1).

311. 俞新天.两岸在涉外领域合作的经验及前景 [J]. 现代台湾研究，2012(3).

312. 俞新天.台湾人对大陆负面态度的非理性因素探索——基于社会心理学的研究 [J]. 台湾研究，2015(3).

313. 俞新天.中国主权理论的发展与扩大台湾涉外活动的思考 [J]. 台湾研究，2012(3).

314. 俞振华、林启耀. 解析台湾民众统"独"偏好：一个两难又不确定的选择 [J]. 台湾政治学刊，2013(2).

315. 袁鹤龄. 国家认同外部因素之初探——美国因素、中国因素与台湾的国家认同 [J]. 理论与政策，2000(2).

316. 臧乃康. 区域公共治理一体化中政治资源配置的理论借鉴与回应路径 [J]. 社会科学，2012(12).

317. 湛玉钊. 民进党执政后两岸政策及对两岸关系的影响 [J]. 现代台湾研究，2016(5).

318. 张宝蓉、王贞威. 当前台湾中小学社会学习领域教科书的价值取向及其影响 [J]. 台湾研究集刊，2016(4).

319. 张宝蓉. 台湾青年文化认同的建构与困境——基于学校教育的视角 [J]. 台湾研究，2015(4).

320. 张烽益. 以外劳吸引台商回流的政策总体检 [J]. 新社会政策，2015(38).

321. 张冠华. 台湾政党再轮替后两岸经济关系走向探析 [J]. 台湾研究，2016(5).

322. 张华. 美国对台湾"政治安排"的政策及影响 [J]. 台湾研究，2014(3).

323. 张华军. 要警惕把"维持现状"引入歧途 [J]. 统一论坛，1998(6).

324. 张晋山. 两岸政治定位话语谱系下的"一国两区"考辨 [J]. 台湾研究集刊，2013(3).

325. 张启雄. 海峡两岸在亚洲开发银行的中国代表权之争——名分秩序论观点的分析 [J]. 台北："中央研究院"东北亚区域研究，2001.

326. 张顺. 台湾文化认同的潜在危机探析 [J]. 台湾研究，2016(3).

327. 张铁志. 台湾：空间是一点一点打开的 [J]. 同舟共进，2011(8).

328. 张文生. "一国两区"与两岸关系的政治定位 [J]. 重庆社会主义学报，2012(5).

329. 张文生. 海峡两岸"第三主体"的建构 [J]. 台湾研究集刊，2014 (2).

330. 张文生. 两岸关系和平发展的机遇与挑战 [J]. 现代台湾研究，2014(5-6).

331. 张文生. 习近平对台重要思想解析 [J]. 台海研究，2016(2).

332. 张笑天. 试论主权治权分离的理论基础与现实可能 [J]. 台海研究，2015(4).

333. 张亚中. 两岸统合之理论与实践：欧盟经验的启示 [J]. 美欧季刊，2000(1).

334. 张佑宗 . 选举事件与选民的投票抉择：以台湾 2004 年 "总统选举" 为分析对象 [J]. 东吴政治学报，2006.

335. 张羽、王琨 . 近二十年台湾知识分子的文化论争与身份认同研究 [J]. 台湾研究，2011(6).

336. 张羽 . 二十年来台湾民众集体记忆与文化认同研究——以台湾的博物馆为观察场域 [J]. 台湾研究，2009(4).

337. 张运洪 . 党的第三代领导集体的对台政策及其对祖国统一的影响 [J]. 上海党史与党建，2002(1).

338. 张执中 . "九合一" 选举后中共对台政策与两岸关系展望 [J]. 全球政治评论，2015(特集 001).

339. 赵彦宁 . 国族想象的权力逻辑——试论五零年代流亡主体、公领域与现代性之间的可能关系 [J]. 台湾社会研究季刊，1999(36).

340. 郑宏泰、黄绍伦 . 身份认同：台、港、澳的比较 [J]. 当代中国研究，2008(2).

341. 郑剑 . 习近平对台战略思维特征研究 [J]. 台海研究，2016(2).

342. 郑振清 . 台湾新世代社会运动中的 "认同政治" 与 "阶级政治" [J]. 台湾研究，2015(3).

343. 钟厚涛 . 浅析美国在台湾 "反服贸运动" 中的双重角色及其影响 [J]. 现代台湾研究，2014(2).

344. 郑敬高、顾豪 . 哈贝马斯的商谈共识论及其理论形式 [J]. 东方论坛，2010(6).

345. 周大计 . 政权轮替对台湾民众心态及其政治参与的影响 [J]. 台湾研究，2003(3).

346. 周大鸣 . 动荡中的客家族群与族群意识——粤东地区潮客村落的比较研究 [J]. 广西民族学院学报 (哲学社会科学版)，2005(5).

347. 周俊宇 . 戒严、解严与集体记忆 [J]. 台湾文献，2007(4).

348. 周丽华、李文艺 . 赴台旅游与促进两岸民众交流的现状、问题与思考 [J]. 现代台湾研究，2011(5).

349. 周丽华 . 试论两岸政经关系的互动轨迹和发展方向 [J]. 现代台湾研究，2013(3).

350. 周平 . 论中国的国家认同建设 [J]. 学术探索，2009(6).

351. 周婉窈 . 实学教育、乡土爱与国家认同——日治时期台湾公学校第三期"国语"教科书的分析 [J]. 台湾历史研究，1997(2).

352. 周伟."台湾主体意识"的由来和影响 [J]. 现代台湾研究，2011(2).

353. 周志怀. 新时期对台方针政策的纲领性文献 [J]. 两岸关系，2009(1).

354. 周忠菲. 两岸海洋合作：理论与实践的探索 [J]. 现代台湾研究，2013(1).

355. 周忠菲. 民进党大陆经贸政策调整趋势初探 [J]. 现代台湾研究，2013(4).

356. 郭艳.《反分裂国家法》与台湾社会"国家认同"的塑造 [J]. 北京联合大学学报 (人文社会科学版)，2005(4).

357. 朱磊. 马英九与蔡英文执政时期两岸经济关系比较 [J]. 台湾研究，2016(5).

358. 朱松岭. 论两岸关系和平发展时期的交流合作模式 [J]. 现代台湾研究，2012(5-6).

359. 朱松岭. 论两岸政治定位 [J]. 中国评论，2014(1).

360. 朱卫东."习马会"的四大突破 [J]. 台海研究，2016(1).

361. 朱卫东. 从民意调查看台湾民众统"独"趋向 [J]. 台湾研究，1998(4).

362. 朱卫东. 民进党"台独"路线转型的轨迹与规律之探讨——兼论蔡英文两岸政策的变与不变 [J]. 台湾研究，2015(1).

363. 朱显龙. 以两岸文化融合遏制"柔性台独"的思考 [J]. 现代台湾研究，2016(5).

364. 朱云汉. 台湾民主发展的困境与挑战 [J]. 台湾民主季刊，2004(1).

365. 祝捷、赖彦君. 台生政治偏好和投票倾向调研报告——以中部某地区高校台生群体为样本 [J]. 台湾研究，2015(3).

366. 祝捷. 论"宪制—治理"框架下的两岸政治关系合情合理安排 [J]. 台湾研究集刊，2015(5).

367. 庄朝荣. 如何扫除台商回台投资障碍？ [J]. 台湾经济研究月刊，2013(1).

368. 庄惠娟. 论非理性因素在认识中的作用 [J]. 山东省青年管理干部学院学报，2006(3).

369. 庄淑媚、洪永泰. 特定政党不认同：台湾地区民意调查中关于政党认同的新测量工具 [J]. 选举研究，2011(2).

370. 庄雅仲. 集体行动、社会福利与文化认同 [J]. 台湾社会研究季刊，2002(47).

371. 庄奕琦、刘冬威. 经济整合与政治冲突的关联性—以两岸关系为例 [J]. 中国大陆研究，2012(1).

372. 庄吟茜 . "一国两制" 在台湾的污名化 : 剖析与澄清 [J]. 台湾研究，2016(1).

373. 佐斌、秦向荣 . 中华民族认同的心理成分和形成机制 [J]. 上海师范大学学报 (哲学社会科学版)，2001(4).

（二）英文期刊论文

1. Moravcsik. Andrew Preferences and Power in the European Community: A Liberal Intergovernmentalist Approach[J]. Journal of Common Market Studies, 1993. Vol.31.

2. Tsai, Chia-hung Ding-ming Wang, and Livianna S. Tossutti. Between Independence and Unification: An Ordered Probit Analysis of Panel Survey Data on Taiwan's Constitutional Future[J]. Issues & Studies, 2008. Vol. 44.

3. Sears, David O., Richard R. Lau, Tom R. Tyler, and Harris M. Allen Jr.. Self-Interest vs. Symbolic Politics in Policy Attitudes and Presidential Voting[J]. American Political Science Review, 1980. Vol. 74.

4. Zoffoli. Enrico, The Place of Comprehensive Doctrines in Political Liberalism: On Some Common Misgivings about the Subject and Function of the Overlapping Consensus[J].Res Publica, 2012. Vol. 18.

5. Grieco, James M.. Anarchy and the Limits of Cooperation: A Realist Critique of the Newest Liberalinstutionalisin[J]. International Organization, 1988. Vol.42.

6. Cohen. Jean L. Strategy or Identity: New Theoretical Paradigms and Contemporary Social Movements[J]. Social Research, 1985. Vol.52.

7. Evans, John H. Have Americans Attitudes Become More Polarized?[J]. An Update, Social Science Quarterly, 2003. Vol.84.

8. Rawls. John The Idea of Public Reason Revisited[J]. The University of Chicago Law Review, 1997. Vol. 64.

9. Garthoff. Jon The Idea of an Overlapping Consensus Revisited[J]. The Journal of Value Inquiry, 2012. Vol. 46.

10. Jonathan Mercer. Emotional Beliefs[J]. International Organization, 2010.Vol. 64.

11. Kahneman Daniel, and Amos Tversky. Prospect Theory: An Analysis of Decision under Risk[J]. Econometrica, 1979. Vol. 47.

12. Barbieri. Katherine Economic Interdependence: A Path to Peace or a Source

of Interstate Conflict?[J]. Journal of Peace Research, 1996. Vol.33.

13. Kuznets Simon. Economic Growth and Income Inequality[J]. The American Economic Review,1955. Vol.45.

14. Crescenzi. Mark JC. Economic Exit, Interdependence, and Conflict[J]. The Journal of Politics, 2003. Vol. 65.

15. Gleason. Philip Identifying Identity: A Semantic History[J]. The Journal of American History, 1983. Vol.69.

16. Quattrone, George A., and Amos Tversky. Contrasting Rational and Psychological Analyses of Political Choice[J]. American Political Science Review, 1988. Vol. 82.

17. Lau, Richard R., Thad A. Brown, and David O. Sears. Self-Interest and Civilians' Attitudes toward the Vietnam War[J]. Public Opinion Quarterly, 1978. Vol. 42.

18. Polachek, Solomon W. John Robst, and Yuan-Ching Chang. Liberalism and Interdependence: Extending the Trade-Conflict Model[J]. Journal of Peace Research, 1999. Vol. 36.

19. Chu. Yun-han Taiwan's National Identity Politics and the Prospect of Cross-Strait Relations[J].Asian Survey, 2004. Vol. 44.

（三）英文析出论文

1. Beth Simmons. Pax Mercatoria and the Theory of the State[A]. In Economic Interdependence and International Conflict: New Perspective on an Enduring Debate, ed. Edward D. Mansfield Brian M. Pollins. Ann Arbor: the University of Michigan Press, 2003.

2. Chien-min Chao. Cooperation amid Animosity: Changes and Continuity in Taiwan's Mainland Policy[A]. Taipei: The Institute for National Policy Research, 1995.

3. David O. Sears. The Role of Affect in Symbolic Politics[A]. In Citizens and Politics: Perspectives from Political Psychology, ed. James H. Kuklinski. New York: Cambridge University Press, 2001.

4. Gold, Thomas B. Civil Society and Taiwan's Quest for Identity[A]. In Cultural Change in Postwar Taiwan,ed. Steven Harrell & Huang Ch-chieh. Taipei: SMC Publishing Inc., 1994.

5. Hardin, Russell.Self Interest, Group Identity[A]. In Nationalism and Rationality, eds. Albert Breton et al. New York: Cambridge University Press, 1995.

6. Sears, David O., and Carolyn L. Funk. The Role of Self-interest in Social and PoliticalAttitude[A]. In Advances in Experimental Social Psychology, ed. Mark P. Zanna. Orlando, FL: Academic Press, 1991.

三、学位论文

1. 巴殿君. 冷战后日本对台湾政策研究 [D]. 吉林大学博士论文，2009.

2. 蔡秀勤. 中国崛起如何影响选民的投票行为 :2012 年台湾"总统选举"的分析 [D]. 台湾大学硕士论文，2013.

3. 曹冰. 台湾问题中的日本因素研究 [D]. 外交学院硕士论文，2012.

4. 陈冠吾. 中共政治继承对两岸关系之影响 :1989-2012[D]. 台湾大学硕士论文，2015.

5. 陈光辉. 台湾地区民众国家认同之研究——几个概念的探讨 [D]. 台湾政治大学硕士论文，1997.

6. 陈慧瑜. 不对称社会融纳 : 探讨跨两岸迁移者双重成员身分之管理政策 [D]. 台湾大学硕士论文，2015.

7. 丁忠甫. 政治认同研究——我国政治认同的基础性分析 [D]. 上海大学硕士论文，2005.

8. 董宁. 马英九政府的大陆政策分析 [D]. 外交学院硕士论文，2015.

9. 董思齐. 不确定的想象共同体 :1949 年以来台湾国家认同的困境 [D]. 台湾大学硕士论文，2001.

10. 范鹏. 台湾政治转型中的"民主台独化"问题研究 [D]. 北京交通大学硕士论文，2010.

11. 方旭光. 政治认同的基础理论研究 [D]. 复旦大学博士论文，2006.

12. 冯甲斋. 冷战结束后美国对台政策及其对两岸关系的影响 [D]. 东北大学硕士论文，2009.

13. 古少华. 中国共产党的对台政策和两岸关系的发展研究 [D]. 西南大学硕士论文 .，2010.

14. 郭盼盼. 冷战后欧盟对台湾政策研究 [D]. 吉林大学硕士论文，2011.

15. 黄诚. 理性选择还是感性选择 : 农民工劳动合同问题的个案研究 [D]. 湖南师范大学硕士论文，2007。

16. 纪慧君."我国元首论述中价值观之呈现与转变——1950 年到 1994 年元旦文告之语艺分析"[D]. 台湾辅仁大学硕士论文，1994.

17. 江雅贞. 比较两蒋时代一个中国政策之背景分析 [D]. 台湾中山大学硕士论文，2001.

18. 蒋敏敏. 冷战后日本对台政策新动向与中国的对策分析 [D]. 南京师范大学硕士论文，2006.

19. 孔祥锋. 中国"涉台外交"研究 [D]. 外交学院硕士论文，2012.

20. 赖建国. 台湾主体意识发展与对两岸关系之影响 [D]. 台湾政治大学硕士论文，1997.

21. 赖沂廷. 小国面对强临主权需索下之摆荡现象：台海及乌俄主权冲突之案例分析 [D]. 台湾大学硕士论文，2016.

22. 雷洪峰. 从台湾"宪政改革"看渐进式"台独"的推动轨迹 [D]. 首都师范大学硕士论文，2004.

23. 林碧珠. 签订两岸和平协议之政治分析 [D]. 台湾大学硕士论文，2013 年.

24. 林丘湟. 国民党政权在经济上的省籍差别待遇体制与族群建构 [D]. 台湾中山大学硕士论文，2006.

25. 林特. 台湾民众的国家认同问题研究 [D]. 首都师范大学硕士论文，2013.

26. 林小芳. 九十年代以来台湾"宪政改革"对"国家认同"的影响 [D]. 厦门大学硕士论文，2001.

27. 罗霞.1945 年以来台湾民众国家认同演变研究 [D]. 汕头大学硕士论文，2003.

28. 吕萍."台独"之美国和日本因素研究 [D]. 暨南大学硕士论文，2005.

29. 马英范. 九十年代"台独"分裂活动特点与中共反对"台独"斗争及经验 [D]. 首都师范大学硕士论文，2004.

30. 孟立峰. 台湾地区政党政治及其对岛内统"独"发展的影响 [D]. 浙江大学硕士论文.2005.

31. 南燕. 论反"台独"斗争中的舆论战 [D]. 南京师范大学硕士论文，2005.

32. 阮刚猛. 两岸谈判之研究——重新检视双层赛局的分析架构及其应用 [D]. 台湾中兴大学硕士论文，2012.

33. 沈平. 台湾地区中小学教科书审查制度的历史演变 [D]. 福建师范大学硕士论文，2011.

34. 宋二姝. 台湾当局两岸政治定位及影响因素分析 [D]. 复旦大学博士论文，

2005.

35. 孙鸿业 . 污名、自我、与历史——台湾外省人第二代的身份与认同 [D]. 台湾清华大学硕士论文，2002.

36. 孙静 . 试论台湾"公民社会"的形成及发展 [D]. 外交学院硕士论文，2012.

37. 孙少萍 . 台湾问题的由来与美国对台湾问题政策演变 [D]. 东北师范大学硕士论文，2002.

38. 王宏恩 . 台湾民众的制衡观——第二次政党轮替前后追踪数据的观察 [D]. 台湾大学硕士论文，2012 年 .

39. 王坤宇 . 论台湾"宪政改革"及其影响 [D]. 广西师范大学硕士论文，2011.

40. 王忍 . 民进党大陆政策发展及影响研究 [D]. 中央民族大学硕士论文，2012.

41. 王日吟 . 台湾意识与历史教育的变迁 (1945-2011)[D]. 台湾中兴大学硕士论文，2012.

42. 韦杰 . 谁的利大于弊？从国际比较观点分析 ECFA 的国内分配性效果 [D]. 台湾大学硕士论文，2016.

43. 魏晓东 . 后冷战时期台湾问题中的美国因素研究 [D]. 东北师范大学硕士论文，2006.

44. 吴孚佑 . 族群通婚与族群文化认同相关性之初探 : 以原住民为例 [D]. 台北大学硕士论文，2014.

45. 吴丽娜 . 新世纪以来中国共产党对台湾政策的演变 [D]. 吉林大学硕士论文，2011.

46. 吴维旭 . 民进党民粹式政治动员研究 [D]. 福建师范大学硕士论文，2011.

47. 吴由美 . 台湾族群问题的探源与进路 [D]. 台湾师范大学博士论文，2005.

48. 邢瑞磊 . 国家认同、欧洲认同与欧洲一体化进程 [D]. 河北师范大学硕士论文，2006.

49. 宿振裕 . 二〇〇〇年以来中国共产党的对台政策研究 [D]. 清华大学硕士论文，2005.

50. 徐嘉璘 . 社会阶级与投票抉择——以 2008 年"总统选举"分析 [D]. 台湾大学硕士论文，2012 年 .

51. 徐铭谦 . 中共对台政策变迁之研究 (1990-2012.3)[D]. 台湾大学博士论文，

2012.

52. 徐倩如. 海峡两岸关系中的日本因素研究 [D]. 华中师范大学硕士论文, 2015.

53. 薛中国. 当代中国政治认同心理机制研究 [D]. 吉林大学博士论文, 2007.

54. 杨聪荣. 文化建构与国民认同——战后台湾的中国化 [D]. 台湾清华大学硕士论文, 1992.

55. 杨仁吉. "太阳花学运" 对中共对台政策之影响 [D]. 台湾大学硕士论文, 2016.

56. 姚源明. 解严后台湾国家认同论述的分析 [D]. 台湾大学硕士论文, 1999.

57. 叶成城. 台湾 "国际空间" 问题上的两岸因素与中美互动博弈 [D]. 上海社会科学院硕士论文, 2012.

58. 张春燕. 中美台在台湾问题上的政策回顾与思考 [D]. 内蒙古师范大学硕士论文, 2003.

59. 张国平. 当代政治认同研究 [D]. 湖南师范大学博士论文, 2011.

60. 张凯棠. "我国" 陆生政策之研究: 从民进党派系政治观察 [D]. 台湾大学硕士论文, 2014.

61. 张丽俊. 台湾光复以来文化认同的历史演变 [D]. 上海师范大学硕士论文, 2010.

62. 张亚. 1978 年以来海峡两岸文化交流的历史进程和思考. [D]. 中共中央党校硕士论文, 2005.

63. 张亚中. 德国问题——法律之争议 [D]. 台湾政治大学博士论文, 1990.

64. 张伊丽. 台湾问题的日本因素研究 [D]. 华东师范大学硕士论文, 2004.

65. 张智尧. "中国大陆与我国总体经济连动性" [D]. 台湾大学硕士论文, 2014.

66. 赵洪. 民进党执政以来的 "去中国化" 问题研究 [D]. 首都师范大学硕士论文, 2008.

67. 祝大勇. "寄希望于台湾人民" 方针的演变及对策研究 [D]. 清华大学硕士论文, 2007.

68. 庄惠雯. 外省作家第一代与第二代族群认同比较研究 [D]. 台湾静宜大学硕士论文, 2004.

69. 卓石能. "都市原住民学童族群认同与其自我概念生活适应之关系研究" [D]. 台湾屏东师范学院硕士论文, 2002.

70 邹振东.台湾政治文化的符号变迁研究——光复以来台湾的舆论议题演变 [D].厦门大学博士论文，2007.

四、论文集

1. 蔡政文编.台湾新契机 [C].台北："国家发展基金会"，1995.

2. 陈映真.陈映真作品集 [C].台北：人间出版社，1988.

3. 陈威远编.八十七年冬令史迹研习会讲义汇编 [C].台北：台北市文献会，1998.

4. 康有为.礼运注 [A].康有为全集 [C](5).北京：中国人民大学出版社，2007.

5. 李源禧.国家认同学术研讨会论文集 [C].台北：稻乡出版社，1993.

6. 游盈隆编.民主巩固或崩溃：台湾二十一世纪的挑战 [C].台北：月旦出版社，1997.

7. 施正锋主编.国家认同之文化论述 [C].台北：台湾国际研究学会，2006.

8. 施敏辉.台湾意识论战选集 [C].台北：前卫出版社，1988.

9. 台湾研究基金会编.垄断与剥削：威权主义的政治经济分析 [C].台北：前卫出版社，1989.

10. 台湾历史学会主编.国家认同论文集 [C].台北：稻乡出版社，2001.

11. 吴昱辉.台湾之将来学术论文集 [C].高雄：新台政论，1986.

12. 夏潮基金会编."中国意识与台湾意识——1999 年澳门学术研讨会论文集" [C].台北：海峡学术出版社，1999.

13. 张炎宪、陈美蓉、黎中光编.台湾近百年史论文集 [C].台北：财团法人吴三连台湾史料基金会，1996.

14. 张炎宪、陈美容、杨雅慧合编.二二八事件研究论文集 [C].台北：吴三连台湾史料基金会，1998.

五、报刊

《人民日报》

《光明日报》

《工商时报》(台湾)

《中央日报》(台湾)

《中国时报》(台湾)

《自由时报》(台湾)

《苹果日报》（台湾）

《联合报》（台湾）

六、网站

国务院台湾事务办公室 :http://www.gwytb.gov.cn

中华人民共和国商务部台港澳司 :http://tga.mofcom.gov.cn

台湾大陆委员会 :http://www.mac.gov.tw

中央通讯社：http://www.cna.com.tw

中国评论新闻网：http://bj.crntt.com

台湾"交通部观光局":http://taiwan.net.tw/

台湾"经济部投审会": www.moeaic.gov.tw/

台湾"行政院主计处": http://www.dgbas.gov.tw/ct.asp?xItem= 26351& ctNode =5200

台湾"国家发展委员会": http://www.ndc.gov.tw/News7.aspx?n= 5F5662157 BC98A7D

台湾"行政院"全球资讯网 :http://www.ey.gov.tw

台湾"经建会"网站：http://www.cepd.gov.tw

台湾工业总会服务网: http://www.cnfi.org.tw/kmportal/front/bin/home.phtml

台湾"经济部国际贸易"局经贸资讯网 :http://www.trade.gov.tw

台湾"法务部":http://www.moj.gov.tw/mp001.html

台湾"大学院校招收大陆地区学生联合招生委员会":http://rusen.stust.edu. tw/spf/index.html

台湾"国家"政策研究基金会 :http://www.npf.org.tw

台湾政治大学选举研究中心 :http://esc.nccu.edu.tw/main.php

台湾竞争力论坛 :http://www.tcf.tw

台湾智库：http://www.taiwanthinktank.org

台湾指标民调：http://www.tisr.com.tw

ETtoday 东森新闻云：http://www.ettoday.net

远见民调：https://www.cwgv.com.tw/team_gvsrc.html